보육학개론

김녹현 김재현 시옥진 이용환 전대성 공저

INTRODUCTION TO CHILDCARE AND EDUCATION

양성원

PREFACE

최근 보육과 영유아 교육은 격동의 시절을 맞이하고 있다. 저출산과 영유아의 삶의 질에 대한 논란들은 보육의 문제를 개인이 아닌 사회 공동의 문제로 인식하기 시작했고, 이에 발맞추어 보육과 영유아 교육에 대한 논의들은 학문적으로나 실제적으로 다각적인 관점에서 이루어지고 있는 것이 사실이다. 그러나 아직 보육과 영유아 교육의 현장은 넘어야 할 산들이 산재해 있다. 보육의 이론적 성찰, 보육 과정에 대한 자리매김, 보육 교사의 전문성 확보와 지원 확대, 어린이집의 질적 개선 등은 우리에게 직면한 난제임이 틀림없다.

이러한 시점에서 보육에 대한 이론적 통찰을 기초로 하여 어린이집의 질 향상을 위한 통합적 이해가 이루어져야 한다. 보육의 첫 출발에서 교사, 영유아, 부모는 어떻게 함께 돌봄과 나눔의 길을 갈 것인가? 이러한 통찰의 길을 한 권의 책으로 모두 담아내기는 힘들 수도 있다. 그러나 좀 더 행복한 아이들의 미래를 위해 교사와 현장은 어떤 실제를 열어 갈 것인가에 대한 고민을 이 책에 담고자 하였다. 보육의 전반적이고 통합적 이해를 위한 기존의 보육학개론이 가지는 이론적 접근을 뛰어넘어 예비 보육교사나 현장에 있는 보육교사들이 실천적 업무를 구체적으로 이해할 수 있도록 구성하였다.

양질의 보육서비스를 제공하는 이론적 지침이 되어 주는 『보육학개론』은 유아교육, 보육학, 아동복지학, 사회복지학 등 보육학과 관련된 인접 학문을 접하는 사람들에게 도움을 주고 있다. 본서는 총 13장으로 구성되어 있으며, 보육의 개념과 필요성에서부터 시작하여 보육의 역사, 보육사업의 발달, 보육시설의 유형, 영유아 발달과 보육, 어린이집 현장에서 꼭 필요한 보육프로그램의 내용, 보육환경 구성 등 보육프로그램의 내용과 실제를 폭넓게 다루었다. 따라서 예시나 관련 자료를 다각적으로 제시하여 실천적 지식을 습득하고 구체적 업무에 도움을 주고자 시도하였다.

이 책은 이제 막 유아교육과 보육학을 전공하려는 학생들에게 보육에 대한 이해를 제공하여 이후의 학문적 토대를 갖추게 하는 데 그 목적을 두고 있다.

아이를 좋아해서 보육의 길을 선택하고, 아이의 삶과 함께 하기를 소망하고, 그 여정을 걸어가고자 하는 모든 이들에게 작은 보탬이 되기를 바란다. 뿐만 아니라 유치원 및 보육시설의 교사들에게 이해하는데 도움이 되었으면 하는 마음이다.

2018년 1월

저자 일동

CONTENTS

CHAPTER 01 보육의 이해

1 보육의 개념 11
2 영유아 보육의 필요성 14
3 영유아의 권리 16
4 보육의 특성 18
5 현대사회에 있어서 요구되는 보육 19
6 현대사회에 있어서 요구되는 보육과정 22

CHAPTER 02 주요 국가의 보육 역사 및 현황

1 보육사상 27
2 각국의 보육의 역사 45
3 우리나라의 영유아 보육사상과 역사 57

CHAPTER 03 영유아의 발달특성과 요구

1 영아기의 발달특성 73
2 유아기의 발달특성 79

CHAPTER 04 다양한 유형의 영유아보육과정

1 영유아 보육과정의 개념과 특성 91
2 영유아 보육과정의 구성 95
3 영유아 보육과정의 내용과 계획 98
4 만 2세 미만 영아의 일과계획 및 운영 99
5 만 2세 영아의 일과계획 및 운영 106
6 표준보육과정 111
7 영유아 보육과정 운영의 과제 118

CHAPTER 05 보육의 이론적 쟁점

1 보육경험과 부모 및 보육교사와의 애착 129
2 보육경험과 영유아의 발달 변화 131
3 통합보육 139

CHAPTER 06 보육의 유형

1 보육의 질에 따른 유형 145
2 보육장소에 따른 유형 146
3 보육 운영주체에 따른 유형 148
4 보육시간에 따른 유형 151
5 보육목적에 따른 유형 158

CHAPTER 07 보육의 제도와 정책의 이해

1 영유아보육법의 이해 165

2 보육정책의 이해 179

3 보육정책 증대의 배경 188

4 보육정책의 과제와 전망 191

CHAPTER 08 보육 프로그램

1 영유아 보육 프로그램의 종류별 특성 199

2 특별한 영유아 보육프로그램 247

CHAPTER 09 보육시설 인적자원관리

1 원장의 자질과 자격 275

2 보육교사의 자질과 자격 277

3 보육교직원의 배치 및 직무교육 281

4 보육지원 인력의 역할과 중요성 287

CHAPTER 10 보육환경

1 보육환경의 개념과 특성 291

2 보육환경 구성원리 293

3 연령에 따른 보육환경 구성원리 295

4 보육환경 구성 298

CHAPTER 11 보육시설의 운영관리

1 운영관리의 개념과 특성 305

2 시설 및 설비 관리 306

3 재정관리 316

4 행정관리 319

CHAPTER 12 보육평가

1 보육평가의 필요성 및 목적 327

2 보육평가방법 329

3 평가결과의 활용 341

4 보육평가인증제 344

5 보육시설 평가인증 운영체계 354

CHAPTER 13 보육사업의 과제와 전망

1 보육사업의 과제 367

2 보육사업의 전망 372

■ 참고문헌 375

■ 찾아보기 379

CHAPTER

01

보육의 이해

1 보육의 개념
2 영유아 보육의 필요성
3 영유아의 권리
4 보육의 특성
5 현대사회에 있어서 요구되는 보육
6 현대사회에 있어서 요구되는 보육과정

1 보육의 개념

1) 보육의 개념

보육은 과거의 '탁아'라는 용어가 변화한 것으로, 개별적 또는 집단적으로 아동들을 '보호하고 교육'함으로써 건전하고 건강한 발달을 도모한다는 의미를 함축하고 있다. 보육 용어의 일반적인 사전적 의미는 영유아를 보살펴 기르고, 정상적인 발달을 목적으로 베푸는 교육이다. 보육(保育, Educare)의 어원적 의미는 보호(保護)의 보(保 : 지킨다)와 교육(教育)의 육(育 : 기른다)을 접목한 합성어이다. 우리나라의 현행 유아교육체계와 영유아 보육 체제의 이원화에 근거한 것이다. 우리나라 영유아 보육관련 제도 및 정책적 변화 속에서 보육개념의 역사적 변천을 이해할 수 있다. 따라서 본론에서는 시대에 따라 달라지는 보육의 개념과 보육과정의 종류를 개괄하고, 현대사회에 있어서 요구되는 보육과 보육과정은 무엇인지에 대한 자신의 생각을 논해 보겠다.

보육의 개념과 목적은 시대와 상황에 따라 다소 다르게 규정되어 왔는데 그 출발은 '아동을 위탁한다'는 의미의 '탁아' 개념에서 찾아볼 수 있다. 19세기 전후, 주로 저소득층을 중심으로 기혼여성들이 일터로 나가게 되면서 돌보아줄 사람 없이 방치된 상태에 놓이게 된 그 자녀들을 보호하기 위한 구빈적 차원에서 보육시설들이 자생적으로 생겨나게 된 것이다. 이때의 '탁아'는 아동이 본인의 가정에서 정상적 양육을 받기 어려운 경우, 하루 중 일정시간 동안만 타인에 의해 제공되는 돌봄을 뜻하였다. 돌봄이 낮 동안에 이루어졌기 때문에 'day care'로 표기되었고, 아동을 특정 시설이라는 장소에 '맡긴다'는 의미가 강했기 때문에 '탁아'로 표기되었다.

2) 시대에 따라 달라지는 보육의 개념

(1) 1945년 이전 전통기 – 최극빈 아동의 구호 차원

보육이란 아동을 맡아서 돌보아 주고 심신을 보호해 주고 정상적인 발달을 도와주는 활동이다. 이러한 의미에서 전통사회에서의 보육사업은 극소수의 최극빈 아동의 구호 차원에서 최소한의 생명연장의 선상에 있을 뿐이었다. 보육사업은 해방 이전에 일본의 총독부 관할로 사회사업 분야의 지도 및 통제역할로 시작되어, 사회사업시설로서 일본 구호령에 명시되어 법령적 근거가 미비하였다.

(2) 1945년 해방 이후 – 고아, 기아, 부랑아를 위한 아동 보호

1945년 해방 이후에서 6.25 전쟁을 거쳐 1960년까지는 정치적, 사회적 혼란기로서 정부가 보육사업에 대한 뚜렷한 방침을 세우지 못한 시기였으며, 또한 이 시기는 아동복리가 사회적 책임이라는 인식이 본격화된 시기로서 국가 및 국내외의 민간단체들이 고아, 기아, 부랑아를 위한 아동 보호시설을 설립하여 이들을 보호하고자 하였다. 따라서 1950년대까지 보육사업도 아동구호적인 성격을 벗어나지 못하고 있었다. 1948년 대한민국 정부가 수립되어 건국 초기의 정치 사회적 혼란을 수습하지도 못한 채 1950년 동란을 겪게 되었다. 이로 인하여 수많은 상이자와 전쟁고아 및 미망인이 생기게 되어 이들에 대한 구호문제가 시급한 사회문제로 대두하게 되었고 영유아 보육문제는 우선순위에서 밀리게 되어 발전방향조차 설정되지 않았다. 1947년 9월 당시 전국의 공익보육시설은 서울과 대전에 2개소에 불과하였던 것으로 나타났다.

(3) 1961년 아동복리법 제정 이후 – 탁아개념

보육사업은 1961년 아동복리법이 제정된 이후부터 비로소 국가 차원의 보육정책이 시작되었다고 간주하며, 보육은 위탁과 보호를 목적으로 하는 구호적 차원의 탁아의 성격이 강하였다. 이러한 탁아는 적절한 양육을 기본 전제로 하는 양육자의 능력을 강화하거나 지지하는 차원이 아니라 양육자의 근로시간 동안 사회 · 경제적 지위가 낮은 대상의 가정을 대신하는 보완적인 역할로서 국가에서 제공하는 선별주의적 성격이 강했다. 이에 대한 법적 근거는 1952년 제정된 '후생시설 요강'에 잘 드러나 있으며, 이 요강에서는 '탁아소'라는 명칭을 사용하고 있다. 그 후 1961년 제정된 아동복리법에서는 탁아소 대신 탁아시설이라는 명칭을 사용하면서 탁아사업의 목적과 내용을 법령으로 명시하였다.

(4) 1982년 유아교육진흥법 제정 이후 – 보육

보육이 보육서비스의 성격을 가지게 된 것은 1982년 유아교육진흥법과 1991년 영유아보육법이 제정 · 공포되면서부터이다. 그동안 산발적으로 실시되어 오던 '탁아사업'의 개념을 교육기능까지를 포괄하는 보육의 개념으로 바꾸었으며, 명칭도 '탁아시설'에서 '어린이집'으로 개칭하였다. 이것은 단지 명칭의 변경이 아니라 부모를 대신하여 아동을 보호하고 양육하는 것은 물론 아동의 전인적 발달을 위해 교육의 기능도 함께 수행되어야 한다는 인식의 변화를 포함하고 있다.

(5) 2004년 개정 영유아보육법 이후 – 보편적 인권의 관점에서 보육

2004년에는 보육발전의 새로운 전기를 마련하기 위하여 1991년 제정되었던 영유아보육법을 전문 개정하였다. 개정된 영유아보육법에서는 과거의 보충적 관점의 저소득층 대상 자녀를 중심으로 취업모의 자녀를 맡아 단순히 보호해 주는 개념에서 벗어나 보편적 보육으로 변화됨에 따라 모든 영유아가 좋은 교육과 보호받을 권리를 보장하기 위한 보편적인 인권의 관점으로 변화되었다. 즉, 여성을 위한 일자리 창출, 여성의 자아실현을 위한 양육문제 해결과 같은 여성의 관점에서 본 도구적 수단이 아니라 영유아의 잘 자랄 권리를 보장하기 위한 보편적 보육의 관점으로 접근되고 있다. 결국 보육의 관점은 보육대상 범위를 확대함으로써 보편적 보육으로 변화되었고, 더불어 보육의 성격 또한 그 가족과 지역사회로 확대되었다. 이와 같이 현대적 관점의 보육은 모든 영유아가 차별 없이 평등한 조건에서 보호와 교육을 받아 최적의 발달에 도달할 수 있게 하며, 영유아의 부모가 함께 행복해지도록 사회와 국가가 지원하는 복지서비스를 포함한 포괄적인 개념으로 정의할 수 있다.

따라서 보육의 개념은 아동의 건강과 안전 지도뿐만 아니라 전인적 발달을 위한 교육을 포함하는 보호와 교육이 통합된 보육의 개념으로 확장되었다. 보육 중 보호의 개념에 속하는 내용으로는 영유아의 안전, 건강, 영양관리를 들 수 있으며, 교육의 개념에 속하는 내용으로는 영유아의 바람직한 성장발달을 위한 보육시설 내에서의 하루 일과에 대한 세부 내용들이 포함된다.

2 영유아 보육의 필요성

1) 다문화가족의 증가

우리 사회 다문화가족이 증가되기 시작하면서 보육의 중요성이 날로 부각되고 있다. 특히 다문화가족 출신 아동은 미숙한 한국어 등으로 한국사회 통합에 큰 어려움을 호소하고 있으며, 앞으로 다문화가정은 지속적으로 증가될 것으로 예상되는 바, 다문화가정 출신 아동의 한국사회 적응문제는 사회적 문제가 될 소지가 매우 크며, 이에 우리나라 보육계에서는 다문화관련 교육을 강화하고 있다.

2) 가족기능 약화

전통적 가족형태에서는 남성과 여성의 역할이 분리되어 있어 어머니의 역할인 애정, 정서적 안정감, 애착형성, 수용과 배려를, 아버지의 역할인 지식, 규범, 가치, 사회화 등이 자연스럽게 학습되어졌으나 현대 핵가족 내에서는 그 구분이 불명확해졌다. 이러한 현상으로 인해 보육의 일차적 기능인 신체보호는 물론이고 영유아기에 꼭 형성되어야 할 발달과업 중 도덕성, 사회성 전반에도 문제가 야기될 수 있는 부문에 있어 도움을 주는 것이다.

3) 부부 이혼율 증가

우리나라 이혼율은 30% 후반 대에 이른다. 전체 결혼 부부 10쌍 중 4쌍이 이혼을 하고 있다는 것이다. 가족은 사회를 이루는 가장 기본조직 단위이다. 혈연 및 지연을 중심으로 연대감을 형성하고 있는 가족이 모여 우리 사회를 구성하고 있는 것이다. 그러나 이혼의 증가는 사람과 사람 사이의 연대감과 신뢰를 무너트리는 가장 큰 원인으로 지목되고 있으며, 나아가 이혼은 사회적 규범과 가치에 대한 부정적 인식과 훼손을 불러일으키는 것이다. 이혼가정 영유아를 바라보는 곱지 않은 사회적 시선을 인식하기 때문에 지역사회나 친구들과의 교류에 있어서 또래 아이들보다 위축될 여지가 있다. 따라서 영유아가 지역사회 활동에 적극 참여할 수 있는 사회적 배려가 필요한 것이며, 이에 이혼가정 영유아를 위한 전문보육서비스의 필요성이 대두되었다.

4) 사회 · 경제적 변화

2013년 통계청 조사자료에 의하면 영유아를 둔 가정의 맞벌이 사례는 30%를 초과하고 있다. 전통적으로 가정은 영유아를 보호하는 양육기능을 담당하였으나, 맞벌이가족의 증가로 가정의 양육기능이 약화되었으며, 이에 따른 보육의 필요성이 더욱 강조되고 있는 것이다.

5) 교육적 인식 변화의 변화

전통적으로 우리나라는 학벌을 중시하는 사회였다. 그러한 사회 풍토는 현대사회에 있어서 더욱 강화되는 추세이며, 영유아들의 재능이나 바람은 무시당한 채 조기영어교육이나 사립영재보육시설 등이 각광받고 있다. 이에 발맞춰 보육시설에서는 영유아를 위한 조기영어교육반이나 특수 영재교육반을 앞다투어 운영하고 있다.

3 영유아의 권리

인권은 사람이 이 세상에 태어나면서 출생과 더불어 존재함으로 소유하는 자연법적 권리를 말한다. 성인에게 주어지는 인권은 영유아에게도 그대로 적용되고 그에 덧붙여 스스로 생존을 보호할 수 없는 특별한 존재이기에 보호권과 양육보장권이 첨가된다. 즉, 영유아에게 인권은 사람으로서 이 세상에서 성장 · 발달하고 차별 없이 살아갈 권리를 말한다. 구체적으로는 아동의 생존권, 양육보장권, 성장발달권, 참여권, 복지권, 교육권과 문화향유권, 특별보호권으로 분류할 수 있다.

1) 생존권

생존권은 아동이 생명과 건강을 유지할 수 있도록 충분한 영양섭취와 의료혜택을 받고 적절한 생활수준을 누릴 수 있는 권리를 의미한다.

2) 성장발달권

성장발달권은 아동이 식품을 통해서 영양을 섭취하여 신체를 발달하도록 하고 지적 자극을 받아들여서 정신적 발달을 도모할 수 있게 하는 것이다.

3) 참여권

참여권은 영유아가 국가나 지역사회의 활동에 적극적으로 참여할 수 있는 권리를 의미한다. 여기에는 자신의 의견을 표현할 권리, 자신의 삶에 영향을 미치는 문제들에 대한 발언권, 단체에 가입하거나 평화적인 집회에 참여할 수 있는 권리가 포함된다.

4) 양육보장권

양육보장권은 영유아는 학대와 방임, 차별, 폭력, 고문, 징집, 부당한 형사 처벌, 과도한 노동, 약물과 성폭력 등 모든 형태의 유해한 환경으로부터 보호받을 권리를 의미한다. 즉, 아동의 발달에 적합한 가정환경을 보장받아야 할 권리를 말한다.

5) 복지권

영유아의 신체와 정신을 건강하게 발달시키고 타고난 신체와 지적 능력을 개발하고 행복하게 살기 위해서는 타고난 능력이나 상태와 관계없이 기초보건을 유지하고 자신의 복리를 보장받는 복지권이 필요하다.

6) 교육권 및 문화향유권

영유아는 잠재되어 있는 능력을 개발하기 위해서 교육받을 권리가 있다. 특히 사회에 나가서 직업을 가지고 생활을 영위할 수 있는 기본 능력을 준비하는 교육과정이 제공되어야 한다.

7) 특별보호권

어떤 상황에서든 영유아는 특별히 안전하게 보호받아야 하는 권리를 말한다. 천재지변과 같은 재난, 전쟁, 위기상황에서 영유아는 최우선으로 보호되어야 한다.

4 보육의 특성

1) 아동중심성

보육의 1차적 목표는 부모를 대신하여 위탁된 아동을 보호하고, 아동이 우리 사회를 살아감에 있어 꼭 필요한 지식을 전수하여 그들이 우리 사회의 건강한 민주사회 시민으로 그 역할을 하는데 있어 도움을 주는 것에 있다. 따라서 보육과정은 아동중심적 과정으로 설계된다.

2) 아동의 전인적 발달에 도움

보육은 아동의 생존권, 성장발달권, 특별보호권, 교육권, 시민권, 양육보장권, 복지권을 동시다발적으로 실현하는 과정이라 할 수 있으며, 이는 아동의 전인적 발달에도 큰 도움을 주게 된다.

3) 다양한 가족형태의 보완

다양한 가족형태를 보완하는 성격을 지니고 있다. 즉, 현대사회에서 한부모가족이나 조손가족, 다문화가족 등이 증가하고 있는데, 보육과정은 이러한 가족형태 변화로 인한 부정적 영향으로부터 아동을 보호하고, 발달적 결함을 보완하는 역할을 하게 되는 것이다.

4) 사회화 기능의 대행

아동은 대인관계 기술 내지 일상생활습관을 교육받게 된다. 따라서 보육과정으로 아동은 사회화 기능을 효율적으로 습득할 수 있게 되며, 나아가 우리 사회 공동체의 가치관 또한 습득할 수 있게 된다.

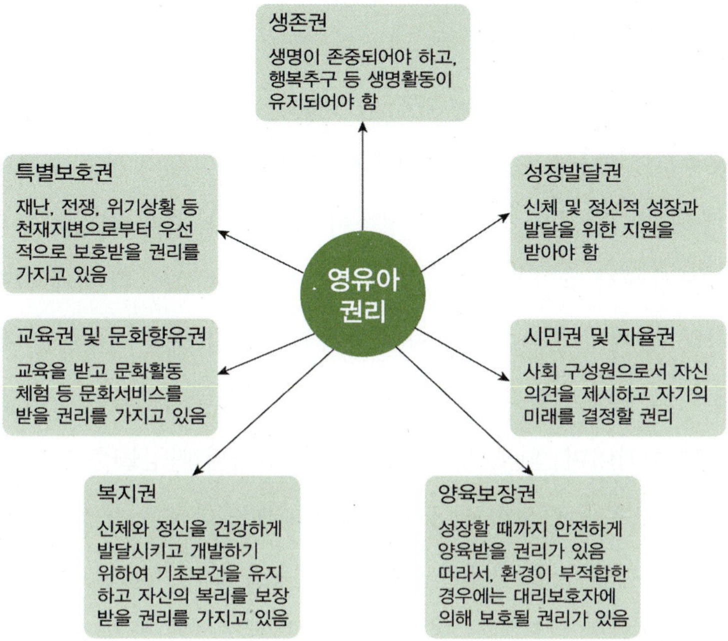

[그림 1-1] 영유아의 권리

5 현대사회에 있어서 요구되는 보육

1) 권리의 주체로서 보육

영유아를 권리의 주체로 인식하게 되었다. 영유아는 보호의 대상일뿐만 아니라 적극적인 권리의 주체로 인식하여 어떠한 종류의 차별이나 처벌로부터 권리를 존중, 보장되어야 한다. 영유아에 관한 모든 활동은 영유아의 이익을 최우선적으로 고려해야 하고, 모든 영유아의 생존과 보호, 발달을 보장하며 영유아의 연령과 성숙도에 따라 정당한 존중이 이루어짐을 규정하고 있다. 즉, 영유아는 그들의 생명이 존중되는 안전한 환경 속에서 몸과 마음이 튼튼하게 자라도록 필요한 영양을 공급받고, 적절한 지적인 자극을 통해 정신적 발달이 이루어지므로, 영유아들의 평등한 보호와 교육받을 권리는 영유아 개인의 문제를 넘어 미래의 국가발전의 토대로써도 매우 중요하다.

2) 수요자 중심의 보육

최근 보육의 필요성이 요구되는 가장 중요한 이유는 취업모의 증가이다. 현대 여성들은 교육수준의 향상과 경제적 자립에 대한 욕구가 강해져 결혼 후에도 계속적으로 직업을 통해 자아실현을 하려는 여성들이 늘고 있다. 또한 현대의 부부역할관은 기존의 남성부양에서 맞벌이 부부관으로 변화되고, 여성이 주 생계 담당자로서의 역할이 증가하고, 나날이 늘어가는 자녀 양육비의 부담 또한 여성들을 계속해서 경제활동에 참여하게 하고 있다. 또한 여성들의 경제활동 여부와는 상관없이 육아는 여성들의 주요 책임이며, 의무라고 하는 생각이 더욱더 여성들을 힘들게 하고 있으며 이것이 또한 보육이 필요한 이유라고 할 수 있다. 다양한 산업현장에서 일하고 있는 취업모들이 마음 놓고 경제활동과 자녀양육을 할 수 있도록 취업모의 여건을 고려한 수요자 중심의 보육제공 또한 보육에서 해결해야 할 과제이다.

3) 공공보육서비스

저출산과 고령화 현상의 문제이다. 저출산의 문제는 출산 파업이라고 할 정도로 우리 사회에 심각한 위기상황으로까지 느끼게 하고 있다. 전국경제인연합회는 저출산의 요인을 높은 교육비용, 자녀에 대한 노후보장 기대 감소, 결혼연령의 상승, 여성의 경제활동 참여 증가로 보았다. 또한 저출산 현상과 맞물려 나타나는 고령화는 미래사회의 발전 주체로서 아동의 역할이 갖는 중요성을 더욱 부각시키고 있다.

따라서 보육은 아동이 성장해서 행하는 사회적 기여에 대한 보상이라는 관점에서 매우 필요하다. 한국보다 먼저 저출산을 겪었던 OECD국가들의 경험을 보면 여성의 경제활동 참가율이 GDP 성장률과 관계가 있으며, 저출산 고령화 문제는 경제성장과정에서 여성의 고학력화, 경제활동 참여 증대, 가족형태의 다양화에 따른 필연적인 과정이라고 볼 수 있다. 이와같이 사회적 변화 추세를 고려할 때 저출산 대책은 출산장려정책이 아니라, 여성경제활동 참여의 제고를 통해서 비용부담을 상쇄하고 공공보육서비스 등의 대책을 통해서 경제활동 참여와 출산 양육의 양립을 도모하는 것이 바람직하다.

4) 다양한 욕구를 반영한 보육

가족구조 및 형태의 다양화는 더 이상 가족에게 의존할 수 없는 사회적인 현상이며 보육의 사회적 책임과 노력을 의미한다. 가족의 형태는 무자녀가족, 이혼이나 사별을 통한 한부모가족, 부부의 이혼이나 가출 등으로 인해 조부모와 아이들이 함께 사는 가족, 혼인 신고는 하지 않고 동거하는 가족 등 여러 유형의 가족이 있다. 이는 시간제 보육, 24시 보육, 야간 보육, 방과 후 보육, 휴일보육 등의 다양한 보육서비스를 요구하게 되었다.

5) 적절한 보호와 교육적 경험

발달적 측면으로 발달의 기초성, 누적성, 적기성, 불가역성의 이유로 인하여 영유아기의 적절한 보호와 교육적 경험은 전인 발달, 기본 생활습관 형성과 인성 형성에 중요한 영향을 미친다. 이러한 영유아기 보호와 교육의 중요성은 인간 발달의 초기 경험이 이후 발달에 많은 영향을 미치게 된다. 특히 영유아기에 이 결정적인 시기를 놓치면 회복이 어려울 뿐만 아니라 유아기에 학습해야 할 신뢰감이나 자율성, 주도성, 언어능력 등을 적기에 학습해야 한다는 의미에서 영유아기의 보육적 경험은 매우 중요하다.

6 현대사회에 있어서 요구되는 보육과정

1) 보육교사의 전문성 향상

보육교사의 전문성 향상을 위한 최저학력 상향이 요구된다. 보육의 질을 결정하는 중요한 요소가 보육교사의 자질이라고 보았을 때 우수한 보육교사가 보육시설에 근무함으로써 보육과정의 내실화를 기할 수 있다.

보육교사를 1년 과정의 보육교사교육원이나 사이버대학 등을 통한 보육교사 배출제도를 조속히 폐지하고 보육교사의 학력을 4년제 졸업자로 상향 조정할 필요성이 있다.

2) 보육교사의 체계적인 교육

보육과정의 효과적인 수행을 위해 보육교사에 대한 체계적인 교육이 요구된다. 현재 보육교사를 대상으로 실시하는 교육은 승급교육과 3년 주기의 직무교육이다. 그러나 실제 현장에서는 보육교사의 잦은 이직과 대체교사의 부족 등 여러 가지 사정으로 직무교육이 적정하게 이루어지지 않고 있으며 보육과정의 인식과 적용에 필요한 체계적인 교육도 미흡한 실정이다. 따라서 보육교사의 전문성 향상을 위해 다양하고 체계적인 교육을 지원하는 방안이 모색되어야 한다.

3) 제도적 장치 마련

전체 보육시설이 보육과정을 지속할 수 있는 구체적인 방안과 제도적 장치가 마련되어야 할 것으로 판단된다. 2005년부터 시작된 보육시설 평가인증제도를 통해 보육현장에서 보육과정 지속 여부를 파악하는 계기를 마련하였다.

또한 보육시설 평가인증은 자발적으로 참여한 시설에 대해서만 이루어지고 있어 미참여 시설에 대해서는 보육과정의 시행 여부에 대한 판단준거가 마련되어 있지 않다. 따라서 보육과정의 보급을 위해 유치원에서 시행 중인 장학제도 형태의 제도적인 장치를 보육시설에도 마련할 필요성이 있다.

4) 다양한 프로그램 개발

보육과정의 계획, 실행, 평가에서 보육교사는 보육의 질적 수준에 많은 영향을 미친다. 따라서 보육의 질적 수준을 높이기 위한 보육과정 질 관리에 관한 연구를 포함하여 원내 교사교육, 자율장학, 멘토링 등 보육교사의 전문성 향상을 위한 다양한 프로그램 개발이 요구된다.

CHAPTER

02

주요 국가의 보육 역사 및 현황

1 보육사상
2 각국의 보육의 역사
3 우리나라의 영유아 보육사상과 역사

1 보육사상

1) 고대~16세기의 보육

고대에는 성과 계층에 따라 서로 다른 교육을 받았고, 공동체의 중요성이 강조되었다. 그리스 시대는 독립성이 강하고 엄격한 연대감으로 유아를 교육했던 스파르타 교육과 조화롭게 놀이가 중시되었던 아테네의 유아교육으로 나누어지고, 이 시대의 교육사상가로는 소크라테스(Socrates), 플라톤(Platon), 아리스토텔레스(Aristoteles)가 있다. 로마시대는 정치 · 경제의 안정으로 부모의 모범을 통한 아이들의 인격형성을 꾀하였다.

중세는 서로마 제국이 멸망하던 때(476년)부터 동로마 제국이 멸망하고(1453년) 르네상스운동이 전개되기 전까지의 1,000년 동안을 일컫는다. 로마의 쇠퇴 속에서 많은 로마인들은 중세의 기독교 사상에서 정신적 위안을 받고자 했고, 이러한 사회적 배경은 모든 지식은 신으로부터 온다는 믿음에 기반을 두었으며, 모든 교육은 신을 중심으로 전개되어 교회와 수도원을 중심으로 유아기 교육이 행해졌다. 중세에는 유아기 인간형성의 시기에 성직자에 의한 신앙교육을 바탕으로 한 교육이 주로 행해졌다. 당시의 아이들은 빈부의 차이에 구애받지 않고 당시 최고의 교양인이었던 성직자들로부터 가장 이상적인 교육을 받을 수 있었다. 성가와 라틴어를 읽고 쓰는 교육이 이루어졌는데 이에 대해서는 순수한 인간형성을 위한다는 긍정적인 평가가 있는 반면, 아동에 대한 이해가 없고 아동을 성인의 축소판으로 여기고 있다는 부정적 평가의 관점도 있다.

중세의 기사정신은 아이들의 놀이에 기사도 정신이 가미된 형태를 띠게 되었다. 아이들을 신사 · 숙녀 교육으로 인도하여 천국과 지상에서 봉사할 수 있는 경건하고 용기 있는 인간을 기르고자 했던 것이다. 11세기 십자군 원정 이후 중세는 상업교역이 활발해지면서 시민생활이 다양해졌고 이에 따라 읽기, 쓰기, 셈 등의 소양이 요구되어, 신흥 시민계층의 아이들은 매우 현실적인 교육을 받게 되었는데, 유아기 교육에도 현실주의나 합리주의가 반영되지 않을 수 없었다.

2) 17~18세기의 보육

17세기에는 자연과학이 발달하고 경험철학이 영향을 주면서 사실과 자연과학을 강조하는 실학주의가 등장하였다. 자연과학에 근거하여 사물에 관심을 두기 시작하였으며 관념론적인 접근보다는 실생활에 가까운 자연현상을 연구하게 된다.

실학주의는 고전주의를 이해하고 배우는 인문적 실학주의와 사회생활이 경험을 통해 인격을 도야하는 사회적 실학주의가 있다. 또한 지식은 감각을 통해 얻어지며 그러기 위해서는 감각기관의 훈련이 반드시 필요하다는 감각적 실학주의가 있다.

(1) 코메니우스(comenius)

코메니우스(1592~1670)는 지금의 체코슬로바키아에서 태어나 16세에 라틴어 학교에 입학, 헬보른 대학에서 학업을 했다. 대학 졸업 후 라틴어 교사가 되었으며 1616년에는 보헤미아 동포 교단의 목사로 임명되었다. 스페인과의 전쟁, 종교적 박해로 코메니우스는 폴란드의 한 도시 리사(Lissa)로 망명하였으며 이 무렵부터 교육학에 관해 연구하기 시작하였다.

코메니우스의 대표적인 저서로는 『대교수학』(1632)과 『세계도회』(1658)가 있다. 『대교수학』은 교육에 관하여 조직적으로 논술한 '세계 최초의 교육학 저서'이다. 『대교수학』은 '모든 사람에게 모든 것을 가르치는 보편적인 기술'이라는 부제가 붙어 있다. 이 책에는 인간의 교육기간을 출생에서부터 24세까지로 잡고, 이를 유아기(출생~6세), 아동기(7~12세), 소년기(13~18세), 청년기(19~24세)의 네 단계로 나누어 시기별 교육내용을 제시하였다. 이 중 유아기를 어머니의 무릎학교라고 칭하며, 일상생활이나 사물에 관한 기초지식, 도덕적 습관, 신앙에 관한 기초 지식을 주요 교육내용으로 하였다.

코메니우스의 교육원리는 다음의 세 가지로 요약된다.

첫째는 합자연의 원리로 이는 자연의 질서에 따라 학습하는 원리이다. 이는 가르치는 일은 자연과 같이 적절한 시기를 고려하라는 의미로 아동 발달단계를 따라야 함을 말한다. 또한 쉬운 것에서 어려운 것으로 가르치고 사물을 먼저 보이고 언어적 사용은 그 후에 이루어지도록 하는 것, 그리고 자연은 비약하지도 중단하지도 않으므로 학습 역시 기초학습이 다음 학습에 영향을 끼치는 점을 유념하도록 했다.

둘째는 직관의 원리이다. 즉, 직접적인 사물을 통한 교육이 이루어지도록 했다.

셋째는 훈육에 관한 원리이다. 이때의 훈육은 스스로 이겨내는 힘을 기르는 것을 의미한다. 교사는 사랑과 온정으로 아동을 대하되 충고와 질책이 필요함을 강조하였다. 코메니우스는 『세계도회』는 세계 최초의 그림이 든 교과서로 시청각 교재의 시초이다.

(2) 로크(Locke)

로크(1632~1704)는 영국에서 태어나 옥스퍼드, 크리스트 처어치 칼리지(Christ Church College)에 입학하여 철학, 정치, 종교를 배웠으며, 외교관 비서, 가정교사, 의사, 정치인, 저술사 등 다양한 경력을 가진 인물이다. 대표적 저서로 『교육에 관한 고찰』, 『인간 오성론』 등이 있다. 그의 사상은 경험주의로, 지식은 일차적으로 인간의 감각경험으로부터 나오는 것이라는 견해로 요약될 수 있다(양옥승 외, 2001 재인용). 지성을 백지(tabula rasa)로 묘사하고 있으며 이러한 백지설은 인간 본성의 선함 또는 악함이 출생 시에 이미 결정되어 태어나는 것이 아니라 후천적인 경험을 통해 형성된다는 주장이다. 따라서 인간의 지식획득은 외부세계, 즉, 물리적 · 사회적 환경으로부터 오는 것이지 선험적인 정신이나 영혼으로부터 유래하는 것이 아니라는 것이다. 학습과 경험에 대한 로크의 이러한 생각은 유아기 교육의 중요성을 강조하는 데 많은 영향을 주었고, 인간 학습에서 유전적 요인보다 환경적 경험을 더 강조하게 하였다.

로크는 교육의 궁극적인 목적을 사회적으로 유능한 신사를 키워내는 것으로 보았다. 그러기 위해서는 지 · 덕 · 체 모두 중요하다고 보았고, 그 중에서도 체육을 중요하게 여겨, 라틴어 속담을 인용해 '건전한 신체에 건전한 정신이 깃든다'라고 주장했다(신득렬, 2005 재인용). 이는 신체가 마음과 정신건강의 기초가 됨을 의미하는 것이라 할 수 있다. 또한 신사가 되기 위해 덕과 지혜, 예의, 학문을 겸비해야 한다고 주장했는데 특히 덕을 제1요소로 생각했다. 덕을 성취하게 되면 다른 요소들을 성취하기 쉽다고 생각했기 때문이다. 이 외에도 신사가 되기 위한 교과로 읽기, 쓰기, 그리기, 언어, 시 짓기와 감상, 산수, 지리, 역사, 논리학, 수공예, 레크리에이션, 부기, 여행 등을 제시하였으나 이러한 교과목을 모든 계층에서 배울 필요는 없다고 생각했다. 즉, 부유한 계층의 자녀들을 염두에 두었던 것이다. 그리하여 로크의 교육사상은 귀족주의적이며 교사 중심적이라는 비판을 받기도 했다.

유아의 교육에서는 심신의 조화로운 발달을 강조하여 유아기의 바른 습관을 통해 바른 정신이 형성된다고 보았다. 그러기 위해 부모의 이성적인 사랑을 지니고 일상생활에서 모델링을 해주고 엄격한 규율 하에 유아를 훈련시켜야 한다고 했다. 보상과 벌에 대해서도 주의할 것을 당부하였는데, 특히 물질적 보상, 체벌, 협박 등은 노예적 근성을 키우므로 절대로 사용해서는 안 된다고 하였다(이은화, 2001).

또한 지식교육은 정신 훈련이 이루어진 후에 하도록 하고 고전(그리스어나 라틴어 등)에 편중되지 않고 장래에 필요한 지식을 주어야 하며, 유아가 글자가 적힌 주사위나 놀잇감을 가지고 놀면서 읽기를 배울 수 있도록 권유함으로써 오늘날 학습이론의 기초를 제공하였다.

(3) 루소(Rousseau)

18세기는 철학적으로는 이성과 합리성이 지배한 시대였으며, 교육사적으로는 자연주의 교육사상이 주류를 이룬 시기이다. 자연주의 교육은 자연에 일치하는 교육으로, 자연의 법칙을 교육에 적용, 응용한다는 것이다. 또한 인위적인 교육이 아닌 자연에로 돌아감을 의미하며, 인간의 자연스런 본성을 최대로 드러내게 하는 교육을 의미한다. 그러기 위해 성인의 간섭은 최소화되어야 한다고 생각했다. 루소는 교육의 중심을 교육자, 교과, 지식에서 학습자, 생활, 경험으로 전환하려고 노력하였다. 루소는 인간의 내면에 잠재되어 있는 자연적인 감정을 중요시하고 인간의 선천적 본성을 사회의 모든 악으로부터 보호하는 자연주의 교육을 강조하여 이를 통한 이상사회를 건설하고자 하였다. 그래서 교육을 어떤 외적인 것에 의해서 어떠한 형의 인간을 형성해 가는 조형적 교육이나 주입식 교육으로 보지 않을 뿐만 아니라 교육을 무(無)에서 유(有)로 변화하는 과정으로도 보지 않았다. 이러한 루소의 교육을 소극적 교육이론으로 불리기도 한다.

루소(1712~1778)는 스위스 태생이며, 정치사상을 담고 있는 『사회계약론』(1762)과 교육서설 형식의 『에밀』(1762)을 통해 사회의 악한 요소로부터 인간을 해방하기 위해서는 아동을 타락한 사회보다는 자연 속에서 키워야 한다고 생각했고, 교육개혁을 통한 사회개혁의 의지를 표하였다. 루소는 자연, 인간, 사물들의 교육을 통해 학습자의 천부적인 능력을 자연적으로 발달시킨 자연인을 형성하려고 하였다(박준영, 1999).

루소가 말하는 좋은 교육의 본질은 학습자의 자연성과 자주성을 바탕으로 한 교육이다. 그러므로 교육은 진리나 지식을 가르치는 일이 아니라 그것들을 발견할 수 있도록 도와주고 발견하는 방법을 알 수 있도록 하는 일이다. 즉, 교육의 목적은 앞서 언급한 자연인의 완성을 의미하며, 사회인의 반대적 개념이기도 하다. 사회인은 전통적 사회에서 관습이나 특수 목적을 위해 교육되어진 제약된 사람을 말한다.

자연인 양성을 교육의 목적으로 하고, 이를 위한 교육과정과 내용은 전통적인 서적 대신 감각, 신체와 관련된 활동에 중점을 둘 것을 주장했다. 유아에게 강조하는 교육 역시 달리기, 뛰기, 등산, 수영 등의 신체적 활동과 학습자의 감각적 분별력을 위해 실제로 사물의 수를 세고 무게를 달아보는 것, 거리를 측량하고 그림을 그려보며, 직접 노래를 불러 보는 것 등이었다. 언어와 그림의 내용도 유아가 자신의 생각을 자유롭게 표현하는 방법을 중요하게 생각했다.

그의 교육사상을 대표하는 『에밀』은 1부 유아기(0~5세), 2부 아동기(6~12세), 3부 소년기(13~15세), 4부 청소년기(16~20세), 5부 성인기(21세 이후)의 총 5부로 구성되어 있다. 이 중에서 유념해서 볼 부분은 유아기와 아동기이다. 루소는 유아가 출생하는 순간부터 교육이 이루어져야 함을 다음과 같이 언급한다.

인간의 교육은 태어나면서부터 시작된다. 말하고 알아듣기 전에 이미 교육은 시작된 것이다. 경험은 배움에 앞선다. 아이가 자기 유모를 알아볼 때는 이미 많은 것을 배운 뒤이다(박준영, 1999 재인용).

루소는 유아 때부터 자유로운 신체교육을 통해 만져보고 접촉하는 교육을 중요시한다. 이를 위해 유아의 활동을 중요하게 여겨야 하며 유아의 활동에 방해되지 않도록 해야 한다. 강한 신체교육을 하되 그 방향은 자연의 원리를 따르면서 해야 하는 것이고 그렇게 할 때 일찍부터 어려움에 익숙하여 앞으로의 삶에 대처할 수 있음을 주장한다. 즉, 루소는 유아의 생명이나 건강을 위태롭게 하지 않는 범위 내에서 신체를 단련시킬 것을 강조했다(박준영, 1999).

6~12세에 이르는 아동기 교육의 과정 역시 감각적 흥미를 중요시했다. 특히 감각과 지각은 이성과 도덕성 발달의 기초가 된다고 보았고, 사물에 대한 감각은 모든 지식의 자료이며 사물을 지각함으로써 관념을 형성하는 것이라 하였다. 그래서 눈과 손, 발이 최초의 교사라고 하였다. 또한 아동기에는 말을 통한 교훈보다도 경험을 통한 교훈을 받도록 해야 한다고 주장했는데, 처벌, 질책, 명령과 같은 인위적인 벌보다 자연적인 벌을 사용할 것을 권한다. 다음의 글은 자연적인 벌에 대한 개념을 잘 설명해 주고 있다(박준영, 1999).

아이가 좋아하는 가구를 부수었을 때는 서둘러 다른 가구를 갖다 주지 말고, 그것이 없어져서 받는 불편을 깨닫도록 해야 한다. 아이가 자기 방의 창문을 깨뜨리거든, 바람이 밤낮으로 들이치도록 내버려 두라. 아이가 당신에게 끼치는 불편에 대해 투덜대지 말고, 아이가 먼저 불편을 느끼게 해 주라(박준영, 1999 재인용).

루소가 주장하는 교육방법은 크게 다섯 가지로 요약된다.

첫째, 자연중심교육방법이다. 합자연의 원리라고도 하는데, 인간의 발달단계에 맞는 교육으로 인간 내부의 자연성에 맞는 교육을 해야 한다는 것이다. 그래서 교사의 임무는 유아를 억지로 교육시키는 것이 아니라 유아가 자연의 질서를 따르도록 지도하는 것이다.

둘째, 소극적 교육방법이다. 이 원리는 교사활동의 적극성을 최대한 줄이고 유아의 자연적 활동을 최대화하라는 것이다. 그래서 학습자의 입장에서 보면 오히려 적극적인 교육방법이라 할 수 있다.

셋째, 유아생활중심 교육방법이다. 유아에게 미래를 위한 준비가 아닌 현재 생활 그 자체를 위한 생활교육을 해야 함을 의미한다. 올바른 교육은 올바른 유아교육에서 출발해야 한다는 것으로 유아기 매 순간의 생활 그 자체가 절대적 가치와 의미를 지닌다는 것을 강조한 것으로 볼 수 있다.

넷째, 직관중심 교육방법이다. 실물을 통한 감각교육을 통해 학습자 내부의 자발적인 발달을 도모할 수 있다. 직관은 외부세계와 접촉하여 감각적 경험을 통해 지식을 획득하는 방법이다.

다섯째, 사회중심 교육방법이다. 루소는 궁극적으로 문명 상태의 자연인을 기르고자 했다. 즉, 사회 속에 살면서 사회의 속박을 받지 않고 자주적으로 생활할 수 있는 인간을 만드는 것이다. 자연인이라고 해서 원시 시대의 야만 상태로 돌아가는 자연인을 의미한 것은 아니라는 것이다. 자기 자신만의 자유와 행복을 추구하는 자연인이 아니라 새로운 문화 속에서 자신의 자연성이 그대로 길러진 자연인이 사회의 일원으로 임무를 다하는 이상사회를 건설하고자 했던 것이다.

루소의 교육사상은 오늘날의 유아교육에 많은 시사점을 주고 있다. 인간성 회복을 위해 유아기 그 자체에 절대적 가치를 부여하는 것, 지식중심의 유아교육에서 진정한 자연인으로 유아를 바라볼 필요성을 제기한 점, 주입식 방법이 아닌 유아의 적극적, 자발적 교육을 강조하는 소극적 교육방법 등이 그것이다.

3) 19~20세기의 보육

기계적이고 지극히 합리적인 계몽주의에 반하여 신인문주의는 18세기 후반 독일중심으로 일어났으며 인간성의 미적, 조화적 형성을 추구하였다. 인간이 가장 자유롭게 내면에서부터 최대한의 능력을 조화롭게 발달시키는 것을 인간 형성이라고 보았다.

개성을 존중하면서 동시에 사회성과 역사성을 중시하였고 국가주의를 지향하였다. 계몽주의가 주지적, 개인적, 반역사적인 반면, 신인문주의는 정의적, 국민적, 역사적인 성격을 갖는다.

(1) 페스탈로치

페스탈로치(1746~1827)는 스위스 출생으로 교육이론가라기보다는 교육실천가이다. 루소의 『에밀』에서 주장한 인간의 선한 본성을 평생 그의 신념으로 지켰으며, 1774년 노이호프(Neuhof)에 학교를 세워 자신의 신념을 실천하고자 하였다.

페스탈로치는 교육의 본질은 인간의 본성을 계발하는 데 있으므로, 모든 교육활동은 인간의 본성을 전개해 가는 것에 집중되어야 한다고 보았다. 페스탈로치는 교육목적을 전인교육에 두고 있다. 특히 3H의 조화로운 발달을 주장했는데, 머리(정신 : Head) · 가슴(마음 : Heart) · 손(기술 : Hand)이 바로 그것이다. 머리의 발달을 위해서는 실물학습이 필요하다고 보았고, 손을 발달시키기 위해서는 노작교육이 필요하며, 가슴을 발달시키기 위해서는 가정교육이 필요하다고 생각했다(신득렬, 2005). 가정은 사랑을 실천할 수 있는 가장 중요하고도 적합한 장소라고 보았다. 아울러, 좋은 교육내용과 체계적인 교육방법이 있다 하더라도 사랑이 없으면 참된 교육을 할 수 없다고 보았다.

페스탈로치가 실천한 교육원리는 합자연(合自然)의 원리이다. 합자연의 원리는 다음의 다섯 가지 원리를 포함한다(심성경 외, 2005 재인용).

첫째, 자발성의 원리이다. 주입식 교육이 아니라 학습자 내부에 깃든 자연적인 힘을 스스로 잘 발전시켜 나가도록 하는 것이다. 자기 활동적인 방법, 자율적인 교육방법을 중시하게 된다.

둘째, 단계의 원리이다. 인간의 발달은 일정한 단계를 거치는데, 교육 역시 이러한 단계를 거쳐서 이루어져야 한다. 도덕성의 발달단계도 규범적 의식 없이 행동하는 무율의 단계, 타인의 명령이나 관습 제도에 의해 행동하는 타율의 단계, 마지막으로 스스로의 규범에 의해 행동하는 자율의 단계를 거친다. 교육을 한다는 것은 이 마지막 단계에 이르게 돕는 것이다.

셋째, 직관의 원리이다. 교육에 있어서 구체적 사물을 접하고 실제로 일을 행하고 효과를 거둘 수 있는 솔선수범, 작업, 노동 등을 중시하는 직관교수와 노작교육을 강조했다.

넷째, 조화의 원리이다. 인간은 정신, 마음, 기술력의 기본적인 세 가지가 상호 균형과 조화적 발달을 도모해야 한다.

다섯째, 개성과 사회의 조화의 원리이다. 개인의 도야는 사회에서 이루어지고 사회의 개선은 개인의 향상을 통해 이루어질 수 있다. 개인과 사회는 주종관계가 아닌 협동의 관계여야 함을 의미한다.

페스탈로치는 학교운영에서는 실패했지만, 그의 교육에 대한 열정과 신념은 유럽과 미국의 교육사상가와 실천가들에게 많은 영향을 주었다. 특히 보통교육에 대한 열정, 즉 빈민학교, 가정교육, 노작교육, 고아교육 등의 발전에 많은 영향을 주었고, 교사가 되려는 자들에게는 사랑을 기반으로 한 교육행위의 중요성을 일깨워 주었다.

(2) 오웬

20세기부터 500명의 직공을 고용한 대공장의 지배인이였던 오웬은 1800년 뉴라나크에 진출하여 대공장을 경영하였다. 그 당시 일반적인 아동이 6, 7세만 되어도 노동을 하였으나, 오웬은 근로 아동 연령을 10세 이후로 정하였다. 산업혁명으로 인한 사회적 문제를 실감하면서 1816년 자신의 방직공장 안에 '성격형성학원'을 창설하여 10세 이하 아동들에게 보호와 교육을 제공해 주었으며 그들의 노동 여건 개선에도 적극 노력하였다. '성격형성학원'의 설립 목적은 다음과 같다.

- 마을 주민의 직접적인 복지
- 인근 마을의 복지
- 영국 전체의 사회 개혁
- 세계 모든 나라의 개선

오웬은 좋은 성격을 형성하려면 집단 훈련을 중시하여 군사 교련을 실시하고 규율, 복종, 습관 형성, 건강, 자세의 개선 등이 필요하다고 보았다. 야외놀이를 많이 권장하여 건강을 강조하지만 지나친 운동과 놀이로 지칠 때는 보육시설로 유도하도록 하였다. 유아가 특정 발달단계에 이르면 자연스럽게 흥미를 보이기 때문에 지적 교육 중심의 성향을 배척하였다.

(3) 프뢰벨

프뢰벨(1782~1852)은 1782년 독일에서 태어났으며, 아버지는 학식과 덕망이 높은 목사였으나, 출생 후 9개월 만에 어머니를 여의었던 탓에 우울한 어린 시절을 보냈다. 10세 때에 외삼촌의 집에서 거주하면서 안정을 되찾기 시작했다. 주로 자연을 벗 삼아 지낸 유년시절은 이후 그의 교육사상에 많은 영향을 주었다. 예나대학에서 자연과학과 공학을 전공했고 건축을 공부하던 중 페스탈로치를 만나 페스탈로치의 높은 인격과 교육정신에 감명을 받았다. 괴팅겐대학에서 화학, 물리학, 광물학, 자연철학 등을 배우고 다시 베를린대학에서 광물학을 공부하기도 했으나(이은화, 2001) 이후 교육자로서의 길을 걷게 되었다.

1816년 '일반 독일연구소'를 세우고, 페스탈로치에게서 배운 '합자연' 교육을 실천하고자 했다. 1826년에는 이 기관을 알리기 위해 『인간의 교육』을 저술했다. 프뢰벨은 스위스의 부르크도르프 고아원장을 지내는 동안 유아기의 교육에 대한 중요성을 깨닫고 1836년 '자기교수 자기교육으로 이끄는 직관교수 학원'을 설립했다. 이곳에서는 유아교구를 제작하기도 했고 '유희와 작업교육소'를 세워 유아들을 가르쳤다. 1840년 숲속을 산책하던 중 '어린이 정원(Kindergarten)'이라는 말이 떠올라 '유희와 작업교육소'를 '어린이 정원', 즉 유치원(Kindergarten)으로 이름을 바꾸었다(이은화, 2001). 이곳에서 프뢰벨은 유아들이 사용할 많은 교구를 제작했는데, 기하학적인 형태를 이용해 은물(恩物 : Gabe)을 개발하였다. 1852년 프러시아 교육장관 라우머는 이 유치원이 전통적인 가치를 무시한다는 이유를 들어 폐쇄하였고, 이후 프뢰벨은 타계하였다(신득렬, 2005). 프뢰벨의 교육사상은 미국에 전해져 1855년 슐츠(Schurtz)에 의해 위스콘신주 워터타운에 미국 최초의 유치원이 세워졌다.

프뢰벨 교육사상의 기본개념은 통일성이다. 만물에는 하나의 법칙이 있다고 생각했고 이 법칙이 삶에 작용하고 지배한다고 믿었다. 이렇게 하나의 법칙으로 설명되는 통일성의 근원은 바로 신이다. 모든 것은 신에게서 나왔고 신에 의해 제약받는다. 그래서 프뢰벨이 생각하는 교육이란 인간을 사고하고 이성적으로 행하며 스스로 인식하도록 이끌어 주는 내재적 법칙, 즉 신적인 통일성을 자유롭게 표현하도록 방법과 수단을 가르치는 것이라고 보았다. 그러므로 교육의 목표는 신의 존재를 받아들이고 이를 표상하고, 신과 인간의 통일 · 통합을 이루는 것이라고 생각했다.

프뢰벨은 페스탈로치의 이론을 발전시킨 교육사상가로서 특히 중등과정의 청소년보다 유아들의 교육에 관심을 더 가졌는데, 이는 인간의 선천적 능력은 유아기를 통해 더 잘 계발될 수 있다고 판단했기 때문이다. 교육내용은 자기표현 활동을 할 수 있는 유희, 공작, 노래, 언어, 율동, 그림 등을 강조하였으며 수공과 유희를 자기표현의 가장 가치 있는 교육으로 보았다. 자기활동은 놀이를 의미한다. 놀이는 유아가 자신의 신성을 표현하는 창조적이고 자발적 활동이므로 교육적 가치를 인정하고 그 기능과 중요성을 강조했다.

프뢰벨의 교구는 은물(gabe)과 작업(occupation)으로 나눌 수 있는데, 가베(gabe)를 우리나라에서는 은물이라 부르고 있다. 은물 중 제5은물까지는 프뢰벨의 생전에, 제6은물에서 10은물까지는 프뢰벨의 사후에 출간되었다. 프뢰벨은 은물에 대해 많은 의미를 부여했는데, 은물의 구성과 추구하는 의미는 다음과 같다(이기숙, 2003).

(4) 스탠리 홀의 아동연구운동

미국의 스탠리 홀은 1878년 하버드대학교에서 박사학위를 받고 독일 라이프찌이 이 분트가 설립한 최초의 실험심리학 연구실로 유학을 가게 되었다. 당시 독일에서의 실험을 통해 자극을 통제하고 감각을 측정하여 과학적인 방법으로 인간의 심리를 실험하려는 연구가 활발하게 이루어지고 있었다.

스탠리 홀은 아동연구 운동은 발달에 대해 관심을 갖고 연구하고 있었던 19세기 말의 교사들에게 아동에게 무엇을 어떻게 가르칠 것인가를 과학적인 근거에 바탕을 두고 고민하게 해주었다. 1883년 아동 마음의 내용을 통해 아동연구운동은 널리 알려졌으며, 연구내용으로는 프뢰벨식 유치원 교육이 은물과 작업으로 교육을 해왔지만 자연현상에 대한 지식 정도는 부족하다고 보았다.

19세기 말에 이루어진 아동연구운동은 아동의 발달단계에 맞는 교육내용과 방법을 적용하고자 하였다. 스탠리 홀은 교육학과 심리학을 접목시켜 발달주의적 교육과정 구성원리의 이론적 기초를 제공해 주었다.

4) 20세기 이후

(1) 듀이(Dewey)

듀이(1859~1952)는 20세기 미국을 대표하는 실용주의 철학자이다. 그의 교육이론은 현재까지 교육이론의 기초가 될 정도로 전통적인 교육 형태를 민주화하는 데 크게 기여하였다. 듀이는 1859년 미국의 동부 버몬트 주, 벌링톤에서 태어났다. 대학졸업 후 3년간 고등학교 교사로 근무하고 철학공부를 위해 1882년 존스 홉킨스 대학원에 진학하여 헤겔 철학으로 박사학위를 취득하였다. 미시간대학, 시카고대학의 교수로 철학, 심리학, 교육학을 폭넓게 연구하고 가르쳤다(신득렬, 2005).

1896년 시카고대학 내에 '실험학교'를 세워 그의 교육이론을 적용하고자 했다. 이 학교에서의 활동을 통해 『나의 교육신조』, 『학교와 사회』, 『아동과 교육과정』 등을 저술하였다. 이후 듀이는 컬럼비아대학으로 옮겨와 47년간 연구하고 후학을 양성했다. 그의 활발한 저술활동을 일일이 언급할 수는 없으나 대표적인 것으로 『교육의 도덕적 원리』, 『사고하는 방법』, 『내일의 학교』, 『민주주의와 교육』, 『경험과 교육』 등을 꼽을 수 있다. 교육학에 관련한 저서 외에도 『철학의 개조』, 『인간성과 행위』, 『경험과 자연』, 『경험으로서의 예술』 등을 저술하여 다방면에 걸쳐 연구물을 출간했다.

듀이는 헤겔의 사상에 큰 영향을 받았다. 즉, 문화와 사회는 끊임없이 변화 발전한다는 것에 동의했다. 듀이는 다윈의 『종의 기원』에서 인간이 환경과의 상호작용을 통해 스스로를 갱신해 가는 과정에 있음을 발견하고, 교육 역시 학습자가 환경과의 상호작용을 통해 자신의 경험을 끊임없이 갱신해 가는 과정으로 보게 되었다(신득렬 외, 2005).

듀이의 교육사상은 현대 교육에서 이론적 근거의 기틀이 될 만큼 큰 영향을 끼쳤다. 특히 우리나라 유아교육과정의 이론적 밑바탕이 되고 있다. 듀이의 기본사상은 도구주의, 경험주의, 상대적 진리관으로 요약될 수 있다. 도구주의라 함은 진리와 지식은 인간생활에 도움을 주는 수단이며 도움을 줄 때에만 진리며 지식이라고 생각한다는 입장이다. 경험주의는 의미 그대로 경험을 중시하는 입장으로 경험은 인간과 환경과의 상호작용이라는 것이다. 상대적 진리관이란 듀이의 실용주의를 대표하는 말로서 모든 실체는 '변화'한다는 사실이다.

교육은 생활 그 자체라고 보았다. 유아교육과정이 생활에서 경험할 수 있는 것을 중심으로 구성되는 것은 바로 이 때문이다. 교육은 그 자체가 교육목적이며, 현실생활의 적응이 교육의 본질이며, 유아가 경험하는 것을 끊임없이 재구성하고 이를 통해 성장하는 것이 교육이라고 말한다. 그래서 듀이에게 있어 교육은 곧 성장을 일컬으며, 성장은 교육이다. 이러한 경험의 재구성을 통한 성장은 죽을 때까지 연속적으로 발전한다고 보고 있다. 유아들의 활동 속에서 우리는 이러한 경험의 재구성, 연속성, 성장을 자주 발견하게 된다. 어떤 활동을 하고자 할 때, 유아들은 지난 경험에 기초하여 새로운 어떤 것을 구성한다. 그것이 처음에는 미미한 것이었을지라도 연속적이고 새로운 경험의 재구성이 일어나면서 개념을 획득하고 성장하게 된다. 이것이 곧 교육이다. 이러한 교육이 되기 위해서는 유아의 자발적인 활동, 능동적인 참여가 있어야 한다. 듀이는 교사 혹은 성인은 이를 자세히 관찰하여 적절한 시기에 교육내용으로 준비해 줄 것을 유념하라고 한다.

『민주주의와 교육』에서는 '성장', '흥미', '놀이', '경험' 등의 주제를 중심으로 자신의 견해를 자세히 설명하고 있다. 여기서 교육목적이란 유아 개인의 내재적 활동과 관련되어야 하며, 고정된 교육 목적이 되어서는 안 된다고 주장한다. 유아의 내적 욕구, 흥미와 활동을 존중해 주어야 한다는 것이다.

듀이는 교육방법은 행함으로써 배운다(learning by doing)라고 했다. 행하는 과정에서 발생하는 흥미를 중요시했으며 발견되는 문제상황에서는 반성적 사고에 기초한 문제해결법을 강조했다. 반성적 사고란 문제에 있어서 유아가 성인과 같은 지성적 존재로서 자신의 판단을 스스로 평가해 나가는 과정을 말한다.

듀이의 교육사상은 현대의 많은 유아교육 프로그램의 이론적 기초가 되었다. 그의 경험중심, 흥미중심, 활동중심의 교육론은 유아교육기관에 활력을 불어 넣었다. 현재, 유아가 교사와 함께 주제를 선택하는 과정, 이 주제가 유아의 일상생활과 관련 있는 활동으로 선정되는 것 등은 듀이의 교육사상에서 영향을 받은 것이라고 볼 수 있다.

(2) 몬테소리(Montesorri)

몬테소리(1870~1950)는 이탈리아 안코나 지방의 카라발레에서 부유한 가톨릭 집안에 태어났다. 남학생들이 진학하는 공업학교와 공과대학을 졸업한 후, 의과대학을 지망하여 1896년 이태리 역사상 최초의 여성 의학박사가 되었다. 2년 간 로마대학 부속 정신 클리닉에서 정신지체아를 치료하였는데, 이곳에서 정신지체아는 치료의 대상이 아니라 교육의 대상이 되어야 함을 확신했다(이은화, 2001). 이후 몬테소리는 정신지체아 교육을 위한 국립특수아동학교의 관리를 맡아 이를 성공적으로 운영하였다.

몬테소리는 프랑스의 의사이면서 정신지체아 교육에 공헌한 이타르(Itard)와 세강(Seguin)에게 사사 받고 그들의 교수법을 연구하고, 그 과정에서 독특한 교육방법 및 연구를 구상했다. 1907년에는 로마의 빈민 유아들을 위한 '어린이의 집(Casa dei Bambini)'을 세워 2~7세 유아 50명에게 이타르와 세강이 사용한 특수교구를 개량하여 사용하였다. 이후에는 7~10세 유아의 교구도 개발하였는데 이것이 몬테소리 교구이다.

몬테소리의 교육에 관한 기본신념은 아동은 스스로 성장할 수 있는 내적 생명력을 지닌 존재라는 것이다. 그러므로 아동에게 어떤 잘못이 있더라도 그것을 스스로 깨우치도록 유도하고 지나친 간섭을 하지 않도록 하였다. 또한 교사는 길을 안내하는 역할을 해야 하는데, 동기유발을 할 수 있도록 잘 정비된 환경 속에서 유아들이 자기 활동을 전개해 갈 수 있도록 인도하고 자극을 줄 것을 요구하였다. 하지만 유아가 일단 작업에 몰두하면 어떠한 경우에라도 방해하지 말아야 하는데, 칭찬, 주의, 조력 등 일련의 모든 행동이 방해가 된다고 주장하였다.

몬테소리는 민감기(sensitive period)의 중요성을 강조하였다. 이는 유전적으로 계획된 기간으로 유아 스스로 특정과제를 숙달하고자 강하게 집중하는 현상이 나타나고 결과적으로 과제를 숙달하여 정상화에 도달할 수 있는 시기를 일컫는다(이은화 외, 2001). 몬테소리는 최적의 환경을 위한 방안으로 특별한 교구를 활용할 것을 제안했다. 몬테소리 교구는 거의 대부분 유아가 교사의 도움 없이도 교구와의 상호작용을 통해 스스로 과제의 성공과 실패를 확인하도록 되어 있어 자동교육이 가능하다. 교구 사용법이 엄격하게 규정되어 있어 정해진 방법 이외에는 허용되지 않는다. 몬테소리 교육은 감각, 수, 언어, 일상생활, 문화 교육을 위한 교구로 구성되어 있다.

1920년대 이후 미국에서는 몬테소리 교육이 자취를 감추게 되었는데, 이는 진보주의 학자인 킬패트릭(Kilpatrick)이 몬테소리 교육이 시대적으로 뒤떨어진 것이며 기계적이고 형식적이며 제한적이라는 혹평을 하였던 것에서 기인한 것으로 보인다. 사실 몬테소리는 상상놀이나 동화를 금지함으로써 사회, 정서 및 창의성 발달을 경시하고 인지적인 활동만을 강조하였다는 비판을 받고 있다. 하지만 몬테소리는 루소 등의 교육사상을 교육 실제에 적용하고 교구를 직접 개발함으로써 유아교육에 큰 영향을 준 교육자로 평가받고 있다.

(3) 루돌프 슈타이너

슈타이너는 오스트리아와 헝가리 경계에 있는 조그만 마을에서 태어나 철도공무원이던 아버지를 따라 현대 물질세계의 기술 문명에 관심을 갖게 되었으며, 아름다운 자연환경에서 신비로움을 느꼈다. 1897년 비인 공대에 입학하여 수학과 자연과학을 전공하였고, 그 후 문학과 심리학, 생리학도 공부하여 교육이 인간 본성에 기초한 지식과 예술로서의 특징을 갖는다는 교육론을 형성하였다.

슈타이너의 교육은 인간에 대한 올바른 인식에서 출발한다. 그가 제시한 인지학은 인간 본성의 본질을 파악하기 위한 노력으로 인간과 지혜를 합성한 말이다. 인간에 대한 지혜를 연구한 슈타이너는 인간이 영원성을 갖고 있다고 보았다. 인간은 정신적인 본질이 탄생을 통하여 육체화되어 가는 존재이며, 슈타이너가 본 아동은 의식적으로 한 특정 부모 밑에 특정한 운명의 연관 속에서 육체화되어 가는 지속적인 인격체라고 보았다.

슈타이너의 교육관에 따른 발도르프 유아교육의 원리는 모방에서 시작된다. 유아기는 감각 물리적 신체의 탄생기이므로 주변 환경의 감각적 인상을 무의식적으로 모방하며서 자신의 신체를 형성해 간다.

두 번째 교육원리는 상상력의 발달을 도모하는 것이다. 유아는 주변의 삶을 모방하면서 특정 관계의 경험을 내적인 표상활동으로 살아 움직이게 한다. 표상활동을 활발하게 해주기 위해 자유로운 놀잇감이 제공되어야 한다. 특히 자연물은 감각 경험을 제공하여 주기 때문에 매우 권장한다. 눈코입이 없고 색깔만 있는 인형놀이, 전래동화와 전래놀이 등이 상상력의 발달을 도모하는 유익한 놀잇감이다.

세 번째 교육원리는 생활교육이다. 발도르프 유아교육은 생활이 곧 교육이라는 전제 아래, 일상생활의 리듬이 그대로 유아교육기관에 녹아드는 것을 말한다. 공간과 시간의 질서에서 생활교육이 가능하다.

(4) 셀레스탱 프레네

프레네는 프랑스의 현대 교육자로서 1896년 프랑스 남부지방에서 태어나 1966년 타계하기까지 평생 일선의 교사로 재직했으며 현장에서 터득한 경험을 바탕으로 다양한 활동을 실천한 교육실천가였다. 그는 유아 및 아동에게 공동체 생활을 체험하도록 하여 협동성과 협동적 태도를 키우고자 다양한 활동방법을 적용하였다. 갈수록 경쟁이 치열해지는 현대사회에서 유아기부터 공동체 생활에 적응해가는 인간성을 키운다면 미래사회에 더불어 살아가고, 타인의 의견을 존중하는 생활태도를 키울 수 있다고 하였다. 유아기부터 민주시민으로서의 자질을 키우는 프레네 교육학은 이탈리아 레이조 오멜리아 유아교육 초기 형성 과정에 지대한 영향을 주었다.

프레네 교육학에서 협동성은 교사와 유아, 유아들 간의 의사소통 능력에 달려 있다. 언어 특히, 말은 힘의 표현으로 화자의 성격과 정체성을 보여준다. 무엇보다도 말은 의사소통의 가장 중요한 도구로 사용되고 있다. 말하기 교육의 부재는 세련되지 못한 구어 표현을 생활화하고, 올바른 대화 예절과 진정한 토론문화 정착에 걸림돌이 되고 있다.

프레네 교실에서 말하기 교육은 즉흥적이며 순발적인 일상의 언어 표현 중심이다. 유아는 아침 인터뷰 시간에 무엇인가를 반드시 말하여 함께 생각을 나누는 시간을 갖는다. 유아가 평소에 느끼는 감정, 아이디어, 친구들과의 관계를 언급할 수 있다. 따라서 '아침 인터뷰'는 "유아의 생각을 자연스럽게 말하고 친구들에게 진정한 말을 할 수 있는 기회"라고 할 수있다.

'벽면 저널'이라 하여 벽면에 붙여진 신문을 보고 자유롭게 하고 싶은 말을 할 수 있다. 비판할 내용, 칭찬이나 축하할 내용, 교사나 친구들에게 제안하고 싶은 내용을 말한다. 프레네 교육학은 주변 환경의 탐색을 격려한다. 프레네는 지역의 환경을 탐색하고 선택활동을 도입한다.

유아 주변 환경을 탐색하는 과정은 환경 보전에 대한 관심을 증대하고 환경 보전을 위해 어떻게 노력해야 할지 스스로 사고하도록 도와준다. 프레네가 적용한 활동들이 오늘날의 우리 보육현장에도 부분적으로 실시하고 있지만 현장 견학이나 체험활동에 대한 부모의 요구가 커지는 상황에서 앞으로 더욱 활성화될 것으로 보인다.

2 각국의 보육의 역사

1) 프랑스 보육의 역사

프랑스 보육제도의 기원은 18세기말 시작된 탁아소에서 찾을 수 있다. 그러나 당시에 존재한 탁아소라고 하는 것는 프랑스 보육제도의 발달과 역사에 있어 상징적인 역할을 할 뿐, 실제적으로 아동의 보호와 교육을 위한 보육제도가 발달하기 시작한 것은 19세기에 이르러서이다. 다른 서구의 여러 나라들과 마찬가지로 보육에 대한 관심은 산업화와 더불어 여성인구의 노동에 대한 참여의 필요성으로부터 시작되었다. 그러한 필요성은 인구문제와 맞물려 여성의 생산과 재생산적 역할 사이에 모순을 생겨나게 하였으며, 그에 대한 해결방안의 하나로 보육의 사회적 책임에 대한 사상들이 구체화되기 시작했다. 그리하여 1826년에는 최초의 유아보호소가 자선단체에 의해 설립되었고, 1829년 빈민가족을 위한 보호소들이 운영되었다. 시간이 흐르면서 이러한 시설들에서 교육에 대한 활동들이 증가되었고, 1881년 초등 무상교육제도가 도입되면서부터 보호시설들도 교육기관 속에 통합되었다.

프랑스의 보육시설들은 크게 유아원과 보육시설로 나눌 수 있다. 이 두 시설의 가장 큰 차이점은 대상아동의 연령으로, 보육시설은 2개월~3세의 영아를 대상으로 하고, 유아원은 2~5세의 유아를 그 대상으로 한다. 2~3세의 아동은 보육시설과 유아원 중에서 자신이 원하는 시설에 등록할 수 있다. 이러한 연령구분 체제모형은 유아원과 보육시설을 구분한다는 점에서 우리나라의 경우와 비슷하다고 생각할 수도 있지만, 자세히 살펴보면 그 구분의 성격은 매우 다르다. 프랑스의 보육시설과 유아원은 연령만 다를 뿐, 대부분의 시설들이 종일제로 운영되고 있으며, 두 시설 모두 보호, 사회화, 그리고 교육의 기능을 함께 담당하고 있다. 다시 말하여, 프랑스의 보육제도는 미국, 영국, 일본 그리고 우리나라 등과 같이 이원병행체제를 채택하고 있는 나라들과는 달리 유아원에서도 보호와 교육의 통합적 프로그램을 실시하고 있다.

프랑스의 보육제도를 훑어보면 영국과는 대조적으로 상당히 오랜 역사를 가지고 있음을 알 수 있다. 그리고 그 세월만큼 반듯하게 잘 정비되어 모든 국민이 아동 보육에 관해서는 혼란을 겪지 않고 생활하고 있다. 먼저 보육현황을 간단히 요약해 보면, 프랑스에서는 세 살이 되면 모든 유아들이 무료로 공립 유아교육을 받을 수 있는 제도를 갖추고 있다. 아마도 이런 제도는 일찍이 시민중심의 평등한 사회를 지향하는 국민적 가치관에 의해 자리잡힌 제도가 아닌가 싶다. 프랑스의 유아교육은 국가적 수준의 커리큘럼이 있고 모든 교사들이 석사학위를 가지고 있을 정도로 탄탄한 교육제도를 구축하고 있다. 유아교육에 드는 비용은 전적으로 세금에 의존하므로 무료교육이 가능한 것이다.

프랑스 사회에서는 1970년대부터는 유아발달과 심리학의 문제에 사람들의 관심이 증대되었고, 특히 유아의 초기 사회화는 발달에 아주 중요한 요인이라는 것을 강조하게 되었다. 그래서 1974년에는 보육시설에 대한 새로운 규정이 생겨 유아의 지적 발달을 위한 보육시설의 역할을 강조했다. 또한 새로운 보육시설을 증설하기 위한 움직임의 한 예로 보육시설의 자본금과 운영비 보조에 국립가족수당국(CNAF : Caisse Nationale d'Allocations Familiales)을 참여시키게 되었다. CNAF는 사회보장제도를 위한 세 주요 부서 중의 하나로서 사회부 산하에 있으나 조직 자체 내에 노동조합과 고용주들이 대표자가 되는 독자적인 행정협의회가 있다.

2) 스웨덴 보육의 역사

스웨덴의 아동 보육 제도는 가장 진보적인 제도를 갖추고 있는 것으로 알려져 있다. 스웨덴의 아동보육제도는 산업화 이후 빈민 아동과 기아 문제를 해결하기 위한 대책으로서의 보육제도부터 스웨덴 전체 아동들의 보호와 교육에 대한 사회적 책임을 수행하기 위한 공적 제도로까지 단계적으로 발전되었다고 할 수 있다. 17세기 빈민 고아 대상 아동보육제도기 도시의 빈민 고아를 위한 고아원이 설립되고 이 시설에서 일부 제한된 수의 빈민 아동들이 보호를 받았고 1930년대 민간 보육시설에서 주택조합회원들의 자녀를 위한 유치원 운동과 관련된 시설 설립 후 1940년~1972년 보편주의 아동보육제도 도입기에 접어들었다.

스웨덴의 교육계는 개혁을 거듭하고 있기 때문에 그때마다 교육방법도 다양해졌다. 1940년대부터 50년대의 교육은 집단 교육이 중심이어서 매우 획일적인 교육이 행해지고 있었다. 하지만 국민들이 이러한 것을 더 이상 하게 되면 안 된다는 식으로 표출하면서 대대적인 개혁이 이루어졌다. 그 당시 유아교육에 대한 전 세계적인 풍조는 '아이들이 무슨 일을 하더라도 벌을 주어서는 안 된다.' '아이들은 선천적으로 호기심을 갖고 태어났으므로 그 싹을 짓밟아서는 안 된다.' 라는 조언이 만연한 시대여서 어느 나라든 자유방임주의 교육이 마구 침투하는 시기였다. 예컨대, 좀 의식이 있다는 서구의 부모들은 어린아이가 식사를 할 때 일부러 스푼의 사용법을 가르치지 않았다. 대신, 아이들이 그릇 속에 있는 스프를 손으로 떠서 입으로 가져가거나, 혹은 스프를 마룻바닥에 던지거나 천장에 던져 올리더라도 그런 행동은 아이가 손으로 잡는 감촉을 즐기는 동시에 음식을 피부로 느끼고 있는 것이므로 그냥 놔두어야 한다고 주장했다. 그래서 아이들은 상당한 나이가 될 때까지 손으로 스프를 먹게 된 것이다.

1960년에 '아동복지법' 개정, 1973년이후 보편주의 아동보육제도 확충, '취학전 교육(preschooling)법 제정, 스웨덴 국민의 여성 취업권에 대한 진보적 의식의 반영, 여성의 정치적 영향력의 증대, 국민들의 아동에 대한 관점의 변화와 진보성, 스웨덴의 민간 보육시설은 그것이 비영리기관이나 부모협동체에 의해 운영될 경우 중앙정부로부터 지원금이 제공되고, 지방자치단체로부터 보조를 받는다. 어떤 단체도 기금 지원 없이 순전히 사적으로 운영되는 보육시설은 거의 없다. 7세 미만의 모든 아동에 대해 교육과 보호를 담당하는 행정 부서가 보건사회부로 일원화되어 있다는 점이 스웨덴에서의 아동보육제도의 발전이 30년이라는 비교적 짧은 기간에 효과적으로 이루어지는데 큰 몫을 담당했을 것이다.

자유 속에서 아이들이 탈선을 할 수도 있는데 1980년대에 이러한 일들이 일어났다. 그래서 스웨덴 교육위원회가 허둥지둥 교육지침을 개선하고, 지금까지의 방임주의를 포기하고 어느 정도의 틀과 규제 안에서 질서를 지키도록 가르치는 교육이 앞서 도입된 것이다. 물론 스웨덴 사회에서도 어두운 면이 존재한다. 하지만 이런 어두운 면을 봤을 때 교육 일각에서는 이러한 면을 빨리 대응해서 움직이는 적극성을 보이는 것이다. 지금 스웨덴 전체사회는 인간의 기본적 퍼스낼리티를 부식시킨 봉건적인 교육방법은 과거로 보내버리고, 교과목에 도덕과 윤리학을 과감히 도입하여 세상을 이뤄내는 상식을 재인식하는 방향으로 전환하고 있다. 그리하여 유치원과 초등학교로 가는 기본적인 단계로서 가정을 대신하는 따뜻함, 자유분방함 속의 친밀함, 무한한 안정감을 심어주는 체계 등을 모두 재점검한 유아교육을 펼치고 있다.

스웨덴의 아동보육제도는 가장 진보적인 제도를 갖추고 있는 것으로 알려져 있다. 스웨덴의 아동보육제도는 산업화 이후 빈민 아동과 기아 문제를 해결하기 위한 대책으로서의 보육제도부터 스웨덴 전체 아동들의 보호와 교육에 대한 사회적 책임을 수행하기 위한 공적 제도로까지 단계적으로 발전되었다고 할 수 있다. 각 단계별 특징적 사건들을 관련 문헌을 근거로 고찰해 보면 다음과 같다.

① 빈민 고아 대상 아동보육제도기(17세기) : 도시의 빈민 고아를 위한 고아원이 설립되고 이 시설에서 일부 제한된 수의 빈민 아동들이 보호를 받음

② 비적출아 중심의 아동보육제도기(18세기~20세기 초) : 1778년 미확인모에 관한 법과 18세기에 15세 이하의 아동을 구빈대상으로 규정하는 구빈법 제정

③ 민간 보육시설기(1930년대) : 주택조합회원들의 자녀를 위한 유치원 운동과 관련된 시설 설립

④ 보편주의 아동보육제도 도입기(1940~1972년) : 1960년에 '아동복지법' 개정.

⑤ 보편주의 아동보육제도 확충기(1973년 이후) : 1973년에 '취학전교육(preschooling)법' 제정, 스웨덴 국민의 여성 취업권에 대한 진보적 의식의 반영, 여성의 정치적 영향력의 증대, 국민들의 아동에 대한 관점의 변화와 진보성

3) 독일 보육의 역사

근대적인 학교 개념에 맞는 유아교육기관인 유치원(Kindergarten)을 세계 최초로 창시한 나라는 독일이다. 프뢰벨(Friedrich Frobel, 1872~1852)에 의하여 명명되어진 "유치원"이라는 이름은 세계 공용어가 되어 현재까지 쓰이고 있다.

독일의 교육은 역사적으로 "교회와 주정부"라는 두 가지 기반을 토대로 발전되어 왔다. 교회가 교육에 관여하기 시작한 것은 중세 초기로 거슬러 올라가지만, 점차 교회의 역할은 쇠퇴하였고, 교회가 맡아왔던 역할을 여러 정치 세력이 담당하기 시작하였다. 독일에서 유아교육의 필요성을 공적으로 처음 주창한 사람은 마틴 루터(Martin Luther, 1483~1546)를 꼽고 있다. 그는 1542년 독일의 모든 도시의 시장과 의회에 보내는 편지(논설)에서 유아를 위한 학교를 제공하여야 하고, 부모는 이 학교에 자녀를 보낼 의무를 갖도록 해야 한다고 주장하였다.

영국과 마찬가지로 독일은 18세기의 산업화 과정에서 여성의 사회 진출과 여성의 노동이 증가하게 되어, 어린이 교육을 위한 가정의 기능을 약화되었다. 그 결과 어머니와 가정 대신 어린이들을 보호해 줄 시설이 필요하게 되었다. 그래서 프랑스의 슈타인탈 지역에서 놀이 학교와 유아 학교를 시작한 오베린(Oberlin) 목사나 영국의 와일더스핀(Wilderspin)의 영향을 받아서 '영유아 보육원'이라는 시설이 설립되었다. 이러한 시설들은 명칭 그대로 가정을 보조해 주는 입장에서 어린이를 보호해 주는 일을 했으며, 이 보호소들은 사회 정책적이고, 기독교적 박애정신의 동기에서 생겼다. 근대적인 학교 시설 개념에 맞는 유아교육기관인 유치원을 세계에서 최초로 창시한 사람은 독일의 프뢰벨이다. 그는 1837년 3월 바트 브랑켄부르크(Bad Blankenbung)에 '자동 교수 시설(Autodidaktische Anstalt)'을 설립하였다. 그리고 같은 해 8월말에 '유아와 청소년의 작업 충동을 기르는 시설(Anstalt pflege des Beschaftigungstriebes der Kindheit und Jugend)'로 개칭하였다. 이 시설은 유치원이 아니라 놀잇감과 교구의 제작 보급을 전문적으로 하였다. 프뢰벨은 여기에서 놀잇감과 교구의 제작 판매 보급에 노력하였다.

그는 스스로 고안하고 제작한 어린이 놀잇감을 '은물(恩物, Spielgaben)'이라고 했다. 이는 자신의 신앙관에 따라 '하느님으로부터 받은 은혜로운 선물'이라는 의미로 그렇게 이름을 붙였다.

독일의 보육정책은 정치적, 사회적 이익과 밀접한 관계가 있음을 알 수 있다. 특히 독일의 보육정책은 정치적, 이념적 문제와 얽혀 있다. 옛 동독에서는 제2차 세계대전 이후 경제 부흥을 위하여 대부분의 기혼 여성이 취업하는 것을 적극적으로 장려하였기 때문에 일찍부터 보육시설에 대한 관심과 수준이 높았으며 전통도 오래되었다. 이에 비해 서독은 여성이 가정을 지키는 것을 더 중요하게 생각하였으며, 집에서 아이를 키우는 것을 최우선으로 여겼기 때문에 기혼여성의 취업률도 낮았고 3세 미만의 유아를 위한 보육시설의 보급수준도 낮았다. 그러나 최근 서독의 가족구조와 여성 취업률의 변화로 보육시설에 대한 욕구도 변해가고 있다.

(1) 1945년 이후

동독에서 체계적인 보육제도 시작, 전쟁 직후 보육시설의 주된 기능은 파괴된 도시와 경제를 재건하는 악조건 밑에서의 취업모 자녀들을 돌보는 것과 제2차 세계대전 직후의 보육시설은 적절한 위생시설을 제공함으로써 영유아의 건강을 유지시키는 것에 가장 큰 관심을 두었다.

(2) 1960년대 중반

보육시설에서의 위생적 설비 면에 대한 실험연구들이 속출하였다.

(3) 1965년

동독 의회에서 '통합된 사회주의적 교육에 관한 법'을 통과, 보육제도 발달에 있어서 새로운 도약의 계기가 되었다.

(4) 1980년대

새로운 개념과 연구결과들이 반영된 프로그램 개발이 필수적으로 요구되었고 보육시설에서의 교육활동을 포괄적으로 분석하는 연구는 특히, 언어, 놀이, 창의적 활동을 위한 안내지침이 필요함을 입증하였다.

(5) 1998년대

유아기의 킨더가르텐(Kindergarten)에 대한 권리 등을 강화하였다. 독일은 연방국가로서 중앙집권적인 정부체제로써 이와 같은 연방주의는 다양성을 인정할 수 있는 토대가 되어, 다양한 형태와 유형으로 지역적인 특성과 함께 보육에 대한 수혜자들의 요구를 수용하고 있다. 따라서 보육에 대한 지원과 수행에 있어서 연방, 지방, 지역구, 보모의 역할이 뚜렷하게 구분되어, 서로의 결함을 채워줄 수 있는 시스템을 운영하고 있다. 1990년에 발표된 제8차 청소년보고에 잘 나타나 있다. 즉, "인위적으로 조직화된 학습보다는 유아의 매일 매일의 경험과 실제 생활을 통한 교육을 해야 하며, 유아가 혼합연령 집단에서 함께 지내고 보모가 참여하며 사회 공동체에서의 탄탄한 기초 위에서 교육이 행하여 질 수 있도록 해야 한다"는 것이다.

4) 영국 보육의 역사

영국의 전통적 육아관이 수세기 동안 유지되면서 보육제도의 발달에 영향을 미쳤다. 양육은 각 가정의 사적인 문제로 부모의 책임이며, 영유아의 건강과 건전한 발달을 위한 가장 좋은 양육환경은 집에서 어머니와 같이 있는 것이란 인식이 지배적이었다. 또한 보육을 하고자 한다면 자발적이고 영리를 목적으로 하는 사립기관이 주도하며, 공립유아원은 경제적으로 빈곤하고 문제가 있는 아동을 대상으로 제한된 보육을 제공하고 있다.

18C말의 산업혁명과 20C 두 차례의 세계대전 동안은 취업모의 증가로 타인양육의 필요성이 인식되었으나, 그 후에는 다시 이전 수준으로 돌아갔다.(1945년 정부는 특수한 상황을 제외하고는 보육시설에서 아동양육을 담당하는 것을 금지시켰고, 유아교육기관의 확장을 제한하였다.) 1980년대 후반과 1990년대 초반에 들어서면서 경기 활성화와 청년층 인구 감소로 인한 여성인력의 요구로 영유아 보육문제는 영국에서 논쟁의 대상이 되었다.

영국의 아동보육제도는 스웨덴의 경우와 비교해 볼 때 상당히 자유주의적인 성격을 가지고 있다. 이러한 보육양식은 2차 세계대전 이후 크게 변하지 않았으며, 1980년대 이후 부모의 능력이 없거나 자녀 양육에 적절하지 않다고 판단되는 예외적인 경우를 제외하고는 정부가 보육에 대해 어떤 책임도 지려고 하지 않는다. 의무교육은 5세 아동부터 시작되며, 이는 다른 나라에 비해 1~2년 정도 이른 연령이다. 따라서 영국의 보육제도는 취학전 보육이 필요한 5세 미만의 아동들을 그 대상으로 삼는다. 영국 런던 킹 찰스가의 정부청사 안에는 외무부 직원을 위한 보육원이 있다. 외무부 인사과 질 모리시는 이 보육원이 만들어진 배경을 "정부 공무원의 48%가 여성이지만 보육에 신경쓰느라 고위직에는 14%밖에 진출하지 못하는 현실을 타개하기 위한 시도"라 말했다. 영국은 전통적으로 '보육이나 유아교육은 가정의 책임'이라는 의식이 강했던 나라이다.

1998년 집권한 노동당정권에서 사정은 달라졌다. 영국의 미래를 걸머질 어린이에 대한 교육은 영유아기 때의 보육부터 시작된다는 데 사회적 인식이 일치한 것이다. 여기에 여성인력 활용을 통한 국가경쟁력 강화라는 과제도 대두되었다. 이에 따라 토니 블레어 정권은 '그린페이퍼(Green Paper)'라는 국가교육전략을 수립하고 보육의 사회화에 박차를 가하고 있다. 보육과 유아교육의 전권을 국가가 쥐면서 이를 주관하게 된 곳은 교육기술부로 1998년말 4세 아동 전원에 대한 유치원 무상서비스를 정착시켰고 지금은 2004년을 목표로 3세 아동에게로 이를 확대하는 중이다.

그러나 정부는 여전히 보육문제에 대해 소극적인 태도로 일관한다. 1998년, 노동당이 집권하면서 교육의 질적 향상, 여성취업 확대를 통한 국가경쟁력 재고 등을 위해 보육을 국가중요전략사업으로 정하고 정부가 적극 나서고 있다. 영국은 전통적으로 보육과 유아교육을 가족의 책임으로 돌려 공보육이 미약한 편이었으나, 1998년 노동당이 집권하면서 '보육과 육아가 교육의 뿌리'라는 믿음으로 과감히 사회화를 시도하고 있다. 교육고용부에서는 보육과 유아교육을 맡아 1998년 말 4세아 전원에 대한 무상 유아교육을 정착시켰으며, 2004년까지 3세아 전원에 대한 무상 교육 혜택이 돌아가게 할 계획이다(참고로, 의무교육은 북아일랜드에서는 4세에, 잉글랜드와 스코틀랜드, 웨일즈에서는 5세에 시작된다.).

5) 미국 보육의 역사

미국의 보육이념이나 제도가 정착된 배경은 유럽의 전통이나 영향에 의하여 출발했다. 독일에서 전파된 프뢰벨 사상과 유치원의 도입, 자선유치원의 설립 등은 학교교육 발전과 맥을 같이 하여 부모가 아동양육에 직접적인 책임을 갖게 하는 배경이 되었다. 특히 1870년대 후반의 경제공황은 1880년대에 이르러 프뢰벨주의자들에 의해서 많은 자선시설들이 세워지고, 도시 어린이들의 경제적 어려움에 대처하게 됨으로써, 이 운동은 도시 빈곤문제를 해결하는데 도움이 되었다. 20세기초 듀이(Dewey)의 철학이 점점 교육계 전반에 큰 영향을 미치고, 경험주의적 교육사상이 보편화되었을 때 미국은 유치원의 확장과 함께 영국으로부터 유아원이 도입되었다. 미국은 유아들을 미래를 이끌어 가게 될 가장 중요한 자원으로 간주하고 있다. 따라서 인격의 형성시기에 이루어지는 유아교육은 사회와 공공정책의 최대 관심사다.

미국에서는 1940년대에 이미 어린이집이 유치원을 대신할 만큼 수적으로 증가하면서 교육을 강조한 보육이 소개되기 시작하였다. 특히 제2차 세계대전이 발발하면서 전체 여성의 1/3이 방위산업에 종사하게 되자 정부는 영유아 보육에 관한 지원책을 마련하고 보육사업에 많은 예산을 할당하였다. 그 결과, 어린이집에서는 양질의 보육 프로그램을 실시할 수 있게 되었다. 뿐만 아니라 국가의 적극적인 행정 · 재정적 지원은 어린이집 종사자들로 하여금 유아의 전인적 성장과 발달을 위해서는 신체적 건강과 영양 못지않게 사회 · 정서적 교육도 중요하다는 것을 일깨워 주는 계기가 되었다. 그러나 제2차 세계대전의 종전으로 인하여 여성 노동력이 불필요하게 되자 정부는 재정지원을 대폭 줄였고, 그에 따라 많은 정부 지원 유아원이 문을 닫게 되었다. 어린아이가 정서적으로 안정되기 위해서는 애착이 형성되는 '결정적인 시기'인 유아원까지는 어머니가 아닌 타인이 보육해서는 안된다는 정책 수립가나 심리학자들의 주장이 때맞춰 유포되면서 커다란 설득력을 갖게 되었다. 육아는 어머니의 몫이고 어머니의 자리는 가정이라는 사회적 통념이 형성되면서 영유아기 자녀를 둔 어머니는 육아에 전념하기 위해 직업을 갖지 않는 것이 좋다는 생각을 하기 시작하였다.

따라서 취업으로 인해 어린아이를 어린이집에 맡기는 부모는 '비정상적'이고, 영유아 보육은 전적으로 개별 가족의 문제라는 인식이 확산되기에 이르렀다. 1차 대전 이후 6세 이하 유아들이 부모와 떨어져 여러 상황에서 많은 시간을 보내왔으나 2차 대전이 발발했을 때는 여성의 인력을 이용하기 위해서 정부가 유아교육 프로그램에 지원을 하게 되었다. 전쟁 이후 여성의 취업이 증가하면서 정부는 일시적인 기관으로 탁아기관을 보는 것에서 영구적인 기관으로 다룰 필요성을 인식하게 되었다. 1960년 초기 Head Start를 시작하여 가난한 가정의 어린이들에게 교육적인 혜택을 받을 수 있게 하고 교육공학, 교수조직, 창의성 개발 등 새로운 교육학이 발전 도입되었다.

비록 1965년 정부가 저소득층 가정의 보육문제에 관심을 보이며 세계적으로 인정받는 헤드 스타트 프로그램을 탄생시켰다 할지라도 이러한 현상은 지금까지도 계속되고 있다. 보육에 대한 부정적 이미지와 편견은 하나의 신화처럼 남아 일반 대중의 의식세계를 지배하며 미국 영유아 보육정책의 발전을 더디게 만들었다. 현재 영유아 보육에 곤란한 행정은 보건 · 교육 · 복지성(Department of Health, Education & Welfare)에서 담당하고 있다. 그러나 개별 가족에게 보육의 책임을 전가하는 정책 시행으로 말미암아 빈부계층 간에 보육의 질에서 갭이 형성되고, 교육과 복지가 이원화된 보육행정체계가 확고하게 자리잡게 되었다.

사실상 미국 어린이의 25%가 빈곤 속에서 살고 있다. 이 비율은 65세 이상 노인 빈곤율의 2배에 해당한다. 그럼에도 저소득층 가정 자녀의 발달을 위해 중앙정부가 지원하고 있는 프로그램은 헤드 스타트가 유일하다. 이 프로그램의 혜택을 받을 수 있는 어린이는 저소득층 가정의 15%에 지나지 않기 때문에, 교육의 질이 떨어지지 않은 보육시설에 보내고자 할 때는 부모가 그만큼 비싼 등록금을 지불해야 한다. 미국이 세계적으로 가장 이상적인 프로그램을 실험, 연구하고 있다 할지라도 미국 경제에 비해 저소득층 유아가 받는 혜택은 상대적으로 적은 것으로 평가되고 있다.

6) 일본 보육의 역사

일본에서의 보육사업은 명치시대(1868~1912)인 1875년 정부가 초등의무교육을 실시하기 위하여 아동들이 수업할 수 있도록, 데려온 어린 동생을 돌보아주는 시설(komorigakko)을 제공한 것이 시초라 할 수 있다. 일본의 보육제도는 1938년 제정된 사회사업법에 의해 법적 위치를 확보하게 되었고, 1947년 아동복지법 제정 이후 보육제도가 본격적으로 국가법률에 의해 실시되었다. 어린이는 자신의 가정에서 부모에 의해 양육되어야 한다는 전통적인 육아관을 가지고 있다. 그럼에도 불구하고 1960년대 이후 지속적인 취업모의 증가, 핵가족화, 출생률의 감소, 정보 산업 사회로의 사회 변화 등으로 자녀의 양육과 교육에 있어 부모보다는 가정 이외의 기관이 그 역할을 담당하게 되었다. 교육기관에서 유아들이 같이 놀 또래를 만나고 인간관계와 사회규범을 배울 기회를 주는 기능도 하게 되는 등의 시대적 바람과 함께, 일본의 보육제도가 본격적으로 정비되었다.

1960~1970년대에 '우체통 수만큼의 보육소를'이라는 슬로건으로 양적으로 보육소를 일정수준 확보하게 되었다. 또한 1974년에는 장애아 보육이, 1981년에는 연장보육과 야간 보육사업이 추진되었다. 한편 1970년대 이후부터 시장원리가 확대되어 1981년을 고비로 공공보육에 대한 국가부담이 감소하고 보호자부담은 증가하였다.

그 결과 부적절한 보육시간에 대한 보육요구의 다양화에 대응하지 못하게 되고, 비인가 보육시설 특히 베이비호텔 문제가 대두되었다.

질적인 보육대책에 대한 방안이 모색되기 시작한 것은 1986년 2월부터 일시적인 경기활성에 따른 일손의 부족과 1989년에 시작된 출생률의 저하에 따른 위기감을 인식하게 된 무렵이라 할 수 있다. 이러한 배경 하에서 1994년 다양한 보육서비스를 위하여 '엔젤플랜'이 발표되고, 엔젤플랜의 구체화를 위한 '긴급보육대책 5개년 사업'과 1995년 '저 연령아 보육사업 촉진사업' 등을 실시했다. 일본의 보육제도는 보육서비스 대상의 확대, 공급주체의 다양화, 자유계약제의 도입, 다양한 특별보육대책 추진, 보육형태의 다양화를 중심으로 한 종합적인 보육제도의 구축을 목표로 하고 있다.

1990년대 이후 일본에서는 소자녀화 경향으로 현재 출산율은 1.3명대로 떨어지고 있으며, 도시의 경우는 더욱 떨어져 도쿄(동경)의 경우는 1.0대까지 떨어지고 있다. 이러한 상황이 계속적으로 진행되면 취업인구의 감소와 더불어 생산성과 경제력의 저하가 심각해져 아동의 성장과 발달에 영향을 주게 되는 것이 염려된다. 1989년을 전후로 양자의 비율이 바뀌어 점차적으로 취업여성이 증가했으며, 특히 최근에 와서는 아이를 낳고 동시에 취업을 희망하는 여성이 증가하여 아동보육의 필요성이 높아지고 있다(2002년 여성취업률 49.6%).

'엔젤플랜'은 이러한 소자녀화 문제에 대한 대책으로 1994년 12월에 만들어진 자녀양육지원 정책이다. 기본방침은 자녀를 원하는 사람이라면 누구나 안심하고 아이를 낳고 기를 수 있는 환경의 정비, 가정에서의 육아지원을 위해 모든 사회구성원이 협력하는 시스템 구축, 그리고 유아의 이익을 최대한으로 존중하는 육아지원시책이다. 이를 위한 정책으로는 유급육아휴직제, 유급모성휴직제, 가족수당, 아동수당, 보육시설의 양적 확충 및 서비스의 질적 개선, 아동보호시간연장, 방과 후 아동보호 확대, 교육 및 주택 보조, 세금감면, 부모의 근로시간 단축, 자녀양육의 양성분담을 위한 제도 등이 포함된다.

엔젤플랜의 후속으로 1999년 12월, 2000년 4월부터의 5개년 소자녀화 대책을 위한 '신엔젤플랜'이 발표되어 현재 진행 중이다. 신엔젠플랜의 주된 내용은 보육서비스 등 자녀양육지원 서비스의 충실, 일과 자녀의 양육을 위한 고용환경의 정비 등이 있다. 또한 일하는 데 있어서 고정적인 성별역할분업이나 직장 우선의 기업풍토 시정, 모자보건의료 체제의 정비, 지역에서 어린이를 키울 수 있는 교육환경의 정비, 어린이들이 잘 자랄 수 있는 교육환경의 실현, 교육에 따른 경제적 부담의 경감, 주택 만들기와 지역 만들기에 의한 자녀양육지원서비스의 충실이 있다. 이 밖에도 2000년에는 육아휴직기간 중 휴직당시 봉급의 40%(종전 25%)를 지급하도록 하는 법안이 통과되었으며, 아동수당 지급대상을 3세에서 6세로 연장하였다.

3 우리나라의 영유아 보육사상과 역사

우리나라 보육사업은 과거부터 다양한 요소가 합쳐져 발전하면서 교육 영역에 통합되기도 하고 다시 보호와 교육이 이원화되는 정책상의 혼란 속에 발전되어 왔다. 이러한 발전과 정책의 변화 및 사회경제적 변화 등으로 인해 한국적 보육사업의 특징이 형성되어졌다.

현재 우리나라의 보육 욕구는 다른 나라와 비교해 보면 많은 차이가 있는데, 우리나라 보육사업의 특징은 예전의 빈민구호적 성격에서 맞벌이 부부의 가족지원정책으로, 2005년 영유아보육법 개정에서는 보편적 보육서비스를 지향하는 내용으로 변화된 과정을 볼 수 있다.

역사적으로 보육 초기 단계에는 소수의 아동들을 한정하여 보육서비스가 제공되었으나 현대사회에 접어들면서 아동 전체로 보육사업이 확대되어 가고 있다. 이러한 경향성은 '보충적에서 제도적으로, 자선에서 아동의 권리로, 특수성에서 보편성으로, 최저조건에서 최대조건의 보육서비스'로 방향과 인식이 변화되고 있음을 보여

준다. 따라서 우리나라 보육정책은 사회복지정책이나 여성정책이 아닌 독립적인 보육정책으로 정착되어야 할 것을 암시하고 있다.

사회제도의 변화에 따라 보육제도 및 정책도 많은 변화를 겪었다. 이는 우리나라의 복지이념 및 이를 근거로 한 사회경제적 수준의 고려에 의해 관계법의 제정을 통하여 구체적으로 실현된다. 한국의 경우 급격한 사회변화를 촉발시킴으로써 보육서비스의 실시에 결정적인 영향을 초래한 1960년대의 산업화 과정과 함께 그 이후의 정치적 · 사회적 변동과 보육 관련학의 학문적 성과를 배경으로 한 관련법의 변화과정을 보육사의 한 단면으로 살펴보는 것이 한국 보육의 역사와 제도의 변천을 고찰하는 방법일 것이다.

보육의 발달은 아동복지 발달과정과도 유사한 면이 있다. 아동복지 측면에서는 어느 국가에서나 초기에는 고아 · 기아가 대상이 되었으며, 다음으로 빈곤가정의 아동, 신체상의 장애아동 순으로 발달하여 오늘날에는 특수한 장애를 가진 아동은 물론 모든 아동을 그 대상으로 하고 있고, 보육의 발달도 이런 수순을 밟고 있다.

한국 보육의 역사는 크게 6단계로 나누어 살펴볼 수 있는데, 당시 사회가 요구하는 시대상을 배경으로 보육을 해결하기 위한 방편으로 어떠한 것을 삼았는지가 단계를 가름하는 기준이 된다.

1) 전통기(28~1920년)

구휼정책을 바탕으로 국가 차원의 아동보호 개념이 있었음을 인지하는 시기이다. 우리나라의 국가 보육사업 형태의 시초는 매우 오래되었다. 역사서에 등장하는 국가 차원의 구휼정책이 원시적인 형태의 보육사업의 전신이라 할 수 있으므로 우리나라 보육의 역사는 유구하다.

『삼국사기』 '신라본기'를 보면 유리왕 5년(28)에 환과고독(鰥寡孤獨)에게 급식을 주고 양육하는 사업이 있었다고 하는데 그 중 아동에 해당하는 것이 최초의 국가 차원에서의 고아 양육 사업이었다.

'백제본기'에는 다루왕 11년(38) 왕이 동 · 서부 지방을 순부하면서 가난하고 자활할 수 없는 사람에게 곡식을 주었다는 기록이 있는데, 이는 비류왕과 의자왕 때에도 있었다.

또 '고구려본기'에는 태조왕 56년(108) 왕이 가뭄으로 굶주린 백성을 위해 사신을 보내 진휼하였고, 태조왕 66년(118) 왕이 홀아비 · 과부 · 고아 · 자식 없는 자 및 늙어서 스스로 살 수 없는 자들을 위문하고 옷과 먹을 것을 주었다는 기록이 있는데, 이는 고국천왕과 고국원왕, 보장왕 때에도 있었다.

고려 말기 충목왕 3년(1347)에 설치된 구빈기관인 '해아도감(孩兒都監)'은 주로 젖먹이와 같은 어린아이를 보호 · 양육하는 일을 맡아보던 기관으로 최초의 관설 영아원이었다. 고려 전기에는 동서대비원, 제위보 등의 기관에서도 고아를 보호 · 양육하였으나 후기에 이러한 기관들의 운영이 유명무실해지면서 고아를 돌보기 위하여 별도로 설치된 것이다.

조선 전기 성종 16년(1485)에는 『경국대전』에 노인과 고아에 대한 수양 및 의류관급, 의약구제 등의 규정을 두어 고아를 국가에서 부양했음을 알 수 있고, 조선 후기 현종 2년(1661) 이후로는 한성 명부의 '유기아'에 대한 관부의 허가제에 의한 민가 수양이 실시되고 이들에 대해서 의료도 관급하였다. 숙종 22년(1696)에는 '수양임시사목'이 제정 실시되고, 영조 20년(1744)에는 '동사목'이 편찬되어 더욱 확립되었다.

조선사회는 임진왜란(1592)과 병자호란(1636)을 겪은 이후 기존 사회 질서가 무너지고, 토지제도는 균형을 잃어 국가 재정의 파탄을 가져왔으며 이 부담은 농민들에게 그대로 전가되었다. 사회제도는 부패하고 조세의 수탈문제는 민중의 삶을 직접적으로 압박했다. 정조 6~7년(1782~1783)에는 대흉년이라는 자연재해까지 겹쳐서 식량난에 견디다 못한 백성들은 자식을 버리는 사례가 증가하고, 떠돌며 구걸하는 아동의 수가 증가하였고 급기야 이것은 왕의 책임과 관심을 불러오게 되었다.

정조는 7년(1783)에 '자휼전칙(字恤典則)'의 전교를 내려 아동의 나이에 따른 차별적 구휼을 시행하였는데, 이는 유아에 더 중점을 두었다. 0~3세, 4~6세, 7~10세를 구분하여 유양의 정도를 달리 하였다는 사실은 아동의 성장과 보호유형에 대한 국가 차원의 인식이 있었음을 뜻한다. 이에 3세 이하의 '유기아'와 10세까지의 '행걸아'로 구분하여 '행걸아'는 관청인 진휼청에서 구제하고 '유기아'는 유모를 정하여 보살피게 했다. 또 '행걸아' 구제에 있어서 친족의 1차적 책임을 강조하여 국가적 구제는 부모, 친족, 주인이 없는 자에 한하고 고의로 구걸하거나 유기하지 못하게 한 점도 주목할 만하다.

'유기아'를 발견하면 각 부에서 즉시 진휼청으로 이송하고 탐문하여서라도 '유기아'를 찾아내고 '유기아' 구휼에 있어서 젖어미 제도를 도입하여 유양하는 유녀(乳女)에게는 식량을 지급했다. 또 '행걸아', '유기아'의 친권자가 '유기아'를 수양하던 사람에게서 아이를 찾아가려면 배상을 하고 찾아 갔고 '행걸아', '유기아'를 먹이는 절차와 진휼청의 사후 감독이 철저하여 월말마다 보고하고 유양을 잘 하는지 염탐을 했다.

'유기아'에게는 진휼청의 전례대로 의복을 주고 혜민서에 분부하여 의료혜택을 받게 하고 지방의 '유기아'조차도 면임(面任)과 이임(里任)이 발견하면 본관에 알려 지방까지 철저히 감독하게 했다.

근대적 고아구제사업의 발달은 고종 25년(1888) 명동 천주교회 고아원이 설치된 것에서 찾을 수 있다. 당시 프랑스 신부가 기아 · 고아 · 빈곤아를 수용 · 양육하였는데 수용한 아동들에게 글과 기술을 가르치며 천주교 보육원으로 발전하였다. 1905년에는 독지가 이필화가 경성고아원을 세웠다.

근대적인 아동보호와 교육의 개념은 1916년 정동교회 유치원의 분원에서 출발한 중앙유치원에서 시작되었다. 일제강점기 속에서 원아들에게 민족의식을 고취시키고, 원아를 매개로 하여 그 교육을 학부모들에게 확산시킬 목적으로 설립된 중앙유치원은 1918년에 독립하여 민족교육의 새로운 방향을 제시해 가는 선구적 역할을 했다.

이처럼 우리 민족의 독립이 교육을 통한 실력양성, 특히 유치원교육을 통한 뿌리로부터의 시작이라는 유치원 교육운동은 중앙유치원의 활동으로 인하여 전국적 확산의 계기를 마련하였다. 이에 일제는 1922년에 유치원 규정을 만들어서 이의 확산을 통제코자 하였으나, 1924년에 이르러서는 중앙유치원 외에도 수송, 경성, 태화 등이 생겼고, 개성과 평양에도 유치원이 생기게 되었다.

2) 태동기(1921~1960년)

일본의 문화정책과 더불어 서양식 교육을 받은 한국 지식인들의 증가로 보육의 필요성에 대해 눈 뜨는 시기, 본격적인 보육이 시작되었다. 일제 강점기를 벗어난 해방과 한국전쟁으로 극심한 사회적 혼란기를 겪으며 현대적 보육개념이 이미 발생하였음에도 불구하고 전쟁이라는 특수상황에서 비롯된 많은 고아들을 돌보기 위한 형태의 사회구호적 보육의 시기이다.

한국 보육사업의 근대적 역사의 시초는 1921년 기독교 민간단체인 '태화사회관'에서 빈민아동을 돕기 위한 구제사업으로 시작하였다. 태화사회관은 가장 오래된 사회복지관으로써 서양 감리교 선교사들에 의해 개관한 이래 태화진료소를 중심으로 아동보건사업을 전개하였다. 아동의 건강진단을 실시하였고 빈곤아동을 위한 탁아사업, 우유급식 사업 등을 수행하였다.

본격적인 탁아소는 1926년 설치 · 운영된 '부산 공생 탁아소'와 '대구 탁아소'이다. 이후 1934년 말까지 전국에 22개 육아시설이 만들어지고 그 수용인원은 2,192명에 이르렀다. 1939년에는 전국에 11개소의 탁아소(관립 1개소, 공립 2개소, 재단설립 2개소)가 설치되었고 435명의 아동이 탁아서비스를 받았다. 평양에서는 직장 보육시설 형태인 전매국 탁아소가 설치되었다.

1941년에는 여러 곳에서 보호시설에 설립되면서 세계대전과 경제공황으로 요보호 아동을 위한 구제사업이 본격적으로 제공되었고 이 시기에 관 · 민 종교단체들이 다양한 관심 속에 탁아소를 설립하였다. 1944년 조선천주교회 설립 사회사업기관으로는 신학교 1곳, 수사원 2곳, 수녀원 6곳, 유치원 19곳, 소학교 50곳, 중학교 2곳, 영아보육원 3곳, 양로원 5곳, 병원 9곳, 시약소(施藥所) 9곳, 인쇄소 3곳이 있었다. 광복 당시 요구호대상자를 수용 보호하는 인가된 후생시설은 육아시설 · 양로시설 및 기타시설 등 총 15개 시설에 1,085명의 피수용자가 보호되고 있었으나 1948년에는 배증(倍增)하여 31개의 각종 시설에 2,717명이 수용되고 있었다. 특히 육아시설은 광복 당시 10개였던 것이 23개로 증가하였다, 수용된 아동 수는 2,289명으로 광복 당시에 비해 약 2.8배가 증가하였다.

그 후 한국전쟁으로 인한 아동보호수용시설이 설치되었고 이때까지의 보육사업도 이전과 마찬가지로 사후처리와 구호적인 차원에서 이루어졌다. 6 · 25전쟁으로 전쟁고아가 급격히 증가하여 특히 9 · 28 수복 후에는 서울로 몰려들어 거리에 유랑하는 고아가 크게 늘어났다. 정부는 이들을 수용하기 위하여 구 종로초등학교를 임시 응급구호소로 삼아, 수용인원이 약 900명이 되었으나 다시 1 · 4후퇴를 하게 되어 이들을 제주도로 이송하여 보호하다가 약 6개월 후에 민영(民營)으로 이양되어 '한국보육원'으로 되었다. 그리고 부모로부터 이탈된 고아의 부모 찾기 운동도 전개하여 많은 아동들이 부모를 찾게 되었다.

아동후생시설은 6 · 25전쟁 직전에 다소 감소하는 경향이었으나 6 · 25전쟁 후에 크게 증가하여 그 종류도 다양하게 되며 또 시설수와 수용인원도 점차 늘어갔다. 1960년대 초까지는 계속 증가하였으며 이들 시설운영에 관한 재정은 주로 국고와 외국 원조에 의지하였다. 그리고 각 시설에 있어서는 연장아동(年長兒童)의 사회진출이 큰 문제로 대두되기 시작하였다.

국내의 민간단체들은 고아, 기아, 부랑자를 위한 아동보호시설을 설립하여 이들을 보호하였다. 탁아소가 증설되면서 이 시설들을 합리적으로 지도 감독해야 할 행정적 필요에 따라 1952년 '후생시설 운영 요령'이 마련되었다. 후생시설은 직장을 가진 부모의 자녀를 일시 또는 일정기간 동안 위탁, 보호할 수 있다고 정의하였으며 이런 정의는 낮 시간 동안에 보호하는 개념을 넘어 현재 24시간 보육과 같은 위탁의 개념으로 볼 수 있다. 이 시기는 탁아시설 설립 목적의 취지를 제대로 실시하지 못한 미분화된 시설보호에 그쳤다.

해방 이후에는 한국전쟁에 이르기까지 사회는 정치적으로 매우 불안하고 혼돈의 상태였으며 전쟁은 수많은 고아와 기아를 양산했다. 이런 혼란의 소용돌이 속에서 보육사업은 예방적 기능이 아닌 응급 구호적 기능을 수행할 수밖에 없었고 아동복리가 사회적 책임이라는 인식이 본격화된 시기였다.

한국전쟁 이후 1952년 '후생시설요강'에서 빈민 아동의 탁아나 고아들의 구호를 위한 사업 규정으로 나타났다. 그에 관한 법제화는 1960년대 정부의 경제개발정책에 따른 여성 노동력 증가와 더불어 탁아시설의 증설과 정비의 요청에 따라 1961년 제정된 '아동복리법'과 1962년의 '아동복리시설 기준령'이 효시라 할 것이다. 이후 우리나라의 보육사업은 관계 법령의 제정으로 후진적 형태에서 발전적 형태로 나아가게 된다.

3) 전환기(1961~1980년)

1961년 '아동복리법'의 제정과 법정시설의 보육서비스가 정착되는 단계로 아동복지의 필요성을 인지하는 시기이다. 1950년대까지 임시구호적인 성격을 벗어나지 못한 보육시설은 1961년 '아동복리법' 제정을 계기로 법정시설로 정부의 지도 감독을 받게 되면서 예방 차원의 보육이 전개되기 시작했다. 당시 탁아시설의 수는 1960년에는 116개소, 1968년에는 292개소에 달했고 수용 아동 수는 25,443명에 이르렀다. '아동복리법'에서는 탁아시설의 설치 기준, 직원 배치 기준, 탁아기간, 보호내용 등을 구체적으로 규정하였으며 1962년 '아동복리시설 기준령'에는 아동 복리 증진과 보장을 위한 내용이 명시되어 있다.

당시는 경제개발 추진에 의한 산업화가 진행되면서 취업여성이 증가하고 보육문제가 사회문제로 대두되기 시작했기에 1968년 아동복리법 시행령에 근거한 '미인가

탁아시설 임시 조치령'을 공포하여 민간 탁아시설을 적극 권장하여 1960년에 24개소이던 시설이 1970년대에는 600여개에 달하는 양적 확충을 가져왔다. 탁아소는 일제 때 생긴 명칭으로 아이를 단순히 맡겨 놓는 곳으로의 오해 소지가 있어 명칭을 '어린이집'으로 변경하게 되었다. 또 어린이집 운영에 따른 인건비 · 운영비 등을 지원하여 양적 유도를 함에 보육시설의 양적증가를 이루었다. 이 조치의 목적은 경제개발에 의한 고용증대로 근로자가 증가함에 따라 보호 결함이 있는 아동을 탁아 · 보호하기 위해 아동복리 향상을 위한 것이다.

그러나 '미인가 탁아시설 임시 조치령'으로 인해 어린이집이 우후죽순으로 설립되었으며 시설환경, 교사자격 및 프로그램 등의 운영 전반에 걸친 질적 수준에 문제가 될 정도였다. 원래의 탁아기능에 부합하지도 않고 유아 교육적이지도 않은 수준의 시설이 늘어나 저소득층 자녀의 문화실종의 심각성과 조기 교육의 필요성이 고조됨에 따라 보육시설의 질 향상을 위해 1977년 '사회복지사업법'을 개정하고 탁아시설의 법인화를 촉구하는 한편, '미인가 탁아시설 임시 조치령'이 폐지되었다.

1978년 '미인가 탁아시설 임시 조치령' 폐지는 어린이집의 낮은 증설률로 이어졌고 맞벌이 부부의 자녀는 여전히 증가추세에 있다. 이에 대한 대응책이 필요해져 정부는 아동을 보호하기 위한 다목적 어린이집을 개방하면서 수탁료를 받을 수 있는 '탁아시설 운영 개선 방안'을 마련하였다. 이 조치에 따라 중산층의 아동은 어린이집을 이용할 수 있게 되었다. 문제는 어린이집이 탁아시설의 기능과 교육이 첨가된 관점으로 출발한 것은 바람직하였지만 홍보와 인식 부족으로 부모들이 유치원의 대응물로 활용했다는 것이다.

일반적으로 1980년대 이전까지의 보육사업은 보편적 서비스로 발전되지 못하고 선별주의 원칙에 기초한 잔여적 형태의 서비스로 평가되어지고 있다. 이 시기는 전반적으로 보육이 침체된 시기였다.

4) 정비기(1981~1989년)

1981년 '아동복리법'이 전문개정 되면서 '아동복지법'으로 개칭되었고, 1982년 '유아교육진흥법'의 제정으로 보육사업이 정비되는 시기이다. 1981년 '아동복리법'의 전문개정 및 개칭으로 '아동복지법'을 시행하였다. 이 법은 국가와 지방자치단체가 아동의 건강과 복지증진을 위하여 노력하여야 하고, 그 시책을 시행하여야 하며 아동의 보호자는 아동을 성장시기에 맞추어 건강하고 안전하게 양육하여야 함을 취지로 삼고 있다. 또한 단순한 탁아시설의 증설이나 정비의 차원을 넘어 아동복지의 이념에 따라 실천의지를 나타낸 것이며, 1982년 '유아교육진흥법'을 제정 · 공포함으로써 정부의 의지를 뒷받침하였다.

1982년 '유아교육진흥법' 제정과 함께 보육은 일대 변화기를 맞게 된다. 그동안 보건사회부(어린이집 691개소), 내무부(새마을 협동 유아원 263개소), 농업 진흥청(농번기 탁아소 382개소) 등에서 관장하던 탁아기관을 새마을 유아원으로 통합하였다. 또한 내무부가 주무부서를 관장하도록 하였으며 보육시설들을 일원화하여 체제를 정비하고 유아교육의 진흥을 가속화할 수 있는 법적 근거를 마련하였다. 즉, 문교부 관할의 유치원과 내무부 관할의 새마을 유아원으로 정비되고 유치원은 교육기능을, 새마을 유아원은 보육기능을 담당하게 된 것이다. 이러한 관점은 시설의 기능은 교육 중심으로, 관장 부서는 행정력 중심으로 새로운 전환을 도모한다는 것이었다. 이로써 종전의 탁아시설로서 지니는 서비스 성격은 퇴색되고 교육의 기능이 강화된 유치원과 새마을 유아원만이 유아교육기관으로 존재하게 되었다.

'유아교육진흥법'에 따라 설치된 새마을 유아원의 문제점은 운영시간이 짧아 기혼여성들의 실제 근로시간을 맞출 수 없었다. 이로 인해 유아가 가정에 혼자 방치되고 화재로 어린 자녀가 사망하는 사건이 발생하면서부터 보육에 대한 요구가 심각하게 제기되었다. 새마을 유아원은 설치목적이 맞벌이 부부 및 저소득층 자녀를 보호하고 교육하는 기능을 병행하는 것이었다. 그러나 실제로는 반일제로 운영되는 곳이 대부분이었으며 내용에 있어서도 기존의 유치원과 별반 차이가 없어 계속적인 양적 확대에도 불구하고 저소득층 맞벌이 부모의 보육부담을 줄여주지 못했다. 이에 보건복지부에서는 대대적인 보육사업의 확충계획을 수립, 추진하게 되었다.

이 시기는 저소득층 맞벌이 부부의 보육부담에 대한 배려가 지극히 부족했고 새마을 유아원은 문제점이 많아 영세민의 생활 안정을 돕는 88탁아소가 부활하여 저소득 밀집지역에서 140개소로 늘어나는 결과를 가져왔다.

1980년대 후반에 들어와 기혼 여성의 취업률이 45.5%로 급증, 취업모들의 요구와 농어촌 지역의 아동방치 문제가 심각해졌다. 정부는 보육시설 부활의 긴급성을 느끼고 보건사회부는 1989년 '아동복지법' 시행령을 개정하여 1982년에 삭제된 탁아시설의 설치, 운영근거를 부활시키기에 이르렀다. 이 조치는 관계부처인 내무부, 교육부, 보건복지부 3부 장관의 합의에 의해 1993년까지 교육법에 의한 유치원이나 '영유아보육법'에 의한 보육시설로 전환토록 하였다. 이로써 우리나라의 보육사업은 과거의 구호 차원에서 교육 및 복지 차원으로 한 걸음 나아갔으나 유치원과 어린이집으로의 이원화 체계를 갖추게 되었다. 아동복지법에 의거한 보육사업 추진은 효율적이고 체계적이기에 미흡한 점이 많아 보육사업을 위한 독립법 제정의 필요성이 제기되기에 이르렀다.

5) 발전기(1990~2004년)

1990년 영유아보육법의 제정으로 보육의 개념이 정리되는 시기이며, 유치원과 보육시설의 이원화 체제를 정부에서 선택함으로써 보육을 분리하여 양적 성장을 거친 시기이다.

1990년대 초기는 기혼 여성의 취업률이 급격히 증가하고 탁아요구가 크게 증대되었다. 이에 정부는 늘어나는 보육 수요에 대처하고 건전한 맞벌이 가정의 경제적 사회적 활동 지원을 위해 보육시설 확충을 위한 대책 마련을 서둘렀다. 1991년 '영유아보육법'이 제정, 공포되면서 보육사업의 발전 및 질적 향상을 하는 발판을 마련하였다. 그동안 분산되었던 탁아사업이 보사부로 일원화되고 탁아라는 용어가 보육이라는 용어로 바뀌고, 시행령과 시행규칙이 마련됨으로써 비로소 유아 보육에 관한 법률체제가 정비되었다. 한편 '유아교육진흥법'에 의해 설치된 새마을 유아원과 유치원은 1990년 내무부, 복지부, 교육부 3부 장관의 합의하에 1993년까지 유치원이나 '영유아보육법'에 의한 보육시설로 전환토록 하자는 안에 합의하게 되었다. 이에 보육은 보건복지부에서 관장하게 되었고 내용도 종전의 탁아에서 보호와 교육을 통합한 보육으로 기능이 확대되었다.

영유아보육법은 보호자가 근로 또는 질병, 기타의 사정으로 인하여 보호하기 어려운 영아 및 유아를 대상으로 하되, 영유아의 심신의 보호와 교육 및 보호자의 사회, 경제적 활동을 돕는 것을 목적으로 하고 있다. 이는 '보육'이 국가적 과제임을 밝힌 것으로 공적 의미로서의 '보육'개념을 잘 드러낸 법령으로 보인다. 또 전통적인 아동의 가정양육원칙과 자유 민주주의 이념에 따라 보호자가 보육하기 어려운 영유아(12세까지)로 한정하여 불필요한 국가 개입을 최소화하고 교육법에 의한 유치원과의 구분을 명확하게 하였다. 어린이집과 유치원을 이원화한 법령으로 민간 보육시설은 유치원과 경쟁해야 하는 상황이 되었고 이는 민간 보육시설의 경영난을 가중하는 한 원인이 되었다.

'영유아보육법'의 제정으로 보육사업은 '아동복지법'(보건사회부), '유아교육진흥법'(내무부, 교육부), '남녀고용평등법'(노동부)으로 분산되어 있던 법체계나 주무부서를 독립법 체계 하에 주관부서를 보건복지부로 일원화하여 본격적인 제도적 기반을 구축하고 보호와 교육을 통합한 사업으로 확대, 발전하게 되었다.

그 결과 1990년 말에 1,010개였던 보육시설의 수가 2005년 28,040개소에 이르고 보육시설을 이용하는 아동의 경우에도 1990년 48,000명에서 2005년 972,391명으로 놀라운 증가를 보였으며 보육종사자 수도 130,972명에 이를 정도로 1991년 '영유아보육법'이 제정된 이래 우리나라의 보육사업은 엄청난 양적 발전을 이루었다.

이 법은 보호와 교육의 애매했던 개념을 보호와 교육을 통합한 '보육'이라는 진보된 개념으로 전환하였고 보육내용도 아동교육, 영양, 건강, 안전 등의 보호와 교육 또는 부모교육, 지역사회와의 연계까지 포괄하는 종합서비스를 제공토록 하였다. 저소득계층 아동 중심에서 중 · 상류 계층 아동을 포함함으로써 모든 가정의 아동이 동일한 서비스를 받도록 하였다. 특이한 점은 0~12세까지 아동의 연령을 연장하여 제도화한 점으로 그 후 1995년 세계화추진위원회에서 방과후 아동지도가 10대 과제로 채택되었다.

보육사업에 대한 정부의 확고한 의지에 따라 시설의 양적 확충을 목표로 1994~1995년 국민연금융자제도를 마련하여 땅이나 재산을 소유한 무자격자들에게 보육시설 설치비를 저리로 대여해주어 시설을 짓게 하고 단기 보육시설장 양성과정을 수료케 하여 시설장이 될 수 있도록 하는 재도를 실시하였다. 그러나 양적 확충에 따른 질적 성장이 이루어지지 않아 보육의 질적 저하를 초래하는 결과를 가져왔다. 이로써 민간 보육시설의 경영난이 심화되는 양상이 나타났다.

6) 도약기(2005년~현재)

2004년 '영유아보육법'의 개정과 공보육화 개념이 도입되어 보편적 보육서비스를 지향하는 정부의 의지가 천명됨으로써 보육사업의 도약기이다. 우리나라 아동보육은 현재까지 육아의 의무를 어머니와 가족들에게만 맡겨두고 있었으나 보육 현실은 이제 가정에만 미룰 수 없게 되었다.

아이를 낳은 기혼 여성들은 일과 가정을 양립하며 양육의무를 수행하기에 어려운 현실 때문에 출산을 기피하고 이에 따라 한국사회는 저출산, 고령화 사회로 진입하게 되었다. 이에 국가의 장기적이고 지속적인 성장을 위협하는 심각한 상황에서 보육사업의 기능과 중요성에 대한 사회적 인식이 확산되면서 보육의 공적 책임을 실감하지 않을 수 없게 되었다.

그 일환으로 보육서비스의 질적 향상 및 다양화, 보육의 공적 책임을 골자로 한 '영유아보육법' 개정안을 2004년 1월에 발표하고, 2005년 1월부터 시행토록 하였다. 보육사업의 적극 추진을 위한 일차적 방안으로 2004년 6월 보건복지부의 보육업무를 여성부로 이관하고 관장부서로 보육정책국을 신설, 산하에 보육기획과와 보육지원과를 설치하였다.

2004년 1월 '영유아보육법'의 전면 개정을 통해 보육은 질적 발전을 수립할 수 있는 여건을 조성했다. 개정 '영유아보육법'의 주요 골자는 보육의 사회적 강화를 취지로 보육시설 설치기준 강화, 신고제를 인가제로, 교사 자격증 발급 및 경력 관리 강화, 표준보육과정개발, 평가인증제도 실시 등이다.

현재 보육업무는 여성가족부에서 2008년 3월 보건복지가족으로 이관되었다. 유희정은 기존의 보육정책을 평가하면서 법제도의 정비, 보육시설과 이용 영유아 증가, 보육예산의 증가, 보육서비스 수준의 향상을 위한 노력이 주요 성과라고 보았다.

CHAPTER

03

영유아의 발달특성과 요구

1 영아기의 발달특성

2 유아기의 발달특성

1 영아기의 발달특성

1) 영아기 발달의 중요성

영아기는 대체적으로 출생에서 2~3년까지의 시기를 지칭한다. 실제로 출생에서 3세까지의 시기는 모든 면에서 발달의 기초가 이루어지는 단계로 이때 이루어진 신체, 인지, 사회 정서 발달이 거의 일생을 좌우한다. 이 시기에는 일생동안 변화가 가장 많이 일어나는 시기이다.

영아 발달의 여러 영역, 즉 인지, 사회 정서, 신체 영역이 서로 밀접하게 연결되어 있다. 그러므로 각 단계마다 적절한 보호와 자극이 제공되면 최적의 발달을 이루게 되지만, 그렇지 못한 경우 발달이 지연될 수도 있다. 따라서 어느 한 발달 영역에서의 장애나 지연이 다른 영역의 발달에 직접적으로 영향을 미친다. 그러므로 이 시기의 발달특성을 이해하고 그에 따른 적절한 보호와 자극을 제공하는 것은 매우 중요한 일이라 하겠다.

(1) 신체 및 운동 영역

신체 발달은 영아의 언어, 정서, 인지, 사회성 발달에 중대한 영향을 미치게 되므로 영아의 생활에 매우 중요한 의의를 지닌다. 영아기의 신체 발달은 신체 건강의 기초 확립에 결정적인 것으로, 이를 토대로 기본적인 감각 운동기능과 신체 조정능력 등 운동성 발달이 진행된다. 영아기의 신체 발달은 운동능력의 발달과 직결되며, 운동능력의 발달은 영아로 하여금 주위 환경 속에 있는 여러 가지 사물에 접하고 탐색하며, 경험하는 세계를 더욱 넓혀 갈 수 있도록 돕는다.

영아는 출생 후 몇 개월간은 매일 체중이 늘고 키가 자란다. 체중과 신체적 성장 이외에도 골격과 근육, 중추신경계의 신체 내부적 발달도 급속도로 이루어진다. 영아들의 첫걸음은 12개월경에 시작하며 생후 1년을 전후로 하여 한두 걸음씩 걷기 시작한다. 13~18개월경엔 대근육의 발달과 함께 소근육이 점차 발달하여 엄지와 집게손가락으로 물건을 집을 수 있게 되며, 사물 파악 능력이 생긴다.

24개월에 이르면, 영아는 도움 없이 계단을 오르내릴 수 있고, 24~36개월이 되면 놀이터의 미끄럼틀을 타거나, 혼자 달릴 수 있다. 또한 두 손을 사용하여 물건을 쌓기, 물체끼리 맞추거나 빼기가 가능하다.

36개월이 되면 간단한 퍼즐이나 혼자 지퍼를 올리고 내리는 등의 동작을 할 수 있다. 특히, 24~36개월의 시기에는 신체적 성숙과 함께 대소변 가리기의 과업이 이루어지고, 신체 조절 및 협응 능력이 가능해짐에 따라 기본적인 생활습관과 관련된 스스로 먹기, 화장실 가기, 이 닦기, 옷 입고 벗기 등의 일상생활에 필요한 기술의 습득이 이루어지는 기간이다.

(2) 인지 영역

출생에서 약 2세까지의 영아들은 감각적 경험과 운동활동의 관계를 학습함으로써 사물을 이해하려 한다. 이 발달단계를 감각운동기라고 한다. 피아제의 인지 발달단계에 따르면 영아기를 감각운동기(0~2세), 전조작기(2~7세)라고 하였다.

0~2세 영아는 감각운동기로 감각 경험과 운동을 통해 주위환경과의 상호작용을 하면서 세상에 대한 중요한 지식을 얻는 단계이므로 영아기 감각교육이 중요하다고 할 수 있다. 영아기의 인지 발달은 시각적, 청각적, 후각적, 촉각적 자극이 필요하며, 특히 언어적 상호작용이 매우 중요한 역할을 한다. 언어는 지적활동의 중요한 매개체이며, 타인과의 관계형성에 기본이 된다.

영아는 자기중심성에 고착되어 자신 이외의 것들에 대해 인식하지 못하다가 자신의 신체에 익숙해지면, 자신 이외의 환경과 사건에 관심을 갖기 시작하여 어떤 것을 치거나 부딪쳐서 새로운 반응을 만들어낸다. 19~24개월경에 영아는 유전과 환경에 의해 많은 영향을 받는 시기로, 직접적으로 가르치기보다는 스스로 탐색할 수 있는 감각운동적 활동을 유도해야 한다.

대략 25~36개월은 궁금증이 급격히 증가하여 영아의 인지 발달 영역에 많은 변화가 일어나는 시기이다. 신체적인 조절이 가능하여 자립적인 탐색이 활발해진다. 이 시기의 인지 발달적 특성은 직접 손을 사용하여 물체를 탐색하고, 결과를 유도하기 위해 의도적인 행동을 하기도 하며 상징적 표상이 가능하여 혼자 노는 가상놀이, 상상놀이가 가능하다

(3) 언어 영역

엄마의 뱃속에서 막 태어난 아기의 첫 언어는 울음이다. 울음은 아기의 유일한 의사전달 표현 방법이다. 아기는 배가 고플 때와 기저귀가 불편할 때 등에 울음을 내어 엄마에게 알린다. 일반적으로 생후 1개월이 지나면 울음소리의 음조와 강도에 따라 영아가 배가 고픈 건지 고통스러운지를 알 수 있게 된다. 이러한 울음을 분화된 울음이라 한다.

생후 1~2개월 정도가 되면 쿠잉(cooing)이 나타난다. 이는 젖을 먹고 난 뒤에나 장난감을 쳐다볼 때와 같이 기분이 좋을 때 목을 울려 낮게 내는 소리이며 주로 모음으로만 구성되어 있는 발성이다.

생후 2개월이 지나게 되면 옹알이를 시작한다. 자음과 모음을 합쳐서 내는 소리로 목, 혀, 입술을 움직여서 내는 근육활동의 결과이다. 옹알이는 일종의 음성적인 놀이 또는 연습이다. 8~9개월경에는 성인의 소리를 모방할 수 있게 된다. 성인의 소리를 메아리처럼 그대로 모방한다고 하여 이것을 반향음 내기라고 한다.

10~13개월경에는 첫 단어가 등장하며 한 단어로 말을 할 수 있게 된다. 영아는 첫 단어가 나타나기 이전에 이미 서너 단어를 이해하고 있는 경우가 많다. 영아의 한 단어로 된 말은 대체적으로 사물과 사건을 지칭하거나 기분의 표현, 요구 등을 나타내는 것으로 경우에 따라 여러 의미를 포함하고 있다.

13~18개월 정도에는 하나의 단어가 가진 의미를 확대시켜 사용하며 타인과 소통하기 위한 언어에 관심을 갖기도 한다. 또한 주위환경, 감정요구를 표현하기 위해 두 단어를 결합하여 문장을 만들고 노래를 웅얼거리기도 한다.

17~18개월경에는 두 단어를 조합하여 표현할 수 있게 된다. "아, 추워." "엄마, 물." 등의 단어조합으로 문장을 만들어 말한다.

20개월 정도가 되면 영아는 세 단어를 조합하여 자신의 의사를 표현하기 시작하며 주변의 사물과 사람을 명명하는 단어를 급속히 습득하여 18개월경부터 영아가 사용하는 어휘 수는 급속히 증가한다.

25개월부터는 사용어휘가 급격히 증가한다. 영아는 두세 단어로 구성된 전보식 문장을 사용하며, 문장은 내용을 전달하는 명사, 동사, 형용사로 구성되고 조사, 조동사, 접속사 등은 생략하여 사용한다.

36개월이 되면 명사와 동사를 포함한 문자의 사용이 가능하며, 의문문, 부정문도 사용하는 등 문자의 기본 구조를 습득하게 된다. 한 문장에 평균 4개의 단어를 사용하고 사용하는 단어 수는 약 900개 정도이다. 사용하는 문자의 길이와 어휘수가 점차 증가하여 기본적인 의사소통이 가능해진다.

(4) 사회성 영역

사회성 발달에 있어서 영아는 자신의 의사를 표현하는 사회적 표현 행동 즉, 울기, 응시하기, 미소 짓기, 옹알이하기, 모방하기 등의 행동을 하여 자신의 호기심이나 욕구를 표시한다. 이러한 표현행동은 점차 발달하여 자신과 친숙한 사람에게는 애착관계를 형성하게 되고, 나아가 성인이나 또래와의 대인관계가 발달됨으로써 점차 사회성이 발달해 간다.

생후 2~3개월 영아는 외부의 자극에는 단순히 반응만 할 뿐 사물의 소리와 사람의 소리를 구별하지 못한다. 사회적 반응이 시작되는 시기는 대개 생후 3개월로 보는

데, 아기는 인간과 사물을 구분하게 되며, 이것은 자극에 달리 반응한다. 영아는 대상의 움직임을 쫓아가면서 명확히 보고, 청각으로도 사람과 사물의 소리구별은 물론 여러 가지 다른 종류의 소리를 구분한다. 이러한 시청각의 발달은 영아의 사회적 학습의 시초라고 볼 수 있다.

영아의 사회적 반응은 최초 양육자에 대한 것으로 시작된다. 양육자는 영아가 대하는 최초의 대상이며, 자신의 욕구를 만족시켜 주는 존재이기 때문이다. 생후 3개월이 되면 영아는 사람의 목소리를 들으면 소리 나는 쪽으로 고개를 돌려 반응한다. 생후 4개월에 들어서면 영아는 양육자와 더욱 강한 정서적 유대감을 나타낸다. 생후 5~6개월부터 영아는 미소와 꾸짖음에 다르게 반응하며, 친근한 목소리와 성난 목소리를 구분할 수 있게 된다.

생후 6개월이 되면 영아의 사회적 행동은 보다 공격적이 된다. 다른 사람의 머리카락을 잡아당긴다든지 다른 사람의 코나 안경을 움켜잡는 행동을 하며 사람들의 얼굴 모습을 알아보려고 애쓴다.

생후 7~9개월이 되면 영아는 다른 사람의 말하는 소리나 단순한 행동 및 몸짓을 모방하려고 애쓴다.

12개월경부터는 부모의 애착 및 신뢰를 형성하는 시기로 안정적인 애착이 형성될 수 있도록 충분한 신체접촉과 함께하는 시간을 많이 제공해 주는 것이 좋다. 부모와 긍정적으로 형성된 애착관계는 부모에 대한 신뢰도로 이어지며 이런 신뢰를 바탕으로 영아는 또래나 타인과도 신뢰감을 쌓게 된다.

15개월경의 영아들은 성인에게 더욱 관심을 가지게 되며 그들과 함께 있거나 그들의 행동을 모방하려는 강한 욕구를 보인다.

24개월경이 되면 새로운 행동을 탐색, 시도하면서 주변 환경에 대한 흥미가 더욱 증가하게 되고 자율성이 발달한다. 또한 목욕을 하거나 옷을 갈아입는 것 같은 단순한 활동들을 성인들과 함께 협력하여 할 수 있다. 신생아 시기의 외부자극에 대한 수동적 반응과 생존을 위한 의존성은 영아 중기에 들어서면서 자발적이고 탐색적이며 능동적인 행동으로 바뀐다.

25~36개월에 들어서면서 또래를 모방하거나, 또래의 이야기를 따르는 등의 형태로 또래들에게 관심을 보이기 시작한다. 또한 영아는 부모에 대한 동일시과정을 통하여 부모의 가치나 태도를 내면화함으로써 그 사회나 문화집단의 규칙과 규범을 학습하게 된다.

(5) 정서 발달

영아들은 대체로 25~36개월까지 부끄러움, 무안함, 자신감 등 대부분의 정서가 분화되고 성인에게 볼 수 있는 거의 모든 정서가 나타난다. 또한 신체적 조절능력을 획득함에 따라 자신이 할 수 있는 행동범위가 넓어지면서 자신감과 자아에 대한 개념이 발달되는 시기이다. 따라서 자신의 느낌을 강력하게 표현하고, 다른 사람에게 자신을 확인시키려는 시도가 증가하며 다른 사람들의 의견이나 느낌과는 상관없이 자신의 의지대로 하려고 고집하기 때문에 자주 갈등상황을 초래한다. 그러므로 이 시기의 영아를 효율적으로 지도하기 위해서 부모와 교사는 이러한 발달적 특성을 이해하고 인내와 분명한 한계를 설정하여야 한다.

12개월 정도가 되면 영아의 주변 탐색활동은 좀 더 활발해진다. 또한 기분이나 감정의 표현도 심화된다.

13~18개월경에는 엄마, 아빠, 형제 또는 조부모와의 관계 속에서 정서적 안정감을 얻게 되므로 가족 간의 관계가 매우 중요하다. 때로는 상대방을 때리거나 공격적 행동을 보이기도 하고 말썽을 부리기도 하는 퇴행적 행동을 할 때도 있으므로 영아 자신이 언제나 사랑받고 있다는 생각을 가질 수 있도록 애정표현을 아끼지 말아야 한다.

36개월경이 되면 시각적인 공포가 나타나기 시작하여 개나 고양이 등을 겁내고, 화가 나면 바닥에 뒹구는 등의 격렬한 분노의 감정도 표출한다. 자신의 감정을 솔직하고 구체적으로 표현하고, 좋아하는 일에 호기심이 지속적으로 나타나며, 타인의 감정을 기쁘게 함으로써 자신의 정서 만족을 느낄 수 있게 된다. 정서의 조절과 긍정적 정서의 발달을 위해서 조기에 어머니와의 정서 교환이 매우 중요하다.

2 유아기의 발달특성

유아기는 2세부터 6세까지로 초등학교에 들어가기 이전의 시기이므로 흔히 취학전기 또는 학령전기라고 부른다. 이때는 뇌의 발달이 거의 끝나고 신체의 양적 성장은 영아기에 비하여 뒤떨어지나 다른 시기보다는 빠르고 지적 발달은 더욱 활발하다. 또한 유아가 스스로 자기 신체를 통제할 수 있게 되는 시기이다. 정신적으로는 많은 변화를 일으켜서 학습, 지각, 추론, 언어 등이 상당히 발달되어 자신과 타인의 구별, 사회화 과정을 통하여 사회에서 통용되는 기본적 행동양식 및 가치체계를 내면화하기 시작한다. 이 시기에 특히 뚜렷하게 발달하는 것이다.

1) 신체 및 운동기능 발달

신체적으로 가장 중요한 시기라 할 수 있다. 영아기에 이어 신체 발달 비율이 가장 왕성할 때이니 만큼 영양 실조가 없이 균형있는 고른 영양을 공급해 주어서 신체 발달을 효과적으로 조성해 주어야 한다. 신체 비율도 유아기에 비해 전신에 대한 머리의 비율이 작아져서 어른의 신체 비율에 가까워진다. 또한 유아의 운동은 질주, 도약, 기어오르기, 미끄럼 타기. 세발자전거 타기 등이 발달하고 다리 운동이 분화하며, 손이나 손가락 운동의 정확성과 속도가 급속히 발달한다. 유아 말기에는 실외에서 하루해를 다 보내는 흥미를 가지고 놀이를 즐기며 지칠 줄 모르고 뛰어논다.

(1) 매우 활동적

유아는 신체적 성장과 운동기술이 발달함에 따라 자신의 몸을 자유로이 움직일 수 있게 된다. 따라서 호기심과 탐구심이 많은 유아는 잠시도 가만히 있지 못하고 수시로 활동적으로 움직인다. 그러므로 부모나 교사들은 유아들이 자신의 행동을 조절할 수 있도록 도와주어야 한다. 이 시기 유아들은 무리하게 뛰어 놀더라도 피곤해하거나 지칠 줄을 모르기 때문에 임의적인 휴식을 통해서 유아의 신진대사를 조절해 줄 필요가 있다.

(2) 이 시기 유아는 대근육이 먼저 발달하고, 소근육은 천천히 발달

특히 3세 이전의 유아는 소근육보다는 대근육을 원활히 사용한다. 따라서 유아에게 제공되는 놀잇감은 나이가 어린 유아일수록 큰 블록과 같이 대근육을 사용할 수 있어야 성취감을 느끼기 쉽다. 반면에 나이가 많은 유아는 소근육이 발달하기 때문에 보다 더 정교하고 세세한 놀잇감을 제공함으로써 유아의 발달을 도울 수 있다. 그러나 발달적 특징에 따라 중심을 다르게 두는 것이니 만큼 어느 시기에나 대, 소근육 발달이 고르게 이루어지는 기회가 제공되어야 한다.

(3) 신체적으로 미성숙하고 민감한 성장과정에 있다.

성장기 유아들은 뇌를 보호하는 뼈가 발달과정에 있기 때문에 특히 뇌에 손상이 가지 않도록 각별한 주의가 필요하다. 그리고 유아들은 선천적으로 미숙하기 때문에 신체에 무리가 가지 않도록 활동을 정적인 활동과 동적인 활동으로 구성해주는 것이 좋다.

(4) 위험을 예측하거나 판단할 수 없다.

유아들은 위험한 것이 어떤 상황인지에 대한 분별력이 있기는 하지만 돌발적이거나 예측할 수 없는 상황에 있어서는 인식하지 못하므로 항상 위험에 노출되어 있다고 보아야 할 것이다.

- 성장률이 완만해지면서 식욕도 감소함
- 신체의 움직임이 더욱 안정되고 유연해져서 능숙하게 속도를 조절하여 걷거나 뛸 수 있음
- 두 발 모아 점프하기, 균형잡기, 세발자전거 타기 등을 능숙하게 함
- 숟가락 사용이 능숙해지고 젓가락을 서툴게 잡기 시작함
- 소근육 조절 능력이 발달하여 그림 그리기, 쌓기놀이가 비교적 능숙해짐
- 기본 생활을 위한 신체적 기술이 증진되지만 신발의 왼쪽, 오른쪽을 구별하지는 못하고, 옷을 벗기는 하지만 바르게 입는 것은 어려워함(앞뒤, 위아래 혼동)
- 양손을 사용한 신체적 기술이 증진되어 단추 끼우기, 가위질하기 등이 능숙해짐

(5) 유아기 머리, 팔, 다리

유아기에 팔과 다리는 가장 빨리 성장한다. 반면에 머리 성장은 훨씬 느린 속도로 이루어지는데 이는 2세에 이미 두뇌 무게가 어른 크기의 75% 정도에 도달하였기 때문이다. 무거운 머리와 짧은 다리를 가진 아기 모습은 2~5세에 어른의 신체비율과 매우 비슷하게 변화한다. 2세 아동의 손은 머리 약간 위에 닿는 정도이며 5세 아동은 손을 훨씬 더 높이 쳐들 수 있다. 또한 배불뚝이는 걸음마기 아동들의 전형적인 모습이며, 이는 비교적 짧은 몸통 안에 방광이 앞에 놓여 있고 척추가 앞쪽으로 휘어져 있기 때문이다. 5~6세에 이르러 배불뚝이와 척추 전만은 사라진다.

(6) 시각

유아기에 시각의 정확성은 현저한 향상을 보인다. 출생시 약 20/300 정도이었던 시력이 1세에는 20/100으로, 2세에는 20/40으로, 4세에는 '정상'으로 불리는 20/20으로 향상된다. 다시 말하면, 보통 사람들이 300 피트에서 볼 수 있는 것을 출생시에는 20피트 거리에서 제대로 볼 수 있으나, 4세가 되면 보통 사람들이 볼 수 있는 거리에서 사물을 바라볼 수 있다.

(7) 장애물 대소변

2세 아동은 낮 시간에는 대소변을 가릴 수도 있지만 일반적으로는 어느 정도는 실수를 한다. 반면에, 3세가 되면 밤에 대소변을 가릴 수도 있으며, 5세에는 대부분 남에게 알리지 않고 아무런 도움 없이 혼자서도 화장실을 다녀올 수 있다. 3세 아동은 장애물을 뛰어 넘을 수 있고 균형을 잡을 수 있으며, 5세 아동은 율동에 맞춰 줄넘기를 할 수 있다.

2) 인지 발달

유아들의 인지 발달은 유전적 요인과 환경적 요인에 따라 발달되지만, 환경적 경험과 제약조건에 따라 학습되어지는 면이 많다.

(1) 구체적인 사고에서 추상적인 사고로 발달

유아는 추상적 사고능력이 부족하므로, 구체적인 사물을 통하여 사물의 성질이나 형태의 관계를 학습해 나갈 수 있다.

(2) 주관적인 자기 중심의 사고에서 객관적 사고로 발달

유아는 주관과 객관이 분화되어 있지 않기 때문에 자기 중심적이라서 객관적 사고를 할 수 없다.

(3) 논리적 사고가 부족

현실적인 대상과 상상적 대상을 혼동하기도 하고 사물이나 사건과의 관계를 이해하는데도 논리적이거나 합리적으로 이해하지 못한다.

(4) 감각에 의존하여 사물을 인식하는 과정

지각은 감각기관을 거쳐서 자극을 그대로 받아들이는 것이 아니라 과거의 경험에 의하여 그 자극은 어떠한 것이라고 해석 음미해서 의식하게 되는 의식작용을 말한다.

(5) 개별적 판단에서 전체적인 판단으로 발달

나이가 어린 유아들은 여러 자극이 배열되었을 때 자극에 포함된 특징 중에서 특출한 특징에 사로잡혀 그에 따라 사물을 파악하게 되지만 연령이 증가함에 따라 자극 배열의 각 부분을 전부 살피고 이들을 전체로서 조직할 수 있게 된다.

(6) 상징적 기능이 증가

영아기와 유아기의 가장 큰 인지능력의 차이는 유아기는 어떤 사건이나 행동을 상징화시키는 능력이 있다는 것이다.

- 자기 중심적으로 사고하는 시기임
- '왜'라는 질문을 많이 하지만 실제적인 답을 기대하는 것이 아닌 경우가 많음

- 양의 차이와 위, 아래, 뒤, 밑 등의 공간관계를 이해하며 지금, -하기 전에, -다음에 등의 시간관계도 부분적으로 이해함
- 많고 적은 차이가 큰 수량의 경우를 이해하기 시작함
- 상징적 기능이 발달하여 사람, 장소, 사건에 대한 상징적인 표현과 사고가 가능함
- 사물을 초보적으로 분류하고 추론하는 능력이 생겨 형태, 색, 모양, 소리에 따라 구분하고 단순한 서열이 가능함
- 구체적 사물이나 행동이 제시되지 않을 때에도 상상하거나 추측하여 행동하는 것이 부분적으로 가능해짐
- 실제와 꿈이나 환상을 확실히 구분하지는 못하여 연극, 인형극 등에 나타나는 등장 인물이나 상황을 실제라고 믿음

3) 언어 발달

유아기의 언어 발달은 영아기의 옹아리에서 시작하여 언어의 양, 말하는 문형, 발음 등의 발달은 3~4세에 이르러 정점에 달한다. 유아가 언어를 구사할 수 있다는 것은 유아의 상징적 능력을 조직화시킬 수 있는 수단의 획득이다. 과거라는 개념을 어렴풋이 이해하며 앞으로 일어날 일에 기대하여 시간적으로 현재에 국한하지 않는다. 상징에 의한 사고는 시간적으로 많은 폭을 갖게 하고 전체를 동시에 파악할 수 있게 된다.

유아기의 단어 발달은 대부분 대상이나 행위를 지칭하는 이름을 붙이는 것이 주가 된다. 특정한 이름이 곧 특정한 대상을 다른 대상과 구분하는 범주가 되며 그 대상에 대한 개념이 된다. 유아기에는 문장의 길이와 어휘력이 증가하므로 주어와 동사의 일반적인 사용을 탈피하여 점차 부사나 형용사도 사용하게 된다. 유아들의 언어 표현 능력은 놀라울 정도로 발달해 있다. 그리고 대부분의 어린이들이 남들 앞에서 말하기를 좋아한다.

따라서 어린이들에게 자유롭게 자기의 생각, 감정, 경험 등을 표현할 수 있는 기회를 만들어 주는 것이 중요하다. 유아들의 언어는 자기 중심적이다. 유아들은 언어를 사용하는 데 있어서 자기 나름대로의 규칙을 적용하는 경우가 많다. 예컨대 두 살 반짜리 꼬마가 "아빠, 밥먹어."라고 말하는 것을 "아빠, 진지 잡수셔요.", 하는 것이라고 가르쳐 주었더니, 그 다음부터는 "나도 진지 잡수셔요."라고 말을 하는 것과 같은 경우이다.

언어에 대한 계속적인 탐구와 실험을 하는 시기로서 말하는 것을 즐기며, 사물의 이름이나 새로운 낱말을 알고 싶어하고, 어휘가 급증하여 이때는 900~1,300개 낱말을 구사하게 된다. 단순 문장(명사+동사)에서 접속사, 조사 등을 사용한 긴 문장을 말할 수 있다. 의문문과 부정문을 사용하지만 부정확한 형태가 많아진다.

'ㅅ', 'ㄹ' 등은 부정확하게 발음하는 경우가 많고(할머니 → 하머니, 사자 → 따자 등), 글자 모양을 식별하기 시작해서 낱자와 낱자처럼 보이는 것을 구분하기 시작한다. 쓰기를 시도하지만 아직은 대부분의 유아가 긁적거리기 형태(선, 원, 세모 등)이며 자기이름, 친숙한 사물 이름 등을 그리듯이 쓰기 시작한다.

글자 쓰기에 관심이 많은 유아는 실제 글자 형태가 나타나고, 읽기에 관심을 보이지만 그림을 읽어야 하는 것인지 글자를 읽어야 하는 것인지 잘 구별하지 못하고, 책을 보며 의미를 비슷하게 꾸며 말하기 식으로 읽는 경우가 대부분이다. 초보적인 농담이나 수수께끼를 하기도 한다.

글자의 의미에 관심을 갖고 '여기 뭐라고 써 있어요?', '엄마 사랑해요 라고 쓸거예요'와 같이 글자를 써서 어떤 내용을 표현할 수 있다는 것을 이해하고 사용하려고 시도한다.

4) 정서 발달

Bridges에 의하면 정서는 유아기 동안에 분화하며 비교적 어린 시기에 발달하는 것으로 알려져 있다. 즉 유아기 동안에 대부분의 정서가 분화, 발달한다는 것이다. 유아의 정서 반응은 미숙하고 격렬하나 다음 시기에는 차차 누그러져서 정서적인 안정성을 갖게 된다. 흔히 감정과 정서는 구분해서 사용된다. 감정이란 쾌, 불쾌 차원의 미분화된 흥분 상태를 가리키며, 정서란 분노, 공포, 환희와 같이 보다 분화된 상태로서 정서적으로 자극된 상황에 대처하기 위해서 특정한 신체적 변화와 동기화된 행동을 수반하는 것이다.

첫째, 지속시간이 짧다. 유아의 정서는 아직 미숙하여 지속시간이 짧고, 정서 표현의 변화가 무쌍하여 갑자기 상반된 반응으로 바뀐다.

둘째, 강렬하다. 유아는 사소한 일에 자극을 받아도 정서 표현이 강렬하여, 확대시켜 표현함으로써 강한 반응을 나타낸다.

셋째, 표출 도수가 많다. 유아의 정서가 지속시간이 짧은 만큼 표출 도수가 빈번할 수밖에 없다.

넷째, 불안정하다. 유아의 정서 변화가 많다는 것은 불안정하기 때문이다. 또한 유아의 정서가 불안정한 것은 쾌, 불쾌의 양극단 간에 동요가 심하다는 의미다.

다섯째, 그들의 감정을 자유롭게 마음대로 표현하는 경향이 있다. 아직 감정의 통제가 잘 되지 않기 때문에 화나는 일이 있으면 자주 그대로 터뜨려 버리기도 한다. 유아기 어린이들에게는 언짢은 감정이라도 그대로 자유롭게 표현할 수 있도록 내버려 두는 것도 좋다. 그래야만 자신의 감정을 이해하고, 또 조절할 수 있는 힘을 길러갈 수 있기 때문이다.

5) 사회성 발달

유아기의 사회성은 비사회적 단계에서 사회적 단계로 발달하는 시기이다. 자기를 타인에게 적응시키고, 여러 어린이들과 집단을 형성하여 소꿉장난 같은 놀이를 통하여 여러 가지 행동 발달이 이루어지는 시기이기도 하다. 유아는 유아 특유의 자기중심성이 있어서 모든 면에서 자기가 제일이라는 생각으로 다른 어린이들과 어울려 대인관계를 가진다. 그러는 가운데 자기를 이해하고 인간으로서의 능력을 인식하며, 협동하고 양보하는 등의 사회성이 길러진다. 또한 유아기가 끝날 무렵에 유아는 남성과 여성 간 신체의 차이를 알게 되며 자신의 성에 관한 관심을 가지게 된다.

3세경에는 혼자 놀이를 많이 하고, 상호작용이 많지는 않으나 같은 또래와 함께 놀이하는 빈도가 점차 증가하고, 같은 또래 간의 놀이 시에 자신의 감정이나 생각을 적절한 언어로 표현하기보다는 행동으로 표현하는 경우가 많다. 성구별 없이 놀이하지만 점차 동성 또래에 대한 접근이 빈번해지면서, 차례 지키기 등의 규칙을 학습하기 시작한다.

성인의 칭찬과 승인에 민감하게 반응하여 행동하고, 3세경에는 사회적으로 용납되는 행동과 그렇지 않은 행동을 식별하기 시작하고 행동을 조절하기도 하고, 상상력이 풍부해져 일상의 상황을 극화하기 좋아하고 이를 위해 상징물을 사용하는 것이 증가한다. 2~3명이 상호작용하는 소집단의 놀이가 가능해지면서, 3세경에는 복잡한 규칙을 따라야 하는 편이고 게임은 어렵다. 4세경에는 같은 또래와의 상호작용이 활발해져서 함께 어울려 놀이하는 병행놀이와 연합놀이가 가능해진다.

CHAPTER

04

다양한 유형의 영유아보육과정

1. 영유아 보육과정의 개념과 특성
2. 영유아 보육과정의 구성
3. 영유아 보육과정의 내용과 계획
4. 만 2세 미만 영아의 일과계획 및 운영
5. 만 2세 영아의 일과계획 및 운영
6. 표준보육과정
7. 영유아 보육과정 운영의 과제

1 영유아 보육과정의 개념과 특성

1) 개념

현대사회에서는 기혼여성의 경제활동 증가와 가족구조의 변화에 따른 보육정책의 패러다임 전환과 보육에 대한 적극적인 국가·사회적 책임이 불가피하게 되었다. 즉, 국가의 보육정책이 저소득층 맞벌이 가정의 자녀양육을 대신하는 역할에서 미래의 인적 자원인 아동이 차별받지 않고 건강하게 성장할 수 있도록 국가가 제공하는 보편적인 서비스로 변화되어야 한다는 높은 책임인식을 요구하고 있다.

또한 보육은 보호(care)와 교육(education)을 동시에 제공하는 것으로 아동의 성장욕구와 자녀양육의 도움을 필요로 하는 부모의 욕구, 여성인력의 활용을 위한 국가적인 측면의 욕구 모두를 충족시켜 주는 가족복지의 실현을 위한 전문적 사회복지서비스라 할 수 있다. 이는 급변하는 현대사회에서 보육이 단순히 육아를 담당하기 어려운 가정을 위한 보완적인 형태가 아니라 사회를 유지, 발전시켜 나가기 위한 필수불가결한 것으로 그 사회적 필요성과 중요성이 증대되고 있기 때문이다. 이러한 필요성에 의해 보육사업의 범위가 확대되고 있고, 이러한 범위의 확대는 보육과정의 개념에도 영향을 미치고 있다.

보육은 보육시설에서 영유아를 대상으로 보호와 교육을 제공하는 활동이다. 따라서 보육활동은 영유아의 전인적 성장과 발달을 돕기 위해 다양한 경험을 할 수 있도록 체계적으로 구성하고 제공하여야 한다.

보육과정은 영어로 'curriculum of child care and education'으로 표기할 수 있다. 즉, 보육과정이란 보육시설에서 시행되는 교육과정(curriculum)을 의미하며, 이는 영유아가 "어떻게 되어야 하고, 어떻게 된다."는 가치를 반영하는 프로그램의 목적에 따라 계획되고 조직된 영유아의 경험 목록을 의미한다.

보육시설에서 보육아동에게 어떠한 보육서비스와 프로그램을 전달할 것인가는 매우 중요한 문제이다. 과연 어떠한 목적을 가지고, 어떤 방법으로, 무슨 내용을 보육과정에 포함시킬 것인가는 접근하기 어려운 문제이다. 아동의 발달적 관점에서 보육사업의 개념을 살펴보면, 일반적으로 보육서비스의 일차적 대상이 되는 초기 아동기는 인간의 사회적 능력을 형성하는 데 기본적인 사항들이 충족되어야 하는 매우 중요한 시기임이 강조되고 있다. 그러므로 보육서비스는 아동에게 긍정적인 삶의 태도와 바람직한 성장에 기여할 수 있는 질적인 경험을 포괄적으로 제공할 필요가 있다. 또한 보호, 교육, 영양, 건강, 창조적 행위 등의 구체적인 내용들이 서비스의 내용에 포함되어야 한다.

또한 보육과정이란 보육목표를 설정하고, 보육활동을 선정하고 조직하여 보육계획을 수립하고, 이를 바탕으로 보육과정을 운영하며, 그 과정을 평가하는 전 과정을 담은 전체적인 계획이자 보육활동 전반에 관한 설계도라고 할 수 있다. 다시 말해 보육과정이란 생명을 위협하는 모든 위험으로부터 영유아를 지키고, 보다 나은 인간으로 성장 · 발달시키기 위한 모든 수단을 체계적으로 선정, 조직, 관리하는 데 필요한 보육의 기본 설계도를 의미한다고 정의할 수 있다. 우리나라의 보육과정이란 출생부터 만 5세까지 모든 영유아의 성장과 발달을 촉진하고, 전인적 인간형성 및 기본 생활습관 형성을 돕기 위한 것으로 보육시설에서 영유아가 경험하는 모든 내용의 총체라고 정의할 수 있다.

보육과정을 계획하고 조직하기 위해서 보육교사는 영유아를 어떤 존재로 보고 있으며, 어떤 인간으로 기르고자 하며, 이를 위해 영유아가 경험하기를 바라는 내용이 무엇인지 생각해 보아야 한다. 따라서 보육과정에는 영유아 발달에 대한 철학과 신념, 이론이 담겨 있어야 하며, 영유아기 어떤 상태로 성장할 것인가의 명확한 목적이 나타나야 한다.

보육과정의 개념을 보면 '보육과정은 보육시설에서 보육종사자가 영유아를 보호하고 교육하면서 전인적 성장과 발달을 돕는 전문적 활동으로, 보육목적과 목표를 계획하고 그에 맞는 활동내용을 선정 · 조직하여 운영 및 활동을 실행하고 평가하는 체계적인 설계도'라고 할 수 있다. 또한 보육사업 및 보육서비스의 실천적 내용을 중심으로 접근해야 한다. 즉, 영유아들이 성장하는 시기의 특성, 신체적 조건, 사회적 환경 등을 포함하여 어떻게 실질적인 프로그램을 개발하느냐가 중요한 문제이다. 보육과정의 개념정리는 이론적으로 단순하게 접근하기보다는 실천적인 측면에서 접근하는 것이 효율적일 것이다.

2) 특성

영유아 보육과정에서 유형의 다양성은 영유아 보육시설의 종류, 설립목적 및 설립주체, 대상영유아의 연령과 발달수준, 운영시간 등 실제적 상황의 차이에서 유래된 것도 있지만 주로 영유아, 발달, 학습, 교육 등에 이론적 관점의 차이에서 기인하였다고 볼 수 있다. 보육과정은 보육목적, 보육방법, 보육 프로그램, 보육평가로 구성되는데 보육대상과 목적, 내용, 방법 측면에서 다음과 같은 특성을 가지고 있다.

첫째, 보육과정의 대상은 출생 후부터 만 5세의 취학 전 영유아뿐 아니라 장애아, 저소득층 아동, 결손아동과 일반아동을 모두 포함한다. 따라서 보육과정을 구성하기 위해서 다양한 연령과 계층의 영유아들을 위한 발달적 차이에 의해 나타나는 특수성과 개별성을 포함하는 수준별 · 환경적 차이를 고려해야 한다.

보육대상의 연령은 '영유아보육법'에는 보육대상을 취학 전까지의 연령(0~만 6세 미만)으로 하고 있으나 필요한 경우 보육시설장은 만 12세까지 연장하여 보육할 수 있도록 되어 있다.

둘째, 보육시간은 주 6일, 평일 12시간 이상 운영함을 원칙으로 하되, 보호자의 근로시간 등을 참고하여 조정 · 운영할 수 있다. 영유아 보육과정은 종일의 보육활동을 위한 계획, 즉 영유아의 일상생활 전반을 포함하여 보호와 교육을 계획하는 특징을 가진다. 영유아 보육은 영유아와 가정과 부모의 욕구를 수용하므로 시간 운영상 종일 보육을 바탕으로 융통성 있게 운영된다. 그러므로 영유아 보육과정은 가정 내 부모의 역할을 대행하거나 보완하여 영유아의 보호와 교육에 공히 초점을 두고 영유아의 일상생활 전반을 고려하여 전반적 발달을 지원하고 교육을 도모한다.

셋째, 보육과정은 종일의 보육활동을 위하여 프로그램을 제공하는 것을 기본으로 한다. 따라서 영유아와 가정 및 부모의 요구를 수용하여 종일제 보육을 바탕으로 다양한 보육활동을 융통성 있게 제공하는 것이 필요하다.

넷째, 보육활동은 보호와 교육의 의미를 모두 포함하는 것으로 내용이 다양하고 광범위하다. 신체적 성장과 활동을 위한 건강, 영양, 안전 등을 위한 프로그램을 제공할 뿐 아니라 발달수준에 적합한 지식과 기술의 획득을 촉진시키는 활동들을 다양하게 제공하는 것이 필요하다.

다섯째, 보육활동은 가정의 부모역할을 대리하거나 보완하는 역할을 수행하므로 가정 및 부모와의 연계서비스가 중요하다. 보육기관에서는 부모와의 협력적 관계를 통해 보육과정을 구성해야 하며, 영유아를 위한 전문적 보육서비스를 제공할 뿐 아니라 가정의 양육과 교육기능을 강화시키도록 도와주어야 한다.

여섯째, 시대적 변화에 따라 보육에 대한 수요, 요구도, 대상의 특성이 달라져 다양한 보육유형과 형태에 부응할 수 있는 보육과정이 마련되어야 한다. 다양한 보육시설의 운영형태, 즉, 국 · 공립, 민간, 직장, 가정, 부모협동, 법인 보육시설 등에 따라 주체가 다르고, 각 시설을 이용하는 수요자의 요구가 각각 다양하다는 특성을 지닌다. 장애영유아의 경우 장애 종류나 정도에 따라 통합보육이나 전담보육이 제공되어야 하며, 부모가 야간에 근무하는 경우, 또는 질병을 가진 영유아의 경우에 따라 개별적 특성에 부합하는 보육활동이 제공되어야 한다.

이러한 다양한 보육과정은 영유아의 전인적 성장과 발달을 목적으로 한다는 점에서는 차이가 없으나 실제적 보육과정의 운영은 목표성취를 위한 활동의 내용이나 활동의 조직 면에서 다양하게 이루어진다.

2 영유아 보육과정의 구성

1) 구성요소

(1) 보육의 목적과 목표설정

보육서비스가 등장하게 된 배경 및 현재의 이유, 보육대상 및 보육수요자의 특징과 요구가 반영되고, 즉, 아동과 부모, 가정의 복지를 고려해야 하며 보육대상 아동의 욕구와 보육수요자의 요구를 구현할 수 있어야 한다.

(2) 보육 프로그램 계획

보육의 목적과 목표를 달성하기 위한 활동의 선정, 즉 보육 프로그램의 계획, 보육활동 계획은 영유아 발달적 특성, 그리고 그에 따른 영유아의 욕구를 반영한다. 즉, 영유아기 발달특성은 직접 경험을 통한 활동에 의해 학습이 이루어진다. 따라서 가능하면 영유아가 직접 경험할 수 있는 기회가 충분히 제공될 수 있는 활동을 선정하고 구성한다.

(3) 보육활동 내용의 조직과 평가

프로그램을 계획한 후, 영유아의 활동경험 즉, 보육활동 내용을 조직하고, 보육목적과 목표를 달성하기 위해서는 다양하고도 계속되는 활동경험을 조직한다. 그리고 경험에 대한 계획, 활동계획, 학습계획이 잘 짜여져 있는 경우 다양한 목표를 달성할 수 있다. 특히 보육은 영아로부터 취학 전까지의 영유아를 대상으로 하므로 보육활동의 시간적 · 공간적 연계성을 고려하여 다양한 활동을 조직하는 일이 더욱 중요하다.

목표선정과 활동경험의 조직은 그 자체로 활동경험에 대한 사전평가가 될 수 있다. 즉, 목표에 부합하는 활동을 선정하고 목표달성에 가장 적합한 방식으로 조직하는 매 단계마다 평가가 개입된다. 개발하고 조직한 활동경험이 실제로 의도한 목표를 얼마나 달성하고 있는가를 체계적으로 조사하는 과정이 요청되며 이것이 평가이다.

평가과정은 계획의 강점과 약점을 찾아내는 것이며 프로그램의 기본설계가 타당한가를 묻는 것이고 구체적 도구의 적절성을 평가하는 것이다. 평가는 목적이 어느 정도 실행되고 있는가를 판별하는 과정이다. 보육과정 평가는 영유아의 발달 평가, 즉, 변화의 실제를 파악하는 과정을 기본으로 하며 보육과정 운영에 대한 평가, 보육프로그램에 대한 평가 등을 포함한다.

2005년 이후 보육시설평가인증제가 도입되어 표준화된 보육평가 체계의 작동을 하였고, 평가지표는 보육환경, 보육과정 운영, 보육교사와 보육영유아 간의 일상적 상호작용, 영유아의 건강, 영양 및 안전, 보육인력의 전문성, 보육시설 운영관리, 가족 및 지역사회와의 연계를 포함하고, 보육과정의 질적 향상 도모한다.

2) 구성원리

보육과정은 표준보육과정을 근거하여, 분명한 철학을 갖고 영유아의 건강한 보육이 될 수 있도록 주의를 기울려야 한다.

- 보육과정 구성에서 우선적인 고려사항은 발달특성
- 영유아의 발달적 특성에서 더 나아가 발달 시기별 강조점 이해

표 4-1 영유아의 발달적 요구의 종류

종류	중요요소	주안점
신체적 안전	섭식, 배변, 취침	청결, 위생과 건강
심리적 안정	인정, 수용, 애정	교사 및 보육인력의 온화한 태도
환경탐색	실내, 실외환경 탐색	자율적 탐색보장
사회적 관계의 확장	또래 및 교사와의 상호작용	안정애착, 긴밀한 상호작용
지적 탐구	수, 언어, 과학	다양하고 직접경험을 위한 자극
창조의요구	감정, 의사표현, 공동의 정서표현	표현활동(음악, 공작, 미술활동)

3) 구성방향 및 체계

(1) 영유보육과정의 구성방향

영유아 보육과정의 구성방향은 다음과 같다.

첫째, 영유아의 발달특성과 개인차를 고려하여 연령 및 수준별로 구성한다.

둘째, 어린이집에서 편안하고 행복한 일상생활이 되도록 중점을 두어 구성한다.

셋째, 질서, 배려, 협력 등 기본생활습관과 바른 인성을 기르는 데 중점을 두어 구성한다.

넷째, 자율성과 창의성을 기르는 데 중점을 두고, 전인 발달을 이루도록 구성한다.

다섯째, 사람과 자연을 존중하고, 우리 문화를 이해하는 데 중점을 두어 구성한다.

(2) 영유보육과정의 구성체계

영유아 보육과정의 구성체계는 다음과 같다.

첫째, 어린이집 표준보육과정은 0~1세 보육과정, 2세 보육과정, 3~5세 보육과정으로 구성한다.

둘째, 어린이집 표준보육과정은 영역, 내용범주, 내용, 세부내용으로 구분하고, 내용 간에 연계가 이루어지도록 구성한다.

셋째, 세부내용은 0~1세와 2세 보육과정에서는 수준별 세부내용을 의미하고, 3~5세 보육과정에서는 연령별 세부내용을 의미한다.

넷째, 0~1세 보육과정은 기본생활, 신체운동, 의사소통, 사회관계, 예술경험, 자연탐구의 6개 영역을 중심으로 구성한다.

다섯째, 2세 보육과정은 기본생활, 신체운동, 의사소통, 사회관계, 예술경험, 자연탐구의 6개 영역을 중심으로 구성한다.

여섯째, 3~5세 보육과정은 신체운동 · 건강, 의사소통, 사회관계, 예술경험, 자연탐구의 5개 영역을 중심으로 구성한다.

일곱째, 3~5세 보육과정은 초등학교 교육과정과의 연계성을 고려하여 구성한다.

3 영유아 보육과정의 내용과 계획

1) 목표

영유아를 심신의 보호와 진정한 교육을 통하여 건강한 사회성원으로 육성함과 아울러 보호자의 경제적, 사회적 활동을 원활하게 함으로써 가정복지 증진에 기여함을 목적으로 한다. 보육과정은 영유아의 신체, 정서, 언어, 사회성 및 인지적 발달을 도모하는 내용을 포함하여야 함을 명시한다.

보육과정의 목적은 영유아의 전인적인 성장과 발달을 돕고 민주시민으로서의 자질을 길러 영유아가 심신이 건강하고 조화로운 사회구성원으로 자랄 수 있도록 하는 데 있다. 보육과정을 통해 추구하는 인간상은 다음과 같다.

① 자율적인 사람
② 창의적인 사람
③ 다양성을 인정하는 사람
④ 민주적인 사람
⑤ 우리 문화를 사랑하는 사람

보육과정의 목표는 다음과 같다.

① 건강하고 안전하며 바르게 생활하는 태도와 습관을 기른다.
② 자신의 신체에 대해 긍정적으로 인식하고 기본운동능력을 기른다.
③ 자신을 존중하고 다른 사람들과 더불어 생활하는 태도를 가진다.
④ 기초적인 언어능력을 기르고 바른 언어생활 태도와 습관을 기른다.

⑤ 주변 환경에 호기심을 가지고 탐구하는 능력과 태도를 기른다.

⑥ 자연과 예술작품의 아름다움에 관심을 가지고 창의적으로 표현한다.

2) 보육내용의 계획

보육내용의 계획은 다음과 같다.

첫째, 영유아 보육내용의 계획은 영유아의 제반 발달을 위한 내용과 영양, 건강 및 안전관리에 관한 내용을 기초로 한다. 보육시설의 장은 보육활동을 계획하고 실시한 후 평가하여 보육활동계획에 다시 반영하여야 한다.

둘째, 보육계획은 보육대상 영유아의 연령에 따라 기간별로 계획이 수립되어야 하며, 영유아의 인지적, 정서적, 사회적, 신체적, 언어적 발달을 위한 활동을 포함하여야 한다.

셋째, 영아기에는 보육시설에서의 초기적응과 기본생활습관, 놀이활동, 영양, 건강, 안전 및 부모교육에 더 중점을 두어야 할 것이며 이러한 초점은 영아의 월령에 따라서도 차별화되어야 한다.

넷째, 유아기에는 영양, 건강, 안전에 대한 기본적 관심을 바탕으로 폭넓고 균형 잡힌 교육활동에도 중점을 두어야 한다.

4 만 2세 미만 영아의 일과계획 및 운영

1) 일과계획 및 운영

영아는 경험이나 활동 순서에 대한 예상이나 기대가 가능할 수 있도록 잘 계획된 하루 일과를 경험하면서 보육시설에서 안정감 있게 적응할 수 있게 된다. 그러나 보육교사는 부모와의 상호작용을 통해 얻은 영아에 대한 기초자료 가운데 배변이나 낮잠시간, 먹는 양, 건강상태 등의 정보를 활용하여 보살핌과 놀이시간을 고려해 일과계획을 구성한다. 영아의 일과구성은 발달특성상 놀이와 학습보다는 기본 일상생활에 관련된 활동에 비중을 두어 일과를 계획하고 운영해야 할 것이다.

걸음마기 영아를 위한 일과계획 시 고려할 사항은 다음과 같다(보건복지부, 1997).

첫째, 영아는 충분히 먹고 편히 쉴 수 있어야 한다.

둘째, 각 영아의 개인적인 발달의 차이를 고려해서 개별적인 접근이 이루어져야 할 것이다.

셋째, 영아의 생활과정 중에서 나타날 수 있는 비형식적인 측면에 많은 비중을 두어야 한다.

넷째, 감각을 통해 많은 것을 학습하는 시기이므로 시각, 청각, 촉각 등의 감각발달을 가져올 수 있는 충분한 자극을 주어야 한다. 영아 중심의 상호작용 형태를 취함으로써 영아들이 스스로 느끼고 생각하고 표현할 수 있도록 도와주며, 충분한 관찰과 탐색의 시간을 갖도록 배려해야 한다.

2) 연간, 월간, 주간 보육계획

일과구성은 연간, 월간, 주간 보육계획에 따라 구성되어 운영하고 있다.

(1) 연간 보육활동 구성 및 운영

- 일 년 동안의 활동과정에 대한 전반적이고 포괄적인 내용을 계획한다,
- 만 2세 미만 영아는 영양, 건강, 안전관리에 대한 계획을 반드시 반영하고 발달상 변화에 따라 교육, 영양, 건강, 안전, 부모참여 및 교육 등을 포함하도록 계획해아 한다.

▌표 4-2 만 2세 미만 영아반의 연간 보육활동계획안의 예

월	주제	월	주제
3월	즐거운 어린이집	9월	교통기관과 여행
4월	봄(식물의 성장)	10월	가을
5월	나와 가족	11월	동물
6월	색깔과 모양	12월	겨울
7월	여름과 물놀이	1월	형님이 되었어요
8월	과일	2월	민속놀이

(2) 월간 보육활동 구성 및 운영

- 연간 보육활동 구성 및 운영 계획을 토대로 해당 월의 주제에 대해 주별로 보육활동을 구성하고 운영할 수 있도록 계획안을 작성한다.
- 만 2세 미만 영아는 발달상 편차가 크므로 의사소통의 가능성, 자조능력의 성숙도 등 발달적 기준을 고려하여 주 단위로 각 영역별 실내자유선택놀이와 오전·오후의 실외자유선택놀이 및 일상생활 등을 함께 계획하여 연계를 이루어 효율적으로 운영되도록 구성한다.

▮표 4-3 만 2세 미만 영아반의 월간 보육활동계획안의 예

11월간 프로그램(2016년 11월 6일–12월 2일)					
주제		혼자 해볼래요.			
목표		올바른 생활습관 형성을 돕는 다양한 활동을 경험한다.			
구분		1주	2주	3주	4주
활동		화장실에 갈래요	친구에게 나눠 줘요	혼자서 먹어 볼래요	정리놀이
오전 실내자유선택택놀이	기본생활습관	• 쉬하고 싶으면 화장실에 갈래요	• 친구에게 '고마워', '미안해'할 수 있어요	• 잠잔 후 이불 개어 보기 • 포크 사용해 반찬을 먹어 봐요	• 치우자 노래 들으며 정리해요
	신체영역	• 꼼실 개미 노래 들으며 손가락으로 간지럽히기	• 기차 노래 들으며 기차놀이 • 친구랑 평균대 걸어 보기	• 베개 말 타기	• 바둑이 방울 들으며 방울 흔들어서 소리 내기
	의사소통영역	• 그림책 : 쉬야 쉬이(토토북) • 그림책 : 끙가끙가 해요 • 그림책 : 시원한 응가	• 그림책 : 가을이 왔어요 • 그림책 : 사탕줄게 • 그림책 : 나랑놀자	• 그림책 : 맛있는 그림책 보며 먹는 흉내내기 • 그림책 : '단추가 몇 개' 보며 옷에 단추 세어 보기 • 그림책 : 내가 도와줄께	• 그림책 : 예절 바른 이야기 • 그림책 : 무엇을 만들까?
	창의표현영역	• 전화놀이 • 휴지 찢기 놀이	• 잘자거라 음악 들으며 인형 재우기 • 벽돌 블록으로 집지어 친구 초대하기	• 음식 만들어 친구 초대하기 • 그림책 : '여러 가지 소리를 만들어 보세요' 보며 타악기 탐색하기	• 밀가루 풀로 비닐위에 끼적거리기
	탐색영역	• 화장실 물품 탐색하기 • 화장실 문을 열면 어떤 친구가 있을까요?	• 구슬 뽑아 친구 나눠 주기 • 생일초를 세기	• 주전자의 물 따라 보기 • 포크로 삶은 콩 찍어 보기	• 친구 베개, 내 베개 찾아 놓아 보기 • 뚜껑 돌려 열고 닫기
실외 자유선택활동		• 오토바이 타기	• 잡기 놀이 • 친구랑 소리 나는 깡통차기	• 줄 밑으로 지나가는 림보 놀이	• 자동차 타고 제자리에 주차하기
오후 실내외 자유선택놀이		• 그림책 : '느낌이 달라요' 보며 다양한 느낌 따라 말해 보기	• 그림책 : 너랑 안 놀아 • 친구 사진에 옷 입혀 주기	• 그릇에 풀 담아 보기 • 철봉에 매달리기	• 두꺼비집 짓기 • 비누방울 잡기
일상생활		• 가을 냄새 맡으러 가까운 공원 돌아보기		• 어린이집 주변 돌아 보기	

(3) 주간 보육활동 구성 및 운영

- 연간계획과 월간계획을 기초로 교사와 영아 간의 상호작용을 중심으로 이 시기 영아의 상태와 흥미 등 개인차와 계절 · 보육시설의 환경과 같은 외적요인을 반영하여 작성
- 놀이활동과 준비물 등을 구체적으로 기록하여 실제 운영에 도움이 되도록 하고 주간 활동계획서를 가정통신문으로 각 가정에 보내 영아보육활동에 대한 부모의 이해를 도움

표 4-4 만 2세 미만 영아반의 주간 보육활동계획안의 예

2016년 6월 2주 주간 보육활동계획안

만 2세 미만 영아반 기간 : 2016년 6월 9일~13일

활동주제	개 미				
요일	월	화	수	목	금
날짜	6/9	6/10	6/11	6/12	6/13
활동내용	• 과학활동 – 낚시놀이	• 미술활동 – 수족관꾸미기	• 요리(과학)활동 – 생선 굽기	• 비디오시청 – 물에 사는 동물 • 언어활동 – 견학을 가요	• 견학 – 63빌딩수족관
기본생활 습관	• 대소변 보고 나서 물 내리기 • 간식, 점심 먹고 손과 입 닦기				
언어	• 한국 안데르센 – 이상한 물고기 • 어린이 과학동화 – 꾀 많은 물고기 • 프뢰벨 동화 – 빨간 물고기 옹이, 아빠오리 꽥꽥이 • 어린이 자연관찰 – 물고기, 펭귄, 게, 오징어, 물총새 • 21세기 교육활동자료 – 가재				
실외활동	오후 시간 어린이집 근처로 산책 가기				
가정통신					
부모참여					

(4) 일과구성 및 운영

- 주간 교육계획안에서 선정한 활동과 현재 영아들의 흥미를 반영하여 구성하고 하루 일과를 중심으로 계획
- 만 2세 미만 영아의 경우 연령 특성상 일상적 양육활동을 더 많이 필요로 하기 때문에 낮잠, 배변, 옷 갈아입기, 씻기, 휴식 등 신체적 욕구를 충족시키는 일상적 양육이 놀이활동보다 더 많은 비중을 차지함
- 0세 영아 : 월령에 따른 차이와 개인차가 큰 시기이므로 각 월령에 따라 일상적 양육을 기본으로 하되 개별 영아의 발달 정도, 기질 등을 고려
- 만 1세 영아 : 신체적 · 생리적 욕구 충족을 위한 일상적 양육활동을 중심으로 영아가 친근하고 흥미를 느낄 만한 활동을 반복적으로 계획하며 확장해 가도록 일과를 구성 · 운영하며 대근육 발달의 촉진, 면역력 강화 및 정서순화 등을 위해 실외활동이 필요함
- 영아의 일과는 등원, 식사(간식), 수면, 배변, 실내 놀이활동, 실외 놀이활동 및 산책, 귀가 등으로 구성되고 운영됨

▌표 4-5 13~24개월 영아반의 일일 보육활동계획의 예

시간	주요 일과	활동계획
7 : 30~9 : 00	등원 및 건강관찰	• 교사와 인사 • 부모와 인사하며 헤어지기 • 영아의 건강상태를 살피고 관찰
9 : 00~10 : 00	자유놀이	• 대 · 소 근육활동 : 붕붕차 타기 • 탐색활동 : 말랑말랑 반죽 만지기 • 사회 · 정서활동 : 선생님 따라다니기, 엄마 안녕
10 : 00~10 : 30	오전 간식 정리정돈 및 대소변가리기	• 손을 씻기 • 간식을 스스로 먹기 • 배변하기
10 : 30~11 : 30	산책 및 실외놀이	• 땅바닥에서 왔다갔다 걸어 보기
11 : 30~12 : 30	점심	• 손을 씻기 • 숟가락을 사용하여 스스로 먹기 • 뒷정리(자신의 점심 그릇을 갖다 둠)
12 : 30~15 : 30	화장실 가기 낮잠	• 배변하기 • 깊이 낮잠 들기
15 : 30~16 : 00	정리정돈 및 화장실 가기 오후 간식	• 기분 좋게 낮잠 깨기 • 영아용 변기를 사용하거나 화장실에 다녀오기 • 손을 씻기 • 스스로 먹기
16 : 00~17 : 30	오후 자유놀이	• 언어활동 : 그림책 보기 –모두들 잘 자요 • 창의적 활동 : 산토끼 노래 들으며 딸랑이 흔들어 보기
17 : 30~19 : 30	휴식 · 귀가 준비 및 귀가	• 휴식 및 놀잇감 치우기 • 귀가 준비 및 인사

5 만 2세 영아의 일과계획 및 운영

1) 일과계획

만 2세 영아는 혼자 시도해 보려는 욕구가 강하므로 이를 고려하여 보육교사는 일과를 계획할 때 영아의 발달수준에 따라 영아가 일상생활 및 기본생활습관을 체계적이고 자연스럽게 경험할 수 있도록 하여 영아가 자율성과 성취감을 느낄 수 있도록 한다. 원활한 일과계획을 수립하기 위해서는 영아의 흥미와 경험, 발달수준과 밀접하게 관련된 내용 가운데 적합한 생활주제를 선정하고 그에 따라 소주제활동을 계획해야 한다.

만 2세를 위한 일과활동은 원칙적으로 개인활동 중심의 다양한 학습경험에 참여하도록 구성하여야 한다. 교사는 영아의 놀이를 주의 깊게 관찰하여 발달을 촉진할 수 있도록 환경을 구성하고 보육계획을 수립하고 일과활동 경험이 학습경험으로 연계되도록 운영한다.

보육활동을 계획할 때에는 기본적으로 일상적 양육과 관련된 활동 및 대 · 소근육 활동, 언어활동, 창의적 활동, 극화활동, 탐색 · 학습활동, 사회 · 정서활동 등 각 영역별로 다양한 활동을 탐색하고 균형 있게 경험하도록 한다. 영아의 개인차와 발달 특성을 최대한 고려하여 흥미로우면서도 친숙한 활동과 새로운 활동을 적절하게 계획하는 것이 바람직하다.

2) 연간, 월간, 주간 보육계획

일과구성은 연간, 월간, 주간 보육계획에 따라 구성되어 운영하고 있다.

(1) 연간 보육활동 구성 및 운영

만 2세는 가장 기본적인 사실과 단순한 개념을 배우는 시기이므로 단순하며 유아에게 친숙한 주제를 선정하여 일과를 구성하고 운영한다. 만 2세 영아를 위한 연간 보육활동 계획안은 영아의 신체부위가 균형 있게 발달하고 영아의 호기심을 자극시킬 수 있도록 주제와 활동이 영아의 생활이나 경험과 밀접한 연관이 있고 이 시기 영아의 발달수준과 적합하도록 계획해야 한다.

표 4-6 만 2세 영아반의 연간 보육활동계획안의 예

월	주제	월	주제
3월	어린이집 적응하기	9월	자동차
4월	놀잇감, 친구	10월	우리집
5월	바깥놀이	11월	
6월	나	12월	동물
7월		1월	추워요
8월	더워요	2월	형 · 언니

(2) 월간 보육활동 구성 및 운영

만 2세 영아를 위한 월간 보육활동 구성 및 운영 : 주제별로 다루어질 내용을 토대로 이 시기 영아의 발달특성을 고려하여 대 · 소근육활동, 언어활동, 창의적 활동, 극화활동, 탐색 · 학습활동, 사회 · 정서활동 등 6개 영역의 활동이 골고루 포함되도록 계획해야 한다.

표 4-7 만 2세 영아반의 월간 보육활동계획안의 예

4월 월간보육활동계획안 만 2세 영아반				
주 제	놀잇감 · 친구			
구 분	1주	2주	3주	4주
대 · 소 근육활동	• 끈이 달린 모양의 차 끌고 다니기 • 가위로 빨대 자르기 • 선생님 따라 달려 보기	• 큰 구슬 끼우기 • 곰놀이 그네를 밀어요 • 놀이용 공구 작업해 보기	• 영아용 크레용끼워 쌓기 • 발자국 따라 걷기 • 스펀지 블록 위에서 두 발 모아 뛰기	• 빨래집게를 집어요 • 꼭꼭 숨어라 • 공 굴리고 던지기
언어 활동	• 새 책이 나왔어요 • 곰돌이 그림책 : 떼굴떼굴 장난감 • 소리나는 책 보기 • 융판에 붙이면서 이야기 해요 : 아기 돼지 꿀꿀	• 막대동화 : 그네 좀 태워 줘 • 그림동화 : 영희와 장난감	• 내가 좋아하는 장난감 • 올챙이 그림책 : 아이쿠 아야야 • 막대동화 : 그냥 두고 나갔더니	• 손가락인형놀이 : 친구들과 인사해요 • 동화책 깐돌이 : 모두모두 인사해요 • 동시 : 숨바꼭질
창의적 활동	• 마라카스 만들어 소리내보기 • 놀잇감으로 물감 찍기 • 음률 : 막대소리내세요	• 종이를 접어 봐요. • 롤러로 물감을 칠해요. • 북소리 따라 걸어요.	• 찰흙놀이 • 종이 콜라주 • 노래 : 그냥 두고 나갔더니	• ○모양 종이에 친구 얼굴 그려 보기 • 붓으로 물감 칠하기 • 친구 이름 넣어서 노래 부르기
극화 활동	• 밀가루 반죽을 가위로 잘라 보기 • 전화놀이	• 밀대로 반죽을 밀어요 • 찍기틀로 반죽에 모양을 찍어요 • 장난감을 고쳐드립니다	• 여러 가지 신발을 신어요 : 신발 정리하기, 블록으로 신발장 만들어 보기 · 청소놀이해요	• 친구와 소풍을 가요 • 밀가루 반죽 두 가지 색깔 섞어 보기
탐색 · 학습활동	• 소리나는 모양의 도형넣기 • 그림 보고 실물 찾아 보기 • 모래놀이	• 윤곽 보고 짝지어요 • 듣고, 보고, 찾아요 • 씨앗 심기	• 놀잇감 그림 맞추기 • 꽂이판에 꽂기 • 풀밭, 흙 살펴보기 • 마카로니 상자속의 숨은 물건을 찾아 보아요.	• 녹음기에 친구들 소리 녹음하고 들어 보기 • 친구들 사진을 이용한 까꿍놀이판
사회 · 정서활동	• 실외 에서 큰북치기 • 자는 친구 방해하지 않기	• 화분에 물주기 • 감각놀이 : 그릇에 담고 쏟기 "싫어!" 라고 말해요.	• 사진보고 느낌 말하기 • 놀잇감을 제자리에 두어요.	• 생일축하놀이 • 친구와 어깨동무하고 축하 노래 부르기

(3) 주간 보육활동 구성 및 운영

만 2세 영아를 위한 주간 보육활동의 구성 및 운영은 이 시기 영아의 신체 발달, 정서 및 사회성 발달, 언어 발달, 인지 발달 등을 고려하여 각 영역의 발달이 촉진되도록 계획되어야 한다. 한 주 동안 진행될 계획을 구체적으로 작성함으로써 각 영역을 영아가 골고루 경험하며 영역별로 편중되지 않게 계획을 수립하는 것이 요구되어야 된다.

표 4-8 만 2세 영아반의 주간 보육활동계획안의 예

다루어진 내 용	• 친구와 함께 놀기 • 사이 좋게 지내기				
요일 영역	월	화	수	목	금
대 · 소 근육활동	미끄럼을 타는 자동차	매트에서 뒹굴고 굴러보아요		종이벽돌 높이 쌓기	
언어활동	막대동화 : 나하고 놀자		그림책 : 토토의 무지개놀이		
창의적 활동		손가락 풀그림	율동 : 꼬마야 꼬마야	색종이를 두번 접어오려봐요	손유희 –꼭꼭 약속해
극화활동			친구 초대하기 : 친구집에 놀러 가기		사진찍기 놀이
탐색 · 학습 활동	똑같은 사진을 찾아요				만지기만 하고서
사회 · 정서 활동		친구들과 함께 사진을 찍어요 : 사진 보기		어떤 기분일까요	

(4) 일과구성 및 운영

만 2세 영아를 위한 매일의 보육활동의 일과구성 및 운영은 보육교사는 자신이 담당하는 영아를 대상으로 일과를 계획한 후 계획에 따라 일관성 있게 진행하되 영아의 흥미와 관심, 욕구를 반영하여 융통성 있게 활동을 조절해야 한다. 대 · 소근육활동과 탐색활동 외에 동화를 활용하거나 다양한 종이와 쓰기 재료를 활용하는 언어 활동이 이루어지도록 일과를 구성하고 운영한다. 또한 교사는 각 영아를 주의 깊게 관찰하여 영아가 스스로 생리현상을 조절하고 처리하는 능력을 습득할 수 있도록 일과를 탄력적으로 운영한다.

표 4-9 만 2세 영아반의 일일 보육활동계획의 예

시 간	주요 일과	활동계획
7 : 30–9 : 00	등원 및 건강관찰, 개별 활동	• 영아를 따뜻하게 맞이하기 • 시진 • 영아의 심신상태 점검
9 : 00–9 : 20	대소변 가리기, 손 씻기	• 스스로 손을 씻기 • 배변하기
9 : 20–11 : 00	오전 간식	• 간식 준비와 뒷처리를 영아 스스로 하도록 격려하기 • 제자리에서 먹기
	오전 실내 자유놀이	• 대 · 소근육활동 : 미끄럼 타는 자동차 • 언어활동 : 막대동화(나하고 놀자) • 탐색 · 학습활동 : 똑같은 사진을 찾아요
11 : 00–11 : 50	실외 자유놀이 및 산책	• 실외에서 모자 쓰고 놀기 • 그늘에서 휴식하기 • 바람 느껴 보기
11 : 50–12 : 40	점심 준비 및 점심	• 손 씻기 • 숟가락을 사용하여 스스로 먹기 • 뒷정리(자신의 점심 그릇을 갖다 둠)
12 : 40–13 : 00	이 닦기 및 대소변 가리기	• 스스로 이 닦기 • 배변 후 뒷처리 잘하기
13 : 00–15 : 00	낮잠 및 휴식	• 자장가 들으며 잠들기
15 : 00–15 : 30	정리정돈 및 대소변 가리기	• 정리정돈 돕기 • 대소변 가린 후 손 씻기
15 : 30–17 : 00	오후 간식 실내 자유놀이	• 대 · 소근육활동 : 미끄럼 타는 자동차 • 탐색 · 학습활동 : 똑같은 사진을 찾아요.
17 : 00–18 : 00	오후 실외 자유놀이	• 물놀이
18 : 00–19 : 30	귀가 준비 및 귀가	• 자기 물건 챙기기 • 선생님과 인사하기 • 귀가

6 표준보육과정

1) 표준보육과정의 목적과 목표

(1) 표준보육과정 목적

표준보육과정의 목적은 자율적인 사람, 창의적인 사람, 다양성을 인정한 사람, 민주적인 사람, 우리 문화를 사랑하는 사람으로 영유아의 특성과 교사의 자율성을 인정하면서 아동의 성장 · 발달에 적합하고 우리나라 사회문화적 측면을 포함하는 바람직한 태도 · 가치 · 지식 등을 전달할 수 있는 국가수준의 보편적인 보육과정을 여성가족부령으로 재정 보급하는데 목적이 있다.

(2) 표준보육과정 목표

- 건전하고 안전하며 바르게 생활하는 태도와 습관을 가진다.
- 자신의 신체에 대해 긍정적으로 인식하고 기본운동능력을 기른다.
- 자신을 존중하고 다른 사람들과 더불어 생활하는 태도를 가진다.
- 기초적인 언어능력을 기르고 바른 언어생활 태도와 습관을 갖는다.
- 주변 환경에 호기심을 가지고 탐구하는 능력과 태도를 기른다.
- 자연과 예술작품의 아름다움에 관심을 가지고 창의적으로 표현한다.

2) 표준보육과정의 구성체계

(1) 영역 : 6개 영역으로 구성

표준보육과정의 구성체계의 영역은 기본생활, 신체운동, 사회관계, 의사소통, 자연탐구, 예술경험 6개 영역 구성으로 영유아가 건강하고 안전하며 바르게 생활하는데 필요한 내용과 신체, 사회, 언어, 인지, 정서 등 전인적 발달을 위해서 영유아가 갖춰야 할 지식, 태도를 포함한다.

(2) 연령 : 연령집단별 구분

연령집단은 만 2세 미만 영아, 만 2세 영아, 만 3~5세 영유아로 구분하고 각 영역은 연령별 목표와 내용을 기술하고 세 연령집단의 보육목표와 내용을 계열성 있게 경험하도록 한다.

(3) 수준 : 연령집단별 수준 구분

수준은 연령, 영유아의 발달 정도, 개인차를 말하며 보육과정에서 만 2세 미만 보육 내용은 1, 2, 3수준, 만 2세 보육내용은 1, 2수준, 만 3~5세 보육내용은 1, 2, 3수준으로 구분하고 있다.

(4) 연령별 보육내용

연령별 보육내용에는 보육교사를 위한 연령집단별 지침이 제시되고 지침에는 교사가 각 영역에서 반드시 알아야 하는 영유아에 대한 발달지식, 바람직한 물리적 환경 구성방법, 지도법, 지도 시 유의점 등과 같은 내용이 포함되어 있다.

3) 표준보육과정의 영역별 세부 내용

표준보육과정의 영역별 주요 보육내용을 살펴보면 먼저 기본생활 영역으로는 영유아의 전인적인 성장을 도모하기 위해 건강, 안전, 바른생활 태도를 기르는 내용이고, 신체운동 영역으로 긍정적인 신체를 인식하고 기본운동 능력을 기르는 내용이 있다. 그리고 사회관계 영역으로는 긍정적인 자아개념을 형성하고 더불어 살아가는 능력을 기르는 내용을 담고 있다.

의사소통 영역으로는 언어생활에 기초가 되는 듣기, 말하기, 읽기, 쓰기 능력을 기르는 내용을 담고 있으며, 자연탐구 영역으로는 탐색 및 문제해결 능력을 기르는 내용이 있고, 예술적 요소를 경험하고 즐기는 예술경험 영역 등 6개 영역을 이루고 있다.

4) 표준보육과정의 영역별 구체적 보육내용

(1) 기본생활

① 기본생활 영역

기본생활 영역은 건강한 생활, 안전한 생활, 바른 생활의 세 가지 내용범주로 구성되어 있다.

건강한 생활은 건강 · 영양 · 위생적인 생활을 강조하여 신체의 청결과 위생, 수면과 휴식, 바른 식생활, 의식주의 올바른 생활습관으로 심신 건강 및 발달을 촉진한다. 안전한 생활은 안전사고 예방 · 대처 능력의 향상을 강조하여 위험한 상황에 침착하게 적절히 대처하고 자신뿐 아니라 타인의 안전을 배려하며 안전생활을 습관화하도록 한다.

바른생활은 예절 · 질서 · 절약을 강조하여 예절과 질서를 알고 지키며 습관화하고 일상생활 속에서 절약을 실천하여 즐겁고 원만한 사회생활을 영위할 수 있도록 한다.

② 기본생활 목표

기본생활의 목표는 건강, 안전, 바른생활에 관한 지식 · 기술 · 태도를 배우고 익히며 올바른 습관을 길러 자신의 건강과 안전을 자기 스스로 보호하고 타인을 존중하며 즐겁게 생활하고 심신을 건강하게 하고 기본적인 안전생활 습관을 길러 최적의 발달을 꾀하고 바른생활 습관을 형성하며 건강하고 건전한 생활습관을 길러 자신의 건강을 유지하고 안전하고 바른생활을 하며 다른 사람을 배려하며 즐겁게 생활한다.

(2) 신체운동

① 신체운동 영역

신체운동 영역은 감각과 신체 인식, 신체조절과 기본운동, 신체활동 참여의 세 가지 내용범주로 구성되어 있다. 감각과 신체 인식은 영유아가 감각능력을 기르고 감각기관을 활용하며 자신의 신체를 긍정적으로 인식하도록 한다.

신체조절과 기본운동은 영유아가 협응력과 신체 조절 능력을 기르고 신체 균형감을 익히고 이동, 비이동, 조작 운동 등의 기본 운동 능력을 습득하여 자신의 신체를 유연하고 활발하게 움직이는 의지와 능력을 키운다.

신체활동 참여는 영유아가 신체활동을 할 때 적극적으로 참여하고 다양한 기구를 활용하여 안전하고 즐겁게 신체활동을 하는 경험을 통해서 기초체력을 형성하고 생활하면서 규칙적으로 운동할 수 있다.

② 신체운동 목표

신체운동 목표는 자신의 신체를 긍정적으로 인식하고 즐겁게 신체활동에 참여함으로써 영유아기에 필요한 기본 운동 능력을 기르고 기본적 감각능력으로 주변 환경을 탐색하고 자신의 신체를 긍정적으로 인식하며 신체조절 능력과 신체활동으로 기본적 운동 수행능력의 발달을 꾀하여 기초체력을 기르게 된다. 그리고 여러 가지 신체활동으로 적극적으로 참여하여 신체 운동 능력을 증진할 수 있다.

(3) 사회관계

① 사회관계 영역

사회관계 영역은 자기존중, 정서 인식과 조절, 사회적 관계, 사회적 지식의 네 가지 내용범주로 구성되어 있다. 자기존중은 영유아가 자신의 독특한 자아에 대해 인식하고 자신감과 독립심을 기르게 하고 정서 인식과 조절은 영유아가 자신과 다른 사람의 다양한 정서를 인식한다.

자신의 정서를 조절하고 표현할 수 있게 하고 사회적 관계로는 영유아가 가족, 또래와 지역사회의 구성원으로서 관련된 다른 사람들과의 관계를 이해하고 그들과 더불어 조화롭게 살아가는 능력을 말한다.

사회적 지식은 영유아가 지역사회, 우리나라, 세계의 구성원으로서 필요한 자질을 갖추고 능력을 함양하며 자신과 관계된 여러 사회현상에 관심을 가지고 이해하도록 한다.

② 사회관계 목표

사회관계 목표는 자신의 독특한 자아에 대해 인식하고 자신감과 독립심을 기르고 자신과 다른 사람의 정서를 이해하고 표현하며, 자신의 정서를 조절하고 활용할 수 있어야 한다. 그리고 가족, 또래, 지역사회와 긍정적으로 관계를 형성하고 더불어 살아가는 능력을 가져 자신을 둘러싼 사회현상에 대해 관심을 가지고 이해 할 수 있다.

(4) 의사소통

① 의사소통 영역

의사소통 영역은 듣기, 말하기, 읽기, 쓰기의 네 가지 내용범주로 구성되어 있다. 듣기는 유아가 주변의 소리에 관심을 가지고 구분하여 들을 수 있는 기회와 환경제공과 일상대화나 동요 · 동시 · 동화 등을 잘 듣고 이해하는 것이다. 말하기는 영유아가 언어적 · 비언어적 의사소통을 할 수 있는 기회와 환경을 제공, 바른 태도와 정확한 발음으로 자신의 생각이나 경험을 대상과 상황에 맞게 표현할 수 있도록 한다.

읽기는 영유아가 주변의 글자나 그림책에 흥미를 가지고 이해하는 능력을 길러 읽기에 흥미를 느낄 수 있게 한다. 쓰기는 영유아가 소근육을 사용하여 긁적거리기를 해보며 글자의 느낌을 경험하고 쓰기도구와 매체를 사용하여 자신의 느낌, 생각, 경험을 쓰기로 표현하기에 흥미를 갖게 한다.

② 의사소통의 목표

타인의 말을 주의 깊게 듣는 태도와 이해력을 기르고 바르게 말하는 태도와 정확한 발음으로 느낌, 생각, 경험을 말로 표현하는 능력으로 주위의 사람들과 대화하고 여럿이 함께 토론하여 서로의 의견을 나누는 경험을 하고 글과 글자에 친숙한 경험을 쌓아 읽기와 쓰기에 흥미를 갖게 한다.

(5) 자연탐구

① 자연탐구 영역

자연탐구 영역은 탐구적 태도, 수학적 탐구, 과학적 탐구의 세 가지 내용범주로 구성되어 있다. 탐구적 태도는 영유아가 주변의 사물과 자연현상에 대해 관심을 가지고 보고, 듣고, 느끼고 궁금해 하며 끊임없이 알아가고자 하는 태도를 갖게 하고 필요한 기초기술을 습득한다.

수학적 탐구는 영유아가 일상생활에서 수량과 공간을 인식하고 비교하며 규칙성을 인식하는 등 구체적인 경험과 조작활동으로 수학의 기초 능력을 기르게 한다. 과학적 탐구는 영유아가 주변의 사물, 생명체, 자연현상에 대하여 관심을 가지고 능동적이고 적극적으로 탐색하는 과정에서 과학적 기초지식을 습득한다.

② 자연탐구 목표

자연탐구 목표는 주변의 사물과 자연현상에 대하여 호기심을 갖고 지속적으로 탐구하는 태도를 갖고 일상생활의 여러 상황과 문제를 수학적으로 이해하고 해결하기 위해 기초 능력을 기르고 주변 사물과 자연현상에 대한 기초 지식을 쌓고 자연을 사랑하는 마음을 갖는다.

(6) 예술경험

① 예술경험 영역

예술경험 영역은 심미적 탐구, 예술적 표현, 예술 감상의 세 가지 내용범주로 구성되어 있다. 심미적 탐색은 영유아가 주변의 친근한 자연이나 생활환경에서 음악적·동작적·가작적·미술적 요소에 관련된 현상이나 사물을 흥미롭게 보며 집중하여 탐색하도록 한다.

예술적 표현은 영유아가 음악·움직임·모방·미술 경험을 마음껏 시도하고 표현하며 자유롭게 즐기도록 한다. 예술 감상은 친근한 소리나 노래, 아름다운 사물이나 환경, 춤·극놀이·미술작품을 즐기며 생활에서 예술에 대해 지속적으로 흥미를 갖게 한다.

② 예술경험 목표

주변의 친근한 환경과 생활에서 예술적 요소에 관심을 보이고 흥미롭게 경험하고 즐김으로써 창의성과 감성을 기르고 자신의 생각과 느낌을 음악, 움직임과 춤, 극놀이, 미술활동으로 표현하는 것을 즐기며 점차 다양하고 창의적으로 표현하며 생활에서 자연, 사물, 예술 작품들을 보고 즐긴다.

5) 표준보육과정 평가

표준보육과정 평가는 보육과정에 대한 평가로 보육목표의 달성 정도, 보육내용과 교수 학습 방법의 적절성 등에 대한 정보를 제공하며 영유아의 발달 및 성취 정도를 알려준다. 따라서 보육시설은 보육과정에 대한 정기적인 평가를 통해 보육의 질적 수준을 향상시키고 영유아의 전반적인 발달수준을 파악하도록 한다.

(1) 보육과정에 대한 평가

보육과정에 대한 평가를 네 가지로 나누어 살펴보면 다음과 같다.

첫째, 보육과정의 질 관리를 위하여 각 보육시설에서 주기적으로 보육과정 구성과 운영에 관한 적절성과 실효성을 평가한다.

둘째, 보육과정의 모든 내용을 포괄적으로 포함하여 평가한다.

셋째, 영유아의 발달수준, 흥미, 요구에 적합한 경험 및 학습을 촉진할 수 있는 다양한 활동과 교수방법이 계획되고 통합적으로 운영되는지를 평가한다.

넷째, 평가결과는 다음 연도의 효율적인 보육과정 수립 및 운영에 반영한다.

(2) 영유아에 대한 평가

영유아에 대한 평가는 네 가지로 나누어 살펴볼 수 있는데 첫째, 영유아의 전반적인 발달특성과 정도를 평가하고, 둘째, 영유아의 성장 변화를 질적이고 종합적으로 기술하되 총체적으로 평가한다. 셋째, 관찰 기록, 작품 분석, 부모 면담 등 다양한 평가방법을 사용하여 영유아 자신뿐 아니라 영유아를 둘러싼 총체적 환경을 포함하여 평가한다. 마지막 넷째, 평가결과는 영유아의 전인적인 성장, 생활기록부 작성, 학부모와의 면담자료로 활용한다.

7 영유아 보육과정 운영의 과제

1) 보육과정 측면

(1) 보육 프로그램의 문제

우리나라에는 헤아릴 수 없이 많은 유아용 교육 프로그램들이 우후죽순처럼 쏟아지고 있으며, 이들 상업적 프로그램 시장은 매년 증가 추세에 있다고 한다. 한 조사보고에 의하면 우리나라 학습지 시장이 2조원 대에 이르고, 엔젤산업이 연평균 40% 이상 신장하는 신종산업으로 번성하고 있다고 한다. 외국의 저명한 유아교육 철학자의 이름을 딴 몬테소리, 프뢰벨 은물, 피아제 프로그램, 그리고 유대인에게 전해오는 교육을 체계화하여 개발한 오르다 프로그램, 일본에서 건너온 시찌다 프로그램, 비츠 프로그램, 발도르프 프로그램 등 외국 프로그램의 전시장이라 할 만큼 수많은 유아교육 프로그램들이 성행하고 있다.

(2) 보육방법의 문제

유아 대상 과외야말로 우리나라 사교육 병폐가 얼마나 깊은지를 극명하게 보여주는 사례이다. 이 땅의 어머니들은 임신을 하자마자 태교에 열을 올리지만 정작 아기가 태어날 때쯤 되면 정상아이기만을 기원한다. 아이가 태어난 뒤에는 자식을 얻은 기쁨에 건강하게만 자라도록 바란다. 그러나 아이가 말을 하기 시작할 때가 되면 부모의 욕심은 한없이 부풀어진다. 어머니들은 조기 외국어교육 학원을 경쟁적으로 쫓아다니고 이웃집 아이보다 숫자와 글을 조금이라도 일찍 깨우친다 싶으면 영재학원을 기웃거린다. 요컨대, "공부 못하고 학벌 없으면 이 땅에서 서러움을 겪는다."는 인식이 어머니들의 뇌리에 박혀 있기 때문이다. 어머니들은 어느 교재가 좋은지, 영어를 어떻게 가르쳐야 할지, 예체능조기교육을 먼저 해야 할지 고민을 한다. 이러한 부모들의 요구도에 따라 우리 주변에는 조기영어유치원, 예체능교실, 여러 외국의 유아교육을 도입한 조기교육센터, 영재교육센터 등이 우후죽순으로 생겨서 무얼 어떻게 해야 될지 모르는 엄마들을 유혹하고 있다.

(3) 관리운영체계 이원화의 문제

사회구성원으로서 정당하게 교육과 보호를 받을 권리를 갖고 있는 영유아들을 가운데 두고 관할 행정부서 간, 집단 간, 조직 간, 이해관계가 상충되어 갈등을 일으키고 있다. 현행 유아교육체제는 교육과학기술부 관할의 유치원과 보건복지부 관할의 어린이집으로 각각 법과 예산으로 집행하고 있어 동일한 연령의 유아가 각기 다른 부처에 의한 이원적인 관리체제로 교육과 보호를 받고 있는 실정이다. 이러한 유아교육과 보육의 이원화는 정부의 예산낭비와 관리부서 이원화로 인한 행정상의 마찰, 각 시설 간의 과도한 원아모집 경쟁, 학부모의 시설선택 혼란 등 다양한 문제가 있을 수 있다.

(4) 보육, 교육과정 이원화의 문제

유아교육과정 영역은 총 5개 영역으로 건강생활, 사회생활, 표현생활, 언어생활, 탐구생활로 구분하며, 교육일수는 연간 180일 이상, 하루 교육시간 180분을 기준, 종일제 운영과 단위 유치원의 편성 · 운영의 자율성이 강화되었다. 그러나 어린이집은 구체적인 과정의 내용이 없이 '표준보육과정'에 따라 진행하고 있다. 표준보육과정은 어린이집과 관련하는 「영유아보육법」이 1991년 제정되어 2005년 「영유아보육법」이 전면 개정, 당시 여성가족부에서 의뢰하여 '2005년 표준보육과정연구' 결과에 따라 '2007년 표준보육과정의 보육내용 및 교사지침'이 발표되었다. 기본생활, 신체운동, 사회관계, 의사소통, 자연탐구, 예술경험의 총 6개 영역으로 구성하였으며, 각 영역은 다시 연령별로 구분되어 있다. 2012년부터 만 5세 공통 '누리과정'을 도입함에 따라 기존에는 '표준보육과정'을 만 0~5세를 대상으로 적용하였으나, 제2차 '표준보육과정'은 '누리과정'이 적용되는 만 5세를 제외한 연령인 만 0~4세를 대상으로 짜여졌다. '누리과정' 대상인 만 5세를 제외한 아동들은 역시 이원화된 유아교육과정과 표준보육과정을 적용받게 되는 것이다.

2) 서비스 운영 측면

(1) 보육수요자의 욕구 충족 미흡

현대사회에서는 기혼여성의 사회참여 증가와 학령 전 아동기의 중요성에 대한 인식의 확산으로 아동보육의 중요성이 강조되고 있다. 또한 탈가족화와 전통적 자녀교육 미약화는 아동보육의 필요성을 더욱 증대시키고 있다. 보육통계에 따르면, 저출산과 더불어 보육대상아동(0세~11세)은 점차 감소되어 1995년 8,656,272명에서 2013년 6,638,361명으로 2,017,911명이 감소하였다. 반면 여성의 취업 증가와 국가정책의 지원으로 인해 보육시설과 시설 아동 수는 점차 증가하고 있는 현상이다. 그러나 2013년 기준으로 보육료 지원을 받는 저소득층 아동의 비율은 전체보육아동의 37.5%에 불과하다. 전년에 비하면 증가하였다고 볼 수도 있겠으나 추가 보육수요자가 많이 존재함을 보여준다. 이것은 현재 영유아 보육시설들의 보육서비스의 프로그램이나 보육의 질이 수요자들의 욕구를 충족시켜 주지 못하고 있음을 나타내고 있는 결과로 볼 수 있다. 다른 한편으로, 여성의 경제활동 참여 추세의 흐름을 볼 때 보육아동의 수요는 급격히 증가하는 추세이다.

(2) 보육시설의 지역별 불균형의 심화

보육시설이 도시지역에 편중되어 있으며 시 · 도 및 시 · 군 · 구 간에도 보육시설이 불균형으로 배치되어 있다. 특히 보육시설이 없는 읍면이 491개이다. 경상도와 전라도의 면에 보육시설이 없는 비율이 높다. 또한 특수보육시설 즉, 영아나 장애아를 위한 시설의 지역별 분포 역시 지역 편중이 심하여 복지 차원의 공보육 제공기회가 공평하지 못하다. 대도시보다 읍 · 면 · 소도시의 추가 보육수요는 훨씬 높은 반면 현재 보육시설들은 대도시에 편중되어 지역적인 불균형을 나타내고 있다. 현재 우리나라의 보육실태 및 수요자의 보육욕구에 대한 정확한 파악 없이 추진됨에 따라 지역

수요에 적절하지 않게 보육시설이 설치되고, 그 결과 시설 간 과다경쟁, 보육료 덤핑 등의 현상이 보육서비스의 질 저하를 초래하고 있다. 전국보육 시설 충족률이 83.5%에 그친다.

(3) 민간보육시설에 의존 심화

민간시설 의존도가 높음으로 인하여 문제점들이 발생할 수 있다. 즉, 정부가 민간보육시설의 가격이나 서비스 질 등에 대한 통제가 어렵기 때문에 공급자 주도의 보육서비스가 될 우려가 많다. 한 예를 들면 보육료 외에 특별활동비 등의 명목으로 추가부담시켜 부모 부담의 과중 등의 문제점을 들 수 있다. 전반적으로 민간시장의 점유율은 높지만 민간의 보육서비스 질은 공공부문에 비해 낮기 때문에 사회적으로 바람직한 수준 이하라는 비판이 많다.

(4) 보육 사각지대 발생

영유아법에 따르면 아동보육의 일차적인 책임은 부모에게 있으며 국가는 부모가 일차적인 책임을 수행하지 못하는 경우 보충적인 역할을 수행하도록 되어 있다. 장애아 경우, 농어촌 지역, 외국인, 다문화가정 등 특별한 환경의 아동들에게 이용시설이나 국가지원 등에 관한 정보 접근이 어려울 수 있다. 이를 위해 보육이용의 어려움 등을 해결할 수 있는 전달체계가 마련되어야 한다. 그런데 영유아보육법 제정 이전과 비교할 때 보육시설이나 보육아동수가 무려 10배 이상 증가하였음에도 불구하고 보육시설의 지역적 편중과 국공립과 민간보육시설 간의 불균형으로 적절한 보육서비스가 제공되지 못하고 있다.

보육시설이 설치되어 있지 않은 지역을 중심으로 보육수요의 체계적인 조사를 통하여 효율적이며 합리적인 신축이 요구된다. 즉, 인가권자는 당해 설치 지역의 취원대상 아동과 당해지역의 유아대상 교육기관(유치원, 어린이집, 놀이방, 학원 등)의 수용 가능인원 등 수급현황을 파악하여 시설이 과잉 공급되지 않는 범위 내에서 인가해야 한다는 주장이 있다. 특히, 대도시에 비해 읍면과 같은 지역은 보육 수요율이 많아 시설의 설치가 요망되는 실정이다.

(5) 서비스 전달체계의 쟁점

영유아 보육의 경우 국무총리 산하에 보육정책조정위원회를 두어 보육정책에 관한 관계부처 간의 의견을 조정하도록 하고 있다. 구체적으로 보육정책의 기본방향에 관한 사항, 보육관련 제도개선과 예산지원에 관한 사항, 보육에 관한 관계부처의 협조사항 등에 대해 심의 조정한다. 이러한 국무총리 산하 보육정책조정위원회 아래 보육에 관한 각종 정책, 사업, 보육지도 및 시설평가사항을 심의하기 위해 보건복지가족부에 중앙 보육정책위원회를 두고 각종 보육정책에 관한 예산을 심의하여 일선 보육시설에 전달하고 있다. 현행 보육서비스정책 전달체계는 중앙정부 주도로서, 보육시설을 이용하는 아동에 한하여 명목바우처 형식이다. 이와 같은 전달방식은 지금과 같은 사회구조의 전환 시기에 대응하기에는 한계가 있다. 보육서비스 수요에 따라 개인당 정부 지원의 규모와 형태는 다양하게 설계되어 있지만 수요자들은 영수증을 통해 자신이 납부한 자부담 규모만 확인할 수 있으며 구체적인 정부 지원내역을 쉽게 확인하지 못한다.

특히 현재의 명목 바우처에서는 시설지원금이 개인별 기준으로 지원되는 것이지만 별도로 보육료 내역에 표시되지 않기 때문에 차등보육료 대상에서 제외된 도시근로자가구 월평균소득 이상의 수요자들은 정부로부터 보육료 지원이 전혀 없다고 잘못 인식할 여지가 크다.

현행 명목 바우처의 쟁점을 요약해 보면 첫째, 영유아의 특성별로 다양한 형태의 보육서비스가 제공이 요구되고 있으나 현행 보육정책들은 담당부처 및 부서들이 자신의 담당 대상자들만 특성별로, 독립적으로 제공하고 있다. 따라서 독립적인 개별

서비스 제공에 따른 맞춤형 대응이 미흡하다.

둘째, 국민들의 세금으로 보육료가 지원되고 있으나 "시설"에 대해 직접 이용료가 지불되는 현행 명목바우처 방식에서는 이용자들이 국가의 지원에 대한 체감도가 낮은 관계로 보육시설에 대한 소비자권리 행사에 소극적일 수 있다.

셋째, 현재 25가지의 정부 지원단가를 고려하여 매월 보육시설에 대해 이용료를 정산 지불하는 행정업무는 지방자치단체의 사회복지 담당조직과 인력 규모를 고려할 때 업무가 과중하다. 더욱이 잦은 인사이동으로 인해 업무숙련도가 떨어지는 경우가 많아 행정 관리상 비효율을 초래한다. 이에 따라 정부에서는 명목바우처를 실질바우처로 전환하고 관리 효율성을 높이기 위해 전자바우처를 도입할 것으로 추진하고 있다. 바우처란 소비자의 선택권이 어느 정도 보장되고 지정된 서비스 유형 이외의 다른 목적으로는 사용할 수 없으며 그 비용의 전부 또는 일부를 정부가 후불하는 형태로 소비자를 지원하는 제도를 의미한다. 바우처 제도의 주요 목적은 효율성 제고와 소득의 재분배에 있다. 그리고 재정운용의 투명성 향상, 학부모의 선택권 증진 등의 장점이 기대되는 전자바우처 제도이다.

3) 교직원 측면

(1) 보육교사의 전문성

보육시설의 질적 수준에 따라 보육교사가 유아와 갖는 상호작용의 특성에 차이가 있는지를 살펴본 결과 질적 수준이 높은 보육시설 교사는 놀이실에서 유아와의 상호작용에 있어서 긍정적, 허용적 상호작용을 많이 한 반면, 비판과 분리적 상호작용은 더 적게 하는 것으로 나타났다. 교사의 질적 특성은 유아의 지능 발달에 영향을 준다. 교사의 특성은 유아의 지능지수 총점과는 유의한 특성을 보이지 않았으나 지능의 하위 영역 중 특히 이해력과 상관이 있어 교사와 유아의 상호작용 시 질적 특성과 상관이 있었다. 즉, 교사가 유아와 긍정적으로, 그리고 허용적으로 상호작용하고 비판적 상호작용과 분리된 상호작용을 적게 할수록 유아의 이해력이 높았다. 교사의 질적 특성은 유아의 사회성 발달에 영향을 준다. 교사가 유아와 놀이실에서 갖는 상호작용의 질적 측면은 유아의 과민성-주의산만과 유의한 상관을 보여, 교사가 긍정적 상호작용을 많이 가질수록, 허용을 많이 해 줄수록 과민성-주의산만성이 적고, 분리된 상호작용을 많이 가질수록 유아가 과민성-주의 산만성이 높은 것으로 평정되었다.

(2) 보육시설 교직원의 자격제도

보육인력의 양과 질은 보육서비스의 수준을 결정하는 매우 중요한 요인이다. 현재 영유아 보육을 담당하고 있는 보육교사는 2년제 또는 4년제 대학교의 다양한 전공학과, 교육원 그리고 기타의 각종 학교에서 양성되어지고 있다. 그로 인해 학생선발, 실습, 교육과정 등 자격과 실력에서 많은 차이를 보인다. 특히 양성기관의 교육과정, 교수, 학생, 행정적 · 재정적 지원 등에 관한 최소한의 기준이 없어 보육교사의 전문성에서 심각한 문제가 생기게 되었다.

또한 보육시설장이나 보육교사의 자격기준이 전문성 확보보다는 현실적인 요구에 더 큰 비중이 있고 국가자격제도 미비로 자격확인 방법이 비합리적이고 비효율적으로 이루어지고 있다. 보육교사의 법적 자격기준은 유아교사의 자격기준보다 상당히 낮게 상정되어 있어 두 직종 간의 연계를 위해서는 해당 부서인 보건복지부와 교육과학기술부 간의 교사 자격에 대한 통합적인 논의가 있어야 할 것으로 보인다.

또한 보육교사의 질적 수준을 보장하기 위해서는 지속적인 보수교육을 통하여 전문성을 유지 · 발전시켜야 하지만, 이에 대한 제도적 장치가 미흡하다. 그 이유는 보수교육 시 대체인력에 대한 지원이 없고, 보조교사 제도가 마련되어도 실효성과 현실성에 어려운 제약이 뒤따르기 때문이다.

(3) 보육시설 교직원의 낮은 처우

보육시설 교직원의 낮은 인건비와 열악한 근무여건은 보육서비스의 품질을 저하하는 요인으로 나타나고 있다. 민간 보육시설의 경우 보육교사의 임금체계가 낮은 보수수준으로 우수한 보육교사의 확보가 어렵고 잦은 이직으로 보육사업에 차질은 물론 보육중인 영유아의 지적, 인지적 발달과 정서적 안정에 부정적인 영향을 미치고 있다. 한국여성개발원(2002)의 자료에 의하면 보육교사 평균보수는 민간 보육시설이 평균 750~800천원이었다. 지금도 대부분의 민간보육시설은 900~120천원으로 보수체계가 그려지고 있다.

이렇듯 보육교사 보수가 열악하므로 보수지원방안 마련은 시급하다. 또한 보육교사의 열악한 근무여건은 보육교사들의 사기와 직접적으로 연관되므로 중요한 문제이다. 2010년 보육지침에 따르면 일일 보육시간을 오전 7시30분에서 오후 7시30분으로 규정하고 보육교사의 근무시간은 오전 9시부터 오후 6시까지로 하고 나머지 시간은 교대근무나 초과근무수당을 지급하도록 규정하고 있다. 하지만 보육교사 근무환경 실태조사의 결과에 의하면 보육교사의 근무시간은 하루 평균 10시간이 넘는 것으로 조사되고 있다. 이와 같이 과중한 업무로 인한 과로는 보육교사들의 질병을 얻게 될 수 있으며, 현 체제에 대한 불만이 증가하게 하고 있다. 또한 질병에 대한 의욕부진은 영유아들에게 영향을 줄 수 있으므로 보육교사가 생활에서 보람을 느낄 수 있도록 하여 자기에 대한 가치를 형성하게 하고 영유아들에게 주는 부정적인 영향을 줄일 수 있으므로 그 개선책이 필요하다.

CHAPTER

05 보육의 이론적 쟁점

1. 보육경험과 부모 및 보육교사와의 애착
2. 보육경험과 영유아의 발달 변화
3. 통합보육

1 보육경험과 부모 및 보육교사와의 애착

1) 부모와의 애착과 분리

애착이란 용어는 Bowlby가 영유아와 엄마와의 유대관계를 설명하면서 최초로 사용하게 된 개념이다. 애착은 영유아가 주된 양육자에 대해 가지게 되는 강한 정서적 유대감이다. 쉽게 말해 아이와 양육자(대개는 엄마) 사이의 사랑의 끈 혹은 정서적 유대(bonding)가 맺어지는 것을 의미한다. 아이의 젖을 빠는 행동, 울음, 엄마에게 매달리는 것, 엄마의 눈을 쳐다보는 것과 같은 행동(애착행동 attachment behavior)은 엄마의 사랑과 보호 본능을 불러일으킨다. 반대로 엄마가 아기에게 애정을 가지고 관심을 기울이면서 아이의 신호에 적절하게 반응을 보일 때도 사랑의 끈이 잘 형성된다. 이런 점에서 애착은 짝사랑이 아니라 엄마와 아기 간의 적극적인 상호작용에 의해 형성된다고 볼 수 있다.

애착은 근본적으로 선택적인 특성이 있어 극히 소수의 제한된 대상에 대해 형성되며, 애착이 형성된 대상에 대해서는 가까이 다가가고 싶은 욕구를 갖게 되는데, 결국 안정감의 원천이 되는 애착대상에게 얼마나 의존할 수 있느냐에 따라 애착의 질은 결정된다.

이 애착관계의 형성은 아기의 생존을 위해서도 필수적이며 엄마의 행동을 보다 쉽게 보고 모방할 수 있는 기회가 된다. “낳은 정(情)이냐 키운 정(情)이냐”라고 말할 때 이 키운 정의 상당부분은 애착과 관련이 있다고 여겨진다.

볼비(Bowlby)는 영유아가 애착을 형성할 시기에 어머니와 오랜 시간 분리되는 경험이 안정적 애착형성에 방해가 되며 정서적 안정감에도 부정적으로 작용한다고 보았다. 그러나 주된 양육자인 어머니에 대해 애착을 형성한 영유아는 아버지나 가족이 아닌 대리양육자와도 안정된 애착을 형성할 수 있다는 것이 알려졌다. 보육시작 후 영유아의 애착변화에 관한 연구를 보면 보육기관에 다니는 것이 어머니와의 불안정 애착을 유발하지는 않는 것으로 보고되었다. 보육기관에 다니게 됨으로써 부모로부터 장시간 분리되는 경험 여부만으로 영유아의 안정적 애착형성에 대해 예측할 수 없으며, 보육기관에 맡겨지더라도 평소에 부모가 영유아의 요구에 민감하게 반응하고 수용적인 태도로 아이의 보육기관 적응을 도와주는 경우에 안정적 애착이 유지되거나 증진된다는 것을 발견하였다.

2) 교사와의 애착

보육시설에 다니는 영유아는 많은 시간을 부모로부터 떨어져 지내므로 보육시설에 있는 동안 부모를 대신하는 보육교사에 대해 안정적인 애착을 형성하는 것이 보육시설에 적응하고 건강하게 발달하는 데 필요하다. 어머니와 교사에 대한 애착안정성을 비교한 연구결과 어머니에 대한 애착안정성 점수가 더 높은 것으로 나타났지만 안정적 애착을 형성하는 데 필요한 조건은 부모에 대한 애착에서와 다르지 않다. 보육교사가 영유아에게 반응적이며 민감하고 영유아의 욕구에 대해 세심하게 배려하고 돌봐 준다면 안정적 애착을 형성하는 데 도움이 된다.

그러나 영유아가 부모에게 형성하는 애착과 교사에게 형성하는 애착의 안정성은 일치도가 높지 않은 경향이 있어서 부모에게 안정 애착을 형성한 영유아가 교사에게도 반드시 안정 애착을 형성하는 것은 아니었다. 이 결과는 어느 한 대상에 대한 애착이 안정적이지 못하더라도 다른 대상과 안정적 애착을 형성하는 것이 가능하여 부족한 측면을 보완할 수 있으며, 애착대상의 행동이 아동의 애착형성에 중요함을 시사한다.

2 보육경험과 영유아의 발달 변화

1) 보육경험과 아동 발달

(1) 보육과 신체 발달 및 건강

보육경험이 아동의 신체 및 운동 발달에 미치는 영향은 대체로 긍정적인 것으로 보고되고 있는데, 이는 아동의 가족환경에 따라서 다르게 나타난다.

저소득층 아동은 보육시설에 다니는 것이 운동 발달과 활동성을 증가시키며 키와 몸무게 성장에 긍정적인 영향을 미치고 아동기에 흔한 질병에 걸릴 가능성을 감소시킨다. 그리고 질적으로 우수한 보육시설이라면 가정에서보다 균형 잡힌 영양을 공급해 주며 안전하고 위생적인 환경을 제공한다. 아동의 신체 발달 및 건강과 관련하여 가정환경의 취약한 측면을 보완하고, 가정에서 양육되는 아동에 비해 전염성 질환에 걸릴 가능성도 높아진다.

가정에서 안전하고 위생적인 환경과 적절한 영양을 공급받는 아동의 경우에는 보육시설에 다니는지의 여부가 신체 발달이나 운동능력 발달에 영향을 미치지는 않는 것으로 나타났다.

(2) 보육과 사회정서 발달

보육경험이 아동의 사회정서 발달에 어떤 영향을 미치는지는 아동이 경험한 보육의 특성에 따라 다르다. 즉, 아동이 일찍부터 장시간의 보육을 영아기부터 유아기까지 계속적으로 받는 것은 사회 정서적 적응에 부정적인 영향을 미칠 수 있다. 만 1세 이전 보육을 시작한 경우에는 3~8세 때 공격성이 높고 성인의 요구에 잘 따르지 않는 경향이 높고, 3~4세 때 공격적인 행동을 포함한 문제행동을 보이는 비율이 더 높다.

아동이 경험한 총 보육기간이 아동의 사회적 유능성이나 문제행동에 영향을 미치는지를 알아본 연구에서도 보육을 오랜 기간 경험한 아동은 그렇지 않는 아동에 비해 사회적 유능성이 낮으며 외재화 문제를 더 많이 보이고, 보육교사와의 갈등 빈도가 높고, 부정적 놀이행동을 더 많이 하는 것으로 관찰되었다. 그리고 어린 나이에 보육을 시작할수록 아동의 문제행동 가능성이 높게 나타나는 현상을 부모의 연령, 가족구조, 부모의 취업, 학력, 형제자매 수 등 다양한 변수를 통제해도 유지되는 것으로 나타났다. 이에 반해 유형에 상관없이 어머니 양육 이외의 보육을 경험하는 2세 아동은 부모나 다른 성인의 요구에 더 잘 따르고 전반적인 문제행동을 덜 보인다는 연구 결과들도 있다. 이처럼 일정한 결론을 내리기 어려운 상황에서 보육기관에 다니는 것이 아동의 사회정서 발달에 미치는 영향은 보육의 질이나 아동과 부모와의 관계 등을 함께 고려해야 보다 명확히 이해할 수 있다. 보육의 질이 양호하며 부모가 아동과 좋은 관계를 유지한다면 보육시설에 다니는 것이 아동의 사회정서 발달에 긍정적인 영향을 미칠 수도 있다.

(3) 보육과 인지, 언어 발달

질 높은 보육은 아동이 언어, 읽기, 수학능력과 장기적인 학업성취도도 높이는 것으로 나타났다. 영아기에 질이 높은 보육기관에서의 보육은 가정에서 보육되는 경우보다 인지적, 언어적으로 더욱 풍부한 환경을 제공함으로써 아동의 발달에 긍정적으로 작용한다. 특히 인지적 능력수준이 낮았던 아동의 인지 발달에 더 큰 영향을 미치는 것으로 나타났으며 영아기의 보육경험은 여아보다는 남아의 학업 성취와 인지적 능력 향상에 더 큰 영향을 미치는 것으로 나타났다. 또한 가족이 아동에게 제공하는 인지적 자극의 정도와 어머니의 교육수준도 아동의 인지 발달에 영향을 미친다.

이처럼 보육의 질이 우수하다면 보육시설에 다니는 경험은 아동의 언어 및 인지 발달을 촉진시키며 아동의 개인적 특성이나 가족환경이 불리할 때 보육의 긍정적 효과가 더 커진다고 할 수 있다.

2) 보육경험과 아동 발달의 관계를 중재하는 요인

(1) 보육요인

① 교사 대 아동 비율

교사 대 아동 비율은 집단 크기와 함께 질 높은 보육을 결정하는 가장 중요한 지표로서 아동의 건강과 안전에 많은 영향을 미친다.

■ 교사 대 아동 비율이 낮을 경우

- 교사 한 명이 보육하는 아동인원이 적을수록 아동에 대한 감독과 위생지도가 잘 이루어지므로 질병 가능성이 낮다.
- 아동이 가구 위에 올라가는 것과 같은 위험한 상황 발생도 감소한다.
- 아동은 스트레스가 낮으며 사회적으로 더 유능하며 활발한 언어활동과 놀이를 하는 경향이 있다.

■ 교사 대 아동 비율이 높을 경우

- 교사는 민감하고 수용적인 방식으로 아동을 대하기 어려워 상호작용의 질이 낮아진다.
- 아동 개개인과 상호작용할 수 있는 시간이 부족하게 됨으로써 아동의 적응과 발달에 부정적인 영향을 미치게 된다.

이처럼 교사 한 사람이 보육할 수 있는 적정 인원을 초과할 경우 교사의 스트레스가 증가하는 상황에서 아동과 상호작용할 때 아동에게 부적절하게 대할 가능성이 높아지게 되므로 보육시설 내의 아동학대 예방을 위해서도 적절한 교사 대 아동 비율을 유지해야 한다.

② 집단 크기

집단크기는 독립적으로 일정하게 정해진 물리적 공간에서 생활하는 아동들의 수다. 집단크기는 보육교사가 상호작용하게 되는 아동의 수와 아동이 상호작용할 또래의 수를 의미하므로 집단크기는 아동과 보육교사 및 아동 간의 상호작용에 영향을 미치게 된다.

■ **집단크기가 작을 경우**

- 감염성 질병이 발생할 가능성을 감소시킴
- 교사의 보육행동이 바람직하며 아동의 안전도 개선
- 교사가 아동과 상호작용을 더 많이 하며 보육에 더 적극적
- 아동의 또래 간 사회적 상호작용 및 언어적 상호작용 빈도가 더 높음
- 또래 간 상호작용이 갈등적이기보다는 협동적, 우호적 성격을 띠며 공동놀이를 많이 하는 경향
- 보육시설에서의 생활에 협조적이며 사고력이나 창의성, 사회적 유능성이 높은 것으로 나타남
- 보육교사들은 아동에게 더 반응적이며 더 많은 사회적 자극을 제공하고 불필요한 제한을 덜 가하는 것으로 나타남

■ **대집단에서 생활하는 아동들은 소집단 아동들보다 공격성이 더 높은 경향을 보임.**

이처럼 작은 집단을 보육하는 교사가 반응적이고 민감하게 아동과 상호작용하는 것은 아동이 교사와 안정 애착을 형성하게 하여 아동이 보다 활발한 놀이활동을 하고 공격성이나 사회적 위축성향을 덜 보이며 사회적으로 유능하고 언어발달에서도 앞서는 결과와 관련된다.

③ 보육유형

보육유형에 따라서도 영유아의 적응과 발달이 다르게 나타날 수 있으나 이는 보육유형 자체의 영향이라기보다는 보육유형별로 교사 대 아동비율, 집단크기, 교사의 학력 및 경력, 환경, 보육활동의 체계성에 차이가 있을 수 있기 때문이다. 보육유형에 따른 차이를 비교해보면 아래와 같다.

■ **가정보육시설**

- 아동의 정서적응에서 자율적이며 집과 같은 환경을 제공함으로써 아동이 친숙하게 느낄 수 있으므로 정서적 부담이 적으며 정서적 안정감을 가질 수 있어 보다 활발한 놀이활동이 이루어진다.

■ **기관보육시설**

- 놀잇감이나 교구교재를 더 다양하고 풍부하게 갖출 수 있으며 프로그램 운영이 보다 체계적일 수 있다.

이상과 같이 기관보육시설과 가정보육시설은 각각 서로 장단점을 가지고 있는데 아동의 적응과 발달에 긍정적인 영향을 미칠 수 있도록 하기 위해서는 기관보육시설은 아동의 정서적 측면에 대한 배려를 보완하고 가정보육시설은 환경이나 체계성을 보완함으로써 전반적인 보육의 질을 향상시키는 방향으로 나아가야 한다.

④ 보육시간

아동이 보육기관에서 보내는 시간은 아동의 사회 정서적, 인지적 발달에 영향을 미치지만 그 영향이 긍정적일지 부정적일지는 보육기관에서 제공하는 보육의 질에 따라 결정된다.

(2) 교사요인

교사는 영유아와 함께 장시간을 보내며 영유아의 기초생활습관 형성, 언어 발달 등 모든 영역에서 영향을 미치고 아동에게는 행동 모델이기도 하기 때문에 보육의 질을 좌우하는 중요한 요인이다.

① 교육 및 연수

보육교사의 정규교육은 보육의 질과 관계가 있다. Berk(1995)는 고졸인 교사보다는 2년 이상의 대학교육을 받은 교사가 아동과 더 활발한 상호작용을 하며 상호작용이 비지시적이며 억압적이지 않고 아동 중심적 태도를 갖는다고 보고하고 있다. 유아에 대해 교육을 많이 받을수록 아동의 개념 및 언어 발달과 사회적 기술을 증진하는 역할을 효율적으로 수행하는 것으로 나타났다.

보육교사의 연수도 보다 질 높은 교육을 제공하는 데 영향을 미치는 요인으로 나타났다. 지속적으로 보육교사를 재교육하며 훈련하는 보육기관에 다니는 아동이 친사회적 성향과 적응수준이 높으면 자율적인 것으로 나타났다.

② 교사경력

교사의 학력과 함께 보육을 해온 경력도 보육의 질과 관련되는 요인이지만 연구결과 긍정적이고 부정적인 서로 상반되는 연구결과가 나오고 있기 때문에 교사경력이 보육을 경험하는 아동의 적응에 어떻게 작용하는지에 대해 명확한 결론은 내릴 수 없는 상황이다.

③ 아동과의 상호작용

보육교사가 아동과 하는 상호작용이 아동의 사회정서적, 인지적 발달에 중요하다는 연구결과가 많이 보고되어 왔다. 여러 가지 연구결과 아동에게 민감하게 반응하며 처벌적이지 않은 교사에게 보육되는 아동은 사회적으로 더 유능하다. 일방적인 지시나 비판을 적게 하는 교사에게 보육되는 아동은 과제수행능력, 언어능력, 사회적 문제해결능력이 높다.

아동이 하는 일을 인정해주고 아동과 적극적으로 상호작용하는 교사에게 보육되는 아동은 문제해결력이 더 높다고 한다. 교사와 유아 간의 상호작용의 질이 높을수록 유아가 다른 사람의 감정을 이해하고 이에 따라 상대방을 배려하는 능력이 높을수록 유아가 다른 사람의 감정을 이해하고 이에 따라 상대방을 배려하는 능력이 높은 것으로 보고하였다. 교사가 유아와 친밀하게 상호작용하고 유아와 안정적인 관계를 유지할 때 유아는 사회적 문제해결능력이 높으며 사교적이고 친사회적 성향이 발달한다고 한다.

교사와 아동의 상호작용은 아동의 보육시설 적응에도 영향을 미쳐서 교사가 아동의 요구에 민감하게 반응하고 수용적인 태도로 아동을 대하는 경우에 아동이 보육시설에 쉽게 적응할 수 있다고 한다.

이처럼 교사와 아동의 상호작용은 다른 측면에서 우수하다고 평가된 보육시설의 긍정적인 효과를 상쇄시킬 만큼 중요하다. 아무리 질 높은 보육시설이라고 하더라도 교사와 아동 간의 상호작용의 질이 낮으면 아동의 문제행동이 많이 나타날 수 있으므로 교사와 아동의 상호작용은 보육의 전반적인 질에 영향을 미치는 주된 요인이라고 할 수 있다.

(3) 아동요인

① 보육 시작 시기

보육을 시작한 시기가 아동이 어머니에 대해 형성하는 애착에 영향을 미치는지 여부나 어느 시기에 보육을 시작하는 것이 바람직한지에 대해서는 결론을 내리기 어려운데 이는 아동이 보육시설에서 보내는 시간, 보육시설의 수준, 어머니의 특성 등에 따라서 보육 시작 시기가 아동에게 미치는 영향이 다를 수 있기 때문이다.

② 기질

아동이 보육기관에서 적응하는 정도는 아동의 기질에 따른 보육기관 특성 간의 상호작용에 의해 다르게 나타난다. 아동이 보육기관에서 심리적, 신체적으로 안정되고 편안하게 지내는 정도와 문제행동에서의 개인차를 이해하기 위해서는 보육의 질과 함께 아동의 기질을 고려해야 한다.

그리고 동일한 보육기관에서도 아동이 어떤 기질을 가지고 있는지에 따라 보육이 다르게 경험되며 적응도도 다르게 나타난다. 기질이 측정되는 방식에 따라서 다른 결과를 얻을 수 있다는 것을 염두에 두어야 한다.

(4) 가족요인

보육경험이 아동에게 미치는 영향은 부모를 포함한 가족특성에 의해서도 다를 수 있다. 가족에서의 경험은 아동의 보육경험과 상호작용하여 보육경험이 아동에게 미치는 영향을 변화시킬 수 있다.

또한 어머니의 교육수준도 보육이 아동의 인지 발달에 미치는 영향을 중재하는 변수인 것으로 나타났는데, 어머니의 교육수준은 어머니가 아동에게 지적으로 자극이 되는 환경을 조성하는 것과 관련이 있기 때문이다. 이처럼 보육이 아동에게 미치는 영향은 단순하지 않으며 가족특성에 따라 같은 보육을 경험한 아동도 다르게 영향을 받을 수 있다. 따라서 보육과 아동 발달 간의 관계를 고찰할 때 가족특성 요인을 함께 고려해야 보육과 아동 발달 간 관계에 대해 보다 현실성 있는 이해가 가능해진다.

(5) 교사와 부모의 관계

교사와 부모 간의 원활한 의사소통은 질 높은 보육을 구성하는 요인 중 하나다. 이것은 아동의 요구를 적절히 충족시켜 주기 위해 필요한데 이러한 상호작용은 가정에 관한 정보와 기관에서의 아동 보육상황, 그날그날 아동의 경험과 정서적, 신체적 상태를 부모와 교사가 최대한 정확히 파악함으로써 아동을 보살피는 데 참고할 정보를 얻는다는 점에서 중요성을 갖는다. 교사와 부모와의 관계는 아동이 경험하는 주요 환경 간의 관계로서 교사와 부모가 아동 및 아동의 생활에 대한 정보를 공유함으로써 관계가 강화되며 아동에게 적합한 양육과 보육을 행할 수 있는 바탕이 된다.

3 통합보육

1) 연령 통합

연령 통합교육은 한 반을 구성하는 아동의 연령범위가 1년 이상이 되도록 반을 구성하여 보육하는 방식으로서 가장 어린 아동과 가장 나이 많은 아동의 연령 차이가 2년 이상일 수 있다. 이것은 핵가족화 및 형제 없는 아동 증가 추세에 따라 사회적 상호작용 범위가 제한적인 아동의 사회적 경험을 보완하기 위한 대안으로 주목받게 되었다.

(1) 장점

① 사회성 발달 측면에서는 동일 연령 보육에서보다 다양한 대인관계를 경험할 수 있어 사회적 유능성을 기르는데 도움이 된다.

② 연장아동이 연소아동을 도와주는 방식의 상호작용이 자연스럽게 일어나게 되어 경쟁적인 행동이 덜 발생하기 때문에 동일 연령 보육에서보다 아동 간의 공격적인 행동이 적게 나타난다.

③ 사회적으로 위축되거나 사회성이 부족한 아동은 자신보다 사회적 기술이 덜 발달된 연소아동과 상호작용하면서 사회성 발달을 보충할 수 있는 기회를 가지면서 자존감을 향상시킬 수도 있다.

④ 인지 발달이나 언어 발달 측면에서 볼 때는 연소아동이 연장아동의 언어나 인지적 과제수행을 모방할 기회를 많이 가지게 되므로 발달이 촉진되는 경향을 보인다고 한다.

(2) 단점

① 연령이 다른 아동들로 구성된 학급을 담당하는 교사는 동일 연령 학급 교사보다

스트레스 수준이 높다.

② 교육에 대한 동기나 열의가 적을 수 있고 그 결과로 교육의 질도 떨어질 수 있다.

③ 연장아동의 학부모는 자신의 아이가 더 어린아이들과 함께 생활하고 교육받는 상황은 인지적 자극이 불충분한 환경이라고 생각할 수 있다.

④ 연소아동의 학부모는 자신의 어린자녀가 발달적으로 앞선 아이들과 함께 지내면서 위축될 수도 있다는 불안감을 가지게 될 수 있다.

⑤ 동일 연령 보육보다 계획하고 준비하는데 시간과 노력을 더 많이 쏟아야 하는 어려움이 따르며 교사가 적절한 훈련을 받고 필요한 기술을 가지고 있지 않다면 교육의 질 저하를 초래할 수 있는 가능성이 존재한다.

⑥ 동일한 내용을 교육하되 인지적 수준이 서로 다른 아동에게 효과적으로 전달될 수 있는 다양한 교육방법을 고안하고 계획해야 하는 것은 교사에게 추가적인 업무 부담으로 작용할 수 있다.

이처럼 연령통합보육은 아동에게 다른 사람들과의 협력의 중요성을 배우게 하며 친사회적인 성향을 길러주고 사회적 유능감과 자존감을 향상시킬 수 있고 인지 발달에도 긍정적인 효과를 얻을 수 있는 보육방식으로서 사회적 경험범위가 좁아지고 있는 현대 아동들에게 경험의 폭을 넓혀 줄 수 있는 대안이다. 그러나 연령통합보육에 대한 부모의 이해증진, 교사교육, 교사업무 부담에 대한 대책 등이 선결되어야 동일 연령보육의 단점을 보완하는 현실성 있는 대안으로 수용될 수 있을 것이다.

2) 장애아 통합

장애아를 대상으로 하는 특수교육은 초기에는 비장애아와 분리된 교육이었으나 점차 비장애아와 분리하지 않는 통합교육을 추구하는 방향으로 나아가고 있다.

(1) 장애아가 통합교육을 통해 얻을 수 있는 긍정적인 효과

① 장애아에게는 소속감을 갖고 사회생활을 영위할 수 있는 기회를 제공한다.

② 장애아로만 구성된 특수학급에서보다 통합학급에서 지적인 자극을 많이 받을 수 있다.

③ 폭넓고 다양한 경험을 할 수 있기 때문에 발달에 도움을 받을 수 있다.

④ 장애아에 비해 신체, 운동, 사회적, 언어적, 인지적 기능 수준이 높은 비장애아의 행동을 관찰하고 이들과 상호작용하는 기회를 가짐으로써 발달적으로 앞선 행동을 모방하며 학습할 수 있는 기회를 가질 수 있다.

(2) 비장애아가 통합교육을 통해 얻을 수 있는 긍정적인 효과

① 사람들의 다양성을 존중하며 자신과 다른 사람들을 배려하는 태도를 배울 수 있다.

② 장애아 통합보육을 경험한 아동의 다양성에 대한 개방성과 존중은 문화, 성, 능력 등 장애 이외의 다른 다양성에 대한 이해와 존중으로까지 일반화될 수 있다.

(3) 장애아 통합보육에 있어서 선행되어야 할 사항

① 장애아의 특성에 의해 영향을 받는데 일반적으로 교사들은 자폐아나 복합적인 장애를 가진 아동보다는 신체장애, 학습장애, 언어발달 지연과 같은 장애를 가진 아동을 통합하는 것에 대해 긍정적인 태도를 보이는데 장애아 통합에 대한 교사들의 부정적 태도는 적절한 훈련을 통해 장애아를 대하는 두려움을 없애고 장애아에 대한 잘못된 인식을 바로잡음으로써 개선될 수 있다.

② 장애아 보육경험이 장애아 통합보육에 대한 교사의 태도에 긍정적 영향과 부정

적인 입장 모두를 가지고 있으며 장애아 보육에 대한 지식 부족이 장애아 통합보육 실행에서 가장 큰 어려움으로 지적되었으므로 이에 대한 교육을 통해서도 장애아 통합보육에 대한 교사들의 유능성과 자신감을 향상시킨다면 경험 축척을 통해 보다 질 높은 통합보육을 실현하는데 긍정적으로 작용할 수 있을 것이다.

③ 장애아와 비장애아의 부모는 통합보육기관에 아이를 보내는 것에 서로 다른 관점에서 염려하게 된다.

CHAPTER

06 보육의 유형

1. 보육의 질에 따른 유형
2. 보육장소에 따른 유형
3. 보육 운영주체에 따른 유형
4. 보육시간에 따른 유형
5. 보육목적에 따른 유형

1 보육의 질에 따른 유형

보육은 흔히 보육의 질적 수준에 따라 보호적 · 발달적 · 종합적 보육의 세 가지 유형으로 나누어진다.

1) 보호적 보육

아동들에게 안전한 환경을 제공하고 최소한의 허가기준을 충족시켜 주는 보육을 보호적 보육이라고 한다. 이런 유형의 프로그램은 가정이나 기타 시설에서 이루어질 수 있으며, 보통 자유놀이와 간식, 식사, 낮잠, 그리고 몇 가지 종류의 발달적 과업이 제공된다. 경영자의 열의, 지식, 그리고 자원에 따라 시설이나 양육내용이 차이가 있다.

보호적 보육의 예로는 장애인을 위한 특별 프로그램과 기관에서 반일제나 종일제로 상주하거나, 집에서 돌볼 수 있는 거주보육 등이 있다.

2) 발달적 보육

발달적 보육은 안전과 조직화된 환경이 고려되어 계획된 보육 프로그램이다. 이 프로그램은 아동 개개인의 신체적, 사회적, 정서적, 그리고 지적 성장을 자극하기 위한 것으로 규정되지만, 보호적인 보육도 포함된다. 부모참여는 가정과 학교가 일체되도록 만드는 경우가 종종 있다. 발달적 보육 프로그램은 직장보육, 몬테소리, 유아원, 부모협력 보육을 들 수 있으며, 이는 사립이나 공립, 교회부속으로 운영된다.

3) 종합적 보육

종합적 보육은 아동과 가족을 위해 보호적 보육과 발달적 보육 외에 건강과 사회적 서비스의 특징을 포함하는 보육이다. 이 서비스는 신체검사, 예방접종, 구강보건,

심리상담, 영양, 부모교육을 포함한다. 이러한 프로그램은 대개 각 가정의 수입과 부양 가족수에 따라 지불능력을 고려하여 비용을 매기는 차등 교육비제를 실시한다. 종합적 보육 프로그램은 보통 주정부나 연방정부에 의해서 재원이 조달되며, 연구사업도 포함할 수 있다. 그 예로는 미국의 헤드 스타트 프로그램을 들 수 있는데 아직도 건강과 사회적 서비스는 충분하게 제공되지 않은 실정이다.

2 보육장소에 따른 유형

1) 가정보육

(1) 자기집 보육

자가 보육은 아동의 집에서 가족이 아닌 타인으로부터 보육서비스를 받는 형태를 말한다. 영국의 보모개념과 유사하며 보호적 측면이 강조된다. 가정보육은 주로 조부모, 친척, 가정도우미, 베이비시터에 의해서 이루어진다. 이들은 보육인으로서의 전문적이고 체계적인 교육과 훈련을 받지 않았기 때문에 부모와 보육방식에서 갈등을 빚기도 한다.

최근에는 YWCA 같은 단체에서 베이비시터에게 일정 시간 사전훈련을 실시하고 있으며, 전문 베이비시터 파견업체에서 보육과 교육을 결합한 프로그램을 개발하여 전문성을 높이려는 시도를 하고 있다. 그 예로 기존의 베이비시터의 역할 외에 교사의 역할을 강조하는 학습시터를 파견하기도 한다.

(2) 보육자 가정보육

아동이 보육자의 집으로 가서 서비스를 받는 형태로서 대개 한 가정에서 6명 이하의 서로 다른 가정의 유아를 돌보는 형태가 많고 보육자의 자녀가 포함되기도 한다.

보육자 가정보육이란 집단보육시설의 단점을 보완하여 자가 보육과 거의 유사한 특성을 갖도록 한 보육형태로 최근 많은 부모들이 자녀양육의 대안으로 이용하고 있다.

2) 기관보육

시설 보육은 가정 외 보육의 가장 대표적인 형태로서 취업모의 자녀를 주된 대상으로 하여 일반적으로 하루 8시간 이상 운영하는 기관이다. 최근 기혼여성의 취업률이 증가하면서 시설보육에 대한 수요가 급격히 증가하는 추세다. 시설보육은 취업모들이 선호하는 보육유형으로 취업모들은 자가보육이나 가정보육보다 일정한 규모나 운영체제를 갖춘 보육시설에서 자녀의 보육을 위탁할 것을 원한다.

표 6-1 장소에 따른 보육유형의 장 · 단점

	장 점	단 점
자가보육	• 부모가 보육모를 선택할 수 있다 • 시간의 융통성이 있다. • 아동이나 부모가 이동해야 하는 번거로움이 없다. • 아동이 친숙한 가정환경에 머물 수 있어 정서적으로 안정된다. • 성인-아동의 상호작용의 기회가 보육기관 보다 훨씬 많고 개별적인 관심을 쏟을 수 있다. • 아동이 이웃의 친한 또래와 계속해서 놀 수 있다. • 자녀가 여럿일 경우 경제적이다. • 아동이 피로감을 덜 느끼고 병에 감염될 위험이 적다.	• 대리 보육자가 아플 때 대안을 구하기 어렵다. • 보육자에 대한 감독이 최소한이거나 거의 없다. • 아동에게 또래와의 경험과 체계적인 교육 경험을 제공하지 못한다. • 보육료가 비싸다. • 놀잇감 및 교재 · 교구가 제한된다. • 보육인 개인의 능력에 따라 보육내용이 크게 달라질 수 있다. • 대리 보육자가 집안일을 병행하므로 보육에만 집중하기 어렵다.
보육자 가정보육	• 가정적인 분위기 때문에 환경변화가 있더라도 아동이 덜 두려워한다. • 비교적 보육료가 저렴하다. • 소수 아동과 가족의 특별한 요구에 맞추어 운영할 수 있다 • 아동의 가정과 생활양식이나 가치관이 비슷한 가정을 선택할 수 있어 편안한 감정을 느낄 수 있다.	• 보육교사의 전문적인 훈련이 부족하다. • 제한된 공간과 교육적 환경이 열악한 경우가 많다. • 일관성 없는 보육으로 인하여 좋지 않은 발달적 결과를 초래할 수 있다. • 기구 · 자료 · 활동이 다양하지 못하다. • 비교적 야외학습의 기회가 적다. • 영양소가 골고루 균형 잡힌 식단을 공급하

	• 아동의 가정과 가까운 곳을 선택할 수 있어 편리하다. • 가족의 요구에 맞춰 시간을 융통성 있게 조절할 수 있다. • 혼합연령집단으로 구성되어 있어 형제자매가 같이 생활할 수 있다.	기가 어렵다.
시설보육	• 정식으로 인정을 받았고 관련 관청의 허가와 감독을 받는다. • 운영시간이 일정하므로 안정성이 있다. • 전문적인 훈련을 받은 교사를 채용한다. • 아동이 안정된 장소에서 일상적인 경험을 한다. • 아이들에게 교육적 기회를 제공한다. • 풍부한 교구와 자료를 갖춘 안정된 환경에서 다른 아이들과 같이 놀 수 있는 기회를 많이 가지게 된다.	• 아동의 개별적인 특성을 고려한 일과 운영과 교육이 어렵다. • 교사-아동 간 개별적 상호작용이 어렵다. • 아동당 공간이 적다. • 많은 수의 아동이 보육되므로 아동들이 교사와 다른 아동의 질병과 전염병에 노출되어 있다. • 피로하거나 아플 때 휴식을 취하기가 어렵다.

3 보육 운영주체에 따른 유형

1) 정부 주도 보육 : 국공립어린이집

국 · 공립 보육시설은 국가와 지방자치단체가 설치 · 운영하는 시설이다. 국 · 공립 보육시설은 상시 영유아 11인 이상을 보육할 수 있는 시설을 갖추어야 한다. 정부 보조와 경제적 수준에 따라 내는 수업료에 의해 운영된다. 프로그램, 직원, 보호자와 아동의 비율을 기준에 맞추어서 하도록 정부의 규제를 받으므로 최소수준의 보육의 질을 기대할 수 있어 학부모들이 선호하는 보육유형이다.

2) 비영리단체 운영 보육 : 법인어린이집

비영리기관의 보조금 지원을 받는 보육으로 대학이나 사립학교에 의해 운영되는 것은 중 · 상류 중심으로 비용이 비싸고 질이 높은 반면, 복지기관이나 종교단체 등의 사회적 봉사기관에 의해 운영되는 것은 저소득층이나 장애아를 포함하여 싼 비용으로 시행된다.

독특한 비영리 보육기관으로 부모협동 프로그램을 들 수 있다. 하루 중 일부만 운영하며 전문적인 유아교육교사와 부모들이 함께 아동을 돌보는 형태이다.

3) 대학 및 연구소

이 유형의 보육은 보통 대학교나 연구기관 내에 있으며, 보통 그 학교나 연구기관으로부터 부분적으로 재정 지원을 받는다. 등록은 재학생이나 교직원 자녀에게 우선권이 있고, 남은 자리가 있을 때 그 지역의 아동을 받으며, 수업시간에 부모 참여를 요구하는 경우가 종종 있다.

보통 학교마다 자기 대학 또는 연구소 나름의 교육과정(최근의 이론과 기술이 적용된 프로그램)을 개발하여 보육을 제공하며 관련학과 학생들의 실습장으로도 제공되며, 선진국의 경우 결혼한 학생들을 위해 대학에서 마련해 주는 보육시설도 있다.

4) 개인 : 민간어린이집

개인의 영리를 목적으로 운영하는 보육의 형태로서 보육료, 프로그램, 직원, 직원 대 아동의 비율, 시설, 설비 등이 매우 다양하다. 보육의 질과 보육비용은 비례하게 됨으로써 시설끼리 연합하여 운영하면 적은 비용으로 비교적 높은 질의 보육서비스를 제공할 수 있다. 그러나 대부분의 개인이 운영하는 보육시설은 국가의 지원과 보조 없이 낮은 보육료로 운영해야 하는 어려움이 있다.

5) 직장 : 직장어린이집

직장보육서비스는 여성의 경제활동 참가에 있어 가장 큰 당면문제인 자녀보육에 있어 이들을 고용하는 사업주가 자녀보육에 필요한 각종 서비스를 제공하는 것을 말한다. 회사나 공장, 병원, 노동조합 등에서 근로자 복지의 일환으로 운영하는 경우로 특히 여성근로자의 고용 증대와 생산성 향상을 도모하기 위한 수단이 된다. 궁극적으로는 회사, 공장, 병원, 대학교, 노동조합이 조합원을 위한 복지정책의 하나로 제공하는 보육서비스이다.

영유아보육법시행령(제14조 제1행)은 '대통령령이 정하는 일정규모 이상의 사업장의 사업주는 직장보육시설을 설치하여야 한다.'라고 직장보육시설을 의무화해 놓고 있다.

직장보육은 부모에게 아동의 보호에 대한 심리적 안정을 제공하고 휴식시간에 아이를 돌보는 것을 허용한다. 이러한 이점은 회사에 대한 직원들의 충성심을 높이고 작업습관을 개선하고 고의적인 결근을 줄인다는 사실이 입증되었다. 그리고 기업 이미지에는 긍정적이다. 기업이 직접 어린이집을 운영할 수도 있고 기부 형식으로 간접적으로 시설을 지원할 수도 있으며, 기존 시설에 보육서비스를 위탁할 수도 있다.

회사는 보통 직원들의 복지 차원에서 노동인력 확보와 유지, 생산성 향상을 위해 보육비용을 전담하거나 또는 부분적으로 지원하기도 한다. 훌륭하고 전문적인 교사와 직원들을 채용하고 좋은 시설을 갖출 수 있는 자금이 있기 때문에 양질의 보육을 제공할 수 있다. 그러나 아이를 데리고 출 · 퇴근하는 것이 직장과의 거리나 교통혼잡 등으로 번거로운 경우 출 · 퇴근 시간이 고정적이지 않거나 외근이 잦은 경우에는 직장보육 시설을 이용하기 불편하다.

표 6-2 직장보육의 장 · 단점

장 점	• 격리불안을 덜 느끼게 되어 아이가 정서적으로 안정이 된다. • 부모도 아이와 가까이 있어 심리적 안정감을 느낀다. • 부모의 업무 효율감을 높인다. • 출퇴근 시 다른 곳에 아이를 맡기는 번거로움이 없다. • 직장의 홍보 효과 및 대외 이미지가 증진된다. • 보육료 지원으로 직원의 경제적 부담감이 줄어든다. • 직장에 대한 만족도가 증가한다.

단 점	• 부모 출퇴근시간에 맞춰 아이와 함께 이동하는 일이 어렵다. • 부모의 근무시간 내내 보육시설에 있어야 하므로 아이가 힘들다. • 직장환경이 보육에 적합하지 않을 수 있다. • 집과 보육기관의 거리가 멀다. • 사업주가 심리적, 재정적 부담감을 느낀다.

6) 부모협동어린이집

부모협동보육이란 부모들이 민간 보육서비스의 비용이 높아 적정한 비용의 질 높은 서비스를 부모의 공동노력으로 운영하고자 하는 보육서비스의 하나이다. 보육기관시설의 일부를 소유하게 되면, 운영하고 가르치기 위해 전문적인 교사 및 교직원을 채용한다. 부모들은 자원봉사자로 종사하며 관리에 대해서도 책임을 진다. 가령 아파트 단지에 있는 아동보육시설을 아파트 주민의 공동 소유로 하여 주민 대표들이 이 시설을 관리하며 보육 프로그램을 실시하는 것을 들 수 있다.

부모협력보육은 비영리적으로, 보육비와 기금모금운동 등이 유일한 자금의 근원이다. 부모들은 정규적인 스케줄에 따라 교사에 대한 협력자로서 봉사해야 한다. 이것은 낮은 경비를 유지하도록 돕고, 부모들이 아동의 교육에 적극적으로 참여하게 한다. 또한 부모들이 기관의 기본 이념과 목표에 직접적으로 참여토록 하고, 부모됨의 기술, 응급처치 및 인공호흡 등을 포함한 부모교육을 중요하게 본다.

4 보육시간에 따른 유형

1) 종일제 보육서비스

종일제 보육서비스는 우리나라에서 보육서비스를 제공하는 시설유형 가운데에서 가장 보편화된 경우이다. 주6일, 평일에는 12시간 이상, 또는 24시간 이하로 해당 시설의 보육대상과 고객의 요구사항에 맞춰서 탄력적으로 운영되며, 평일은 오전

7시 30분에서 오후 7시 30분까지, 토요일은 오전 7시 30분에서 오후 3시 30분까지 보육서비스가 제공되는 경우가 가장 많다.

주로 맞벌이가정에서 많이 이용하는 보육서비스시설로서 해당 지역의 상황과 환경에 따라서 탄력적으로 보육시간을 제공하며, 장시간에 걸쳐 정기적으로 아이들을 보육하기 때문에 부모의 입장에서 제일 필요로 하는 서비스를 제공하는 기관이다. 대개의 경우 12시간을 기준으로 보육서비스가 제공된다는 점에서 일 8시간 근로를 하는 일반적인 직장여성에게는 가장 적합한 형태의 보육서비스 제공 시설이다. 하지만 종일제로 일하거나 야간에 근무를 해야 하는 직업활동 형태를 가진 여성에게 있어서는 큰 효용성이 없는 보육서비스시설이다.

종일제 보육서비스시설은 보육서비스에 가장 많은 기여를 하였다. 보편적 보육서비스복지라는 개념에는 부합하지만 차상위계층이나 주6일 이상 또는 야간에 근로활동을 해야 하는 저소득층에게 제대로 된 서비스를 제공하지 못한다는 점에서 많은 비판을 받고 있으며, 대다수의 보육서비스시설이 이러한 형태로 운영되기 때문에 보육서비스 제공시간의 확대라는 측면에서 개선에 대한 의견들이 많이 나오고 있다.

2) 반일제 보육서비스

반일제 보육서비스는 하루에 6시간 이내의 보육서비스 시간을 제공하는 경우를 말한다. 현실적으로 대부분의 보육서비스시설이 종일제로 운영되기 때문에 반일제 보육서비스시설을 찾는 것은 쉽지 않다. 하지만 대규모 주거단지나 아파트단지의 경우에는 아이들을 반일만 위탁하는 것으로 원하는 경우가 많아 이러한 지역에서는 반일제 보육서비스를 제공하고 있다.

반일제 보육서비스를 제공하는 보육시설은 반일이나 또는 몇 시간만 영유아를 보호하기 때문에 나름대로의 특화된 서비스를 가지고 있다. 대부분의 경우 오전반과 오후반으로 나누어 보육서비스를 제공하고 있으며, 종일제와 반일제를 시스템을 동시에 운영하는 경우도 많다. 반일제 보육서비스시설은 오후 2시를 기준으로 하여 그 이전에 보육되는 아동들을 오전반 편제로 그 이후에 보육되는 아동들을 오후반으로 나누어 관리하는 경우가 많다.

반일제 보육서비스는 아이들의 보호보다는 교육에 중심을 두는 경우가 많다. 종일제의 경우에는 아이들이 건전하고 안전하게 지낼 수 있는 생활의 터전이라는 개념이 강하지만 반일제는 오히려 집중적인 교육이라는 개념이 강하기 때문에 상대적으로 종일제에 비해서 다양하고 특화된 교육 프로그램을 적용하는 경우가 많으며, 특히 영어를 중심으로 프로그램을 진행하는 보육서비스시설이 많은 실정이다.

3) 24시간 보육서비스

24시간 보육서비스는 야간 및 심야시간대까지도 서비스를 제공하는 시설을 말한다. 보통 오후 6~7시경에 보육서비스의 제공이 종료되는 보육서비스시설과는 다르게 고객인 부모들의 요구사항에 맞춰서 야간 및 심야, 새벽까지도 보육서비스를 제공하는 보육서비스시설이다. 저소득층 가정의 부모들이 근무시간이 늘어나고 철야근무 및 24시간 격일제 근무를 하는 형태가 많아지면서 24시간 보육서비스시설의 확대가 사회 전반적으로 필요성이 급증하고 있는 실정이다. 보통의 경우 월요일 오전 7시 30분경부터 보육서비스를 제공하기 시작해서 토요일 오후 3시 30분까지 24시간 보육서비스를 제공한다. 주말근무나 일요일 근무를 해야 하는 경우도 많아지면서 아예 명절을 제외한 24시간 전일제 보육서비스를 제공하는 시설형태도 나타나고 있다. 이는 보육서비스를 절실하게 필요로 하는 맞벌이부부에게 좋은 평가받기 때문이다.

경제적 상황으로 인해 여의치 않은 경우에는 주말까지도 보육과 보호를 담당한다. 야간에 잠을 자는 경우가 많기 때문에 아동의 건강관리 및 수면습관, 급양까지도 거의 전적으로 책임지며, 독서지도나 컴퓨터교육, 학교의 과제 및 숙제 등과 같은 가정에서 이뤄지는 저녁시간대의 부모활동도 도맡아 담당한다.

상대적으로 많은 수의 보육교사가 필요하며, 야간관리자도 필요하다는 점에서 일반적인 보육서비스시설보다 운영 및 유지경비가 많이 들어간다. 따라서 상당수의 민영보육서비스시설은 이와 같은 24시간제를 피하고 있으며, 중앙정부나 지방자치단체가 적극적으로 예산지원이 가능한 경우에 국한하여 24시간 보육서비스시설의 운영이 가능한 실정이다.

4) 시간제 보육서비스

시간제 보육서비스는 시간에 구애받지 않고 운영시간 내에 아동을 맡아주는 시설을 의미한다. 항시 개방되어 있는 시간 안에서 아이들을 위탁받기 때문에 주로 단시간 아동위탁이 필요한 부모들이 많은 지역에 위치하고 있다. 대표적으로 백화점이나 쇼핑센터, 대형마트 및 극장 등의 보육서비스시설을 들 수가 있는데, 해당 시설이 직접 설치하여 운영하는 경우가 대부분이다. 이는 해당 업체나 시설을 찾는 고객들의 편의(便宜)를 위한 것으로서 상당한 서비스 만족효과를 보이고 있다. 쇼핑시설과 같은 상업시설 이외에도 최근에는 대형병원이나 호텔, 휴양시설, 공공기관 등에서도 운영하는 경우가 많으며, 보육료는 이용자에 대해서는 무료이거나 또는 시간단위로 실비를 받는 형태를 띠고 있다.

시간제 보육서비스시설이 증가하는 것은 고객들의 편의를 적극적으로 배려함으로써 그에 따르는 고객유인과 고객유치, 해당 시설의 서비스에 대한 재구매의도를 높이기 위함이며, 아울러 기업이나 해당 기관의 이미지를 제고하고자 하는 목적도 가지고 있다.

최근에는 시설 내 보육의 개념을 벗어나서 시간제로 보육교사를 파견하는 인력파견형태의 전문업체도 나타나고 있다. 이들 업체는 사전에 예약된 가정에 파견보육교사를 파견하여 시간제로 아이들을 돌보는 기능을 제공한다. 역시 마찬가지로 비용은 시간단위로 받고 있으며, 단골고객이나 예약고객에 대해서는 시간제 보육료를 할인해주는 마케팅기법도 활용하고 있다. 향후 국가에서 보육교사의 시간제 가정파견서비스에 대해 국비지원을 확대할 경우 이러한 형태의 서비스를 제공하는 기업과 보육기관도 늘어날 전망이다.

5) 시간연장형 보육서비스

시간연장형 보육서비스는 기준보육시간이라 할 수 있는 오전 7시 30분부터 오후 7시 30분까지의 시간을 초과하여 오후 9시 이후까지 연장보육을 실시하는 경우를 의미한다. 시간연장형 보육서비스도 질적 수준을 높이고 고객이 필요로 하는 보육서비스를 적극적으로 제공하고자 하는 차원에서 진행되는 프로그램으로서 일부 필요로 하는 지역이나 부모를 대상으로 하여 많은 호응을 얻고 있는 실정이다.

시간연장형 보육서비스시설은 보육시설장의 의사결정과 이러한 시간연장형 서비스를 원하는 학부모들의 욕구가 상호 잘 맞아 떨어져야 가능한 서비스이다.

더욱이 야간시간대에 아동들을 대상으로 하여 초과시간분의 보육지원을 해야 하는 교사들이 충원되어야 한다는 전제조건을 가지고 있기 때문에 생각보다 쉬운 보육서비스 유형은 아니다. 시간연장형 보육서비스를 제공하기 위해서는 우선적으로 보호자 및 학부모 간의 연락체계가 제대로 정비되어 있어야만 한다. 이는 야간시간대의 보호 및 교육이 그만큼 어려운 일이기 때문이며, 특히 보육서비스시설과 부모 사이의 긴밀한 유대관계와 신뢰의 강한 수립이 선행되어 있어야 한다.

일부 보육학자들은 시간연장형 보육서비스를 모든 보육시설을 대상으로 하여 의무화해야 한다고 주장한다. 하지만 이러한 의무화 이전에 국가의 재정적 지원과 함께 사고발생 시 보상에 대한 명확화, 추가보육시간의 부가가치적 비용산정 등이 제도적으로 정비되어 있어야만 가능한 사안이라고 판단된다.

6) 방과후 보육서비스

자기보호 아동의 급증은 우리 사회의 보육문제 가운데 중요한 화두(話頭)로 등장하고 있다. 열쇠아동으로도 불리는 자기보호 아동은 부모님의 보호가능시간대가 제대로 맞지 않아서 방과 후에 부모나 보호자의 감독없이 혼자 지내야만 하는 아동들을 의미한다. 고도의 산업화와 맞벌이의 보편화로 인해서 이제는 이러한 열쇠아동이나 자기보호 아동을 주변에서 쉽게 찾아볼 수 있는 상황이 되었으며, 이들을 대상으로 한 별도의 보호 및 보육서비스의 마련이 시급한 실정이다.

자기보호 아동들은 부모의 지원과 보호자의 감독이 없다는 점에서 쉽게 비행이나 일탈에 빠질 수 있다는 위험성이 있으며, 이와 함께 심리적 불안정과 사회적인 폐쇄성, 대인기피, 건강상태의 저하 등과 같은 여러가지 문제점을 동시에 경험하고 있다. 이들을 대상으로 하여 국가나 민간이 나서서 부모와 만날 시간 때까지 보호하여 주는 서비스 전체를 방과후 보육서비스라고 하며, 이와 같은 서비스를 제공하는 기관을 보육서비스시설이라고 부른다.

부모로부터 보호를 제대로 받지 못하는 자기보호 아동은 불량한 환경이나 비행적, 범죄적 환경에 쉽게 노출이 되며, 과도한 TV시청이나 인터넷 사용, PC방 출입의 상습화로 인해 생활습관이나 학습태도, 건강 및 영양상태가 나빠지는 경우가 많이 발생하고 있다. 혼자 또는 비슷한 처지의 아동들과 같이 어울리는 과정에서 범죄피해자가 될 수도 있으며, 반대로 가해자가 됨으로 인해 형사적 처벌이나 소년보호처분을 받는 경우까지 발생한다.

방과후 보육서비스시설은 유치원생이나 보육원생이 아닌 초등학교 학생들을 대상으로 한 보육시설이다. 학교에서 수업이 끝나면 바로 방과후 보육서비스시설로 들어와서 부모 또는 보호자에게 인계되기 전까지 숙제나 휴식 및 여가활동을 즐기게 된다. 방과후 보육서비스는 앞으로 크게 확대될 수밖에 없는 보육서비스의 유형으로서 학교와 가정 사이에 발생하는 여유시간대의 문제를 우리 사회가 나서서 해결해준다는데 중요한 의미를 둘 수 있다. 또한 이들이 청소년이 된 이후에 비행이나 약물남용, 성, 범죄, 학업포기 등의 문제로부터 자유로울 수 있도록 하기 위한 조치라는 점에서 국민적으로 많은 지지를 받고 있다. 다만 이에 대한 규정이 모호한 부분이 많고 전문적으로 이러한 업무를 담당하는 시설이 보육시설이나 유치원과 같이 많이 확충되어 있지 못하다는 점이 한계로 작용하고 있다. 하지만 국가가 전폭적으로 나서서 방과후 보육서비스시설의 확충을 위해 노력하고자 하기 때문에 이 역시도 어느 정도의 시간이 가면 제대로 자리를 잡아갈 것으로 전망된다.

7) 휴일제, 계절제 보육서비스

휴일제 보육서비스시설이란 공휴일에만 운영되는 보육형태를 의미한다. 특징적인 부분은 교회나 사찰, 성당에서 운영하는 종교보육시설이 여기에 해당한다는 점이다. 대부분의 종교집회가 공휴일에 있기 때문에 영유아나 초등학생을 대상으로 하여 임시적으로 보육을 담당하는 경우가 휴일제 보육시설이다. 휴일제 보육시설은 부모님이 쉬는 날에도 일을 해야만 하는 경우와 급한 일로 인해서 아이를 맡길 곳이 마땅하지 않는 부모를 대상으로 하여 공적 지원 차원에서 이뤄진다.

계절제 보육서비스시설은 계절에 따라서 보육서비스를 기간적으로 제한하여 제공하는 경우를 말한다. 우리나라에서는 농업을 위한 계절제 보육서비스시설이 오래전부터 설치되어 운영되었는데, 농촌기본법에는 여성 농업인의 육성과 자활의 지원을 위해, 그리고 여성발전기본법에서는 농번기에 여성들이 마음 놓고 농업활동을 직접 하거나 또는 지원할 수 있도록 하기 위해 여성농업인센터를 설치 운영하고 있다. 이 센터는 기본적으로 여성농업과 관련한 지원업무를 하지만 농번기에는 별도의 임시 보육시설을 설치하여 운영하고 있다.

계절제 보육서비스시설은 농업분야 이외에도 레저분야에서 많이 활용되고 있다. 대표적인 경우가 스키장이나 콘도에서 운영하는 겨울보육서비스시설과 해운대나

경포대와 같은 여름 휴양지에서 지원하는 여름보육서비스시설을 들 수 있다. 대부분의 경우 관광지에 설치되며, 많은 수의 가족들이 휴양과 레저를 위해 몰리기 때문에 대규모의 위탁보호시설 형식을 띤다. 아울러 유기아동이나 부모를 잃어버린 아동들의 임시보호소 역할도 하고 있어서 다목적 보육서비스시설의 형태를 갖추었다고 보는 것이 옳을 것이다.

5 보육목적에 따른 유형

1) 영아보육서비스

영아보육전담시설은 만 2세 미만의 영아를 중점적으로 보육하는 보육서비스시설을 의미한다. 대부분의 보육시설은 만 5세까지도 나이에 대한 구분을 가리지 않고 보육서비스를 제공하는 경우가 많은데, 영아전담 보육서비스시설은 주로 만24개월 미만의 영아들을 수용하고 이들을 상대로 보육서비스를 제공하고 있다. 물론 전원을 만 24개월 미만의 영아로 구성하기는 어렵기 때문에 만 24개월에서 36개월 사이의 영아반을 별도로 구성하여 운영하고 있다.

반편성은 영아를 기준으로 해야 하지만 예외적인 경우에 한하여 정원의 30% 이내로 융통성을 두어 형제자매가 동시에 이용할 경우에는 가능하도록 하고 있다. 만약 형제나 자매가 동시에 다니는 인원이 10명 미만인 경우에는 만 24개월 미만의 아동들만으로 구성된 반과 혼합하여 운영할 수 있는 예외도 인정하고 있다. 영아전담 보육서비스시설에서 교사의 배치에 관한 규정은 국공립어린이집의 시설운영기준을 준용하도록 한다.

국공립 영아전담보육서비스시설과 사회복지법인이 운영하는 비영리 영아전담보육서비스시설이 인원이 부족하여 경영상의 어려움을 겪는 경우를 미연에 방지하기 위해서 이러한 상황에 적용되는 시설에 제한적으로 전체 인원의 30% 범위 안에서 영아반을 별도 편성하여 운영할 수 있도록 하고 있다. 이는 최근 들어 출산율 저하로 인해 영아들의 확보가 어려운 보육서비스시설이 많아지고 있기 때문이다.

2) 유아보육서비스

만 36개월 이상에서 취학전 아동을 보육하는 시설을 유아보육서비스시설이라고 부른다. 이들 시설은 가장 많은 수의 유아를 보육하는 구분적 개념이며, 학교에 다니기 이전에 지능적, 정서적 발달이 급격하게 이뤄진다는 점에서 집중적인 보육과 교육을 진행해야 한다. 활발한 인지발달과 지적, 언어적 발달이 이 시기에 진행되기 때문에 사회성과 대인접촉성을 키우기 위한 여러 가지 프로그램을 시행하고 있으며, 초등학교 진학 후에 적극적인 교육태도를 갖추도록 하기 위한 여러 선행학습도 진행한다.

유아보육서비스시설에서 제공하는 교육서비스의 핵심은 발달과 보호이다. 아동들이 건전하게 성장하고 문제적 상황에서부터 자유로울 수 있도록 하기 위해서 유아보육서비스시설은 보호적인 기능을 강력하게 수행하며, 이와 함께 교육발달적인 입장에서 언어와 정서, 인지, 사회, 신체와 같은 발달 영역 전 분야에서 빠른 성장이 진행될 수 있도록 유기적이면서도 통합적인 교육 프로그램을 제공한다.

영아기에 배운 내용들과 유아기에 배우는 내용들이 분명히 차이점을 가지고 있고, 이러한 차이점을 인정하는 가운데에서 유아들을 위해 특화된 프로그램을 제공하기 때문에 영아보육서비스시설과 유아보육서비스시설을 별도로 구분하는 것이다.

3) 방과후 보육서비스

초등학생을 대상으로 등교 전과 하교 후에 실시되는 보육으로써, 저소득층 가족의 아동들을 위해 공부방의 형태를 띠며 시작된 것으로 공공시설 및 민간단체에 의해 운영되고 있다. 일반적으로 초등학교 아동을 대상으로 학교에서 수업을 마친 후 부모와 만날 때까지 아동과 그 가족을 위해 의도적으로 제공되는 보육서비스로 맞벌이 부부의 자녀나 방과 후 보호가 필요한 초등학교 저학년 아동을 대상으로 학습지도, 특기교육, 인성교육 및 보육활동을 한다. 이는 아동이 보호를 받아야 한다는 복지적 입장과 청소년 범죄를 예방한다는 차원에서 강조되고 있다. 숙제 지도 및 다양한 활동을 계획 및 실행함으로 가정과 같은 분위기 환경을 제공한다.

4) 장애아동 전담보육서비스

장애아 전담보육서비스시설은 장애인복지법의 규정에 따라서 별도의 특성화된 보육서비스를 제공하는 시설을 뜻한다. 장애인복지법의 제29조 조항에는 장애인으로 등록된 영아 및 유아를 대상으로 하여 이들만을 위한 보육서비스를 제공하도록 강제하고 있다. 국공립 및 민영의 구분을 두고 있지 않으며 18명 이상의 장애인 영유아에게 보육서비스를 제공하는 시설은 장애아 전담보육서비스시설로 지정하여 국가에서 지원을 하고 있다.

장애아 전담보육서비스시설은 일반적인 영유아 보육서비스시설과는 다르게 연령의 상한선이 높다. 지능적으로나 신체적으로 어려운 경우가 많기 때문인데 장애의 정도에 따라서 만 12세까지도 서비스시설에 다닐 수 있도록 하고 있다. 장애아 전담보육서비스시설은 국가에서 교사에 대한 인건비를 국비로 지원하고 있다. 이는 일반적인 영유아보육서비스시설과는 다르게 장애인을 국가에서 보호해야 한다는 국친사상이 강하게 작용한 정책으로 볼 수 있다. 장애아들이 건전한 사회구성원으로 육성되기 위해서 이들의 교육을 국가에서 책임져야 하며, 이를 위해 비록 민영시설이라 하더라도 장애인 영유아를 대상으로 전문화된 서비스를 제공하고 장애아 전담보육서비스시설인 경우에는 교사의 인건비 부분을 국가가 담당하며 적극적인 지원을 하고 있다.

5) 장애아동 통합보육서비스

장애를 가지고 있지 않은 일반 영유아와 장애를 가지고 있는 영유아를 같은 시설에서 함께 보육하는 형태를 말한다. 이러한 통합교육은 특수아는 물론 일반아동에게도 많은 장점을 주기 때문에 최근 강조되고 있는 보육형태라고 할 수 있다.

이상과 같이 보육시간에 따른 보육의 유형(7가지)과 보육목적에 따른 유형(5가지)를 살펴보았다. 보육시간을 기준으로 하면, 종일제 보육, 반일제 보육, 24시간 보육, 시간제 보육, 시간연장형 보육, 방과후 보육, 휴일제 · 계절 보육 등으로 나뉜다. 보육대상에 따른 기준을 따르면, 영아보유시설, 유아보육시설, 방과후 보육시설, 장애아 전담보육시설, 장애아 통합보육시설 등으로 나뉜다.

보육서비스시설에 대한 이와 같은 분류는 보육서비스의 전문화와 집중화, 체계화와 함께 보육서비스 전달의 효과성과 효율성을 높이기 위함이다. 단순하게 통합적으로 획일화하여 보육서비스시설을 운영하는 경우에 그 효과를 제대로 볼 수 없을 뿐만 아니라 오히려 영유아들의 성장과 교육, 건강 등에 악영향을 미칠 수 있기 때문이다. 향후 특화된 보육서비스시설의 분류가 더 많아질 것으로 전망되며, 특히 조부모가정이나 홀부모가정 등의 영유아를 대상으로 하는 별도의 구분화 된 보육서비스시설의 설립도 가능해질 것이다.

CHAPTER

07

보육의 제도와 정책의 이해

1. 영유아보육법의 이해
2. 보육정책의 이해
3. 보육정책 증대의 배경
4. 보육정책의 과제와 전망

1 영유아보육법의 이해

1) 영유아보육법의 개념

영유아보육법은 보호자를 통해 양육과 보호를 받아야만 살아갈 수 있는 영유아를 대상으로 하는 법으로 '영유아의 심신을 보호하고 건전하게 교육하여 건강한 사회 구성원으로 육성함과 아울러 보호자의 경제적 · 사회적 활동이 원활하게 이루어지도록 함으로써 가정 복지 증진에 이바지함을 목적으로 한다.'고 명시되어 있는 대한민국의 법률 가운데 하나이다.

이처럼 영유아들의 심신의 안정과 올바른 성장 · 발달을 도모하고자 제정된 바 있는 영유아보육법은 국가와 지방자치단체를 포함한 공공기관과 더불어 모든 국민들이 영유아들을 보다 건전하고 건강하게 보호하고 교육할 책임이 있다는 전제하에 규정된 법률이라는 의미를 내포하고 있다. 이와 같이 영유아보육법은 영유아들을 대상으로 하는 보호와 교육의 중요성을 강조하는 동시에 국가의 미래 경쟁력이 될 수 있는 영유아들의 안전한 성장을 위한 보호 및 사회에 유익을 끼칠 수 있는 능력 있는 사회구성원으로 양육할 책임이 영유아의 가족에게만 있는 것이 아니라 국가, 사회단체 등에도 있다는 사실을 사회적으로 인식시키고자 하는 법률이라는 개념을 내포하고 있다.

따라서 영유아보육법의 개념에는 국민의 한 계층에 속하면서 아직은 심신이 연약하기 때문에 반드시 성인의 도움을 필요로 하는 약자계층인 동시에 성장단계에 있는 영유아들의 보육의 중요성을 강조하는 법률이라는 의미가 내포되어 있다. 또한 국가의 성장 동력이라 할 수 있는 영유아들의 올바른 보육에 대해서 국가가 적극적으로 개입하여 사회적, 제도적인 차원에서는 물론, 사회복지적인 차원에서 체계적, 효율적으로 실행에 옮기고자 하는 정책적 전략이라 할 수 있다.

이와 같이 전 국민의 삶의 질을 향상시킴으로써 보다 살기 좋은 사회를 만들고 전 계층의 사회통합을 이루기 위한 목적을 가지고 실행되고 있는 사회복지정책의

한 일환으로서 국가 정책적으로 추진되고 있는 영유아보육법은 갈수록 치열해지고 있는 글로벌 경쟁의 시대적 흐름에 합리적으로 대처하기 위한 하나의 정책적 수단이기도 하다. 즉, 인재경쟁으로 치닫고 있는 창조시대인 21세기의 세계화 사회 속에서 경쟁력의 우위를 차지하고 지속적인 국가발전 및 생존을 이루어나가기 위해서는 미래의 자산인 영유아들을 보다 건전하고 올바르게 육성할 수 있어야 한다는 취지를 인식한 결과라 할 수 있다.

2) 영유아보육법의 특징

영유아보육법의 가장 큰 특징은 올바른 발달을 이루어나가야 하는 영유아들을 대상으로 하여 국가적 차원에서 보육에 관련된 복지서비스를 제공함으로써 국가의 모든 영유아들에게 교육의 기회균등을 실현하고자 하는 것이다. 즉, 사회복지정책의 한 일환으로써 실행되고 있는 영유아보육법은 국가의 모든 영유아들에게 그들 부모의 경제적, 사회적 지위나 능력 등에 상관없이 균등한 보육의 기회를 제공하고자 하는 것이다. 이를 통해 궁극적으로 모든 영유아들이 보다 건전하게 성장하고 발달할 수 있는 보육환경을 제공하여 국가의 미래를 책임질 수 있는 창조적인 인재로 성장시키고자 하는 것이 영유아보육법의 가장 중요한 특징이다.

이러한 영유아보육법의 특징을 보다 효율적으로 이루어나가기 위해서 국가는 영유아 보육에 관한 사업의 기획 및 조사, 정책실시 등에 관하여 필요한 사항을 심의하는 기관으로 보건복지부에 중앙보육정책위원회를 두어 진행하고 있다. 이와 함께 각 특별시 · 광역시 · 도 및 시 · 군 · 구 등에도 영유아들의 보육과 관련된 법률을 정책적, 체계적으로 실행해 나갈 수 있도록 지방보육정책위원회를 두도록 규정하고 있다. 또한 영유아들의 보호와 교육에 관련된 제반 정보제공 및 상담을 위해 중앙육아종합지원센터와 지방육아종합지원센터 등을 각각 설치하여 운영하고 있다. 뿐만 아니라 영유아들을 그들의 보호자로부터 위탁받아 직접적으로 보육하게 되는 기관으로, 국 · 공립어린이집, 사회복지법인어린이집, 법인단체와 연계되어 있는 다양한 어린이집, 직장어린이집, 가정어린이집, 부모협동어린이집, 민간어린이집 등으로 구분하여 규정한 바 있다.

이와 함께 영유아들의 보육을 책임지는 어린이집이 갖추어야 할 설치기준 등 기타 필요한 사항과 보육교직원의 자격 등에 관한 규정을 정하고 있는 것은 물론, 어린이집의 운영에 관한 사항, 영유아의 보육에 필요한 비용의 부담과 보조, 세제지원, 어린이집에 대한 지도 및 감독에 관한 사항 등까지를 법률적으로 규정하고 있는 것도 영유아보육법의 한 특징이다.

이처럼 영유아들의 효율적인 보육을 위한 세부적인 사항들을 법률적으로 규정하고 있는 영유아보육법은 총9장 전문56조와 부칙 등으로 이루어져 있으며, 하위법령에 영유아보육법시행령과 시행규칙 등이 존재한다.

3) 영유아보육법의 제정취지

영유아보육법은 민간단체들의 노력에 힘입어 개정이 이루어졌다. 민간단체들이 말하는 보육법의 문제는 여러 가지가 있었다. 그 중 제1조 막연한 목적성에 대한 문제는 "보호자가 근로 또는 질병 기타 사정으로 인하여 아동을 보육하기 어려운 경우"라는 한정된 범위는 여성이 사회참여가 활발해지고 있는 현대사회를 고려했을 때 영유아보육법은 개정되어야 한다고 목소리를 높였다. 또한 제3조에서는 영유아보육법은 보육요구가 있는 부모와 아동의 권리보장이라는 기본철학을 바탕으로 출발한 것이 아니라 국가 주체의 온정주의적 시책으로 펴나가는 바탕가치를 두고 있어서 복지권의 개념인 법의 의해 존중되는 선택이 보육서비스 이용자에게 보장되어 있지 않다는 것이었다. 마지막으로 제15조의 보육시설의 운영에 대해서는 양육의 상품화라는 문제가 대두되었다. 이에 대해 민간단체들의 노력으로 보육의 목적을 확대하고 이념조항을 신설하여 보편성의 원칙추구, 영유아 및 아동의 이익존중 및 차별금지 또한 보육의 대상을 확대하도록 개정하였다.

이는 여성의 사회참여 확대, 가족구조의 변화 등으로 인해 영유아 보육에 대한 수요가 증가함에 따라 보육시설 종사자의 자격기준을 강화하고 영유아 보육시설 설치 · 운영을 종전 신고제에서 인가제로 전환하는 등 영유아 보육에 대한 공공성을 강화하도록 하는 한편, 영유아 보육제도의 운영상 나타난 문제점들을 개선하려는 취지에서 마련된 것이다.

4) 영유아보육법 개정안의 특징

(1) 보육시설 설치, 신고제에서 인가제로

개정되는 영유아보육법에서는 말 그대로 그동안은 자격요건을 갖춰 신고만 하면 허가해 줬지만 현재는 심사를 거쳐 허가를 받아야 한다. 이러한 사항은 보육시설의 설치기준이 강화돼 보육서비스를 받는 영유아가 쾌적한 환경에서 서비스를 받을 수 있도록 하기 위한 것이다.

(2) 기존 보육시설에 대한 평가인증제의 실시

평가인증제는 시설들에 대한 최저 기준을 마련해 통과하지 못하면 인증해 주지 않는 제도를 말한다. 전국 2만 5,000개 시설을 한번에 평가하지는 못하므로 3년마다 설치하며, 보육시설에 대한 평가인증을 통해 보육시설이 자율적인 서비스 개선을 할 수 있도록 해 보육서비스의 질적 수준을 높이도록 하고 있다.

(3) 보육교사에 대한 '국가공인자격증' 부여

보육교사의 등급을 3등분으로 세분화하고, '국가공인자격증'을 부여해 교사의 자격에 대한 체계적인 관리가 가능하도록 하고 교사의 질적 수준을 향상시킨다는 계획이다. 현행 보육교사는 3급으로 자격이 세분화되어 있다. 현재 유치원 교사의 67%(국공립 보육시설의 경우) 정도인 보육교사의 보수도 점차 높여 처우를 개선할 예정에 있다.

(4) 장애인과 저소득층 자녀들의 보육서비스의 우선화

취약보육을 활성화하기 위해 국공립 및 법인 보육시설과 기타 대통령령이 정하는 보육시설 등 정부지원 보육시설에 영아 · 장애아 등에 대한 보육을 우선적으로 실시한다. 또한 저소득층 자녀가 우선적으로 보육서비스를 받을 수 있도록 국공립 및 법인 보육시설과 기타 대통령령이 정하는 보육시설은 국민기초생활보장법에 의한 수급자 등 저소득층 자녀가 우선적으로 이용할 수 있도록 되었다.

(5) 직장보육시설 설치의 활성화

직장보육시설설치 의무화사업장에 대해서는 지역의 보육시설과 위탁계약을 체결할 수 있도록 해 기업이 직접 보육시설을 설치해야 하는 부담을 줄이면서도 직장보육시설의 설치를 더욱 쉽게 했다. 이를 위해 영유아보육법 하위법령에 설치의무 사업장 규모를 현행 여성근로자 300인 이상 사업장에서는 남녀 근로자 300인 이상으로 조정해 직장보육시설 설치를 활성화하기로 했다.

(6) 보육시설의 위법, 과실, 교육 불이행에 대한 처벌 강화

보육시설의 장과 보육교사가 제대로 된 보육서비스를 제공하도록 하기 위해 이들의 위법, 과실, 교육 불이행에 대한 처벌을 강화하여 강제성을 띠도록 하였다.

5) 영유아보육법의 주요 내용

(1) 어린이집 설치

영유아보육법에 근거한 어린이집의 종류에는 국가나 지방자치단체가 설치 · 운영하는 어린이집인 국공립어린이집, 「사회복지사업법」에 따른 사회복지법인이 설치 · 운영하는 어린이집인 사회복지법인어린이집이 있다. 또한 비영리법인이나 단체 등이 설치 · 운영하는 어린이집으로서 대통령령으로 정하는 법인 · 단체 등의 어린이집, 사업주가 사업장의 근로자를 위하여 설치 · 운영하는 어린이집과 국가나 지방자치단체의 장이 소속 공무원을 위하여 설치 · 운영하는 어린이집을 포함하는 직장어린이집이 있다. 그 외에 개인이 가정이나 그에 준하는 곳에 설치 · 운영하는 어린이집인 가정어린이집, 보호자들이 조합을 결성하여 설치 · 운영하는 어린이집인 부모협동어린이집, 제1호부터 제6호까지의 규정에 해당하지 아니하는 어린이집인 민간어린이집 등이 있다.

어린이집 또는 어린이집용지 확보를 통해 어린이집을 설치하기 위해서는 시 · 도지사, 시장 · 군수 · 구청장은 「도시개발법」, 「도시 및 주거환경정비법」, 「택지개발촉진법」, 「산업입지 및 개발에 관한 법률」 및 「공공주택건설 등에 관한 특별법」 등에 따라 시행하는 개발 · 정비 · 조성사업 등에 어린이집 또는 어린이집용지가 확보될 수 있도록 노력하여야 한다.

또한 국가나 지방자치단체는 국공립어린이집을 설치 · 운영하여야 한다는 규정이 있다. 이 경우 국공립어린이집은 영유아보육법에 근거한 보육계획에 따라 도시 저소득주민 밀집 주거지역 및 농어촌지역 등 취약지역, 「건축법」에 따른 공동주택 중 대통령령으로 정하는 일정 세대 이상의 공동주택을 건설하는 주택단지 지역에 우선적으로 어린이집을 설치하여야 한다.

국공립어린이집 외의 어린이집의 설치과정에 있어서는 특별자치도지사 · 시장 · 군수 · 구청장 등의 인가를 받아야 한다. 어린이집은 인가받은 사항 중 중요 사항을 변경하려는 경우에도 같다. 또한 어린이집의 설치인가를 받은 자는 어린이집 방문자 등이 볼 수 있는 곳에 어린이집 인가증을 게시하여야 하며, 인가에 필요한 사항은 보건복지부령으로 정하는 것을 원칙으로 한다.

직장어린이집의 설치에 있어서는 대통령령으로 정하는 일정 규모 이상의 사업장의 사업주는 직장어린이집을 설치하여야 한다. 그러나 예외적으로 사업장의 사업주가 직장어린이집을 단독으로 설치할 수 없을 때에는 사업주 공동으로 직장어린이집을 설치·운영한다든지 또는 지역의 어린이집과 위탁계약을 맺어 근로자 자녀의 보육을 지원하거나, 근로자에게 보육수당을 지급하도록 하고 있다.

이와 같이 어린이집의 설치·위탁계약 및 보육수당의 지급에 필요한 사항은 보건복지부령으로 정하는 것이 원칙이다. 영유아보육법에 의하면, 어린이집을 설치하고 운영하려는 자는 보건복지부령으로 정하는 다음과 같은 설치기준을 갖추어야만 한다.

첫째, 어린이집 놀이터 설치에 관련된 사항으로, 어린이집을 설치·운영하는 자는 놀이터를 설치하여야 하며 설치에 관한 기준은 보건복지부령으로 정하는 것을 원칙으로 한다. 그러나 다음 각 호의 어느 사항이든지 그 가운데 하나에 해당하는 어린이집은 놀이터를 설치하지 않아도 무방하다.

① 보육 정원 50명 미만인 어린이집의 경우

② 100미터 이내에 보건복지부령으로 정하는 기준을 충족하는 놀이터가 설치되어 있는 어린이집이 있는 경우

③ 제1항에도 불구하고 특별자치도지사·시장·군수·구청장은 제6조 제1항에 따른 지방보육정책위원회의 심의를 거쳐 2005년 1월 29일 이전에 인가받은 어린이집이 도심지 및 도서·벽지 등 지역의 여건상 놀이터를 설치하기 곤란한 경우로서 보육활동 시에 지장이 없다고 인정하는 경우이다. 이와 같은 경우에 해당하는 어린이집에는 놀이터를 설치하지 않아도 무방하여, 놀이터 설치 기준을 완화하여 변경 인가를 할 수 있도록 되어 있다.

둘째, 어린이집의 비상재해대비시설의 경우를 살펴보면 다음과 같다.

① 어린이집을 설치 · 운영하는 자는 반드시 1층과 2층 이상 등 종류별 비상재해대비시설을 설치하여야 하며 설치에 관한 기준은 보건복지부령으로 정한다.

② 제1항에도 불구하고 특별자치도지사 · 시장 · 군수 · 구청장은 2009년 7월 이전에 이미 인가받은 어린이집이 비상재해 대비에 지장이 없다고 판단할 경우 종전 인가당시 기준을 적용할 수 있도록 하고 있다. 이 경우, 특별자치도지사 · 시장 · 군수 · 구청장 등은 기인가 어린이집이 비상재해 대비에 지장이 없는지 여부를 판단하기 위해 비상재해대비시설기준 심의위원회를 구성, 운영하여야 하며 해당 위원회의 심의를 반드시 거쳐야만 한다.

③ 제2항에 따른 비상재해대비시설기준 심의위원회의 위원은 5인 이상으로 하는 것을 원칙으로 하며, 다음 각 호의 어느 하나에 해당하는 사람 중에서 특별자치도지사 · 시장 · 군수 · 구청장 등이 임명 또는 위촉한다. 이 경우 전체 위원의 2분의 1 이상은 다음의 제1호부터 제4호까지에 해당하는 사람으로 구성하고, 위원장은 위원 중에서 호선하도록 하고 있다. 즉, 1호 소방공무원, 2호 소방기술사, 3호 소방시설관리사, 4호 「소방시설 설치 · 유지 및 안전관리에 관한 법률」 제4조의2에 따른 소방 · 방재 분야에 관한 전문지식을 갖춘 사람, 5호 보육 관련 업무를 담당하는 공무원, 6호 「고등교육법」 제2조에 따른 학교에 재직하고 있는 보육 관련 분야 교수 등으로 정하고 있으며, 이 가운데 4호까지에 해당하는 사람들을 의미한다.

④ 위원의 임기, 운영 및 회의 등에 필요한 사항은 지방보육정책위원회 관련 규정을 준용하고 있다. 또한 다음 각 호의 어느 하나에 해당하는 자는 어린이집을 설치 · 운영할 수 없도록 규정하고 있다.

1. 미성년자 · 피성년후견인 또는 피한정후견인의 경우에 해당하는 자
2. 「정신보건법」 제3조 제1호의 정신질환자에 해당하는 자
3. 「마약류 관리에 관한 법률」 제2조 제1호의 마약류에 중독된 자의 경우

4. 파산선고를 받고 복권되지 아니한 자에 해당하는 경우
5. 금고 이상의 실형을 선고받고 그 집행이 종료되거나 집행이 면제된 날부터 5년이 경과되지 아니한 자에 해당하는 경우
6. 금고 이상의 형의 집행유예를 선고받고 그 유예기간 중에 있는 사람의 경우로, 이 경우, 「아동복지법」 제17조를 위반하여 금고 이상의 형의 집행유예를 선고받은 경우에는 그 집행유예가 확정된 날부터 10년이 지나지 아니한 사람에 해당하는 자
7. 어린이집의 폐쇄명령을 받고 2년이 경과되지 아니한 자의 경우
8. 300만 원 이상의 벌금형이 확정된 날부터 2년이 지나지 아니한 사람이나 또는 「아동복지법」 제17조를 위반하여 같은 법 제71조에 따라 벌금형이 확정된 날부터 10년이 지나지 아니한 사람의 경우
9. 제23조의3에 따른 교육명령을 이행하지 아니한 자에 해당하는 경우 등의 사람은 어린이집을 설치, 운영할 수 없도록 규정하고 있다.

(2) 취약보육의 우선실시

영유아보육법을 보면 영아, 장애아, 다문화가족의 아동들에 대한 보육을 취약보육으로 규정하고 있다. 따라서 국가 또는 지자체, 사회복지법인, 비영리법인 등이 설치한 어린이집에서는 이들 취약보육 대상자들을 위한 보육활동을 우선적으로 실시해야 한다.

취약보육의 종류에는 만 3세 미만의 영아를 대상으로 하는 영아보육, 장애인으로 등록된 영유아 등에게 보육서비스를 제공하는 장애아보육, 다문화가족의 영유아 등에게 보육서비스를 제공하는 다문화아동 보육, 기준 보육시간 외에 시간을 연장하여 보육서비스를 제공하는 시간연장형 보육 등이 있다. 취약보육의 정원 책정과 관련된 구체적인 사항들에 관해서는 보건복지부장관이 정하고 있다.

이처럼 영유아보육법은 정상적인 아동들이 아닌 장애를 가지고 있는 아동들이나 영아와 같이 보호자의 보호가 반드시 필요한 저연령층, 사회적 약자계층에 속하는 동시에 문화와 언어가 달라 교육환경에 적응하는 것이 어렵거나 경제적으로 열약한 계층이라고 할 수 있는 다문화가족의 자녀들에 대한 보육을 취약보육으로 규정한다. 이들을 대상으로 하는 보육활동을 우선적으로 실시할 수 있도록 배려하고 있는 것이 바로 취약보육의 우선실시 내용이다. 이는 결과적으로 다른 계층과 동일하고 평등한 보육의 기회를 제공하고자 하는 사회복지정책 차원에서의 서비스 제공이라 할 수 있다.

최근 들어서는 이들 취약보육의 대상자에 북한이탈주민들의 자녀를 포함시키고 있다. 그동안 북한이탈주민들의 자녀들의 경우, 다문화가족의 자녀들과 마찬가지로 우리 사회에 적응하거나 정착하는 데 많은 어려움을 겪고 있는 사회적 약자임에도 불구하고 영유아보육법에 그들에 관한 근거규정이 마련돼 있지 않은 상황이었다는 점을 인식하여 이에 대한 개정안을 통해 이들 역시 취약보육의 우선실시 대상으로 확대하게 된 것이다. 즉, 최근의 영유아보육법 개정안은 취약보육의 범위에 북한이탈주민의 영유아도 포함시키는 것을 명시적으로 규정함으로써 이들 사회적 약자층에게도 균등한 보육의 기회를 제공하기 위한 적극적인 지원을 위한 기초를 마련하도록 했다는 것이다.

(3) 보육의 우선제공

현행 영유아보육법은 사회적 약자계층에 대한 배려 차원에서 보육의 우선제공 대상자를 법률적으로 규정하고 있다. 이에 해당하는 대상자로는 기초생활수급자, 다문화가족, 한부모가정, 차상위계층, 장애등급 등에 해당하는 부모가 포함된다. 이러한 가정 외에도 종전에는 빈곤율이 가장 높은 조손가족의 손자녀가 제외되었다는 점을 감안하여 이들 역시 보육의 우선제공 대상자로 포함시킨바 있다.

특히, 법 제28조 제1항 제4호에서의 보건복지부령으로 정하는 장애등급 이상에 해당하는 자란 첫째, 「장애인복지법 시행규칙」 별표 1의 장애등급 중 1급 또는 2급에 해당하는 사람, 둘째, 「장애인복지법 시행규칙」 별표 1의 장애등급 중 3급에 해당하는 지적장애인 또는 자폐성장애인으로서 다른 장애가 중복된 사람 등이 해당된다.

또한 법 제28조 제1항 제6호에서 보건복지부령으로 정하는 자의 자녀에는 첫째, 「아동복지법」 제52조에 따른 아동복지시설에서 생활 중인 영유아, 둘째, 부모가 모두 취업 중인 영유아, 셋째, 자녀가 3명 이상인 가구의 영유아나 영유아인 자녀가 2명 이상인 가구의 영유아, 넷째, 산업단지 입주기업체 및 지원기관 근로자의 자녀로서 산업단지에 설치된 어린이집을 이용하는 영유아 등이 포함된다.

이와 같이 현행 영유아보육법에 의해서 보육의 우선제공이라는 정책적 사항을 통해 보육서비스를 제공하고 있는 이유는 보육의 우선제공 대상자에 해당하는 각각의 가정의 부모들에게 자녀양육부담을 덜어주고자 하는 것이다. 또한 이와 동시에 국가의 미래를 책임질 수 있어야 하는 영유아의 건전하고 올바른 성장을 도모함에 있어서는 해당 가정은 물론, 국가와 사회의 책임이 있다는 사회복지정책의 차원에서 비롯된 것이다. 즉, 이러한 보육 우선제공의 복지서비스를 통해 모든 계층의 국민들의 복지증진에 기여하고자 하는 것이며, 이를 통해 궁극적으로 사회복지의 실현을 앞당김으로 인해 전 계층의 사회통합을 이루는 것은 물론 국민들의 생활수준을 향상시키고자 하는 것이다.

이러한 복지의 실현은 부모 세대의 경제적인 열악함으로 인해 빈곤이 세습되는 것을 막기 위한 것이며, 모든 영아들에게 보육의 기회를 균등하게 제공하기 위한 의도에서 비롯된 것이라 할 수 있다.

(4) 무상보육

영유아보육법은 자녀양육을 위한 육아지원정책이라는 의도를 가지고 미래인적

자원 개발과 저출산 대응 정책, 여성경제활동 제고 등을 위한 여성들의 일과 가정 양립정책의 일환으로서 무상보육정책을 시도한 바 있다. 즉, 정부는 그동안 어린이집 확충과 더불어 보육서비스 이용비용을 중심으로 각 가정의 자녀양육의 부담을 완화하는 정책을 추진하기 위해 무상보육정책을 시도하게 된 것이다. 이에 따라 0~5세 전 연령을 대상으로 하는 전면적인 무상보육을 시도한 바 있다.

이러한 무상보육정책을 근간으로 하여 각 지방자치단체에서도 젊은 부부들의 출산율 제고를 유도하고자 무상보육정책을 흡수하여 해당 지역사회에 맞는 특색 있는 무상보육정책을 시도하고 있다. 즉, 영유아보육법에 근거한 무상보육정책은 가정의 경제적인 양육부담을 줄여줌으로써 현 시대의 흐름인 젊은 세대들의 저출산 현상의 확산에 제동을 걸고자하는 것인 동시에 가정에서의 자녀양육의 책임으로 인해 사회생활에 어려움을 겪고 있는 여성들로 하여금 사회진출에 지장을 초래하지 않도록 하기 위한 것이다. 이와 동시에 다가오는 21세기의 치열한 글로벌 경쟁 속에서 국가의 생존과 성장을 지켜나가기 위해서는 창조적인 인재양성만이 살길이라는 국가적, 사회적 인식에 통감한 결과 국가의 미래경쟁력인 영유아들의 보육책임이 더 이상 한 가정만의 책임이 아닌 국가와 사회의 책임을 동반하는 것이라는 의도에서 이루어진 결과라 할 수 있다.

(5) 보육교직원

어린이집의 원장 또는 보육교사의 자격 검정에 대해서 구체적으로 살펴보면 다음과 같다.

첫째, 법 제22조에 따른 어린이집의 원장 또는 보육교사의 자격 검정은 시험 없이 어린이집의 원장 또는 보육교사의 자격기준에 따라 서류심사의 방법으로 한다.

둘째, 보육교사에 대한 자격 검정을 한 결과 그 자격검정 대상자가 다음 각 호의 기준에 해당하는 경우에는 각각 합격으로 한다. 즉, 대학 등을 졸업한 사람 또는 이와 같은 수준 이상의 학력이 있다고 인정된 사람, 교육훈련시설의 교육과정을 수료한 사람, 법 제23조의 제2항에 따른 승급교육을 받은 사람 등이다.

셋째, 제1항 및 제2항에서 규정한 사항 외에 어린이집의 원장 또는 보육교사의 자격 검정 절차 등에 관하여 필요한 사항은 보건복지부장관이 정하는 것을 원칙으로 하고 있다.

(6) 어린이집 평가인증

영유아보육법에서는 어린이집에 자녀를 위탁하는 부모들의 마음에 신뢰를 주기 위한 하나의 방편으로 또한 어린이집의 질적 수준을 향상시키기 위한 하나의 방법으로 어린이집 평가인증제도를 실시하고 있다.

어린이집 평가인증이란 영유아들에게 보다 안전한 보호와 질적으로 우수한 교육활동을 제공함으로써 수준 높은 보육서비스를 효율적으로 제공하고자 하는 의도에서 비롯된 제도를 의미한다. 어린이집 평가인증을 제대로 시도하기 위해서는 어린이집 평가인증 지표라는 기준을 만들어서 해당 어린이집의 현재 수준을 점검하고 개선하도록 유도하고 있다. 또한 이러한 점검을 통해 일정 수준의 개선작업이 이루어지게 될 경우 국가가 인증을 부여함으로써 부모들이 안심하고 자녀를 맡길 수 있도록 하는 제도가 어린이집 평가인증이다.

이처럼 영유아보육법으로 규정하고 있는 어린이집 평가인증의 정의를 다음의 대상별로 살펴보면 다음과 같다.

첫째, 영유아들의 입장에서는 영유아들에게 쾌적하고 안전한 보육환경을 조성함으로써 이들의 건강한 성장과 발달을 촉진시키고자 하는 것이다.

둘째, 부모들의 입장에서는 부모들로 하여금 보육시설의 선택에 대한 합리적인 기준과 정보를 제공하고자 하는 동시에 양질의 보육서비스를 통한 자녀양육 지원을 제공하기 위한 것이다.

셋째, 보육시설 및 보육종사자들에게는 보다 효과적인 보육시설의 질적 관리 서비스를 통해 보육서비스의 질적 수준을 향상시키고 인증과정을 통해 보육종사자들의 전문성을 증진시키고자 함이다.

넷째, 정부의 입장에서는 영유아들을 위한 정부예산의 합리적인 집행과 효율적인 지원 및 관리의 기능을 효과적으로 운영하기 위함이다.

평가인증의 실시는 보건복지부장관에게 평가인증을 신청하여야 하며, 보건복지부장관은 보육정책위원회의 심의를 거쳐 운영체계, 평가지표, 수수료 등 어린이집의 평가인증에 필요한 사항을 정한다. 평가지표에는 보육환경, 보육과정 운영, 보육교사와 보육 영유아 간의 일상적 상호작용, 영유아의 건강 · 영양 및 안전, 보육인력의 전문성, 어린이집 운영관리, 가족 및 지역사회와의 연계 등의 영역이 포함되어야 한다. 또한 보건복지부장관은 평가인증을 마치면 평가인증을 신청한 자에게 평가인증 결과통보서 및 평가서를 송부하여야 하며, 평가인증의 절차 및 서식 등에 관한 구체적인 사항은 보건복지부장관이 정하도록 규정하고 있다.

평가인증의 유효기간은 3년으로 하고 있지만 평가인증을 받은 날부터 3년 내에 양도, 상속 또는 합병 등으로 어린이집의 대표자가 변경되는 경우에는 대표자가 변경되기 전까지의 기간으로 한다. 또한 평가지표에 근거하여 평가결과가 우수한 경우 등 보건복지부장관이 정하는 사유에 해당되는 경우에는 3년을 초과하지 아니하는 범위에서 1회에 한하여 유효기간을 연장할 수 있다. 보건복지부장관은 평가인증 결과를 공표하기 전에 공표 대상자에게 그 사실을 통지하여 소명자료 제출 및 출석 등을 통해 의견진술의 기회를 줄 수 있다.

(7) 어린이집 폐쇄

영유아보육법에서 정하고 있는 어린이집의 폐지는 법 제43조 제1항에 따라 폐지 2개월 전까지 특별자치도지사 · 시장 · 군수 · 구청장 등에게 관련 서류를 제출하여야 하고, 그 사실을 보육교직원 및 부모 등 보호자에게 알려야 한다. 이 경우에 갖추어야 하는 서류는 다음과 같다.

첫째, 보육 영유아에 대한 전원조치 계획서가 필요하다.

둘째, 어린이집의 재산에 관한 사용 및 처분계획서가 필요하며, 부동산을 임차한 경우는 제외된다.

셋째, 어린이집 인가증 또는 신고증이 필요하다.

넷째, 보육교직원의 인사기록카드가 필요하다.

특별자치도지사 · 시장 · 군수 · 구청장 등은 상기의 서류를 통해 어린이집 폐지 신고를 받은 경우에는 보육 영유아에 대한 전원조치가 이루어지는지를 확인하여야 한다.

2 보육정책의 이해

1) 보육정책의 개념

영유아보육법에 의하면 취학전 영유아(만0~5세)의 심신보호와 건전한 교육을 통하여 건강한 사회성원을 위한 정책으로 만 12세 이하의 아동까지도 포함하여 주로 낮동안 부모가 사회활동이나 건강상의 문제로 직접 아동을 양육할 수 없을 경우, 보육시설에서 부모를 대신하여 보육교사가 아동을 보호하고 교육하는 기능을 수행하도록 정책을 수립하고 제도를 마련하며 예산 및 행정지원을 하는 정책을 일컫는다.

아동의 신체, 정서, 언어, 사회성 및 인지적 발달을 도모하는 보육과정을 통하여 아동의 건강 · 영양 · 안전관리를 우선하며 교통 · 환경 등 기초 사회질서와 가치관, 창의력, 인간관계 등의 사회성과 잠재력 개발, 인성을 익히는데 중점을 두고 있다.

아동을 보육하는 보육시설은 영유아보육법에 의하여 만 0~12세(초등학생 방과후 보육

포함) 아동의 보호를 주로 하면서 교육하는 기능을 하는 '어린이집'이며, 주 6일과 아침 7시 30분에서 저녁 7시 30분까지 12시간 이상의 운영을 원칙으로 하되, 공휴일을 제외하고 연중 계속 운영하여야 하며, 지역 및 시설여건에 따라 부모와 시설장의 협의에 의하여 공휴일에도 운영할 수 있다. 또한 보육에 지장을 주지 않는 범위 내에서 교사배치를 달리 할 수 있고, 보호자의 근로시간 등을 고려하여 조정 운영할 수 있어 밤늦게까지 보육하는 시간 연장 보육과 휴일보육을 실시하고 있다.

이러한 보육시설 운영은 유아교육법에 의한 유치원과 대상아동과 수행기능이 유사하여 일반 국민들에게 혼동을 주고 있는 실정이나 각각 관련법령, 주관기관, 추진목적 등이 〈표 7-1〉에서와 같이 차이가 있다.

보육정책 전달체계는 여성가족부, 시 · 도, 시 · 군 · 구이며, 시장 · 군수 · 구청장의 인가를 받아 보육시설이 설립되고 아동 대 교사비율은 영유아보육법에 의하여 연령별로 차이를 두어 0세는 3명을, 1세는 5명을, 2세는 7명을, 3세는 15명을, 4세 이상은 20명을 1인의 교사가 담당하여야 하고, 보육료는 정부가 지원하는 보육단가 범위 내에서 시 · 도지사가 결정하고 있다.

유치원은 유아교육법에 의하여 만 3~5세 아동의 교육을 주로하며 보호하는 기능을 하며, 대부분의 유치원은 아침 9시부터 오후 2시 정도까지 유치원 교육과정에 의하여 180일 이상 운영하며 종일제 유치원은 부모와 협의 탄력적으로 운영하고 있다.

2) 보육정책의 변화

우리나라 보육제도는 1921년 태화 기독교사회관에서 보육 프로그램을 개설하여 빈민아동을 위한 구제사업의 일환으로 시작되었다. 이 프로그램은 1950년대까지는 임시구호적인 성격을 벗어나지 못하였다. 이후 1926년 부산 공생 탁아소와 대구탁아소의 2개 시설이 설치된 것을 계기로 하여 1939년에 전국에 11개소의 공, 사립 보육시설에서 435명의 어린이가 보육받은 것으로 기록되어 있다.

1945년 광복 이후부터 1960년까지는 한국전쟁을 전후한 정치적, 사회적 혼란기였기 때문에 정부가 보육제도에 대한 뚜렷한 방침을 세우지 못하였으며, 당시 대량으로 발생한 전쟁고아나 기아, 미아 등 요보호아동을 위한 각종 수용보호시설이 외국의 원조에 의해 여러 곳에 설치되었다. 그러다가 1961년 12월에 아동복리법이 제정되면서 본격적으로 보육제도가 수립되었다. 즉, '탁아소'가 법정시설로 인정되면서 보육시설에 대한 설치근거가 마련되었으며 아동복리법에는 보육시설의 설치기준, 직원배치기준, 보육기간, 보호내용 등이 구체적으로 규정되어 있었다. 그러나 1960년대 후반부터 경제개발 정책에 따라 보육의 수요가 늘어나게 되었고 이로 인해 시설이 부족하게 되자 1968년 3월 정부는 아동복리법 시행령으로 미인가 탁아시설 임시조치령을 공포하게 되었다. 이 시행령은 빈곤층 어린이 대상의 민간보육시설 설치를 가능하게 했을 뿐 아니라 시설 확대 및 시설의 질적 향상과 아울러 '탁아소'를 '어린이집'으로 그 명칭을 바꾸어 부르게 하였다. 또한 보건복지부 예산에 어린이집을 위한 시설보조금과 인건비 및 운영비 보조금을 책정하도록 하여 1968년에 25,443명의 유아가 292개의 어린이집을 다니게 되었다.

이러한 과정에서 1968년에 292개소에 불과한 어린이집이 1976년 607개소로 양적으로 팽창하게 되자 보건복지부에서는 '사회복지사업법 시행규칙' 제6조 제2항을 개정하여 미인가 탁아시설 임시조치령을 폐지하고 정부는 탁아시설의 법인화를 유도하였다. 1978년 4월 탁아시설 운영개선방안과 경제발전으로 취업모가 늘어나고 입소대상 아동이 증가하자 보건사회부는 어린이집 입소대상을 빈곤층과 농촌지역 등의 요보호아동에서 일반가정의 아동에게로 확대시키고 수탁료를 7,000원까지 받을 수 있도록 '탁아시설 운영방안'을 발표하여 수익자 부담원칙을 제시하였다.

그러나 1980년대 제5공화국이 들어서면서 정부는 유아교육을 개혁의 주요 시책으로 삼아 1982년 3월 26일 유아교육 진흥종합계획을 수립하고, 12월 31일에 유아교육진흥법을 제정, 공포하였다. 1982년 유아교육진흥법의 제정으로 기존의 보육시설인 '어린이집'이 '새마을 유아원'으로 전환되었고, 기존에 보건사회부에서 관장하던 691개소의 어린이집과 1966년 이후 농업진흥청에서 관장하던 382개소의 농번기 탁아소, 1981년 새마을 사업의 일환으로 내무부에서 설치, 관장하던 263개소의 새마을 협동 유아원 및 개인에 의해 설립된 38개소의 민간 유아원 등 1,374개소의 아동관련 시설이 새마을 유아원으로 통합되어 내무부에서 관장하게 되었다.

따라서 새마을 유아원에 대한 지원체계를 분류하여 새마을 운동의 일환으로 주무부서를 보건복지부에서 내무부로 이관하였고, 유아교육에 대한 종합계획을 수립, 장학지도, 재정지원, 교사양성, 교재, 교구 개발 및 보급은 교육부에서, 시설설치운영 및 행정지도는 내무부에서, 아동에 대한 보건, 의료지원은 보건사회부에서 맡아하도록 하여 보육시설의 지원체제가 3원화되었다. 당시 우리나라에서 아동을 위한 프로그램을 운영하는 기관은 새마을 유아원과 유치원으로 이원화되었다.

새마을 유아원이 운영상의 문제점 등으로 저소득층의 보육 수요를 충족시키지 못한다는 비판과 함께 성장이 둔화되기 시작하였다. 이러한 과정에서 서울시에서는 1989년 9월 13일 영세민의 생활안정을 돕는다는 목적으로 보육시설이 없는 저소득층 밀집지역 33곳을 선정하여 '88탁아소'를 개설하였다. 그러나 보육제도의 관장부서가 내무부, 노동부, 교육부, 보건복지부 등으로 다원화되어 효율적으로 보육제도를 진행할 수가 없어 체계적이고 효율적인 보육제도를 추진하기 위해서 별도의 입법과 주관부서의 일원화가 필요하다는 인식이 제기되었다. 그래서 보육제도를 위한 독립법을 제정하게 되었고, 1990년 12월 18일 정기국회에서 영유아보육법안이 통과됨으로써 영유아보육법이 1991년 1월 14일 제정, 공포되었고, 보육관련 주무부서를 보건복지부로 일원화하게 되었다.

그리고 그동안 유아교육진흥법에 준하여 설치되고 운영되어 온 새마을 유아원에 대해서는 1994년 1월까지 교육법에 의한 유치원이나 영유아보육법에 의한 '보육시설'로 전환하도록 하였다. 영유아보육법으로 인해 우리나라 유아교육 체제는 교육부 관할의 유치원과 보건복지부 관할의 보육시설 등으로 이분화되어 현재에 이르고 있다.

3) 보육정책의 연혁

해방 이후 영유아보육법 제정에 이르기까지 보육은 복잡한 변천과정을 겪게 되는데 그 주요한 과정은 아래의 연보와 같다.

표 7-1 영유아보육관련법 변천과정

연도	영유아보육관련법의 연보
1952	〈후생시설요강〉 탁아소
1962	〈아동복리법 시행령〉 제2조 9항 탁아시설 설치규정
1968	〈미인가탁아시설 임시조치령〉 탁아소 → 어린이집
1977	법인화 추진
1982	〈유아교육진흥법〉 새마을유아원 흡수통합 문교부, 장학지도 : 내무부, 시설운영
1987	〈남녀고용평등법〉 직장탁아제 도입
1989	〈아동복지법 시행령〉 탁아시설 설치근거 부활
1991	〈영유아보육법〉 제정, 보육 사업을 보건사회부에 일원화, 탁아 → 보육
	〈영유아보육법 시행령〉 제정
	〈영유아보육법 시행규칙〉 제정
2004	〈영유아보육법〉 개정
	보육업무를 여성부로 이관
	영유아보육법 제30조에 어린이집 평가인증제도의 법적근거를 마련
2005	평가인증제도 시범운영
	전체개정 법인보육시설, 부모협동보육시설 신설 '여성부' → '여성가족부', '신고제' → '인가제' 평가인증제도 실시 다양한 보육수요에 적극적 대치 (영아,장애아,시간연장형)
2006	평가인증제도를 본격적으로 시행
2008	보육업무를 보건복지가족부로 이관
	양육수당 도입
2009	보육의 정의 '시설 서비스 중심' →'가정에서의 양육지원 포함' 보육시설 안전공제사업 신설
2010	보건복지가족부를 보건복지부로 변경
2011	보육시설의 보육료 부정수급 사례의 증가로 보육실태주기를 5년에서 3년으로 강화하는 내용과 처벌에 관한 사항이 개정.
2012	법인단체어린이집 신설, '법인어린이집' → '사회복지법인 어린이집' 어린이집평가인증의 결과 공표
2013	비상재해대비시설 법령 강화 2, 3층인 경우: 비상계단 또는 미끄럼틀, 내부 직통계단 2개소 4, 5층인 경우: 양방향 직통계단, 주출입구와 비상계단까지의 거리 30m이내

1980년대 후반 아동문제로 인하여 1989년 11월 10일 평민당의 박영숙 의원 외 60명의 의원의 발의로 탁아복지법 제정안을 별도로 국회 보건사회위원회에 상정해서 독립입법을 주장했다. 한편 지역사회탁아소연합회 등 몇몇 민간단체들이 주축이 되어 별도의 탁아입법을 추진하기 위한 운동을 전개하기 시작했고 공청회 및 전문가 자문을 거쳐 탁아법의 독립입법을 주장했는데 그들의 입장은 다음과 같다.

① 개정된 아동복지법 시행령은 국가와 지방자치단체의 역할을 의무화하지 않아서 보육의 책임은 국가 및 사회가 지는 지원입법이 아니라 규제입법이라는 점이다.

② 생활보호대상자의 의료부조대상자를 우선 지원하도록 규정되어 많은 저소득층 취업모가 혜택에서 제외된다는 점이다.

③ 탁아시설 유형분류가 아동 30명 이상을 시설탁아로 하고 5명 이상 20명 이하를 가정탁아로 양분함으로써 다양한 요구에 부적절할 뿐 아니라 전국에 약 200개소 이상 저소득층 지역에서 운영되고 있는 소규모 탁아시설(11~29명)에 대한 배려가 없다는 점이다.

④ 직장탁아는 노동부에서 관할하고 새마을 유아원과 농촌 계절탁아는 아직 내무부에서 관장하고 있어서 탁아행정의 다기화로 행정의 소모성을 우려하고 있다.

⑤ 시행령은 국무회의의 의결을 거쳐 결정되는 대통령이므로 법적 항구성이 없어 중요한 탁아문제의 법적 근거로는 가변적이며 불안하다는 관점이다.

그러나 보건복지부의 입장은 달랐다. 아동복지법 시행규칙을 개정하면서 그들의 요구를 대폭 수용해서 시설탁아설치는 사회복지법인 및 재단법인의 인가제로 했지만 가정탁아설치는 신고제로 해서 개인이나 단체 누구나 설립할 수 있게 완화하였으며 생활보호 및 의료부조 대상자의 탁아 요구가 약 8만 7,000명으로 추산되므로 이들에 대한 탁아시설을 1992년까지 1,240개소 마련하는 것이 우선 과제이며 정부재정 형편상 연차적으로 저소득층에 확대해 나갈 계획이므로 별도의 입법이 불필요하다고 주장했다.

이처럼 탁아요구의 수용을 위해 독립입법이냐 아동복지법 시행령으로 충분하느냐는 주장이 팽팽히 맞서 논의되는 과정에서 1990년 6월 당시 민정당에서 신영순 의원을 중심으로 한 여성의원 5명이 주축이 되어 여성정책토론회를 개최하고 독립적으로 탁아입법을 재정하겠다는 입장을 공식적으로 표명했다. 동법은 1991년 제정 이후 1997년, 1999년에 걸쳐서 두 차례 개정이 이루어졌다. 제1차 개정은 1997년 12월 24일에 개정되었으며 1999년 5월9일부터 시행되었다.

4) 우리나라 주요 보육정책

(1) 보육정책 의의

아동의 성장 · 발달을 위해 아동의 보호자가 그 역할을 타인에게 위임하는 것을 법으로 정한 기준에 의거하여 정부 및 공공기관의 역할이 제대로 수행될 수 있도록 개입하는 모든 활동을 의미하며, 보육 욕구를 가진 수요자들을 위해 국가가 조직적으로 개입하여 보호와 교육을 합리적으로 조화시켜 영유아가 건전한 사회구성원으로 성장할 수 있도록 돕는데 그 의의가 있다.

(2) 보육정책 목적

보육정책은 영유아의 발달을 지원하고 여성의 경제활동 참여를 확대하는 데 목적을 두어야 한다. 초기에 형성된 학업역량은 뒤따르는 교육의 성과를 결정하는 중요한 요인이 된다. 보육료 지원은 경제활동에 대한 여성의 금전적 부담을 완화하여 노동공급을 증가시킴으로써 경제성장과 여성의 자아실현에 기여한다.

(3) 보육정책의 종류

① 만 0~5세아 보육료 전액지원 대상 확대

② 맞벌이 가구 보육료 지원확대

③ 다문화가정 및 난민인정 영유아에 대한 보육료 전액지원

④ 양육수당지원

⑤ 농 · 산 · 어촌 민간시설 유아기본보조금 지원

⑥ 만 5세아 · 장애아 무상보육 확대

⑦ 두 자녀 이상 보육료 지원확대

⑧ 시간 연장 보육의 활성화

⑨ 아이돌보미 사업 확대

⑩ 한부모가족 지원확대

⑪ 국공립보육시설 확충

⑫ 보육서비스 관리체계 강화

(4) 보육정책의 개선

영유아 보육정책은 정부가 의지를 가지고 법과 제도를 바꾸고 보육 재정을 확보하는 것도 중요하지만 이것만으로는 이루어질 수 없다고 본다. 즉, 보육과 교육의 개별 주체인 보육 시설장과 보육교사가 적극적으로 동참하는 점이 중요하다고 보며 이들을 위한 환경을 개선하는 것도 필요하다고 본다. 또한 현재 각 읍, 면, 동의 사회복지 전담 공무원 1명이 영유아 보육정책을 포함하여 많은 수의 사회복지정책을 전담하고 있다. 이는 매우 과중한 업무 부담으로 사회복지 전담 공무원의 충원이 필요하다고 본다. 마지막으로 영유아 보육정책의 보육료를 지원받을 수 있는 신청절차가 까다롭기에 이러한 절차를 간소화하는 방법도 중요한 개선점이라고 본다. 제18대 대통령으로 당선된 박근혜 대통령은 국민 행복 10대 공약에서 확실한 국가 책임 보육으로

서 만 5세까지 국가 무상교육 및 무상 유아교육을 제공할 것을 밝혔다. 이를 위해 믿고 맡길 수 있는 어린이집 확대, 부모 선택권이 보장된 맞춤형 보육서비스 제공, 0~5세 보육 및 유아교육 국가 완전 책임제를 주요 공약으로서 제시하였다. 새롭게 출범하는 정부는 영유아 보육료를 보편적으로 지원하여 자녀 양육 가정의 경제적 부담을 감면하고 수요자 필요에 부응하는 다양한 돌봄 서비스를 제공하여 국민들의 정체 체감도를 증진시키며, 지역사회를 중심으로 하는 보육 지원체계를 확립하여 양질의 서비스를 제공해야 할 과제를 가지고 있다.

5) 행정 · 지원체계 관련 법령과 정책

(1) 보육정책조정위원회

어린이집과 유치원이 3~5세 동일 연령을 대상으로 보육하고 교육하며 또한 가정의 주된 아동양육자가 여성이라는 이유 등으로 보육의 주무부서는 보건복지부, 교육과학기술부, 여성부, 노동부 등 여러 가지 부서가 통합적으로 접근해야 하기 때문에 법으로 보육정책위원회를 두기로 하였으며 부처 간의 역할과 업무를 조정할 기구가 원활하게 운영될 수 있도록 법령 조항을 마련하였다(유아교육법 제4조에서는 국무총리실에 유아교육 · 보육위원회를 두도록 하고 있다).

(2) 보육정책위원회

과거 보육위원회가 형식적으로 운영되어 폐지대상이 되었던 사례를 되풀이 하지 않기 위해서 명실상부한 위원회로 운영되도록 필요한 조항을 두고 있다.

(3) 보육개발원

어린이집의 수 및 보육아동이 증가되고 이들 시설들의 서비스의 질적 향상을 위한 지원요구가 증가하고 있고 특히 새로운 영유아보육법의 시행으로 자격제도, 평가인증제도 및 새로운 제도가 실시되면 이와 관련된 업무도 크게 늘어날 것이다. 그러므로 별도의 전문기관을 설치하여 이러한 업무를 수행하는 것이 효율적이라고 보고 있다.

현재 보육업무의 주무부서가 보건복지부에서 여성부로 이관되었다. 이제는 저소득층 맞벌이 부부의 자녀를 위한 잔여적이고 선별적인 보육정책으로는 급속히 진행되고 있는 저출산 및 고령화 사회 진입 등의 많은 사회문제를 해결할 수 없어 여성부는 영유아보육법을 2004년 1월 29일 개정, 공포하였다. 이를 토대로 아기를 키우는 일은 더 이상 부모의 책임이 아니라 부모와 국가가 함께 책임지는 공보육체계의 기틀을 마련하고 변화하는 사회구조와 다양한 근로여건에 적극 부응하는 맞춤형 보육서비스 제공 및 보육서비스의 질적 수준을 향상시킬 수 있도록 최선을 다할 계획이다.

따라서 여성부는 보육업무이관 추진기간 동안 보육업무이관이 원활히 수행되는데 초점을 두고 영유아보육법 개정에 따른 시행령 및 시행규칙 개정과 어린이집 설치인가제도, 보육교사 자격증제도, 어린이집 평가인증제 등 새로 도입되는 제도 시행이 차질 없이 진행될 수 있도록 준비하였다.

그리고 이러한 주무부서는 이명박 정부에 들어서서 다시 보건복지부로 보육업무가 이관되어 실시되고 있다. 그리하여 보육업무에 따라 보건복지부와 여성가족부 두 부처가 다소 중복된 기능을 담당하고 있는 실정이다.

3 보육정책 증대의 배경

우리나라는 전통적으로 결혼한 부부가 자녀를 낳으면 어머니가 자녀를 키우거나 함께 사는 친인척이 자녀의 양육을 도와왔으나 여성취업의 증가, 가족형태 및 가치관의 변화, 육아에 대한 수요자 욕구 변화, 저출산의 심화 등 사회변화에 따라 가정

내에서의 자녀양육에 문제가 발생되어 자녀양육을 정부가 지원하는 보육정책의 필요성이 대두되고 있다.

1) 여성의 경제 · 사회활동 참여 확대

한국여성의 경제활동 참가율은 1960년 26.8%에서 1985년 40.6%로 약 2배가 증가하였으며, 1997년 이후 49%수준에서 현재까지 유지되고 있으며, 선진국에 비하여 여전히 낮은 상태이다. 자녀의 양육실태(통계청, 2004)를 살펴보면 0~2세는 부모가 83.2%를 차지하고 있으며, 3~4세는 부모가 44.4%, 보육시설이 75.9%로 나타나 아동의 나이가 올라갈수록 부모의 양육에서 보육시설에서의 양육으로 바뀌어가는 것을 알 수 있다.

현재 여성의 산업사회 참여직종이 확대되고 남녀고용평등법, 영유아보육법, 육아휴직제도, 산전 · 산후 휴가제 등 여성의 노동시장 참여를 위한 제한적 조건이 점차 개선되고 있음은 물론 여성의 교육수준 향상과 사회적 성취욕구 증대 등으로 여성의 경제 · 사회활동은 더욱 확대되고 있다.

그러나 20대 후반에서 30대 초반의 여성의 취업률이 감소하고 30대 후반에 증가하는 전형적인 M-Curve의 구조화는 여성이 출산, 육아로 인하여 사회활동을 중단하였다가 재진입하는 현상이다. 2004년도 보육실태조사에 의하면 초등학생 이하의 자녀를 둔 어머니 중 취업을 중단한 경험이 있는 경우가 38.4%에 달하고 취업중단의 사유는 64.9%가 자녀양육으로 나타난 바 있다

이는 여성의 경제 · 사회활동의 참여 필요성은 증가하고 있으나 육아에 대한 사회적 지원은 미흡한 상태를 반영하고 있으므로 자녀를 가진 취업여성의 근로시간 동안 아동을 보육할 수 있는 다양한 보육서비스 제공이 요구되고 있다.

2) 출산율 저하 및 고령화 사회의 도래

우리나라의 출산율 저하와 고령화 사회의 도래는 심각하여 합계출산율이 1970년 4.53명에서 2005년 1.08명으로 급격히 감소하였고, 2006년 1.13명(통계청, 2007년)으로 OECD국가 중 가장 낮은 수준이다.

출산율의 저하는 경제활동인구를 감소시키고 인구 고령화를 가속화시킴으로써 국가 경쟁력을 약화시키는 결과를 초래하고 있음은 물론, 육아지원의 확대가 출산율 증가에 약 38% 정도의 영향을 미친다고 하는 OECD의 발표도 있어 저출산 국가에서 보육정책은 출산율 제고정책으로 부각되고 있다. 이에 따라 정부에서는 저출산 고령화사회 기본계획인 "새로마지플랜 2010"을 수립하여 다양한 정책을 발표한 바 있으며, 부모가 아동을 양육하는 육아부담 증가와 출산 · 육아로 인한 경제활동 중단 등이 저출산의 주요원인이므로 이의 해소를 위하여 공보육의 실시가 더욱 요구되고 있다.

3) 가족구조 변화 및 가족기능의 약화

지속적인 산업화, 도시화의 영향으로 가족구조는 대가족제도가 붕괴되고 부부와 자녀만 함께 생활하는 핵가족으로 변화되어 가정 내에서 자녀양육 기능이 약화되어 자녀 양육기 단계에 있는 여성 취업을 보완해 줄 가족 차원의 지원이 점차 줄어들고 있다. 과거의 대가족제도는 부모가 불가피한 사유로 자녀를 돌보지 못하더라도 조부모 등 가족구성원에 의해 아동이 양육될 수 있었는데 반해 현재는 핵가족화로 인하여 부모가 자녀의 양육을 적절히 수행하지 못할 때 가정 밖에서 해결해야 하는 상황이 되고 있다.

개인화, 소자녀화, 핵가족화 등으로 세대간의 자녀양육 지식 전수기회의 단절로 젊은 기혼여성의 자녀양육에 대한 간접경험이나 지식의 결여로 부모에 의한 자녀양육 및 교육에 한계가 노출되고 있는 상황이므로 아동의 정서적, 사회적인 성숙은 물론 아동의 양육기능이 약화되어 여러 가지 문제를 일으킬 수 있기 때문에 보육서비스의 필요성과 중요성이 점차적으로 부각되고 있다.

4) 보육서비스에 대한 보호자의 높은 기대

영유아기의 발달은 전 생애에 걸쳐서 영향을 미치는 중요한 시기로 질 높은 보육서비스는 아동 발달에 긍정적으로 작용하여 인적자원의 조기개발 측면의 중요성은 물론 부모의 육아부담 경감과 수요자 중심의 보육정책으로의 전환이 요구되고 있다. 국민 생활수준 향상과 기대수준의 증대 등으로 영유아 보호자의 보다 양질의 보육서비스에 대한 요구가 증가하여 전문적이고 체계적인 보육서비스에 대한 부모의 욕구가 증대되는 등 안전하고 쾌적한 보육환경 조성과 성장단계별 적합한 보육과정과 프로그램에 대한 다양한 요구로 모든 아동이 이용 가능한 질 높은 공보육 · 교육체계의 확립이 필요하다.

4 보육정책의 과제와 전망

보육시설이 지속적으로 증가하고 있으나, 다양성과 서비스 수준에서 수요자가 만족하는 시설은 부족하고, 보육예산의 지속적인 증가에도 불구하고 부모들의 육아부담은 여전히 높아 부모가 체감하지 못하는 상태이며, 보육서비스에 있어서 가장 중요한 보육교사의 처우는 매우 열악한 상태에 있다.

1) 보육시설 및 이용아동의 급격한 증가

만 0~5세 아동은 2002년 이후 지속적으로 감소하여 저출산이 사회적 문제가 되고 있는 실정이나 감소하는 아동수에 비하여 보육시설을 이용하는 아동은 매년 증가하고 있다. 연도별 보육시설 이용아동은 1991년 영유아보육법이 제정된 이후 보육시설 수가 1990년도의 1,919개소에서 2006년도 29,233개소로 약 15배 증가하고, 이용아동 기준으로는 48천명에서 1,040천명으로 20배 이상 증가하였다. 연도별 보육시설 이용 아동은 〈표 7-3〉에서와 같이 1990년 이후 현재까지 꾸준히 보육시설 이용아동(방과후 이용아동 포함)이 증가하고 있어 2006년말 현재 29천여 개소의 보육시설에서 1,040천여 명의 아동이 보육시설을 이용하고 있다.

표 7-2 연도별 시설 및 아동 증가 추이 (단위 : 개소, 명)

연령별	항목	2010년	2011년	2012년	2013년	2014년	2015년	2016년	계
전체 (계)	보육아동 현황	1,279,910	1,348,729	1,487,361	1,486,980	1,496,671	1,452,813	1,451,215	10,003,679
총계	보육시설 설치현황	38,021	39,842	42,527	43,770	43,742	42,517	41,084	291,503

보육사업이 규모 면에서 급격히 팽창하였으나 〈표 7-4〉에서와 같이 민간시설 위주로 확충하여 정부에서 시설설치비, 인건비 지원을 받는 국공립·법인 시설이 전체 시설 중 14.3%뿐이고, 이용아동 기준으로는 28.3% 정도만을 차지하고 있어, 민간시설을 이용하는 아동은 보육료 부담과 서비스 질에서 형평성이 제기되고 있다.

표 7-3 보육시설 일반 현황 (단위 : 개소, 명)

구분		2010년	2011년	2012년	2013년	2014년	2015년	2016년	계
시설수(개소)	총계	38,021	39,842	42,527	43,770	43,742	42,517	41,084	291,503
	국 · 공립 보육시설	2,034	2,116	2,203	2,332	2,489	2,629	2,859	16,662
	사회복지법인 보육시설	1,468	1,462	1,444	1,439	1,420	1,414	1,402	10,049
	법인 · 단체 보육시설	888	870	869	868	852	834	804	5,985
	민간보육시설	13,789	14,134	14,440	14,751	14,822	14,626	14,316	100,878
	가정보육시설	19,367	20,722	22,935	23,632	23,318	22,074	20,598	152,646
	협동보육시설	74	89	113	129	149	155	157	866
	직장보육시설	401	449	523	619	692	785	948	4,417
아동수(명)	정원	1,55,6808	1,621,948	1,721,917	1,782,459	1,800,659	1,790,821	1,767,224	12,041,836
	현원	1,279,910	1,348,729	1,487,361	1,486,980	1,496,671	1,452,813	1,451,215	10,003,679
보육교직원수(명)		229,084	248,635	284,237	301,719	311,817	321,067	321,766	2,018,325

보육시설 이용 영유아 비율은 국공립보육시설 5.5%, 법인보육시설 4.4%, 민간개인보육시설 56.0%, 가정보육시설 14.2%이다.

2) 보육서비스 수준 미흡 및 영아 이용률 저조

2004년 보육실태조사에 의하면 보육시설을 이용중인 보호자의 51.5%가 서비스 수준이 낮다고 평가하였고, 선택할 수 있는 보육시설이 불충분하다는 의견도 52.3%에 달하여 보육서비스의 수준이나 다양성이 수요자의 기대를 충족시키지 못하여 육아지원서비스 이용률이 저조한 실정이다.

또한 보육시설과 유치원을 합한 육아지원서비스 이용률이 극히 저조한 것으로 나타났으며, 이처럼 영아의 보육시설 이용률이 낮은 것은 여성이 일과 가정을 양립하는 데에 여전히 어려움이 있음을 나타낸다.

3) 보육예산의 급격한 증가

보육료 지원 예산은 매년 크게 증가하였고, 방과후 이용아동까지 포함할 경우 보육료 지원률은 2002년에는 21.1%이었으나 2005년에는 44.2%로 2배나 증가하였으며, 만 5세 무상보육료, 차등보육료, 장애아 보육료, 두 자녀 이상 보육료 등 지원이 확대되어 부모의 보육비용 부담을 경감시키고 있다. 보육사업은 1990년대 이후 영유아보육법의 제정으로 갑자기 생겨난 사업이 아니라 오랫동안 아동복지에 기여하면서 자리 잡아 왔다는 사실을 간과해서는 안된다.

영유아보육 중 영아보육과 장애아보육, 방과후 아동보육은 여전히 사각지대에 놓여 있으며, 특히 보육시설의 여러 가지 형태 중 24시간보육시설, 주말보육시설, 직장보육시설 등은 아동복지와 여성복지 및 가정복지 증진의 측면에서 접근하지 않고, 단순히 보육사업으로만 이들을 해석해 버린다면 유아교육과 보육 서로의 차이점을 발견할 수 없다. 즉, 유아교육계에서는 보호와 교육을 통해 종일반을 실시하겠다고 주장하고, 이미 그렇게 하고 있는 현 시점에서 아동복지라는 측면을 배제해 버린다면 유아교육과 보육은 그 차별성이 없다. 따라서 보육은 영유아기의 생활, 놀이, 교육이라는 관점에서 보아야 하며, 바로 이 점이 형식적 체제 속에서 비교적 엄격하게 이루어지는 유아교육제도와 '생활공간'으로서의 복지적 기능을 수행해야 하는 영유아보육제도와의 차이라고 볼 수 있다.

영아보육과 장애아의 통합보육은 정부의 공보육에 대한 적극적 의지 없이 시장경제의 논리만으로는 운영되기가 어렵다. 물론 그나마 장애아보육에 대한 국가적 지원은 민주주의와 시장경제에 의해 운용되는 자본주의 체제하에서 취약계층에 대한 국가의 최소 개입이라는 점에서 그 당위성을 가지나, 영아보육의 경우는 이러한 논리전개에서도 허약성을 가진다. 다시 말하면, 국가가 책임지고 무료보육을 제공하지 않는 한 현실성이 없으므로 영아의 복지적 차원에서 현존의 영아반과 유아 · 유치반이 공존하는 형태로 당분간 유지되는 등의 적절한 대안이 필요하다.

마지막으로 여성의 취업과 사회참여를 권장하면서 혼자 남겨진 초등학생을 위한 방과후 아동보육의 문제인데, 방과후 아동보육을 위하여 그동안 정부에서는 영유아보육법상의 아동을 12세로 연장시켰으며 방과후 시설의 설치비 및 교사 인건비 지원 등을 통하여 적극적으로 방과후 아동 보육사업을 전개하고 있다. 그러나 아직도 방과후 아동보육은 활성화되어 있지 않아 초등학교 저학년의 경우 방과후에 자기보호를 해야 하는 상황에 놓이기 쉽다.

그리고 방과후 아동보육의 대상은 일반적 보육대상인 영유아의 범주를 넘고 있어 아동복지적 차원에서의 접근에 따른 보육사업 보강이 요구된다. 현 정부의 정책 기조는 '민주주의와 시장경제'이며 이는 헌법에 규정되어 있는 자유민주주의의 논리이기도 하다. 아동과 가족복지를 포함한 전체적 입장에서의 사회복지의 시작은 이러한 민주주의와 시장경제의 논리로 전개되는, 즉 자본주의 사회가 지니는 거의 필연적이다시피 한 모순과 병폐를 해소하기 위한 사회적 지지망으로 시작되었다. 물론 이러한 최소의 지지는 낮은 수준이며 그야말로 삶의 질을 향상시켜서 헌법에 규정하고 있는 '인간다운' 삶을 살기 위해서는 더 나은 복지수준으로 발돋움해야 한다.

보육사업이 아동 및 가족복지적인 학문적 논리 및 현실적 상황을 고려하여 보완된다면 보육의 질적 · 양적 향상에 매우 긍정적으로 기여할 것이고, 영유아보육과 교육의 역사적 토양을 고려한 가운데 미시적이 아닌 거시적 차원에서 전개되어야 할 것이다.

CHAPTER

08 보육 프로그램

1. 영유아 보육 프로그램의 종류별 특성
2. 특별한 영유아 보육프로그램

1 영유아 보육 프로그램의 종류별 특성

1) 프뢰벨 프로그램

(1) 교육목표 및 원리

프뢰벨의 교육원리는 그의 대표 저서 『인간교육』에서 찾아볼 수 있다.

① 아동의 타고난 본성을 중시해야 한다.

아동은 세상에 태어남과 동시에 본성에 따라서 이해되고 올바르게 취급되어야 하며, 자신의 에너지를 자유롭게 사용할 수 있는 환경 속에 놓여져야 한다. 아동은 힘의 중심과 신체 각 부분의 모든 연결점을 발견하고 신체의 연결점에 몸을 지탱하고 스스로 움직이는 법을 배워야 한다(프뢰벨, 『인간교육』, 총론 제 19장). 아동은 일찍이 가장 어려우면서도 고도의 기술을 필요로 하는 걷기 연습을 할 필요가 있다.

② 아동은 발전 가능성을 가지고 있다

사람 속에 내재한 인간성은 모두 외현되고 고정된 것이 아니라 끊임없이 생성되고 발전하는 유기체로서 형성과 진보의 과정을 거치면서 계속하여 발전한다(프뢰벨, 『인간교육』, 총론 16장).

③ 아동은 발달단계를 거치면서 나선형으로 성장한다.

인간은 발달단계를 거치면서 나선형으로 순조롭게 성장한다.

④ 아동은 발달하기 위해서 발달과업으로 요구되는 것을 이루려고 노력해야 한다.

아동은 각각의 발달단계에서 요구되는 것에 도달하기 위해 노력해야 한다. 한 단계에서 열심히 노력해 충분히 완전한 발달을 이루어야 다음 단계에서도 동일한 노력에 의해서 그러한 발달을 이룰 수 있다. 한편, 성인은 아동의 발달단계에 부적합하고 무리한 요구를 해서는 안 된다(프뢰벨, 『인간교육』, 총론 22장).

⑤ 부모, 성인은 아동의 발달을 지원하는 인적 환경의 역할을 해야 한다.

아동이 타고난 잠재력을 계발하기 위해서는 바람직한 인적 환경 속에 놓여야 한다. 부모나 의미 있는 타자가 아동의 발달환경으로 기능할 수 있다.

⑥ 신이 만든 자연과 우주의 법칙에 가까이 다가가기 위해서 아동은 수학을 통해서 그 논리를 배워야 한다.

프뢰벨은 수학기초를 바탕으로 모든 놀이도구를 만들었다. 공, 입방체, 점 등은 사물을 이루는 가장 단순하고 기본적인 형태이자 자연의 기본을 포함하는 형태이다.

(2) 교육내용 및 활동

프뢰벨의 교육활동은 은물과 손으로 하는 활동으로 구성된다. 은물은 10가지 교구를 중심으로 구성된 인지활동 프로그램으로서 점, 선, 면, 입체를 가지고 분할, 조합, 비교가 가능하도록 구성한 손중심 활동이다. 손으로 하는 활동은 수작업 또는 준은물이라고 번역되어 국내에서 사용되고 있다. 수작업은 11부터 20까지인데, 작업 11은 종이 위에 구멍 뚫기, 작업 12는 바느질하기, 작업 13은 그리기와 색칠하기, 작업 14는 엮기 · 짜기 · 뜨기, 작업 15는 종이접기, 작업 16은 종이오리기와 붙이기, 작업 17은 콩, 작업 18은 상자 만들기, 작업 19는 모래, 작업 20은 점토 만들기이다.

첫 번째 은물 : 공

두 번째 은물 : 입체도형

세 번째 은물 : 입방체(분할과 조합)

네 번째 은물 : 구성

다섯 번째 은물 : 건축

여섯 번째 은물 : 비례

일곱 번째 은물 : 면 평판

여덟 번째 은물 : 직선

아홉 번째 은물 : 곡선

열 번째 은물 : 점

(3) 교사의 역할

전통적으로 프뢰벨 유치원의 교사는 아동을 관찰하고 인도하며 그의 활동을 방해하지 않는 역할을 수행했다. 프뢰벨 유치원 교사들은 자유롭게 은물을 가지고 놀게 하면서 그 놀이 속에서 은물의 특성을 아동이 스스로 탐구하게 하였다. 은물활동을 하는 아동에게 때로는 언어로 이야기를 하게 하고 때로는 노래를 부르게 하는 등 다양한 방법으로 자기 표현을 유도했다. 아동의 상상력을 키우는 이야기를 만들어 내거나 창의력을 키우는 사물을 생각하도록 했다. 따라서 프뢰벨 유치원의 교사는 아동이 스스로 생각을 촉진하게 하는 사람이고 수학이나 기하학의 깊은 원칙에 이르도록 인도하는 사람이었다.

그가 이끌어 나가는 대로 은물활동이 무한대로 확장될 수 있으므로 실제로 교사의 역할이 매우 크다. 교사는 사물을 일일이 들어서 이야기를 만들어 나가고 어린이들이 그것을 이해하는지를 살피는 민감성을 가지고 있어야 한다. 활동 가운데 적절한 지식과 노래와 정서경험이 포함되도록 교사는 주도면밀하게 계획을 세워서 아동이 주도적으로 활동에 참여하도록 이끌어 가야 한다.

(4) 프로그램의 사례

현재 독일의 구동독 지역이었던 바이마르 근처에서 프뢰벨의 유아교육 프로그램을 전수해서 유치원을 운영하고 있다. 이들은 프뢰벨 유아교육 담당자들을 모아서 협회를 구성해 해마다 모임을 가지고 있다. 이 모임에서 프뢰벨 교육에 대한 세미나를 열어 정보를 교환하고 독일과 세계에서 모인 회원들의 친목을 도모한다. 독일 내 프뢰벨 유치원의 수가 그리 많지 않은 것을 반영하듯 모인 사람의 수는 수십 명 단위이다. 그러나 토의내용은 알차고 토론의 열기가 높아서 그들의 소명의식을 읽을 수 있다. 프뢰벨 유치원은 바이마르 근처 지역에서 여러 곳이 운영되고 있다. 그러나 현재 독일에서는 프뢰벨 유치원보다는 일반 유아교육 프로그램을 가지고 운영하는 유치원이 훨씬 많은 것이 사실이다.

2) 몬테소리 프로그램

(1) 교육목표

몬테소리 프로그램을 이루는 가장 핵심적인 요소는 교구와 훈련을 포함하는 환경과 환경을 조성하는 교사이다. 몬테소리는 아동의 학습요구를 충족시켜 주는 환경을 조성하는 것이 자신의 교육 프로그램에서 가장 중요하다고 보았다. 환경은 아동이 자아를 발달시켜 가고자 하는 요구를 충족시킬 수 있으며, 아동이 인성을 표현하고 성숙과정이 순조롭게 이루어질 수 있도록 계획되어야 한다.

(2) 교육내용 및 활동

① 교육내용

몬테소리 유아교육과정은 다음과 같은 영역들로 구분되며, 이 외에도 음악, 미술, 동작, 연극 등의 영역이 추가될 수 있다(torrence & Chattin-McNichols, 2000).

㉠ 일상생활

아동이 몬테소리 학교에 처음 다니기 시작하면 일상생활도구를 사용하면서 집중력과 독립성을 기르며, 문화적으로 요구되는 예절을 배운다. 예절은 수업을 통해 배우는 것이 아니라 교사나 연상의 아동이 행동 모델이 되면, 아동은 흡수정신이 있기 때문에 자연스럽게 그들의 행동을 따라 하게 된다.

㉡ 감각

처음 어린이집에 다니게 된 아동은 곧 감각교구에 관심을 가지게 된다. 감각교구는 추상적인 개념을 구체적인 형태로 전달하도록 고안되어 있다. 예를 들어, 소리 나는 원통을 흔들면서 아동은 소리의 크기에 차이가 있음을 이해하게 되고 정육면체 세트로 부피와 크기의 개념을 익히게 된다. 더 나아가, 열 개가 하나의 세트로 구성되어 있는 교구는 아동이 소수 개념을 간접적으로 익히게 한다. 교구의 정확성은 정확성을 추구하는 인간의 근본 성향에 부합하는 것이며, 인간의 기술이 근거하고 있는 현실을 경험하게 한다. 모든 감각교구들은 손을 사용하도록 되어 있으며, 손과 두뇌의 협응에 의한 활동은 추상적인 개념과 그 개념을 구체력으로 표현한 것을 연결시킨다.

㉢ 언어

몬테소리 프로그램에서는 자유로운 대화를 통해 언어 발달이 촉진된다. 아동은 교실에서 다른 아동과 언제든지 자유롭게 이야기를 할 수 있기 때문에 언어는 교실에서 생활하는 데 필수적인 요소이다. 그리고 아동과 아동 간에, 아동과 성인 간에 계속 자신을 표현하고 의사소통하도록 격려되기 때문에 서로 이야기를 나누기 위한 시간을 별도로 정할 필요가 없다. 몬테소리 프로그램에서는 어휘력도 다양한 방식으로 길러지게 된다. 환경에 있는 모든 사물은 정확한 명칭으로 부르며 음악가, 도구, 가구, 음식, 복식, 주택 ,교통기관, 동물, 식물, 도형 등 다양한 사물 그림카드 맞추기와 같이 어휘력을 확장하기 위한 게임도 한다.

㉣ 수학

아동은 교구를 사용한 활동을 통해서 십진법을 이해하는 데 필요한 기초를 형성하여 0의 기능과 일 단위부터 백만 단위까지의 위계를 이해한다. 또한, 가감승제 개념의 기초를 습득하고 다양한 모양의 교구를 감각적으로 탐색하면서 기하에 관한 기초를 다지며, 제곱근 구하기나 분수로 가감승제하기 등의 개념을 익힌다.

㉤ 사회적 행동

몬테소리 교육은 지적 발달뿐만 아니라 아동의 인성과 사회적 행동 발달을 무엇보다 중요시한다. 몬테소리 어린이집은 3~6세 아동이 함께 생활하고 배우도록 구성되어 있는데, 이러한 환경이 아동의 예의바른 행동, 다른 사람에 대한 배려, 연령이 다른 사람들과의 원만한 관계형성 등을 가능하게 한다는 것이다. 몬테소리는 이러한 사회적 환경에서 최상의 인간 발달이 가능해진다고 하였다.

② 몬테소리 교구

㉠ 몬테소리 교구의 목적

몬테소리 교구는 몬테소리 프로그램을 구성하는 중요한 요소이다. 몬테소리 교육의 목적은 아동에게 어떤 기술을 가르치거나 지식을 전달하는 것이 아니며, 아동의 자아 형성과 정신적 발달을 내적으로 돕기 위한 것이다. 즉, 아동의 주의를 끌 수 있고 집중하게 할 수 있는 자극을 제공하여 아동의 성장을 돕도록 고안된 것이 몬테소리 교구이다(Torrence & Chattin-McNichols, 2000).

아동에게 내재되어 있는 발달을 이루어 가는 데 도움을 주기 위해서는 아동의 내적 욕구에 맞는 교구가 필요하다. 몬테소리는 여러 가지 몬테소리 교구를 사용하기에 적절한 연령을 제시하고 있지만 아동 개개인이 교구를 사용하기에 적절한 시기는 관찰과 실험을 통해 판단해야 한다. 교사는 아동의 집중능력과 교구를 가지고 있는 자발적인 반복연습에 주목하고 아동이 교구를 가지고 하는 활동을 관찰함으로써 그 교구가 제공하는 자극 정도가 아동의 내적 요구를 충족시키는지를 알 수 있다. 교구와 교구가 제공하는 자극 정도나 자극의 수량은 아동의 내적 요구에 따라 조정되어야 한다. 너무 많은 교구가 있으면 아동의 주의를 산만하게 할 수 있고 아동의 성장과정을 오히려 더디게 할 수 있다.

㉡ 몬테소리 교구의 구성원리

몬테소리 교구는 이타르와 세갱의 연구에 기초하여 개발된 것인데, 다음의 다섯 가지 원리를 충족하여야 한다(Lillard, 1972).

첫째, 몬테소리 교구를 사용하는 과정에서 일어날 수 있는 오류는 교구 중 한 측면에서만 나타난다. 예를 들면, 한 세트의 블록은 크기라는 한 가지 차원에서만 다르고 색깔이나 모양 등 다른 차원은 같아야 한다.

둘째, 교구는 디자인이나 사용방법에 있어서 단순한 것부터 시작하여 복잡한 것으로 진행되도록 구성되어 있다. 예를 들어, 수 개념을 위한 교구는 처음에는 길이만 다른 나무막대 세트를 사용하게 하고, 다음에는 색깔도 다른 나무막대 세트를 사용하여 숫자와 길이를 연관시킬 수 있게 한다.

셋째, 교구는 아동이 앞으로 학습할 것에 대해 간접적으로 준비되도록 고안되어 있다. 예를 들어, 교구에 있는 작은 손잡이는 아동이 이것을 잡고 교구를 사용하면서 손가락 협응을 훈련하여 이후의 글씨 쓰기를 준비하도록 한 것이다.

넷째, 어떤 개념을 구체적으로 표현하는 교구 사용으로 시작하여 점차 추상적으로 표현하는 교구로 옮겨간다. 예를 들어, 삼각형에 대한 학습에서 맨 처음에는 나무로 만들어진 삼각형을 감각적으로 탐색한 후 나무로 만들어진 삼각형을 밑면과 옆면을 각각 탐색하는 식이다.

다섯째, 몬테소리 교구는 스스로 학습하도록 만들어져 있고, 오류의 통제는 교사가 하는 것이 아니고 교구에 내재되어 있다. 교구는 아동이 사용하면서 사용방법을 스스로 터득하도록 되어 있고 자신의 실수를 인식하도록 만들어져 있다. 교구가 그렇게 제작되어 있음에도 불구하고 아동이 자신의 실수를 스스로 깨닫지 못한다면 그것은 아동이 그 교구를 사용할 만큼 성숙되지 않았다는 의미이다.

㉢ 몬테소리 교구 사용의 기본 규칙

아동은 자신이 선택한 교구를 스스로 가져다 사용하고 사용을 마친 후에는 다른 아동을 위해서 원위치에 정리한다. 그리고 아동이 교구를 사용하는 동안은 교사나 다른 아동에 의해 방해받지 않을 권리가 있다.

아동이 어떤 교구를 처음 사용할 때는 교사가 기초수업을 통해 교구를 소개하고 교구를 가지고 무엇을 할 수 있는지 제시해 준다. 뿐만 아니라 사가 아동과 아동의 내적 발달에 대해 발견할 수 있는 기회로 활용된다. 아동 개개인의 발달상황이 다르기 때문에 기초 수업은 개인 수업으로 이루어진다. 교사는 새로 소개하려고 하는 교구에 대해 완전히 파악하고 있어야 하며, 아동에게 교구를 소개할 방법을 사전에 충분히 연습해야 한다. 기초 수업은 정확하고 간결하며 단순하고 객관적이어야 한다. 교사는 말을 적게 사용하고 자신의 성격을 드러내지 않도록 함으로써 교구에 내포되어 있는 사실을 보다 쉽게 전달할 수 있다. 이렇게 새로운 교구를 소개하고 나서 아동에게 사용하도록 한다. 아동이 처음 사용할 때는 자유롭게 활용하도록 하고 아동이 교구에 관심을 보이는 정도나 집중하는 시간 등을 교사가 관찰하여 새로 소개한 교구가 아동의 발달에 적합한지를 판단한다. 적합하지 않다고 판단되면 다음에 다시 시도한다.

교구가 아동의 발달에 의미가 있으려면 교구사용법을 아는 것뿐만 아니라 반복적으로 사용하는 것도 중요하다. 반복 사용은 아동이 그 교구를 통해 학습해야 할 개념을 이해하고 교구와 활동이 아동의 내적 요구에 부합될 때만 가능하므로 교사는 아동이 활동을 반복하는지 주시해야 한다. 아동이 활동을 반복한다면 새로 도입한 교구가 아동의 요구에 맞는 것이며, 아동의 발달에 필요한 도움을 제공했다고 할 수 있다.

기초 수업에서 배운 활동을 일정 기간 동안 반복한 후에는 서로 다른 교구를 연결하거나 비교하면서 창의적으로 새로운 활동을 하게 된다. 교사는 교구의 기본적인 사용방법만을 보여 주어야 하며, 창의적인 활용방법은 아동이 스스로 생각해 내도록 해야 한다.

(3) 교사의 역할

① 아동관찰자

적합한 환경을 조성해 주기 위해서는 우선 여러 가지 교구에 관한 아동의 행동을 상당 시간 관찰하는 것이 중요하다. 교사의 태도는 수동적이어야 한다. 교사는 대부분의 시간을 아동의 활동을 관찰하는 데 보내면서 각 아동이 필요로 하는 것을 파악하고 아동이 새로운 과제를 시작할 만큼 준비가 되었는지 가늠하는 것이 중요하다.

② 환경제공자

교사는 아동을 어떤 방향으로 이끌거나 가르치거나 훈련시키는 등 아동을 관리하는 것이 아니라 아동이 독립적으로 어떤 과제를 달성하고 새로운 기능을 완전히 익힐 수 있도록 기회를 주어야 한다. 그러기 위해서는 각 민감기에 아동이 필요로 하는 교재 교구를 갖춘 환경을 제공해 주어야 하며, 이런 조건이 충족되어 있으면 아동은 교사의 감독 없이 스스로 열정적으로 그 교구를 사용하여 학습한다. 따라서 아동이 그 민감기에 배워야 할 것을 배우는 과정에서 환경 조성을 통해 도와주는 것이 교사의 역할이다. 교사가 이런 역할을 수행하려면 이에 적합한 태도를 갖추어야 한다. 몬테소리 교육에서 아동의 학습은 교사가 이끄는 것이 아니며, 아동이 독자적으로 해당 과제를 숙달하려는 노력을 존중해 주는 것이 교사의 역할임을 이해하고 아동의 관심에 주목하여 그 관심사를 추구하도록 환경을 조성해 주어야 한다.

③ 안내자

교사는 아동에게 활동을 자유롭게 선택하게 하지만 때때로 아동이 수행할 수 있다고 판단되는 새로운 과제를 제시하기도 한다. 교사는 새로운 교구에 대해 분명하고 간단하게 소개해 주고는 뒤로 물러나 아동의 행동을 관찰하다. 교사는 아동이 집중하는 정도와 과제를 되풀이하여 수행하는 정보를 살펴본다. 아동이 새로운 과제를 해낼 준비가 아직 안 된 것으로 판단되면 그 과제는 다음 기회로 미룬다. 여기서 주의해야 할 점은 교사가 아동으로 하여금 특정 과제를 배워야만 한다는 생각이 들게 해서는 안 된다는 것이다. 아동이 그런 느낌을 가지게 되면 자신의 고유한 성향을 따르는 능력이 약해진다. 아동이 새로운 교구에 몰두하여 활동을 하면 교사는 독립적으로 학습하도록 뒤로 물러나 있어야 한다.

(4) 몬테소리 프로그램의 사례

몬테소리 영유아 보육 · 교육 프로그램의 사례로 미국 버지니아 주의 레스톤에 있는 Children's House Montessori School을 간략히 소개한다.

표 8-1 Children's House Montessori School 일과 구성

시간	활동내용
08 : 00~08 : 30	아동은 하루를 시작하는 준비를 돕거나 조용한 활동을 한다.
08 : 30~09 : 00	반일제 아동 등원, 교실에 있는 교구를 자유롭게 선택하여 활동한다.
09 : 00~09 : 30	집단활동 – 출석 부르기, 예절교육, 이야기, 노래, 게임을 하거나 교실에 새로 비치된 사물이 있으면 거기에 대해 학습한다.
09 : 30~10 : 45	교육활동시간–테이블이나 바닥에서 개인활동을 한다. 10 : 30까지는 간식이 준비되어 있어 원하는 아동은 자유롭게 먹을 수 있다. 교실의 교구장에는 모든 아동을 위한 교구가 준비되어 있다. 대부분의 교구는 교사의 수업을 들어야 사용이 가능하지만 그렇지 않은 교구도 있다. 아동이 자신의 능력에 벅찬 활동을 선택하면 보다 적절한 활동을 선택하도록 도와준다.
10 : 45~11 : 15	집단활동 – 노래부르기, 게임, 이야기, 아동은 점심 식사를 위한 식탁 준비를 도우며, 동물에게 먹이를 주고 식물에 물을 준다.
11 : 15~11 : 45	실외놀이 –놀이기구에서 놀거나 모래놀이, 정원가꾸기 등을 할 수 있다. 반일제 아동은 11 : 45에 귀가한다.
11 : 45~12 : 25	점심시간 – 아동은 손을 씻고 모든 사람들이 자리에 앉을 때까지 기다린다. 식사계정을 지키며 즐거운 대화를 하면서 식사한다. 주어진 음식은 모두 다 먹어 보도록 한다. 식사를 마치고 남은 음식을 다시 싸고 휴지를 버리고 모든 사람이 다 마칠 때까지 앉아 있는다. 점심 후에는 아동이 식탁을 닦고 바닥 청소를 돕는다.
12 : 25~12 : 50	실외놀이 – 놀이기구에서 놀거나 모래놀이, 정원 가꾸기 등을 할 수 있다.

12 : 50~3 : 00	연령에 따른 활동을 하는 시간 • 낮잠 자는 아동 – 화장실에 다녀와 매트에 눕고 이야기를 듣는다. 소등하고 음악을 들려주며 잠들도록 도와준다. 30분 정도 소요된다. • 유치원 준비 프로그램 – 5세 미만 아동은 30분간 조용하게 휴식하는 시간을 갖고 아침에 시작했던 활동을 계속한다. • 유치원 아동 – 오전에 시작했던 교육활동을 계속하며 과학, 미술, 감상, 작문, 음악활동도 한다. 반일제 아동은 3시에 귀가한다.
3 : 00	반일제 아동 귀가
3 : 00~3 : 45	실외놀이 – 놀이기구에서 놀거나 모래놀이, 정원 가꾸기 등을 할 수 있다.
3 : 45~4 : 00	모든 아동이 함께 간식 먹는 시간
4 : 00~5 : 30	게임, 미술, 연극, 음악, 율동, 오래, 교육용 비디오 시청 등의 활동
5 : 30	모든 아동 귀가

3) 프로젝트 접근법

(1) 교육목표

프로젝트 접근법은 지식 획득, 기술 습득, 성향 계발, 느낌의 발달을 주요 목표로 한다. 첫째, 프로젝트 접근법은 영유아로 하여금 진지하게 새로운 경험을 이해하는 데 몰입하게 함으로써 새로운 지식을 습득하도록 돕는다. 둘째, 프로젝트 접근법은 신체적 · 인지적 · 사회적 · 의사소통능력 발달에 필요한 다양한 기술을 획득하도록 돕는다. 셋째, 프로젝트 접근법은 다양한 상황에서 겪는 경험에 대해 비교적 지속적으로 나타나는 반응양식이나 행동유형을 의미하는 성향을 키우도록 돕는다. 넷째, 프로젝트 접근법은 영유아로 하여금 주관적인 감정상태로서의 다양한 정서를 경험하도록 돕는다. 영유아는 프로젝트 접근법의 각 활동에 스스로 참여하고 수행해 내는 과정 속에서 집단에 대해 소속감과 유대감을 느끼고, 자신을 능력 있는 존재로 여기며 자신감을 갖게 된다.

(2) 교육과정

① 준비단계

㉠ 주제 선정

프로젝트 접근법을 시작하기 전에 먼저 탐구할 주제를 선정해야 한다. 어떤 주제를 선정하는가에 따라 교육과정의 성격이나 방향이 결정되므로 주제의 선정은 매우 중요하다. 프로젝트 접근법의 주제는 주로 영유아의 관심이나 흥미에 따라 제안되지만, 교사가 의도적으로 영유아의 흥미를 유발시킬 수 있는 장치를 통해 제안하기도 한다.

㉡ 예비주제망 구성하기

프로젝트 접근법 주제가 선정되면 교사는 그동안의 경험과 관찰에 근거하여 영유아들이 그 주제에 대해 무엇을 경험하고 무엇을 얼마나 알고 있는지를 생각하며, 교사 자신이 알고 있는 지식을 기초로 주제에 대한 여러 가지 생각이나 아이디어 등을 포함해 예비주제망을 구성한다. 이때 다른 교사들과 함께 협의한다면 자신이 미처 생각하지 못한 부분을 반영할 수 있을 뿐만 아니라 보다 조직적이고 체계적인 예비주제망 구성에 많은 도움이 될 것이다. 교사는 이러한 작업을 통해 주제에 대한 통찰력을 갖게 되며, 이는 프로젝트 접근법을 진행시켜 나가는 과정에서 중요한 의미를 지닌다.

② 도입단계

㉠ 경험 나누기 및 표현하기

일단 주제가 정해지면 교사는 영유아들과 주제에 대해 경험한 이야기를 나누며, 이를 통해 영유아들이 그 주제에 대해 무엇을 얼마나 알고 있는지 그리고 영유아들이 직접적으로 어떠한 경험을 통해 그러한 지식을 획득하게 되었는지를 알게 된다. 그 다음 교사는 영유아에게 자신의 경험을 말로 표현하는 것 이외에 다른 어떤 방법으로 표현할 수 있는지를 생각하여 표현해 보게 한다. 그리기 · 쓰기 · 구성하기 · 극화하기 등의 다양한 표현이 가능하다. 이렇게 영유아가 자신의 경험을 다양하게 표상하도록 하는 것은 영유아가 과거의 경험을 재구성하고 자신이 가진 지식을 정리하는 데 도움이 된다.

ⓛ 교사와 유아의 공동주제망 완성하기

교사들과 함께 예비주제망을 작성했던 것처럼 영유아와 함께 주제망을 구성한다. 영유아는 대체로 자신이 알고 있는 내용을 하나의 단어로 표현, 구성한다. 영유아는 대체로 자신이 알고 있는 내용을 하나의 단어로 표현하는 것에 어려움을 가질 수 있으므로 영유아가 표현한 서술형을 교사가 명사형으로 바꿔 줄 수 있다. 또한, 글자에 익숙지 않을 경우에는 그림으로 나타낼 수도 있다. 이렇게 교사와 영유아가 함께 주제망을 완성시킴으로써 유아는 자신이 존중받고 있다는 느낌을 갖게 되고 주제에 대해 책임 있게 참여할 수 있는 동기부여가 된다. 이러한 과정을 거쳐 완성된 주제망은 프로젝트 접근법이 진행되는 동안 수정 또는 추가되며, 학습내용에 대한 안내 역할을 하게 된다.

ⓒ 질문목록 구성하기

영유아들이 경험을 나누고 다양한 방법으로 표상하고 주제망을 작성하는 동안 주제에 대해 영유아들이 알고 싶어 하는 것들이 명료해진다. 이러한 명료한 생각들이 질문목록으로 만들어지는데, 이는 이후의 활동 전개에 강한 동기부여가 될 수 있다. 따라서 주제를 선정하고 주제망을 완정하기까지 유아들의 적극적인 관심을 이끌어 내려는 노력이 매우 중요하다.

③ 전개단계

전개단계에서는 주제에 도입 부분에서 다루어진 질문이나 계속적으로 생기는 새로운 의문점들을 해결하기 위한 활동이 이루어진다. 이 단계에서의 중심 활동은 현장견학 및 전문가와의 면담을 통해 주제와 관련된 지식을 조사 · 탐구하고 경험을 표현하는 활동이다. 주제를 심층적으로 연구하기 위해 도서 · 그림 · 비디오 · CD 등의 보조자료를 활용한 다양한 활동이 이루어지기도 한다.

㉠ 현장견학활동

현장견학활동은 현장견학을 위한 준비활동, 현장견학활동, 현장견학 사후활동의 순서로 진행된다. 영유아의 연령이 어릴수록 주제와 관련된 현장활동을 통해 실제적인 자료에 접하도록 하는 것이 프로젝트 활동의 활성화에 큰 도움이 된다. 현장견학을 위한 준비단계에서는 효율적인 현장활동이 되도록 하기 위해 현장에서 무엇을 보고자 하며, 무엇을 조사할 것이며, 무엇을 물어볼 것인지 등을 미리 생각하고 토의하며 표상한다. 현장견학 단계에서는 현장활동을 통하여 주제와 관련이 깊은 대상이나 현상들을 직접 확인하고, 자신이 많은 관심을 가지고 있는 부분을 기록하도록 한다. 현장견학에서 기록하기에 어려움을 가지고 있는 어린 유아들을 위해 교사가 견학의 내용을 사진에 담아 두거나 실물을 얻어 교실에 가져오는 것은 현장견학활동 이후의 활동을 보다 생생하고 흥미롭게 하는 데 기여한다.

현장견학 사후활동 단계에서는 현장견학을 마치고 돌아온 결과에 대해 이야기 나누기를 하고 현장에서 무엇을 보고 듣고 왔는지를 그리기, 쓰기, 점토 만들기 등의 다양한 방법으로 표상한다. 때로 현장견학활동 이후에 새로운 질문이 제기되어 관련 정보를 수집하거나 다른 현장견학활동을 계획하기도 한다.

㉡ 전문가와의 면담

전문가와의 면담 단계에서는 현재 영유아들이 탐구하고 있는 주제와 관련하여 직접적인 경험이 풍부한 사람을 교실에 초빙하여 영유아가 궁금해 하는 것에 대한 답을 듣고 주제와 관련된 다양한 이야기를 함께 나눈다. 전문가를 초빙하여 새롭게 알게 된 사실을 재확인하기 위해 그림 그리기, 감사편지 쓰기 등의 활동을 실행할 수 있다.

④ 마무리 단계

마무리 단계는 프로젝트 활동결과를 전시하고 발표하는 경험을 통해 프로젝트 수행과정에서 얻은 다양한 정보들을 내면화하는 한편, 다른 사람들과 정보를 상호공유하는데 의미를 부여할 수 있다. 마무리의 시기는 영유아가 프로젝트 주제에 대해 흥미를 잃어 가고 있고, 새로운 주제에 관심을 보이거나 주제와 관련된 내용이 거의 다루어졌다는 판단이 섰을 때 결정하도록 한다.

㉠ 마무리 행사 준비

마무리의 시기에 교사는 유아들과 함께 그동안 진행해 온 프로젝트의 결과를 어떤 형식을 통해 다른 사람들과 공유할 것인가를 협의해야 한다. 행사의 구체적인 형식이 결정되면 역시 유아들과 함께 행사 준비를 위한 활동을 계획하고 역할을 분담하도록 한다. 대체로 전시회 및 발표회 등의 행사를 준비하게 되며, 행사의 홍보를 위해 포스터를 제작하거나 가족에게 초대장을 만들어 보낸다.

㉡ 전시회 및 발표회

프로젝트의 활동 결과물을 교실, 복도, 현관 등에 전시하며, 초대받은 이들의 이해를 돕기 위해 각 전시 영역별로 유아들을 배치하여 전시내용을 자세하게 설명해 줄 수 있도록 한다. 전시회와 별도로 동극이나 노래, 춤 등의 발표회를 준비했을 경우에는 미리 공고된 일정에 맞추어 진행하도록 한다.

(3) 교사의 역할

프로젝트 접근법은 교사가 영유아의 프로젝트 수행을 안내하는 일련의 교수전략으로서 프로젝트 접근법의 성공적인 수행 여부는 교사에게 달려 있다고 해도 과언이 아니다.

교사가 유아가 함께 만들어 가는 프로젝트 접근법의 실행에 있어서 '민감한 관찰자와 안내자'로서의 교사역할이 중요하다. 이러한 역할은 프로젝트 단계별로 다양하게 나타난다. 프로젝트의 전체 진행과정에 중요한 영향을 미치는 준비단계에서 교사는 구체적으로 프로젝트의 주제 선정 지원하기, 주제에 관한 영역별 학습내용 및 활동예상안 작성하기, 주제에 관한 유아의 관심과 흥미를 유발시킬 수 있는 환경 구성하기 등의 역할을 수행하며, 사전에 주제에 대해 충분히 준비하고 프로젝트에 임할 수 있어야 한다. 프로젝트 시작단계에서는 주제에 관한 유아의 다양한 생각들을 격려하고 유아의 흥미와 호기심을 유도할 수 있는 다양한 활동을 지원하는 한편, 유아들이 탐구하고자 하는 내용의 큰 줄기를 잡아 주어야 한다. 전개단계에서는 다양한 활동을 적극적으로 지원하기 위해 질문내용을 활동으로 연결해 주고, 적합한 자원을 조달하고, 활동경과물을 공유하는 시간을 통해 적합한 추후활동으로 연결해 줄 수 있다. 결과들을 유아들과 함께 검토하고 평가하면서 이후의 프로젝트가 더욱 풍부해질 수 있는 기반을 마련할 수 있다.

프로젝트 준비 단계에서부터 마무리 단계까지 부모의 적극적인 참여를 유도하고 부모와 긴밀한 협조적 관계를 유지하는 것은 프로젝트를 진행하는 교사의 중요한 역할이다. 부모는 유아, 교사와 함께 프로젝트를 이끌어가는 중요한 주체로서 부모의 적극적인 참여와 협조가 있을 때 프로젝트 활동이 더욱 풍부하게 이루어질 수 있다.

(4) 프로젝트 접근법의 실제 : 닭 프로젝트

① 1단계 프로젝트 시작하기

㉠ 경험 나누기 및 그림으로 표상하기

교사가 닭을 쫓아가서 붙잡는 기술이 뛰어난 자신의 아들 이야기를 사진과 함께 보여준다. 교실에서 닭을 보게 되자 아이들의 흥분은 최고조에 이르고, 자연스럽게 닭 그림을 표상하는 활동이 이루어진다. 이때 교사는 유도질문(예 닭을 그릴 때 머리부터 그리고 싶어요, 발부터 그리고 싶어요? 닭의 모습 전체를 그리고 싶어요?) 등을 던진다.

㉡ 주제망 및 질문목록 작성하기

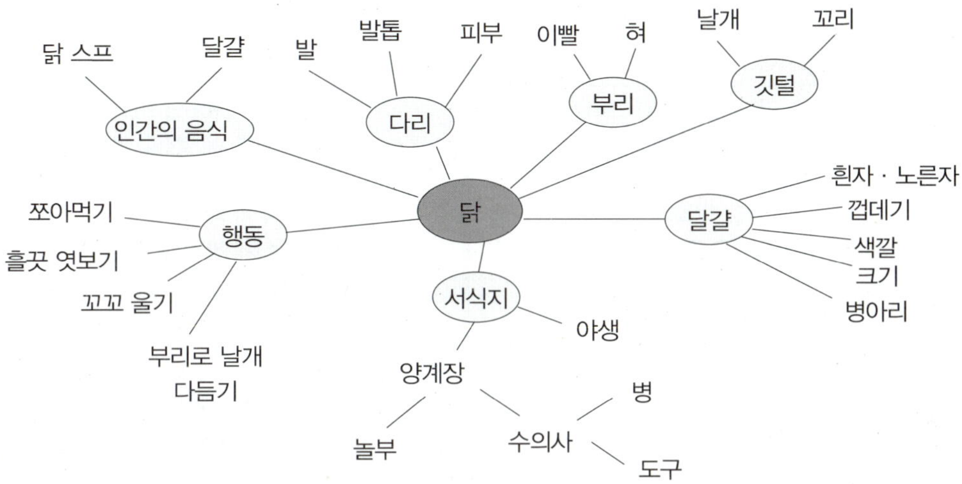

• 닭이 알을 낳을까요?

• 닭은 날개가 있어요?

• 닭은 알을 깨고 나온 것일까요?

• 닭은 닭 집에서 알을 낳나요?

• 닭 입 사이에 빨간 것은 무엇인가요?

• 닭은 무엇을 먹어요? 닭이 꽃을 먹나요? 닭이 치킨 스프를 먹을까요?

• 닭이 지난번에 왜 무서워했어요?

• 닭은 연필을 사용하나요?

• 닭이 양말을 신어요?

• 닭이 경주를 할 수 있어요?

• (교실에 있는) 닭은 여자인가요?

㉢ 통합적 교육과정망 구성하기

표 8-2 다양한 영역 활동의 통합적 구성

닭			
미술	• 닭 · 달걀 관찰그림 그리기 • 달걀 스티커 그림 그리기 • 닭장 만들기 • 점토 달걀 만들기 • 달걀껍질로 작품 만들기	수	• 농장에는 닭이 몇 마리 있을까? • 닭은 일주일에 달걀을 몇 개를 낳을까? • 닭은 얼만큼이나 먹을까? • 닭 몸무게 재기 • 닭의 신체 부위 수 세기
신체음률	• 치킨 댄스 • 닭처럼 움직이기 • 닭소리 흉내내기	과학	• 닭과 달걀 관찰하기 • 달걀 요리하기, 달걀이 익는 과정 관찰하기 • 인큐베이터에서 달걀 키우기
언어	• 각 부위의 명칭 알기 • 닭 관찰하고 이야기 나누기 • 닭그림 보고 이야기 나누기	조작	블록으로 닭장 만들기
		극놀이	• 농부

② 2단계 : 조사 및 탐구하기 표상하기

• 부화기 설치하기

• 부화기에서 알 키우기

• 현장견학활동 : 닭농장

• 전문가와의 면담

③ 3단계 : 프로젝트 마무리하기

프로젝트에 대한 열의와 규모가 다소 축소되어 가는 시기에 프로젝트를 마무리하기 위한 준비를 시작한다. 아이들은 프로젝트의 마무리 행사에 가족들을 초대하여 그동안 진행된 프로젝트의 전과정을 보여준다. 닭춤과 닭노래 등을 선보인다.

4) 발도르프 프로그램

'물리적 육체'가 형성되는 0~7세 시기에 유아는 주로 모방과 본보기를 통하여 학습하고 감각을 통해 배우며, 리듬적인 분위기 속에서 습관을 익힌다. 유아의 배우는 방식을 중시하며, 유아의 상상력을 제한하지 않으려고 노력하는 발도르프 유아교육과정을 살펴보자.

(1) 교육목표 및 원리

① 모방과 본보기 교육

발도르프 유아교육과정에서 7세 이전의 아동은 모방을 통해 배우므로 교사나 어른의 본보기가 매우 중요하다. 언어 습득이나 신체 발달과정을 보면 모방의 중요함을 알 수 있다. 아동이 일상생활에서 자연스럽게 발음을 배우게 되는 것은 성대구조가 들리는 소리에 적당하도록 형성되기 때문이다. 가장 사랑하는 사람의 언어를 주로 모방하고 신체와 근육 발달도 가장 사랑하는 사람을 모방함으로써 이루어지는 것으로 믿어지는데, 말투뿐 아니라 걸음걸이 자세 등이 부모와 자식 간에 유사하다는 것이 이런 믿음을 뒷받침한다.

슈타이너는 영아가 세상에 완전히 열려 있고 그 세상 안에서 모방을 통해 배워가는 과정을 이렇게 표현하였다. "아동이 자신을 세상 안으로 형성하며, 세상을 자신의 내면에 형성한다." 교사와 부모가 할 일은 유아의 물리적 육체가 건강하게 탄생되도록 '보호막'을 형성하며 모태와 같은 교육환경을 형성하는 것이다. 그래서 발도르프 유아교육기관에서는 교사가 가르치지 않고 진지한 자세로 삶에 필요한 작업을 하고, 유아가 모방을 통해 계절과 일상생활을 체험하면서 자신의 신체 형성에 충분히 몰두할 수 있게 하고 있다.

② 감각 중시 교육

슈타이너는 인간의 감각을 12가지로 보고 그 중 네 가지 신체감각인 생명감각, 균형 및 방향감각, 촉각, 고유운동감각이 영유아기에 발달한다고 했다. 그러나 현대의 문명 발달로 인해 이 감각들이 많이 손상되어 행동불안, 행동과다증, 공격행동, 소심함, 표현부족 등의 문제를 보이는 유아가 증가한다고 본다. 카세트녹음기, 기계와 플라스틱 놀잇감을 많이 접하고 있어서 영유아기에 발달시켜야 할 신체감각이 마비되는 것이다. 감각작용이 일어날 때는 무의식적인 '수용'과 '수행'이 함께 이루어지는데 이것을 주관하는 행위력과 의지력이 손상되기 때문에 감각이 마비되는 것이다. 그래서 발도르프 유치원에서는 자연물로 이루어진 놀잇감을 제공하고, 유아에게 적합한 색깔로 된 환경을 구성하며, 유아의 신체동작감각을 충분히 경험할 수 있는 라이겐(시, 노래와 율동이 담긴 리듬적인 놀이)을 하고 있다. 현대에 증가하고 있는 아동심리행동 문제를 예방하고 치료하기 위해 감각 중시 교육에 주목할 필요가 있다.

③ 리듬과 반복을 중시하는 생활교육

인간에게는 호흡, 심장박동, 맥박 등과 같이 본래 리듬이 있다. 이름은 생활에 안정감을 주고 두려움을 없애 주며, 새로운 환경에 능동적으로 적응할 수 있는 힘을 주고 조화롭게 살아가게 하며, 삶의 근원적인 힘을 체험하게 하는 중요한 요소이다. 교육자는 리듬 있는 생활을 구성하기 위해 우선 스스로가 리듬 있는 생활이 주는 힘을 느끼고, 아동을 위해 라이겐과 같은 리듬적 놀이를 하는 것도 중요하나, 무엇보다도 리듬적인 분위기를 조성하여 생활습관을 형성해야 한다.

리듬적 분위기는 들숨과 날숨이 반복되는 하루 일과로 형성된다. 아침에 등원한 아동들은 각자의 충동과 욕구를 가지고 오므로 먼저 자신을 충분히 표현하는 날숨 자유놀이를 하고 짧은 들숨인 라이겐을 함께하면 좋다. 두 번째 날숨으로 실외놀이나 산책을 하고, 다시 이야기 들려주기나 기타 작업을 하는 들숨과정을 한다.

아동에게 안정감을 주기 위해 3~4주 동안 한 가지 일을 계속해서 반복하는 발도르프 유치원 생활은 어린이의 내적인 호흡작용을 고려한 반복적인 리듬이 담긴 하루 일과로 진행된다.

④ 상상력 발달을 중시하는 창의성과 감성교육

아동의 상상력을 제한하지 않기 위해 모형자동차나 눈, 코, 입이 있는 인형 등 완벽하게 만들어진 놀잇감을 주지 않는다. 대신에 나뭇가지나 나무토막 또는 단순하게 만들어진 눈, 코, 입이 없거나 점만 찍힌 인형을 제공한다. 단순한 모형일수록 상상력을 최대한 자극하기 때문이다. 동화도 가급적 그림 없이 들려준다. 그림이 이야기 내용을 이미 결정한다고 보기 때문이다. 인형극에서 사용되는 인형 또한 인물의 성격을 얼굴 생김새로 결정하지 않고 인형 옷의 색깔을 가지고 상징적으로 표현하여 아동에게 상상의 여지로 아동이 할 일을 남겨 둔다.

(2) 교육내용 및 활동

① 놀이와 놀잇감

놀잇감은 대부분 교사에 의해 만들어지는데 바느질, 조각, 매듭, 등나무 바구니 짜기 등으로 이루어진다. 나무로 만든 블록, 나무그릇, 나무로 만든 탈것들, 조개껍질이나 돌, 나뭇가지를 이용하여 만든 장난감, 찰흙으로 빚은 그릇, 천연염료로 염색한 천들이 놀잇감이다. 건전지나 전기를 이용한 장난감, 버튼 하나로 간단하게 조작되는 장난감은 쉽게 아이를 심심하고 과격하게 만든다고 보아 피한다.

비디오나 TV를 유아에게 보여 주지 않는 대신 요리, 설거지, 빨래, 진흙놀이, 모래놀이 등은 실컷 할 수 있다. TV 시청으로 인해 상상력을 펼칠 기회를 빼앗기고 구조화된 놀잇감을 가지고 놀며, 상상력을 충분히 사용하지 않은 아이들은 건강하게 성장할 수 없고 과민하게 집중력이 부족해진다고 보기 때문이다.

② 예술작업

예술작업은 주로 교사에 의해 이루어지며 인형 만들기, 절기음식 만들기, 수놓기, 조각, 바느질, 놀잇감 만들기, 명절 등 특별한 날 준비하기 등을 한다. 아동은 교사의 진지한 예술활동을 통해 인간 생활에 필요한 모든 문화적인 행위, 조형과정을 직·

간접적으로 체험하며 노동의 가치, 물건제조과정, 만든 물건의 소중함, 자연과 더불어 사는 즐거움 등을 배운다. 교사는 자신의 전 작업과정을 주도면밀하게 구성하여 아동에게 교육적인 경험을 제공해야 한다. 또한 아동의 자발적 참여를 위해 재료가 담긴 바구니를 항상 준비해 둔다. 아동의 모방을 염두에 두고 작업에 임하며 절대 지시하여 결과물을 요구하지 않아야 한다.

예술작업 중 수작업(손끝놀이)에 대해 살펴보자. 발도르프 프로그램은 손과 손가락을 민첩하게 하는 놀이나 작업활동을 많이 한다. 바느질과 수예 등 손으로 하는 작업은 우선 아동이 즐거움을 느끼고 모방할 수 있도록 해야 한다. 일부러 시킬 필요가 없으며 아동 스스로 자기 자신 고유의 능력과 아이디어로 작업에 임할 수 있도록 자유롭게 놓아 두어야 한다. 다만, 가위질이 서툴다거나, 바늘에 실을 못 꿰거나, 실에 매듭을 짓는 일처럼 아동 스스로 해결하기 어려운 문제는 조심스럽게 도와준다. 3~4세 아동은 서투른 바느질로 뭉치를 만들고는 '내가 새를 만들었다'고 즐거워하며, 그 새가 온 방을 날아다니게 만들곤 한다. 그러나 5세경이 되면 만들기 원하는 것을 미리 생각하고 적절한 펠트 조각을 선택하고 재단을 한 후 천재적인 솜씨로 어른이 할 때 본 것처럼 시접을 꿰매곤 한다. 취학 전 나이에 '진짜' 바느질을 제대로 할 수 있게 되어 바늘에 실을 혼자 꿰어 간단한 인형을 만들게 되는 것이다.

수예의 경우 교사가 정해진 시간에 수놓는 것을 유아가 쭉 보는 경험을 한 후 자유롭게 수놓기를 모방한다. 어떤 유아는 실의 색을 고르는 데 매우 고민하고 어떤 유아는 마음 내키는 대로 고른다. 한 유아는 바늘땀을 크게 내고 다른 유아는 거의 제자리에 바늘땀을 내는 등 바느질과 수예에는 짜기 같은 작업보다 훨씬 더 많은 조형의 자유가 주어진다.

③ 동화 및 이야기 들려주기와 인형극

아동에게 상상력의 발달과 안정감, 반복의 즐거움을 주기 위해 2~4주 동안 같은 시간에 같은 동화를 들려준다. 그림 없이 이야기로만 들려주어서 주어진 그림에 의해 상상력이 제한되지 않도록 한다. 이야기 들려주기 뿐 아니라 인형극을 보여 줄 때도 상상력을 최대한 일깨우는 데 주안점을 두고 있다.

④ 라이겐

리듬활동의 하나인 라이겐은 시나 동화, 노래를 가지고 신체적인 움직임으로 표현하는 것이다. 내용은 교사가 짓기도 하고, 기존에 있는 아동을 위한 운율이 있는 시, 노래, 동화의 내용으로 하기도 한다. 현대 문명인 TV나 컴퓨터로 인해 신체활동이 많이 줄어든 아동들에게 의미 있게 신체를 움직이도록 함으로써 치료적인 효과가 있으며, 이후 쓰기나 수학이나 기하학 교육에 필요한 기초 능력도 발달시킬 수 있다.

⑤ 그리기

그림은 주로 밀랍으로 만들어진 크레용과 물감을 이용한다. 그리기는 아동의 내적 표현이며 색깔의 본질적 체험이므로 어떤 주제를 주지 않고 교사가 모범으로 그림을 그린다. 선을 사용하기보다 면으로 형태가 드러나는 그림을 그려서 아동들로 하여금 생동감 있는 그림을 경험하도록 한다. 넓은 붓으로 색깔놀이를 하며 색과 일치되는 내적 경험을 촉진해 주고, 결과에 대한 느낌을 갖도록 한다. 색깔은 빨강, 파랑, 노랑을 주어 서로 섞어 새로운 색이 만들어지는 경험을 해 보게 한다. 색깔에 대한 본원적인 느낌을 갖도록 해 주려면 먼저 성인이 잃어버린 색에 대한 느낌을 찾는 작업이 선행되어야 한다고 본다.

⑥ 노래

슈타이너는 6~8세경까지는 5도의 음정이 좋다고 보았다. 레, 미, 솔, 라, 시의 5음을 사용하고 반음이 없어야 아동의 감성과 맞는다고 하였다. 아동에게 맞는 음정은 꿈꾸는 듯한, 끝이 없는듯 한 음으로 이루어진 노래가 좋다고 하였으며, 그러한 음정에 적당한 악기로 라이어를 개발하였다.

(3) 교사의 역할

발도르프 교육에서 필요한 교사상은 두 가지로 요약된다. 한 가지는 자기수양 혹은 자기교육을 지속적으로 실천하는 교사이고, 또 다른 한 가지는 영혼과 정신과 신체를 통합하는 교육을 실시하는 교사이다. 영유아들이 자신의 주변 인물들과 환경에 대해 끊임없이 모방과 본보기를 통하여 학습한다고 보기 때문에 이론적으로 전문가인 교사보다 자기수양이나 자기교육을 실천하는 교사를 더 중요하다고 본다.

북미발도르프학교연합회는 발도르프 교사가 사상가, 예술가, 과학자, 시인, 환경론자, 음악가의 역할을 감당할 수 있어야 한다고 강조하였다.

(4) 발도르프 유아교육의 사례

서남발도르프 어린이집은 만 2세부터 만 6세까지 혼합연령반을 두 반으로 구성하였다. 반별 인원은 21명이고 담임교사는 2명씩이다.

표 8-3 서남발도르프어린이집의 일과

시간	샛별반	은하수반	비고
08 : 00~09 : 00	등원 시작, 자유놀이 및 아침 간식 만들기		계절과 절기에 따라 음식종류 변화
09 : 00~09 : 30	아침 간식 및 설거지		식사 후 처리 경험
09 : 30~10 : 20	자유놀이 및 그림 그리기(블록 크레용)		
10 : 20~11 : 00	정리 및 라이겐		3~4주간 같은 라이겐을 반복
11 : 00~12 : 20	나들이(화,금) 자유실외 놀이 및 텃밭 가꾸기	나들이 또는 텃밭 가꾸기	10 : 30~11 : 00 (수 또는 목) : 각 반 5세 취학 전 어린이들 문자 교육
12 : 20~1 : 00	식사 준비 및 점심식사		
1 : 00~1 : 30	정리, 이야기 들려주기 (축제 또는 행사 시 인형극 보여 주기)		한 리듬이 진행되는 동안 같은 이야기를 반복하여 들려준다.
1 : 30~3 : 30	낮잠		정교사 교사회의 (금 : 전체 교직원회의)

3 : 30~4 : 30	자유놀이 및 예술작업(월,수),점토놀이(화),자유놀이 및 수채화 그리기 (목),자유놀이 및 대청소(금)	자유놀이 및 수채화 그리기(월),자유놀이 및 전래놀이(화),자유놀이 및 예술작업(수,목,금), 자유놀이 및 대청소(금)	예술작업 : 바느질,양모벽화,조각,염색,찰흙으로 그릇 빚기,요리,교실꾸미기(축제준비,계절탁자,잠자는 방)등 5세 아동 : 수직,수놓기 등 장시간 집중을 할 수 있는 작업
	텃밭 활동		
4 : 30~5 : 00	정리 및 오후 간식		
5 : 00~6 : 30	자유놀이 및 자유귀가		
6 : 30~7 : 00	합반하여 자유귀가		

5) 포테이지 프로그램

(1) 교육원리

포테이지 모델 개발자들은 아동을 위한 중재에 부모가 직접적으로 참여할 것을 강조하였다. 부모의 직접적 참여는 여러 가지 이유에서 필요하다. 우선, 부모는 아동을 위한 프로그램과 서비스에 비용을 지불하는 소비자이므로 부모는 아동이 무엇을 배우는지 알고 싶어 하며, 아동을 가르치는 데 참여하고 싶어 한다. 또한 부모는 프로그램이 지속적으로 확장될 수 있도록 도움을 주는데, 부모와 같은 가족의 지원은 아동의 학습속도를 가속화시킬 수 있으며, 부모 참여의 정도는 아동의 인지 발달과 정적 관련을 보인다.

부모의 적극적 참여와 더불어 가정에 기반을 둔 접근은 매일의 가르침과 지속적인 중재기회를 위한 잠재력을 제공한다. 포테이지 프로그램의 경유 학습은 가정과 아동의 자연스러운 환경 내에서 발생하므로 학습에서 이루어진 학습내용을 가정으로 전이시킬 필요가 없다는 점에서 가정중심 접근의 유용성을 찾을 수 있다. 또한 가정에서 이루어지는 교수활동은 교수과정에 가족구성원 모두가 참여할 수 있는 기회를 제공해 주고, 부모는 훈련을 통해 아동의 새로운 행동을 다루는데 요구되는 기술을 획득한다.

(2) 교육내용 및 활동

포테이지 프로그램에서 교육활동은 포테이지 모델에 근거하여 이루어진다. 여기에서는 포테이지 가정방문 모델과 더불어 포테이지 교육활동을 포함하고 있는 포테이지 지침서의 내용을 통해 구체적인 교육활동을 알아보고자 한다.

포테이지 모델은 세 가지 요소로 구성되는데 부모참여, 가정 중심 프로그램, 정밀교수법의 활용이 이에 해당된다. 이 가운데 부모참여는 '부모와의 연계' 부분에서 상세하게 살펴볼 것이며, 저밀 교수법은 앞서 소개된 '포테이지 프로그램의 배경'에서 구체적으로 언급되었으므로, 여기에서는 포테이지 가정방문 모델에 대해서 살펴보고자 한다.

① 포테이지 가정방문 모델

포테이지 가정방문 모델은 크게 세 가지 단계로 구성된다. 첫 번째 단계는 직접적 중재단계인데, 이 단계에서는 영유아의 발달과정을 중심으로 가정에서 해야 하는 활동의 시연 및 회상, 부모에 의한 연습 그리고 과제의 목적과 예상 결과에 대한 논의가 이루어진다. 이를 가정교수과정이라고 부른다.

두 번째 단계는 상호작용과 놀이단계인데, 이 단계에서는 놀이활동을 제공하며, 학습한 활동을 일상생활에 통합시킴으로써 아동이 활동을 일반화시킬 수 있도록 부모가 도울 수 있게 안내한다.

마지막 단계는 가족 지원 단계인데, 이 단계에서 가정방문교사는 부모의 지원자 역할을 담당하며, 가족이 요구하는 적절한 정보와 도움을 제공하고, 가족과 신뢰 있는 관계를 형성한다. 〈표 8-4〉에는 포테이지 가정방문 모델의 단계별로 참여자, 내용, 방법이 구체적으로 제시되어 있다.

표 8-4 가정방문 모델의 단계별 특성

단계(소요시간)	참여자	내용	방법
직접적 중재활동 (25~35분)	부모, 방문교사, 아동	• 발달영역별 구체적 기술 획득을 위한 활동 • 회상, 시연, 연습, 논의	• 가정교수과정 –방문교사에 의한 사후 기초선 제시 –방문교사에 의한 새로운 활동 제시 및 기초선 기록 –부모 모델에 의한 새로운 활동 제시 –부모와 방문교사의 회상 활동 및 기록
비공식적 활동 (30~35분)	부모, 아동, 형제, 방문교사	• 아동의 창의적 표현과 자발적 교수 및 기술 획득의 확장을 촉진시키는 활동 • 지속성, 일반화, 일상생활에의 통합	• 미술, 음악, 산책, 식사, 목욕 등과 같은 활동을 활용
부모 및 가족활동 (20~30분)	부모, 방문교사	• 부모와 방문교사의 공동작업 • 활동결정, 부모의 지식 기반 확장, 문제해결능력 향상	• 주간 교육과정 활동 계획 • 필요한 정보 공유 • 가족의 어려움 해결 전략 개발

② 포테이지 가정교수과정

가정교수과정은 포테이지 프로그램의 핵심부분이다. 가정방문을 실시할 경우 가장 먼저 고려해야 할 사항은 가정방문에 적절한 일시를 결정하는 것이다. 예를 들어, 아동의 낮잠시간을 피해야 하며, 아동의 주의가 산만해지지 않도록 주의집중이 가능한 장소를 선정해야 한다. 또한, 가정방문이 완료될 때까지 다른 가족원이 아동의 학습을 방해하지 않아야 한다.

가정방문교사는 부모는 상호 협력하여 2~3개의 행동과 과제를 일주일 단위의 목표로 설정한다. 아동이 일주일 이내에 성공할 수 있는 행동과 범주를 목표로 설정한다. 가정교수과정은 〈표 8-4〉의 직접적 중재 단계의 방법에 구체적으로 설명되어 있다.

가정방문의 첫날, 가정방문교사는 부모로부터 획득한 정보에 기초하여 활동카드를 이용해 아동을 위한 과제를 준비한다. 아동이 준비된 과제를 수행하면, 가정방문교사는 그 활동카드에 기초선을 기록한다. 기초선의 기록은 제시된 과제의 시행에서 그 아동의 성공 횟수를 표시하는 것이다. 예를 들면, 아동에게 '강아지그림'을 가리키라고 3회 이야기했을 때 아동이 3회 모두 '말 그림'을 가리킨다면, 기초선은 3회 시행중 0회로 기록된다. 기초선 과정에서 일주일 동안 과제의 성취가 불가능하다고 판단되면, 가정방문교사는 아동이 성취 가능하도록 과제를 변경해야 한다.

가정방문교사는 부모에게 학습자료, 활동 제시 방법, 학습 시행 횟수, 행동 강화 방법, 수정절차, 그리고 기록방법의 모델을 제시해 줄 수 있다.

③ 포테이지 아동발달 지침서

개별 아동에게 적합한 포테이지 프로그램을 구성하기 위해 1976년 '영유아용 포테이지 지침서'가 개발되었다. 출생부터 6세까지의 아동을 대상으로 하는 교육과정 지침서에는 안내책자, 인지, 언어, 자조기술, 운동, 사회화의 다섯 가지 발달 영역을 포함한 행동 체크리스트, 영아 자극, 교육과정 카드로 구성되어 있다. 개별 카드에는 개별화된 프로그램 운영을 돕기 위해 과제별로 교재 설명과 교수절차가 포함되어 있다.

표 8-5 포테이지 프로그램의 발달영역별 구성요소

발달 영역	구성요소
의사소통 · 언어 · 문해	• 의사소통 • 말과 언어 • 초기 읽기
사회성 및 정서 발달	• 관계 형성 • 정서적 반응 • 타인과의 상호작용 • 사회적 놀이 발달 • 창의적 자기표현
탐색/학습	• 지각 발달(변별, 원인과 결과) • 탐색(출생~9개월) • 대상영속성(9~18개월) • 비판적 사고 • 초기 수학 • 과학
동작	• 대근육(동작, 균형, 협응, 이동기술) • 소근육(뻗기, 잡기, 놓기, 조작적 기술) • 독립성/자기보호 • 초기 쓰기
감각 조직화	• 감각(청각, 시각, 촉각, 근육과 관절, 무게와 동작) • 자기규제(내적 및 외적)

2003년 포테이지 지침서 개정판(The New Portage Guide : Birth to Six, 2003)이 개발됨으로써 일부 내용이 보완되고 보다 구체화되었다. 개정된 지침서에서는 출생에서 6세에 이르는 연령범위를 크게 출생에서 3세까지의 영아기와 3세에서 6세까지의 유아기로 구분하였다. 또한 영아기를 출생에서 9개월, 9~18개월, 18~36개월로, 유아기를 3~4세, 4~5세, 5~6세로 보다 세부적으로 구분하여 각 연령에 적합한 활동들을 제공하였다. 포테이지 프로그램의 발달 영역별 구성요소는 〈표 8-5〉에서 제시되어 있다.

(3) 교사의 역할

가정방문교사는 개별 가정을 방문하여 부모 및 아동과 함께 교육활동을 실시한다. 가정방문교사의 역할은 실제로 아동을 가르치는 것이 아니라 그 아동이 학습할 내용과 학습방법 등을 부모에게 가르치는 것이다. 가정방문교사가 부모에게 아동을 위한 학습내용과 방법을 가르쳐 주면 부모는 그 내용과 방법에 따라 아동을 지도한다. 포테이지 프로젝트에서는 이러한 방식을 가장 효과적인 학습방법으로 간주한다. 부모가 가정방문교사로부터 자녀를 지도하고 양육하는 방법을 잘 배울 수 있다면 포테이지 프로젝트에 참여하는 자녀뿐만 아니라 다른 자녀에게도 유익한 도움을 줄 수 있을 것이다. 장점으로는 교실이나 상담소보다는 부모와 아동 모두에게 더욱 자연스럽고 편안한 환경이 될 수 있다. 이런 특성이 아동을 위한 학습계획을 수립하는 데 많은 도움이 될 것이다. 다음으로 부모와 다른 가족구성원이 그 아동을 가르치는 방법과 내용을 잘 알고 있고 하루 종일 아동을 지도할 수 있는 시간적 여유가 있다면, 아동이 학습하고 그것을 연습할 수 있는 기회를 더 많이 가지게 되므로 더욱 효과적인 학습이 가능해진다. 마지막으로 교실이나 상담소에서 학습한 내용이 반드시 가정으로 연결되는 것이 아니기 때문에 가정에서 먼저 학습하는 것이 효과적일 수 있다.

6) 뱅크 스트리트 프로그램

(1) 교육목표 및 원리

아동은 태어나면서부터 사회적 · 물리적 환경과 적극적인 상호작용을 하는 호기심이 많은 존재이다. 그리고 자신이 속해 있는 세상을 이해하기 위해 실험과 탐구를 적극적으로 탐구한다. 모든 아동은 가족, 지역사회, 문화의 사회적 힘에 의해 영향을 받고 경험을 형성해 간다.

뱅크 스트리트 프로그램은 정서적 안정감과 표현력을 향상시키는 것, 아동의 창의성과 안전감을 최대화시키는 것 외에 인지적 숙달과 기쁨이나 자존감 그리고 아동의 호기심을 중요하게 생각한다. 이 프로그램은 기본적으로 아동의 유능감을 향상시켜주는 데 목적이 있는데, 유능감이 정서적 안녕이며 심리적 성장에 필요한 필수조건이기 때문이다. 뱅크 스트리트 프로그램은 아동이 심층적이고 의미 있는 학습에 몰입하도록 한다.

전통적인 교육의 목적이 아동이 성인이 되어서 성공적으로 활동하기 위해 필요한 지식이나 기술을 가르치는 데 있다면, 현대의 교육은 아동기의 틀 안에서 아동을 유능하게 하는 데 있다. 내재되어 있는 관심이나 인생 경험, 개인의 독특성과 관련하여 유능하고 잘 통합된 아동이 성인이 되어 유능하고 잘 통합된 성인이 된다고 가정한다. 이러한 가정에 따라 아동은 성인의 행동이나 관습에 적응하도록 훈련되어서는 안 되며, 그들 스스로가 유능하다고 느낄 수 있도록 도와주는 것이 중요하다. 이러한 이유에서 교육과정은 그 내용만큼이나 중요하다. 따라서 주요 목적은 구체적인 학문적 목표를 달성하는 것이 아니라 교육적 경험을 의미 있고 지속적으로 깊이 있게 다루게 하는 것이다.

(2) 교육내용 및 활동

뱅크 스트리트 프로그램에서 아동은 적극적인 학습자이다. 교실은 제한적이고 수동적인 학습자를 위한 곳이 아니라 관심 있는 일에 적극적으로 몰입할 수 있는 곳이다. 아동은 세상과 상호작용하면서 배워 나간다. 학교는 아동들에게 낯설고 무지한 환경을 소개해 주는 동떨어진 기관이 아니라 학교 경험을 통해 아동들이 이미 알고 있는 것을 더욱 완전히 이해할 수 있도록 도와주는 곳이다. 따라서 뱅크 스트리트 프로그램은 기본적으로 아동 스스로의 경험을 바탕으로 하고 있다. 점차 그들에게 친숙한 영역을 좀 더 심도 있게 탐구하고 새로운 수준의 경험을 할 수 있는 교수법을 사용하면서 아동의 지식과 이해는 점차 확대된다.

- 뱅크 스트리트 프로그램에서는 학습이 제한된 교실환경을 벗어나서 지역사회로까지 확대된다. 현장학습은 초기부터 아동의 학습을 깊이 있게 하기 위해, 직접 경험의 중요성을 알게 하기 위해, 개념을 구체화시키기 위해 그리고 적극적인 탐색활동을 북돋아 주기 위해 이용된다.
- 뱅크 스트리트 프로그램에서 가장 강조하는 교과목은 사회교육이다. 사회교육은 사람과 환경 간의 관계와 우리가 살고 있는 세상과 지역에 대해 공부하는 것이다. 가까이 있거나 먼 그리고 현대와 과거의 모든 것을 포함한다. 이를 위해서 학교는 기본적으로 아동이 민주적인 생활을 경험하는 기회를 끊임없이 제공해야 한다. 또한, 사회교육을 통해 사회적 · 물리적 환경에 대한 질문과 문제해결, 그리고 상호작용에 대한 다양한 기회가 제공된다. 이러한 연구를 통해 아동은 자신과 세상에 대한 이해를 넓혀 가게 된다.
- 뱅크 스트리트 프로그램에서는 언어의 역할을 강조한다. 말하기와 쓰기 모두 즐겁고 유용한 수단으로 제시되어야 한다. 책과 그림이 광범위하게 제공되고 읽기는 의사소통의 수단으로 가르쳐지며, 아동은 언어의 발달과 사고의 발달을 상호연결된 것으로 이해한다.

- 뱅크 스트리트 프로그램에서 과학과 수학은 사고하는 방법과 문제해결로 접근한다. 수학은 실생활에 기반을 두고 있다는 것을 강조한다. 아동은 구체적인 자료 및 교구와 상호작용하면서 수학적인 생각과 사고를 한다. 아동이 수학적 경험에 대하여 긍정적인 느낌을 발달시키도록 하고 스스로가 수학적으로 유능하다고 느끼게 된다. 이러한 것은 수학적 문제들을 공유하거나 협동하여 해결하게 하는 과정에서 이루어질 수 있다.
- 뱅크 스트리트 프로그램에서는 아동을 스스로 의미를 창출하는 존재로 여기며, 통합된 교과과정을 통해 경험과 아이디어가 상호 연결되는 것을 강조한다. 통합된 교육내용에서는 사람과 아이디어 그리고 기술들이 서로 연결되어 있어 좀 더 깊은 수준의 이해에 이르도록 해 준다. 사회과목 프로그램은 통합된 교육내용을 이룰 수 있는 가장 중요한 과목이다. 또한 아동은 그들의 독자성을 인정받으며 동시에 집단의 구성원이 되는 자율적인 사고자이다. 집단과의 만남을 통해 적극적인 경청자를 기르며, 집단의 구성원 각자를 존중하며 집단의 멤버십을 굳건히 한다.

(3) 교사의 역할

교사는 아동의 개인적 관심사와 경험을 객관적이고 질서 있는 영역의 세계와 연결시켜 주는 역할을 한다. 교사는 발달에 대한 지식을 가져야 하고 각 아동의 개별성을 이해하여야 하며, 교과과정 내용을 깊이 있게 이해하여야 한다. 교사의 임무는 매일의 교실활동에 대하여 내용이나 방법, 시간, 장소를 의미 있게 통합하고 분석하고 이해하는 것이다.

교사는 아동들에게 지식을 전달하기 위해서가 아니라 의미 있는 질문에 답하기 위하여, 그들의 경험을 위하여, 이용 가능한 자원을 알기 위하여 그리고 연구의 발전을 평가하기 위하여 필요한 지식과 내용을 잘 알고 있어야 한다.

(4) 뱅크 스트리트 프로그램의 사례

뱅크 스트리트 프로그램은 뱅크 스트리트 대학원에서 운영하고 있는 아동학교에서 이루어지고 있다. 아동학교의 내용은 다음과 같다.

① 아동학교의 역사

아동학교는 뱅크 스트리트 대학원에 있는 발달적 상호작용 접근방법의 학습과 교수법을 보여 주는 대표적인 기관이다. 아동학교에서의 교육은 경험에 바탕을 두고 있으며, 통합적이고 협동적이다. 정서적, 사회적, 신체적, 지적으로 유능한 전인아동을 교육시키는 것을 강조하며 동시에 학습자, 교사, 또래의 역할을 할 수 있는 아동의 통합성을 강조하고 격려한다.

학교는 다른 발달단계와 교육내용을 필요로 하는 아동의 욕구를 충족시키기 위해 세 단계로 나뉘어 운영된다. 이들 학교는 풍부한 학습환경을 제공하여 주며, 뱅크 스트리트 대학원 학생들에게 실습의 장, 교육적 연구 및 교재 교구의 개발기회를 제공해 준다. 이 학교는 일종의 시범학교인데, 진보적인 교육이라는 뱅크 스트리트의 철학에서 나온 아동의 성장과 학습에 대한 원리를 따르며, 이러한 철학이 현실에서 구현될 수 있도록 한다.

② 아동학교의 철학

아동학교에서 표방하고 있는 가장 중요한 원칙 중의 하나는 아동이 학교에서 배우며, 또한 평생 동안 배울 수 있는 사람이 되기 위해서는 그들의 환경(사람, 장소, 사물)과 상호작용하고 그들의 경험을 해석할 수 있어야 한다는 것이다. 아동학교의 학생들은 요리하기, 블록쌓기, 극놀이, 실험, 그림 그리기, 그리고 현장학습 등의 활동을 하는데 이들은 아동의 이해와 지식이 구체화될 수 있는 기본적인 생활의 경험으로 여겨진다.

아동학교는 다음과 같은 철학을 가지고 있다.

- 경험적 교육 : 이야기하기, 그리기, 쌓기, 움직이기 등의 다양한 활동을 통해 반영되고 재구조화되는 교육적 경험들이 세심하게 계획되고 이루어져야 한다.
- 구조주의 : 아동은 스스로의 관찰, 실험, 경험, 탐색을 통하여 발견하며 이해한다. 그래서 구조주의자들을 아동의 '의미를 만들어 가는 자'라고 일컫는다.
- 학습의 주도자 : 아동은 환경에 직접 포함되며 학습경험에 몰입되기 때문에 학습에 대하여 더욱 열의를 갖고 흥미를 갖게 된다. 대부분의 아동들은 교재나 교구를 가지고 실험하고 탐구하며 학습을 해 나가는데, 특히 아동학교에서는 이러한 학습이 전 연령대에 걸쳐서 이루어진다. 그리기 위해 교실을 특별한 방법으로 구성하고, 아동들이 발견할 수 있도록 북돋아주는 교수전략을 사용한다. 그리고 가장 중요한 것은 아동들에게 스스로 의미를 만들어 갈 수 있는 시간을 주는 것이다. 결과적으로 전통적 학교들이 하고 있는 것보다 적은 주제를 다루게 되나, 이 주제를 더욱 완전하고 심도 있게 다루도록 발전시키고 구성한다. 전통적인 교과에서 한 달 정도 걸리는 주제가 아동학교에서는 3개월 정도 걸리기도 한다.

③ 교과내용

㉠ 사회

사회과목의 핵심은 아동들이 그들의 생활에서 스스로 의미를 만들어 내는 존재라는 이해에서 비롯된다. 뱅크 스트리트에서 사회과목은 과거와 현재 그리고 미래의 인간 세상에 대한 통합적인 연구이다. 아동들은 어린 시기부터 청소년기에 이르기까지 상호관련된 개념을 좀 더 넓은 맥락에서 반복적으로 실험한다.

㉡ 읽기와 쓰기

의사소통의 수단인 듣기, 말하기, 읽기, 쓰기는 모든 학습에 필요한 수단이다. 이러한 기술들은 학업뿐만 아니라 삶의 본질적인 수단이다. 교사는 아동들의 연령과 경험에 맞는 방법으로 언어와 읽기 기술을 습득시키기 위해 소규모 집단으로 함께 상호작용한다. 아동이 성장하면서 읽기활동은 추론, 참조, 언어구조의 기술을 포함하는 활동으로 넓어진다.

㉢ 수학과 과학

수학과 과학은 아동의 문제를 해결하고 이를 통해 세상의 본질을 좀 더 잘 이해할 수 있도록 어떤 패턴을 찾을 수 있는 활동을 통해 접근하게 된다. 이러한 문제들과 관련된 개념에 대한 이해를 바탕으로 연역적인 능력을 발달시킨다. 수학과 과학은 구체적인 재료와 직접적인 경험을 강조한다.

㉣ 미술

처음부터 시각적 예술과 음악이 교과내용 안에 통합된다. 3세부터 아동들은 그림도구, 진흙이나 나무 등 여러 가지 재료를 사용한다. 좀 더 나이가 든 아동들은 미술실에서 전문가와 작업한다.

㉤ 음악과 율동

아동은 일찍부터 노래와 악기, 그리고 율동을 통해 음악에 참여하고 즐기는 것을 배운다. 세계 각국의 음악이나 율동이 포함되어서 아동이 이를 연습해 보고 경험해 볼 수 있다. 율동은 시간과 공간, 자발적 움직임, 게임이나 춤 등을 통해 몸에 대한 인식을 강조한다.

㉥ 외국어

뱅크 스트리트에서는 아동이 스페인 문화와 전통과 문화를 접하면서 외국어교육이 3세부터 이루어진다. 학년이 올라갈수록 외국어교육이 보다 공식적이 된다.

㉦ 체육

도시아이들은 움직일 시간과 뛸 공간이 필요하다는 학교의 인식 아래 체육이 강조된다. 따라서 모든 아동들은 함께 하는 교육적인 체육활동에 참여한다. 초기에 움직임과 체조를 강조한다. 후기에는 개인적인 기술이나 집단 경기를 강조한다. 가장 강조하는 것은 체육기술의 발달과 더불어 함께 경기하는 협동심을 발달시키는 것이다.

7) 하이 스코프 프로그램

(1) 교육목표 및 원리

하이/스코프 교육과정은 프뢰벨, 몬테소리와 같은 이론가들처럼 능동적 학습자로서 유아의 역할을 강조하지만, 사회성 발달보다는 인지발달이론에서 중시되는 문제해결능력과 창의적 사고능력을 강조한다는 점에서 이들과 차이를 보인다. 하이/스코프 교육과정에서 교사는 지속적으로 유아의 발달상태를 측정하고, 유아가 가진 인식과 이해를 폭을 확장시켜 주기 위해 지적 자극을 제공한다.

하이/스코프 교육과정의 원리는 능동적 학습, 주요 경험, 계획-실행-평가 과정 그리고 부모참여이다. 능동적 학습과 영역별 주요 경험은 하이/스코프 교육과정에서 핵심을 형성한다. 이러한 능동적 학습을 지원하기 위한 부가적인 네가지 요소가 있다.

① 성인-아동상호작용

• 상호작용전략, 갈등해결전략

② 학습환경

• 흥미영역, 교재교구, 환경구성

③ 일과구성

• 계획-실행-평가

• 소집단활동

• 대집단활동

④ 평가

• 일화기록

• 일과계획

• 아동평가

하이/스코프 프로그램의 교육목표는 우선 아동이 사건, 개념 등과 관련된 학습에 의욕적으로 참여하는 자세를 갖도록 하며, 이후의 학교생활 및 인생에 있어서 독립성, 책임감, 자신감을 고취하도록 돕는 것이다. 또한 아동 스스로 행동을 계획하고 이끌어 나가며, 학습한 내용을 또래 및 교사와 이야기할 수 있도록 한다. 이와 함께 아동이 언어능력(말하기, 듣기, 읽기, 쓰기), 사회성, 창의적 표현, 건강한 신체, 논리적 사고력과 같은 능력 및 관련 지식을 습득하도록 하는 데 교육목표를 두고 있다.

(2) 교육내용 및 활동

아동은 자신이 관심 있는 주제를 배울 때 학습에 적극 참여할 수 있으므로 하이/스코프 교육과정에 참여하는 아동은 하루 일과 중 자신이 참여할 활동과 교재/교구를 직접 선택하도록 격려받는다. 자신이 선택하고 계획한 활동에 참여하면서 아동은 탐색, 질문 및 응답, 문제해결, 또래 및 성인과의 상호작용을 지속해 나간다. 교사는 하이/스코프 프로그램에서 지지적 역할을 담당하여 아동의 장점을 장려하고 아동의 놀이를 촉진하는 적극적 상호작용전략을 사용한다.

하이/스코프 교육과정은 유아에게 일련의 조직된 주요 경험(key experience)을 제공한다.

유아의 일상적 과정인 계획-실행-평가(plan-do-review)는 하이/스코프 교육과정의 대표적 특징이지만, 주요 경험 역시 교수활동의 핵심적 특징이라고 할 수 있다. 교사는 조직화된 주요 경험을 토대로 유아 스스로 선택한 활동을 지지하고 확장시켜 주며, 그 결과 유아는 발달에 적합한 경험에 지속적으로 참여할 수 있게 된다.

교사는 학습지 활동이나 행동주의 프로그램에서 많이 활용하는 도표 등을 사용하기보다는 다양한 주요 경험을 활용함으로써 교육과정에 대해 융통성 있게 생각해 볼 수 있는 기회를 아동에게 제공해 준다. 또한, 주요 경험은 교사가 개별 유아를 관찰할 때 사용하는 기본적 틀도 제공해 준다.

하이/스코프 교실에서 이루어지는 학습경험은 상호 배타적이지 않으며, 개별 활동은 몇 가지 형태의 주요 경험을 포함한다, 주요 경험을 이용한 접근법은 교육과정을 구조화시키고 새로운 형태의 경험에 대해서도 아동이 개방적 자세를 취하도록 도와준다.

이 접근법은 교사가 유아를 관찰하고 그들을 위한 프로그램에 대해 심사 숙고할 수 있는 기회를 제시해 준다. 또한, 하이/스코프 교사진이 동작, 음율, 컴퓨터, 극놀이 영역에서 교육과정을 개발하고자 할 때, 교사는 주요 경험을 토대로 하여 반드시 포함시켜야 할 경험들을 선택하게 된다. 결론적으로 이 주요 경험은 하이/스코프 교육과정이 유아의 바람직한 성장과 발달을 도모하는 효과적인 방법으로 발전하기 위해 중요한 근거가 된다.

(3) 교사의 역할

하이/스코프 프로그램에서 교사는 유아와 더불어 능동적 학습자 역할을 담당한다. 매일의 일과 계획 및 평가시간에 다양한 주요 경험 활동을 진행함으로써, 개별 유아의 독특한 능력과 흥미에 보다 접근할 수 있는 통찰력을 가진다. 교사는 유아의 행동을 단순히 관찰하기보다는 지지적이고 적극적인 방식으로 상호작용을 이끌어 나간다.

이처럼 하이/스코프 교육과정에서는 상호작용자로서의 교사역할을 매우 중요하게 생각한다. 따라서 유아의 영역별 발달과정을 교사에게 다양한 방식으로 제시하고 있으나, 세분화된 학습주제나 내용을 교사에게 직접적으로 제공하지는 않는다. 대신 교사는 유아의 이야기를 주의깊게 듣고 나서, 유아의 활동을 확장시킴으로써 유아가 자신의 발달수준에 적합한 과제를 수행할 수 있도록 격려한다.

대화 상대방으로서 교사가 유아에게 질문하는 방식도 중요한데, 교사는 유아로부터 교사의 참여와 정보를 이끌어 낼 수 있는 질문을 유아에게 던져야 한다. 즉, 색깔, 숫자, 크기 등에 관에 확인하는 '예/아니오' 형태의 폐쇄형 질문보다는 '무슨 일이 일어났니?,' '어떻게 만들었니?', '선생님한테 보여 줄 수 있니?', '다른 친구를 도와줄 수 있니?' 등의 개방형 질문이 바람직한 질문유형에 해당한다. 이러한 질문유형은 교사와 유아 간에보다 자유롭고 풍부한 대화가 가능하도록 도와주며, 유아 간의 언어적 상호작용도 촉진시킬 수 있다.

(4) 하이/스코프 프로그램의 사례

하이/스코프 프로그램에서는 흥미 영역별 주요 경험들이 포함된 다양한 소집단 및 대집단활동이 이루어진다. 여기서는 하이/스코프 프로그램의 소집단활동 중 '창의적 표상', '언어 및 문해' 활동에 해당하는 '감사편지 쓰기' 활동을 소개하고자 한다. 구체적인 활동 내용은 〈표 8-6〉에 제시되어 있다.

표 8-6 '감사편지 쓰기' 소집단활동 계획

단계	내용
아이디어	• 근처 농장으로 현장학습을 다녀온 후, 농부 아저씨에게 감사인사를 드리기 위해서 소집단활동을 계획한다.
활동 자료	• 농장방문 사진, 종이, 펜, 편지봉투
활동 목표	• 창의적 표상 – 실제 사진을 활용한 그리기와 색칠하기 • 언어 및 문해 – 다양한 방식으로 읽기와 쓰기
도입 활동	• 아이들이 사진을 함께 볼 수 있도록 테이블 위에 놓는다. • 아이들이 사진에 관해 나누는 이야기를 경청한다. • 그리고 나서 '우리에게 농장의 여러 곳을 안내해 주신 농부아저씨께 감사편지를 쓰려고 해요.'라고 이야기한다. • 종이와 펜을 책상 위에 가져다 놓는다. • '농부아저씨께 하고 싶은 말을 써 보세요. 선생님이 이 봉투를 넣어서 아저씨게 보낼게요. 그러면 농장을 방문해서 우리가 얼마나 즐거웠는지 아저씨가 아실 거에요.'
본 활동	• 아이들이 무슨 내용을 쓰고 있는지 둘러보며 주의 깊게 관찰한다. • 어떤 아이는 받아 적어 주기를 원할 수 있고, 어떤 아이는 스스로 글을 쓸 수도 있다.
마무리 활동	• 아이들이 자신의 편지를 읽도록 한 후, 편지를 봉투에 넣는다. • 펜의 뚜껑을 닫고 제자리에 가져다 두도록 한다.
추후 활동	• 다음 날 바깥놀이 시간에 편지를 우체통에 넣는다. • 읽기 영역의 앨범에 농장 사진을 넣는다. • 아이들이 사진을 보도록 메모판에 기록해 둔다.

8) 레지오 에밀리아 접근법

(1) 교육목표

레지오 에밀리아 접근법은 교육과정의 목표를 정해 놓고 있지 않다는 점이 다른 일반적인 교육과정과 구분된다. 레지오 에밀리아 교육 관련자들이 가지고 있는 교육과정의 개념은 그들의 기본적인 아동관이 반영될 것이다. 즉, 아동은 잠재력, 유연성, 개방성, 성장욕구, 호기심, 다른 사람들과 관계를 맺고 의사소통하려는 욕구가 있다는 믿음이다. 따라서 레지오 에밀리아 교육과정에서 교사는 미리 교육목표를 세부적으로 수립하고 거기에 따라 아동의 학습을 이끌어 가기보다는 아동의 관심에 의해 시작된 프로젝트가 진행되는 과정에서 아동이 원할 때 언제든지 필요한 지원을 제공하는 역할을 한다.

(2) 교육내용 및 활동

레지오 에밀리아의 교육과정은 아동의 놀이활동, 프로젝트, 지역사회 공동체와 문화적 의식으로 나타난다고 한다.

① 놀이

레지오 에밀리아 접근법에 의해 보육 · 교육되는 아동도 다른 유아교육 프로그램의 아동과 마찬가지로 사회극놀이와 구성놀이 및 신체활동에 참여할 기회를 많이 갖는다. 그런데 레지오 에밀리아에서의 놀이활동은 다른 유아교육 프로그램과 다른 부가적 요소를 가지고 있다. 레지오 에밀리아 교사들은 항상 놀이하는 아동을 사진 찍거나 비디오카메라로 녹화할 준비가 되어 있다. 아동이 서로 대화하는 것을 주의 깊게 들으며 아동의 대화 속에서 그들의 사고, 감정, 이해, 애정에 대해 파악하고 그 내용을 다른 교사나 부모와 공유한다. 이런 대화의 결과는 레지오 에밀리아 접근법의 교육과정의 가장 가시적인 부분인 프로젝트로 연결된다.

② 프로젝트

레지오 에밀리아 접근법에서 가장 복잡하고 특징적인 측면은 특정 주제에 대해 교사와 아동이 함께 탐구해 가는 프로젝트이다. 레지오 에밀리아에서 프로젝트는 사물이나 사회에 대한 호기심, 실제적인 제안, 철학적 질문에서부터 시작된다. 프로젝트와 관련되는 질문이나 제안은 아동으로부터 시작되는 경우가 많지만 교사도 자신이 관찰한 것이나 아동에게 제안한 것에 기초해서 프로젝트를 시작하기도 한다. 레지오 에밀리아 교사의 역할 중 하나가 문제를 제기하거나 새로운 가능성을 제시하는 것이다. 따라서 교사는 다양한 주제 중에서 아동들이 몰입할 수 있고 지적인 자극이 되며, 다양한 해석과 탐색이 가능하여 연구할 만한 가치가 있는 것을 선택하는데 있어서 중요한 역할을 한다.

레지오 에밀리아 접근법에서의 프로젝트에 기초한 교육과정은 미국의 프로젝트 접근법이나 발현적 교육과정과 많은 공통점을 지니지만 다음과 같은 점에서 구분된다고 할 수 있다.

첫째, 레지오 에밀리아의 교육과정은 표현의 중요성을 강조한다. 그런데 레지오 에밀리아 접근법에서 언어적 표현 이외의 다양한 의사소통 방식을 강조한다. 말라구치는 이러한 믿음을 '아동의 백 가지 언어'라고 표현하였다. 창의성과 지적 능력의 관계에 대한 이러한 믿음에 따라 학교마다 미술전담교사를 두어 아동의 상징적 언어 발달 증진을 도모하고 있다.

둘째, 레지오 에밀리아 교사들은 아동의 호기심과 질문에 기초하여 교육목표를 수립한다. 레지오 에밀리아 접근법의 프로젝트는 아동은 물론 성인에게도 학습기회를 제공할 수 있어야 한다. 말라구치는 아동에 관한 것과 아동을 위한 것은 아동과 아동의 가족들로부터 가장 잘 알 수 있다고 주장하였다. 즉, 아동에 대한 세심한 관찰과 기록을 통해 아동의 관심과 흥미에 대해 가장 잘 파악할 수 있으면 이를 근거로

하여 프로젝트에 대한 틀이 구체화된다.

셋째, 기록은 학습과정이며 학습의 결과물이다. 레지오 에밀리아의 학교의 벽에는 아동의 학교생활에서 산출된 다양한 결과물이 전시된다. 이런 전시물은 아동에 관한 정보를 아동, 부모, 학교 방문자들과 함께 나누는 것 이상의 기능을 한다. 부모는 아동의 지식구성과정에 대한 교사의 설명을 보면서 학교환경에서 아동 발달이 지원되는 것을 알게 되며, 이것은 학교 프로그램을 지지하는 역할을 한다. 교사들 간의 협력작업에 의한 기록 판넬 제작은 프로젝트 활동에서 아동들이 다른 아동과의 협력을 통해 문제를 해결하고 새로운 지식을 구성하는 것과 같은 경험을 교사들이 할 수 있는 기회가 된다.

③ 시민 자질 교육

교육과정은 지적 자극이 되는 프로젝트의 수행뿐 아니라 아동이 학습이라는 공동체와 학교문화에 참여하여 학습하는 것까지 포함한다. 레지오 에밀리아 학교는 아동이 기술이나 지식을 습득하게 도울 뿐만 아니라 지역사회 공동체에 참여하는 것도 배우도록 한다.

레지오 에밀리아 아동은 다른 사람들과의 관계를 형성 및 유지할 뿐 아니라 관계 자체의 중요성도 배운다. 교사는 아동이 교사나 다른 아동에게 자신의 가족에 관한 이야기를 할 수 있는 시간을 마련하여 아동들이 서로 관련되어 있음을 느끼도록 한다.

레지오 에밀리아 아동은 프로젝트 활동에 참여하면서 협력의 중요성을 끊임없이 학습한다. 점심식사시간이나 학급행사 때도 아동은 다른 아동과 협력하여 준비하도록 한다. 아동의 개인적인 성취도 가치 있게 여겨지지만 교사는 아동이 공동활동을 하도록 권장한다.

레지오 에밀리아 아동은 세상을 다양한 관점에서 볼 수 있는 기회를 일상적으로 가지게 된다. 교사는 서로의 지식과 경험을 보완할 수 있는 아동들을 같은 프로젝트 활동에 참여하게 하며, 서로의 작업에 대해 비평하도록 권장함으로써 다양한 관점을 취하여 보다 나은 결과를 낳을 수 있다는 것을 배우게 한다.

(3) 교사의 역할

① 기록화의 연구

관찰은 교사의 중요한 역할인데, 레지오 에밀리아에서는 한 단계 더 나아가 관찰을 통해 얻은 자료를 바탕으로 아동의 경험과 발달과정에 대해 기록한다. 기록은 교육과정을 계획하는 기초가 된다.

② 제3의 교사인 환경 조성

아동의 놀이, 의사소통, 탐색을 증진하는 환경을 준비하는 것은 유아교사의 필수적인 역할이다. 이처럼 환경이 제3의 교사로서 기능하도록 하기 위해 레지오 에밀리아 교사는 상호작용과 의사소통을 지지하는 환경의 역할을 이해하고 그러한 환경을 조성하기 위해 노력한다.

③ 지식 구성 협력

교사는 일반적으로 다른 교사들과 협력하며 아동을 위한 활동을 계획한다. 그러나 레지오 에밀리아 접근법에서는 프로그램이 아동의 흥미나 아이디어에서 발현된다. 교사들은 의미있는 학습환경을 위해서 관찰한 것이나 아동의 대화내용에 관해 다른 교사들과 함께 주의 깊게 살펴보고 논의한다.

④ 부모와의 협력

학교에서의 경험이 아동에게 긍정적인 것이 되기 위해서는 가정과 학교에서 아동의 경험이 일관되어야 한다. 레지오 에밀리아 교사들은 아동에 관하여 부모와 매우 긴밀하게 협력한다. 부모는 학교에서 아동이 경험하는 것을 충분히 접할 기회를 가지며, 그 결과로 자신이 아동의 교육에 매우 가치 있는 기여를 한다는 것을 이해하면서 학교에 참여할 수 있는 다양한 방법에 대해 인식하게 된다.

⑤ 의사소통

레지오 에밀리아 접근법은 협력과 기록을 중시하므로 교사의 의사소통이 더욱 중요하다. 아동의 대화를 경청하고, 의미와 질문을 파악하고 아동이 자신의 아이디어를 다듬어 더욱 발전시키도록 돕고, 다른 교사들과 함께 교육에 관해 논의하고, 부모에게 프로그램에 대해 설명하고 아동의 경험을 기록하는 모든 일이 교사의 의사소통의 중요성을 증가시킨다.

⑥ 유능한 아동 지지

레지오 에밀리아 접근법의 원리를 적용할 때 가장 바람직한 결과를 얻기 위한 선행조건은 교사가 아동을 유능한 존재로 보는 것이다. 교사가 아동 행동을 지도하는데 시간을 보내기보다 아동이 지식을 구성해 나가는 과정에서 협력자 역할을 하게 되면, 교사들은 중요한 주제에 관하여 아동과 대화다운 대화를 하거나 흥미로운 주제에 대해 아동과 함께 탐구하는 등 보다 가치있는 일을 할 수 있는 자유를 가지게 된다.

⑦ 사회적 관계 지지

레지오 에밀리아 접근법은 아동이 사회적 집단에서 공동으로 구성할 수 있는 기회를 제공하는 것을 강조한다. 교사는 아동에게 이런 기회를 제공하는 것은 학습자 간의 상호적인 공동체를 형성하게 되는데, 이 공동체는 아동뿐만 아니라 교사, 부모, 지역사회까지 모두 포괄하는 것이다.

⑧ 교사와 아동 간의 이해 교환

레지오 에밀리아 접근법은 학습의 방법으로 교사와 아동 간 이해의 교환을 강조한다. 교사는 아동을 경청하고 아동과 대화하고 아동의 행동과 말을 관찰 · 기록하고 거기에 대해 숙고한다. 레지오 에밀리아 접근법은 아동이 서로 상충되면 혼동되기도 하는 다양한 관점들을 경험할 기회가 풍부한 사회문화적 맥락이 중요하다고 강조한다. 이런 기회를 제공하기 위하여 교사는 환경에 장애물을 만들어 놓으며, 아동이 다른 사람들의 관점에 대해 도전하고자 하는 자연스러운 성향을 발휘하도록 도와준다.

(4) 레지오 에밀리아 프로그램의 사례

미국 카네기멜로대학교의 사이어트유아교육센터는 1971년에 설립되었다. 생후 3개월부터 취학 전까지의 아동 130명을 대상으로 전일제 보육 프로그램을 운영하고 있는데, 1993년부터 레지오 에밀리아의 교육철학에 입각한 프로그램을 제공해 왔다. 사이어트유아교육센터 프로그램의 특성으로는 모든 유아의 잠재력에 대한 존중, 교육의 협력자인 아동 · 부모 · 교사의 의사소통과 협력, 마음을 끌며 조직적이고 아름다우며 아동과 교사의 작업을 지원하는 환경, 다양한 형태의 기록, 아동과 성인의 복지와 학습에서 관계의 중요성, 아동과 교사는 함께 탐색하고 문제를 해결하면서 지식을 구성, 아동과 교사의 관심사 간의 조정에 기초한 발현적 교육과정과 소집단활동 · 점토 · 물감 · 극놀이 · 음악 등 다양한 표현 언어 사용 등을 들 수 있다고 제시하고 있다.

9) 프로젝트 스펙트럼 접근법

(1) 프로젝트 스펙트럼의 특징

프로젝트 스펙트럼의 실행을 통해 연구자들은 이러한 접근법이 다른 영유아 보육 · 교육 프로그램과 다른 특징들을 발견하였다. 이러한 특징들을 통해 프로젝트 스펙트럼의 교육원리를 이해할 수 있다.

먼저 스펙트럼은 지능에 대한 기존의 보편적 사고를 변화시킴으로써 새로운 가능성을 제시하고 있다. 스펙트럼은 사람들이 인지적 문제해결활동으로 생각하지 않는 활동들의 지적인 측면을 다룬다. 예를 들어, 일반적으로 자신을 표현하는 신체활동이나 조각상 만들기 등의 활동은 인지적 활동으로 간주되지 않았다. 그러나 스펙트럼은 이러한 고정관념을 재고하도록 만든다.

다음으로 스펙트럼은 아동과 아동의 수행을 평가하는 방식이다. 스펙트럼은 교사들로 하여금 아동의 인지능력을 평가하는 기본적 틀을 제공하다. 프로젝트 스펙트럼의 평가는 아동의 강점이 무엇인지를 교사가 발견할 수 있도록 도와준다.

또한, 스펙트럼은 교육과정에 있어서 다중적 출발점을 제공하며, 교육과정의 내용을 보다 강조한다. 즉, 내용의 폭과 함께 그 깊이도 고려하여 아동의 관심과 흥미를 자극한다. 이와 더불어 스펙트럼은 아동의 강점을 강조하는데, 아동의 강점을 발견하여 이를 칭찬함으로써 강점을 강화시킨다. 스펙트럼은 교사와 아동에게 학습을 위한 부가적 언어를 제공한다. 예컨대, 영어를 사용하는 데 어려움이 있는 아동의 경우에는 음악, 미술, 운동과 같은 다른 상징체계를 복합적으로 활용함으로써 학습의 성공을 돕는다. 이러한 스펙트럼의 특징을 통해 볼 때 프로젝트 스펙트럼 접근법은 아동이 학문적 기술을 발전시키고 경쟁에서 우위를 차지하도록 만드는 과거의 교육방식에 변화를 가져왔다고 할 수 있다.

(2) 교육활동

펠트만과 가드너의 이론은 영역-특징적 인지능력에 대한 신념을 보여준다. 그들의 연구는 인지능력이 하나의 일반적 능력을 반영한다기보다는 특정 영역에 초점을 두고 있음을 보여 준다. 스펙트럼 연구에서 영역-특정적 능력은 구체적 학습 영역에서의 수행에 필수적인 주요능력으로 정의된다. 예를 들어, 음악 영역에서 소리 지각에 대한 주요 능력에는 리듬의 패턴에 대한 민감성, 음의 고저 구분, 악기 이름 맞히기와 같은 능력이 포함된다.

스펙트럼의 실제 교육활동은 1998년 출판된 『프로젝트 스펙트럼 : 초기학습활동』에 상세히 소개되어 있다. 프로젝트 스펙트럼 학습활동은 다중지능이론의 7가지 지능을 기초로 활동 영역을 8가지로 구분하였다. 수학, 과학, 언어, 기계 · 도구, 동작, 사회적 이해, 음악, 미술 영역이 8가지 학습활동 영역이다. 〈표 8-7〉에 제시된바와 같이 8가지 영역별로 주요능력이 구성되어 있으며, 각 영역의 주요 능력에 따라 다양한 개별 활동들이 선정되어 있다.

유아의 집단크기, 활동에 대한 교사의 지도 및 자문수준을 고려하여 학습활동의 유형을 유아 중심적 소집단 활동, 교사 주도적 대집단활동의 네 가지 범주로 구분하였다. 따라서 활동 영역, 주요능력, 학습유형에 따라 다양한 학습활동들이 이루어진다.

개별 활동의 마지막 단계에서는 가정에서 부모와 함께 할 수 있는 '가정에서의 활동'을 제안하고 있다. 이를 통해 학급에서 유아의 강점을 발견하고 육성하는 교육이 가정과 연계하여 이루어질 수 있다.

표 8-7 프로젝트 스펙트럼의 주요 능력별 교육활동 사례

영역	주요 능력	교육활동 사례
기계 · 도구활동	• 인과적 · 기능적 관계 이해 • 시각적 · 공간적 능력 • 기계관련 사물에 대한 문제해결 • 소근육 발달	• 도구 사용하기 • 기계 조립하기 • 종이로 만든 나라 • 경사로와 구르기
과학 활동	• 실험 기술 능력 • 공통점과 차이점에 대한 식별 • 가설 세우기와 실험 • 자연 · 과학 현상의 이해	• 과학자는 어떤 도구를 사용하는가 • 빛과 그림자는 어떤 관계가 있는가 • 왜 빵은 부풀어 오르는가 • 날씨는 어떻게 기록하는가
음악 활동	• 소리 지각 • 음악 제작 • 음악 작곡	• 같은 소리통 찾기 • 물병 실로폰 • 빗으로 만든 피리
동작활동	• 신체 통제 • 리듬에 대한 민감성 • 표현 • 동작을 이용한 생각 구성 • 음악에 대한 반응	• 북소리에 맞추어 소리내기 • 나처럼 해 봐요 • 신체로 기계를 만들어요 • 자유롭게 춤춰요 • 춤의 열기
수학활동	• 수리적 추론 • 공간적 추리 • 논리적 문제해결	• 달력 패턴 • 퀼트 만들기 • 숫자 배열 게임

사회적 이해활동	• 자신에 대한 이해 • 타인에 대한 이해 • 사회적 역할에 대한 가설	• 자기 소개 콜라주 • 누가 없어졌나요 • 손님의 날
언어활동	• 창작 이야기 나누기 • 기술적 언어 사용하기 • 언어의 시적 사용	• 내이야기판 만들기 • 친구 인터뷰하기 • 학급우편함
미술활동	• 시각적 요소 인식 • 표상능력 • 작품 감상	• 명화카드 분류하기 • 휴지를 이용한 콜라주 • 교실모형 만들기

(3) 교사의 역할

스펙트럼 프로그램의 운영을 원활하게 하기 위해서는 다양한 능력을 갖춘 다재다능한 사람보다는 특정 영역에 전문성을 갖춘 교사가 적합하다. 이처럼 특정한 전문자질을 갖춘 교사는 다른 영역에 전문적 자질이 있는 동료 교사와 더불어 팀을 구성하여 아동을 가르칠 수 있는 장점이 있다.

다중지능이론에 기초한 프로그램을 운영하는 교사는 프로그램의 진행과정에서 자신이 담당하는 역할을 변화시켜 나간다. 프로그램 운영의 초기 단계에서 교사는 비연속적 단계가 아닌 발달의 연속성이라는 관점에서 학습을 바라보아야 한다. 또한 교사가 다중지능이론에 근거한 학습을 구조화시키기 위해 협동학습전략을 사용할 필요가 있다. 이와 더불어 교사는 다양한 다중지능 활동을 기록해야 한다. 프로그램이 지속됨에 따라 교사는 학습이 보다 아동중심적이 될 수 있도록 아동의 자율성을 촉진시키는 역할을 수행한다.

(4) 프로젝트 스펙트럼 접근법의 사례

〈표 8-8〉에는 수학 영역 중 '공간 추리' 능력을 향상시키기 위한 유아중심 소집단 활동으로 '퀼트 만들기'가 제시되어 있다.

▌표 8-8 '퀼트 만들기' 활동계획안

활동목표	대칭의 개념을 알아보고 기하학적인 디자인을 만든다.
주요 능력	공간 추리, 시각 형상 활용
활동도구	색깔별 색종이(8cm×8cm 정사각형, 8cm 직각삼각형, 4cm×6cm 직사각형), 흰 종이(25cm×25cm) 1장, 풀, 우드락 또는 나무판
활동방법	• 유아들에게 정사각형, 직사각형, 삼각형을 이용하여 종이 퀼트를 만들 것이라고 설명해 준다. 가로와 세로가 각각 3칸, 총 9칸의 바둑판 모양이 그려진 흰 종이 1장과 여러 색깔의 색종이를 유아들에게 나누어 준다. • 바둑판 모양 위에 여러 색의 도형들을 올려놓도록 한다. 바둑판 모양이 여러 도형들을 정렬시키고, 도형들의 대칭관계를 살펴보는 데 도움이 됨을 알려 준다. • 유아들에게 패턴이 흰 종이의 선을 기준으로 반대편의 패턴과 동일한 디자인이 되도록 만들게 한다. 유아들이 디자인을 완성하면 흰 종이 위에 그 디자인을 붙이도록 한다. • 유아들에게 적어도 3개 이상의 종이 퀼트를 만들어서 4개를 바닥이나 책상 위에 펼쳐 놓도록 한다. 퀼트를 연결했을 때 서로 만나는 선의 높이가 같아야 한다. 유아들이 잘 배치할 때까지 이리저리 움직여 보도록 한다. • 우드락이나 나무판에 올려놓고 교실에 전시한다.

2 특별한 영유아 보육프로그램

1) 혼합연령 프로그램

(1) 혼합연령 프로그램의 이론적 배경

① 사회문화적 이론

혼합연령집단에서 빈번하게 이루어지는 발달수준이 다른 영유아 간의 사회적 상호작용은 영유아의 사회, 인지적 발달에 유익한 영향을 준다. 사회문화적 이론에서는 영유아들의 인지 발달은 그들의 현재 발달수준을 약간 넘어선 어떤 것을 하도록 도전 받았을 때 가장 잘 이루어진다고 보는데, 이는 비고츠키의 근접발달영역 개념에 의해 잘 설명된다.

비고츠키의 근접발달영역은 스스로의 독자적인 문제해결에 의해 결정되는 실제 발달수준과 성인의 안내나 좀 더 유능한 또래와의 협력에 의해 이루어지는 문제해결 과정에서 결정되는 잠재적 발달수준과의 거리이다. 근접발달영역에서 이루어지는 보다 더 유능한 또래와의 상호작용은 '단계적 지지' 역할을 하여 실제 발달수준보다 높은 수준의 수행을 가능하게 한다. 또한, 나이 많은 영유아는 나이 어린 영유아를 가르치는 과정에서 더 능숙하게 된다. 가르치고 배우는 이러한 경험들은 영유아에게 자신감을 증가시키고, 가르치고 배우는 과정에 대한 직접적인 경험을 제공함으로써 영유아의 인지적, 사회적 발달에 긍정적인 영향을 준다.

② 사회학습 이론

혼합연령 학급구성에서 나이 많은 영유아의 상대적인 사회적 유능성은 그들을 나이 어린 영유아에게 또래 교사와 양육자로서의 역할을 하게 하며, 어린 영유아들에게는 연장 영유아의 행동을 관찰하고 모델링 할 기회를 제공한다.

혼합연령과 동일연령 집단 구성에서의 영유아에 대한 실험적 관찰과 자연관찰 모두에서 동일연령 또래보다 혼합연령 또래 간에 긍정적인 강화와 사회적 상호작용을 더 많이 하는 것으로 나타났다. 혼합연령 학급의 3세아가 동일연령 학급의 3세아와 비교하여 긍정적 상호작용에 더 많이 참여하였고, 병행놀이를 덜 하고 구성놀이에 더 많이 참여하며, 교사 지향적 행동을 덜 하였으며, 4세아의 경우도 같은 경향을 보여 주었다. 혼합연령 학급에서 모델의 연령에 대한 효과를 조사한 결과에서도 영유아들은 자신보다 어린 모델보다 나이 많은 모델의 행동을 모방하는 경향이 있었으며, 어린 영유아들은 나이 많은 또래를 모방했을 때 보상이 많아진다는 것을 알고 있다. 나이 많은 또래의 사회적 유능성은 나이 어린 또래들에 의해 모방 가능성을 증가시키는 것으로 나타났다.

(2) 혼합연령 프로그램의 특성

① 혼합연령 집단 구성

혼합연령 집단 구성은 가장 나이 많은 영유아와 가장 나이 어린 영유아 간에 적어도 2년의 연령차가 나도록 의도적으로 구성하는 것을 말한다. 혼합연령 집단 구성의 근거는 행정적, 재정적 측면에서가 아닌 영유아의 개별적 요구를 충족시키는 데 기초한다.

혼합연령 프로그램은 집단의 연령범위, 집단의 크기, 집단구성의 유형, 교사 대 영유아의 구성비 등에 있어 매우 다양한 형태를 가지고 있다. 혼합연령 학급은 연령차이가 2~3세를 넘지 않도록 구성하는 것이 일반적이나, 독일의 통합아동보육기관처럼 영아부터 방과 후의 초등학교 아동까지를 포함하는 가족적 집단형태로 구성되기도 한다. 집단의 크기는 보통 아동 15~30명 내외로 구성하며, 2~3명의 교사가 상호 협력하는 체제로 운영된다. 집단 구성의 유형에 있어서도 전체 혼합연령 집단이 하루 일과를 완전 통합하여 운영하는 방식과 연령별 소집단 활동과 연령 간 소집단 또는 대집단 활동을 병행하는 부분 통합 방식이 있다.

② 혼합연령 프로그램의 장단점

혼합연령 프로그램의 영유아들은 자신과 비슷한 연령, 능력을 가진 영유아와의 수평적 상호작용과 자신과 연령, 능력에 있어 차이가 나는 영유아들과의 수직적 상호작용이 함께 이루어지므로 동일 연령으로 구성된 집단에 비해 다양한 대인관계를 경험할 수 있다.

동일연령의 영유아들이 동질적인 능력을 갖는 것은 아니므로 연령에 의해 단일화된 교육과정은 영유아들을 우수한 영유아와 열등한 영유아로 분류하게 되는 단점이 있다.

혼합연령 프로그램의 가장 중요한 장점 중의 하나는 나이가 많은 영유아들이 어린 영유아들에게 도움을 줄 수 있다는 점이다. 영유아들은 어른보다 다른 영유아로부터 더 쉽게 배우며, 혼합연령 프로그램은 이러한 기회를 많이 제공한다. 다른 영유아를 가르치는 입장에 서는 경험은 자기의 학습을 강화하는 좋은 기회가 된다. 혼합연령 집단 구성은 부적응 행동 유아의 발달에 기여할 뿐만 아니라 부적응 행동 중 특히 사회적으로 위축된 유아에게 교육적 효과가 있다. 또래들로부터 고립되는 경험이 단일연령 학급에서보다 혼합연령 학급에서 훨씬 더 적은 것으로 나타났다.

혼합연령 프로그램 운영에서 어려운 점은 발달수준의 차이가 나는 영유아들의 개별적 욕구에 부응하기가 어렵다는 것이다. 교사들은 능력과 관심의 범위가 너무 넓은 영유아들에게 필요한 자료와 경험을 제공하기 어렵다. 나이 많은 영유아들의 경우 어린 영유아가 있는 학급에서 지적인 자극을 덜 받는 경향이 있으며, 어린 영유아들은 보다 많은 관심을 필요로 한다. 따라서 더 훈련되고 유능한 교사의 자질이 요구되며, 교사 2~3인의 상호 협력이 전제되어야만 혼합연령 프로그램이 교육적 효과를 거둘 수 있다. 대부분의 보육 · 교육 기관들이 동일연령 집단 구성을 선호하는 것은 교사가 수업을 계획하기 용이하며, 교육과정 구성이 보다 편리하기 때문이다.

혼합연령 프로그램의 장점과 단점을 파악하여 각 기관의 상황과 영유아의 특성에 맞도록 교육과정을 마련해야 한다.

(3) 혼합연령 프로그램의 교육과정

① 교육목표

혼합연령 교육과정은 동일연령으로 편성되는 전통적 교육과정에 대한 교육적 개혁 일환으로 추진되었다. 교육과정에서의 집단구성 철학은 그 프로그램의 목표를 반영한다. 프로그램의 일차적 목표가 다른 사람을 수용할 수 있고 도움을 주고받는 개성적이고 사회적인 아동을 길러내는 데 있다면 혼합연령 집단 구성이 선호된다. 혼합연령 프로그램은 규정되고 미리 결정된 교육과정과 교수, 평가에서 벗어나는 것을 추구하기 때문에 각각의 학급, 학교, 지역마다 자신들의 특수한 상황에 맞는 모델을 발달시켜야 한다.

그러나 혼합연령 집단 구성에서 전형적으로 나타나는 공통적인 요소들이 있다. 혼합연령 프로그램은 다양한 연령의 또래와의 상호작용 및 사물과의 상호작용을 통해 물리적, 사회적 세계에 대한 지식을 형성하도록 돕는 것을 기본적 목표로 한다. 영유아를 능동적 학습자와 실험자로 간주하여 영유아들에게 다양한 물리적, 사회적, 문화적 환경에 능동적으로 참여하도록 한다. 이를 위해 영유아의 신체적 크기와 발달수준에 맞는 안전하고 기능적인 환경을 제공한다. 발달적으로 적절한 교육 실제, 아동중심 프로그램, 능동적 학습자로서 촉진자로서 통합적 교육과정, 경직된 교수전략과 평가의 배제 등은 혼합연령 프로그램에 내재하는 기본적 교육원리이다.

② 교육활동의 운영

혼합연령 프로그램의 다양한 특성 때문에 이를 수행하는 교육과정 지침은 없으며, 결과적으로 다양한 교육활동 및 교수전략들이 사용된다. 연령 간 협력, 또래놀이, 또래 가르침 등은 혼합연령 프로그램에서 영유아의 인지적, 사회적 발달을 촉진하기 위해 사용되는 공통된 전략이다.

㉠ 또래 협력활동

혼합연령 프로그램에서는 또래의 발달수준과 역할에 따라 또래 간 가르치기, 협력학습, 또래 공동작업 등 다양한 유형의 또래 협력을 장려함으로써 영유아의 인지적, 사회적, 정서적 발달을 지원한다. 문제에 대해 서로 다른 관점을 가지고 있는 상대자와 능동적인 토론과 의견의 교환, 자신들의 부분적이고 부족한 관점을 공유하는 것을 통해 '공동 발견'하게 되며, 영유아 개인이 가지고 있는 해결방안보다 더 나은 해결방법을 찾게 된다.

혼합연령 프로그램이 영유아의 인지적, 사회적 발달에 긍정적 효과를 주려면 다양한 연령의 또래들과 할 수 있는 다양한 경험을 제공하는 것이 필요하며, 무엇보다도 중요한 것은 실제로 공동 활동을 위한 상호 조정과 협력, 이해심을 기를 수 있는 활동 기회를 제공하는 것이다.

㉡ 소집단 활동

혼합연령 프로그램에서는 발달수준이 다른 영유아들이 섞여 있기 때문에 모든 영유아가 동시에 한 가지 활동을 하기 어려우므로 소집단 활동이 많이 이루어진다.

동일연령으로 구성되는 전통적 프로그램은 교수적이며 매우 구조화되어 있고 교사에 의해 형성되고 주도되며, 집단 간 영유아들의 이동이 드물다. 이에 반해 혼합연령 프로그램의 집단 구성은 융통성이 있으며 구조화의 정도가 덜하고 교사뿐만 아니라 영유아에 의해서도 주도된다. 영유아들이 형성하고 주도하는 집단구성의 중요성은 강조되어야 한다. 영유아들은 같이 활동하고 싶은 또래들을 선택하는 것이 장려된다. 소집단 활동은 교육적 효과뿐만 아니라 이러한 경험 자체가 다른 사람과 함께 활동하고 경험을 나누고, 다른 사람으로부터 배우고 동료들 간에 지도력을 발휘하는 능력 등 영유아의 사회적 경험을 확장시킨다.

㉢ 집단교수활동

혼합연령집단은 영유아의 발달수준이나 능력의 차이로 인해 학습활동의 계획과 지도에 어려움이 있기 때문에 교사의 경험과 능력이 부족하거나 학습활동 자료가 다양하지 않으면 교육적 효과를 거두기 어렵다. 혼합연령 프로그램에서는 대부분 두 명 이상의 교사가 협력적인 관계로 일하는 집단교수가 이루어지고 있다. 집단교수는 서로가 각자를 보충할 수 있는 능력과 기능을 가진 둘 이상이 교사들이 상호 협력하여 프로그램의 계획, 실행, 평가를 실시한다. 특히 집단교수는 영유아의 관찰 및 평가에 교사 1인의 주관적인 판단이나 감정을 배제하고 여러 교사가 여러 각도에서 영유아를 파악할 수 있다는 장점이 있다.

㉣ 교육활동 시 고려사항

혼합연령 프로그램의 교육활동에서 고려해야 할 사항은 다음과 같다.

- 일상생활의 상황을 연결시켜 영유아들이 경험과정 가운데 학습할 수 있도록 한다.
- 사건과 물건의 관계를 통해 연결되는 학습이 이루어져야 한다.
- 부모 혹은 혼합연령 프로그램에 관심을 가지고 있는 성인들도 함께 참여하여, 작업과 놀이를 할 수 있는 기회가 제공되어야 한다.
- 혼합연령 프로그램의 교육 진행에 영유아들과 함께 계획되어야 한다.
- 아동중심 학습이란 시설에서뿐만 아니라 범위를 넓혀 구체적으로 체험할 수 있는 모든 상황도 포함되어야 한다.
- 혼합연령 프로그램의 하루 일과는 계획된 대로 진행되기보다는 그날의 상황과 영유아들의 관심에 따라 융통성 있게 진행되어야 한다.
- 혼합 연령반의 환경 구성은 충분한 자극이 될 수 있어야 하고, 영유아들이 스스로 구성할 수 있게 이루어져야 한다.
- 교사는 영유아의 흥미와 관심을 존중해 주어야 하며, 또한 현실과 연결시켜 줄 수 있어야 한다.

③ 일과 구성

일반적으로 혼합연령 프로그램의 일과는 세분화된 일과 계획보다는 통합된 일과로 운영된다. 미리 시간이 일정하게 정해진 수업은 최소한으로 줄이고 교과 간의 구별 없이 영유아가 스스로 원하는 활동을 선택하여 시간에 구애받지 않고 자유로이 할 수 있도록 하는 것이다. 이러한 통합 일과 속에서 놀이와 학습 간의 분리, 인지 영역과 정의 영역 간의 분리, 연령별 능력에 따른 과제의 구별 등 여러 가지 전통적인 구분들이 희미해지며, 영유아 자신이 대부분의 활동을 스스로 선택하여 학습한다.

혼합연령 학급의 일과 운영은 현재 영국의 유아학교에서 실시되고 있는 개방 교육이 그 대표적인 형태라 볼 수 있다. 개방교육 프로그램은 여러 연령의 유아들이 다양한 교구, 교재가 구비된 실내외의 여러 흥미 영역에서 개별 또는 소집단별로 서로 다른 여러 가지 활동을 하는 것을 특징으로 하고 있다.

혼합연령 학급은 발달수준이 상이한 영유아들로 구성되어 있기 때문에 일과 계획 및 운영에 어려움이 있다. 예를 들면, 간식 시간과 낮잠 시간, 휴식 시간의 배정 등과 같은 기본 생활 욕구와 관련된 활동을 균형 있게 배려하는 것은 혼합연령 일과 운영에서 중요한 과제이다.

④ 환경 구성

환경 구성은 영유아의 흥미와 요구에 기초하여 영유아가 스스로 탐색하고 배울 수 있는 곳으로 융통성 있게 조직, 운영되어야 한다. 또한, 영유아가 자유롭게 새로운 것을 경험하고 인지하고 변화를 시도할 수 있도록 허용적으로 조직되어야 한다.

혼합연령의 구성이기 때문에 영유아 각자 자신의 흥미에 따라 여러 가지 놀이나 활동에 참여할 수 있도록 하기 위해 영유아의 관심이 좀 더 구체적으로 확장될 때 새로운 자료나 교구, 교재를 첨가하여 제시한다. 자료의 복잡성은 그 학급의 연령 범위를 반영해야 하며 3, 4, 5세를 포함한 학급은 다양한 분량의 길이와 난이도가 있는 책을 제공하며, 여러 가지 크기와 조각의 수로 이루어진 퍼즐, 규칙을 지키는 능력과 다양한 범주의 기술이 요구되는 게임 그리고 여러 가지 다양한 자료들을 경험할 수 있도록 한다. 또한, 교사의 교수방법이나 교실의 공간 구성에도 혼합연령의 범위를 고려하여 계획한다. 특히 혼합연령의 범위가 커질 때 이러한 문제는 운영에서 중요한 문제가 된다.

혼합연령 프로그램의 공간은 같은 시간대에 영유아들이 각자 여러 가지 놀이나 활동에 참여할 수 있도록 구성한다. 미닫이나 이동 가능한 벽, 이동이 가능한 가구 등을 이용하여 소집단 활동, 대집단 활동, 개별 활동 및 휴식을 위한 공간 등으로 융통성 있게 활용한다.

⑤ 교사의 역할

혼합연령 프로그램에서 교사는 직접적 교수자의 역할보다는 촉진자로서의 역할을 한다. 교사는 영유아들이 또래 간 사회적 상호작용을 통해 가르치고 배울 수 있도록 물리적 환경이 사회적 상호작용을 촉진하도록 구성하며, 또래 간 상호작용을 지원하는 역할을 한다.

교사는 발달수준이 다른 영유아들에게 적합한 활동을 계획하고 제공하는 역할을 한다. 예를 들면, 책을 만드는 활동을 한다면 나이 든 유아는 글을 쓰고 어린 영유아가 그림을 그리도록 하여 영유아가 자신의 발달수준에 적절한 활동을 할 수 있도록 계획한다.

이와 함께 교사는 연령 간 사회적 상호작용이 활발하게 이루어질 수 있도록 배려해야 한다. 가능한 한 교사의 직접적 개입을 줄이고 영유아들이 친구들과 효과적인 관계를 맺도록 도와야 하며, 성인의 역할을 할 수 있는 연령차가 있는 또래 놀이 상대자가 반응적 놀이 촉진자로 중요한 역할을 할 수 있도록 돕는다. 또한, 다른 영유아와의 공동 활동을 어려워하는 영유아들을 지원한다.

⑥ 부모와의 협력

혼합연령 프로그램에서 교사는 발달수준이 다른 영유아들에게 적절한 교육활동을 계획하고 실행하기 위해 더 많은 시간과 노력이 필요하므로 부모의 협력은 매우 중요하다. 우선, 혼합연령 프로그램의 철학과 교육적 효과에 대한 인식을 부모와 공유하는 것이 중요하다. 프로그램 설명회, 기관 방문, 가정 통신문, 부모 참여 활동, 부모교육, 영유아 관찰을 통해 부모가 혼합연령 프로그램의 목표와 효과를 이해할 수 있도록 돕는다. 부모들이 특별 손님이나 자원봉사자로 프로그램에 참여할 수 있는 기회를 제공해 준다. 특히 부모가 가진 특별한 흥미나 지식을 활용할 수 있도록 계획하면 영유아들에게 더 풍부한 교육활동 경험을 제공할 수 있다.

⑦ 평가

혼합연령 집단 구성은 가족이나 이웃 집단과 유사하다. 혼합연령 집단의 경험에 의해 영유아의 친사회적 행동이나 리더십 등 사회적 발달이 이루어진다. 능력이 다른 영유아 간의 가르침이나 협동학습의 경험은 영유아의 사회적, 인지적 발달에 효과적이며 연령으로 구분된 엄격한 교육과정을 완화시키므로 영유아의 발달에 보다 적절한 집단구성 방법이 될 수 있다.

혼합연령 프로그램을 영유아 보육, 교육 기관에서 채택한 이유가 무엇인가에 따라 혼합연령 집단 구성의 교육적 효과는 달라진다. 즉, 혼합연령 프로그램의 철학적 배경과 교육적 효과에 대한 연구에 기초하여 영유아 보육, 교육 기관의 운영 철학으로서 혼합연령 프로그램을 선택하고 이에 따라 환경 구성, 교사 교육, 교육 계획을 실행할 경우 영유아의 인지적, 사회적, 정서적 발달에 긍정적 효과를 가져왔다. 그러나 보육, 교육 기관의 재정적인 문제, 원아 충원의 문제 등으로 불가피하게 다른 연령의 영유아들이 한 집단을 구성하게 된 경우에는 혼합연령 집단 구성이 영유아의 발달에 교육적 효과를 거두지 못하였다. 즉, 혼합연령 집단 구성 그 자체로 교육적 효과를 가지는 것이 아니라 적절하고 잘 계획되고 준비된 혼합연령 프로그램을 운영할 때에만 혼합연령 집단 구성의 잠재적인 교육효과가 실현될 수 있다.

혼합연령 프로그램에서의 영유아 발달 평가는 동일연령 프로그램에서 전통적으로 사용하는 표준화된 검사 또는 능력 선별 검사를 지양한다. 영유아 보육, 교육에서의 평가는 평가 그 자체보다는 평가의 결과를 활용하여 교육을 보완하는 기능이 강조되며, 평가받는 대상을 잘 이해하고 그들에게 도움을 주는 것을 최종 목적으로 한다. 발달수준과 능력이 다른 영유아들 간의 사회적 상호작용이 사회성 발달뿐만 아니라 인지 발달에도 긍정적인 영향을 준다는 관점에 기초하고 있는 혼합연령 프로그램에서, 평가는 유아가 현재 알고 있는 것뿐만 아니라 성인이나 능력 있는 또래의 도움을 받아 수행할 수 있는 능력, 즉 유아의 근접발달영역의 폭을 파악하고자 한다. 즉, 유아의 잠재적 능력을 찾아내어 이를 촉진할 수 있도록 하는 데 평가의 목적이 있으며, 이를 발견해 내는 평가자의 역할이 중요하다.

2) 장애아 통합 프로그램

(1) 개념

통합교육이란 특수교육 대상자의 정상적인 사회적응 능력의 발달을 위하여 일반학교에서 특수교육 대상자를 교육하거나 특수교육기관의 재학생들을 일반학교의 교육과정에 일시적으로 참여시켜 교육하는 것을 말한다. 따라서 통합교육은 모든 아동들에게 일반유치원 교실에서 함께 교육함으로써 모든 개별 학생의 가치를 인정하고 모든 개별 아동의 교육적인 욕구를 충족시켜 나갈 수 있는 교육을 의미한다.

통합교육은 장애아동의 교육적인 욕구를 충족시켜 나갈 수 있는 교육을 의미한다. 통합교육은 장애아동의 교육선택권 및 구성원 자격에 대한 동등한 권리를 인정하고 모든 교육환경에서 동등한 소속감을 갖고 지낼 수 있어야 한다는 가치를 인정하는 개념이라고 할 수 있다. 이것은 결국 통합교육과 통합보육을 장애아동과 일반아동의 두 개의 분리된 집단이 하나로 합쳐지는 과정으로 인식하기보다는 처음부터 서로 포함되어 있는 하나의 집단으로 인식함으로써 통합교육과 통합보육의 개념이 함께 교육하고 보육한다는 개념으로 변화되어 가는 것을 보여 주는 것이다.

결론적으로 장애영유아통합교육 및 보육이란 장애를 지닌 영유아들이 장애를 지니지 않은 또래들과 함께 유치원이나 보육시설 등의 기관에서 교육 받는 것을 의미하며 이때 함께 교육 또는 보육 받는다는 것은 같은 장소에 배치하거나 같은 교수방법을 사용하거나 같은 교육과정과 보육과정을 적용하는 것뿐만 아니라 근본적으로 동일한 소속을 의미한다. 따라서 진정한 통합보육을 위해서는 장애 영유아를 물리적으로 같은 환경에 배치한 후 장애영유아에게 필요한 교육적, 사회적, 환경적, 복지적, 서비스를 최대한으로 제공해야 한다.

(2) 장애아 보육 프로그램의 목표

장애아 보육 프로그램의 장기적 목표(long-term objectives)는 장애 영유아를 위한 장기적 목표와 보육교사 및 학부모를 위한 장기적 목표로 구성되어 있다. 첫째, 장애 영유아의 용변, 식사문제, 착 · 탈의, 청결 등에 관한 보육활동의 제공으로 장애 영유아의 자립기능을 길러준다. 둘째, 장애 영유아의 감각기능, 대근육운동, 소근육기능 등에 관련된 보육활동의 제공으로 장애 영유아의 감각 운동 기능을 길러준다. 셋째, 장애 영유아의 발성, 비언어적 의사소통, 수용언어, 표현언어 등에 관련된 보육활동을 제공하여 장애 영유아의 인지적 기능을 길러준다. 넷째, 장애 영유아의 신체, 대물인지, 대상연속성(object permanence), 표상, 기본개념습득(분류, 서열, 비교, 공간, 시간, 수 등) 등에 관한 보육활동을 제공하여 장애 영유아의 인지적 기능을 길러준다. 다섯째, 장애 영유아의 애착 상호작용, 친사회적 행동, 기본정서 분화, 정서 수용 및 표현 등에 관한 보육활동을 제공하여 장애 영유아의 사회 · 정서적 기능을 길러준다.

(3) 통합보육의 준비

통합보육이 효과적으로 수행되기 위해서는 몇 가지 전제되는 필수 조건이 갖추어져야 하는데, Salend는 통합교육의 조건으로 장애아동의 준비, 비장애아동의 준비, 교사들 간의 의견교환 촉구, 아동진도 평가 및 교사연구 등을 들고 있다. Guralnick는 통합 프로그램의 성공적 수행에 영향을 주는 요인으로서 교사와 아동수, 비장애아동과 장애아동의 비율, 장애유형, 통합교육을 위한 교사의 훈련 정도, 발달단계에 따른 프로그램, 교실공간과 교구의 물리적 배치, 장애아동의 발달수준과 장애 정도, 학습아동의 생활연령, 교육 프로그램의 질, 통합교육에 대한 비장애아동의 준비도, 자원 전문가, 학습구성원 간의 인간관계, 비장애아동과 장애아동 사이의 발달수준의 일치도 등을 들고 있다.

한편, 우리나라 장애아 통합보육을 위해 준비해야 할 전반적인 사항을 몇 가지 제시하면, 첫째, 장애아동 교육의 목표를 개별 장애아동의 발달적 요구와 개성을 존중하고, 경쟁이 아닌 협력체제 속에서 삶의 질을 향상시키는 차원에서 설정하도록 한다. 둘째, 교사교육체제를 개선해야 한다. 통합보육을 하려면 일반 보육교사의 교육수준을 높여야 한다. 특수교사와 함께 협동체제를 이룬다고 하더라도 일반 보육교사의 교육적 준비도는 현재로서는 미흡하다고 할 수 있다. 현직 보육교사들에게 순차적으로 통합보육에 대한 보수교육이 실시되어야 하며, 통합교사는 유아교육, 보육교사 과정을 전공한 이후에 대학원 수준의 상급과정에서 특수교육에 관한 지식과 기술을 학습할 수 있도록 제도적으로 보완되어야 한다. 그리고 이들에게는 통합보육교사 자격증을 하나 더 수여하는 등 지위상의 혜택을 주어야 할 것이다. 셋째, 보육시설을 공교육체제로 전환해야 한다. 공교육체제로 완전하게 자리 잡지 못하면 국가의 여러 가지 지원이나 사회 심리적 지위 혜택을 공식화하기 어렵기 때문이다. 넷째, 장학사, 장학관, 원장 등 보육행정 책임자들에 대한 보수교육이 실시되어야 하며 보육행정체제도 장애아 통합보육으로 일원화 시켜야 한다.

① 통합교실 배치기준

비장애아동과의 통합에 적절한 비율은 전체인원 수의 10%가 적당하다고 보나 이는 다른 조건과의 관계에서 재조정 될 수 있는데, 예를 들어 훈련된 통합교사와 이미 장애아동과의 생활에 적응되어 있는 비장애아동이 형성되어 있을 경우 장애아동 통합의 비율은 10% 이상으로 높일 수 있고, 그 반대의 경우는 더 낮은 비율로 조정될 수 있다. 장애아동 통합과 관련하여 통합을 하기에는 심리적, 기술적으로 훈련되어진 통합교사가 있어야 하는데, 교사의 훈련 정도는 장애아동 교실배치 여부 및 수를 결정하는 데 매우 중요한 영향을 미친다.

장애아동이 비장애아동과 비교하여 발달이 뒤떨어진다고 해도, 장애아동의 생활연령을 고려해서 교실 배치를 해야 한다. 제 나이에 따른 교실배치가 어려울 경우라도 장애아동과 비장애아동의 나이 차이가 1년 이상 초과하지 않는 것이 좋다. 지체장애나 시각장애 등과 같이 신체적 도움이 필요한 장애아동의 경우에는 자신의 연령보다 한 단계 많은 교실에서 더 원활한 도움을 받기 쉬울 수도 있다.

장애아동 교실 배치 기준을 결정짓는 기준으로 중요한 또 하나는 장애아동에게 필요한 지원을 계속적으로 할 수 있는가 하는 문제이다. 일반교실의 통합환경을 지원하고, 일반 보육 프로그램을 적절하게 수정하여 장애아동에게 효과적으로 제공할 수 있고, 장애발달 특성에 따른 보다 전문적인 접근을 할 수 있는 장애 전담교사(통합교사)가 상근할 수 있을 때 장애아동의 교실 배치는 보다 원활하게 진행될 수 있다.

② 교실 구성의 형태

㉠ 소그룹 통합교실

장애아동들로 구성되어 일반교실과 선택적으로 통합하여 프로그램을 진행하는 경우이다. 통합교사와 장애아동의 비율이 1 : 3 정도로 전체교실의 아동수가 10명을 넘지 않도록 구성한다. 기본생활 중심의 지도와 일상생활 중심의 통합활동이 진행되도록 한다. 일반교실과의 통합은 비장애아동들이 소그룹 통합교실의 장애아동이 비장애아동 교실로 이동되면서 이루어지는 다양한 형태의 통합 프로그램으로 진행되어질 수 있다. 보육시설에 처음 오는 장애아동이 경우는 소그룹 통합교실에 배치되어 선택적으로 통합 프로그램에 참여하고 그 참여의 기회를 확대해 나가는 것이 바람직하다. 사회성, 정서, 언어 영역의 발달이 다른 영역에 비해 상대적으로 지체되어 있는 경우로 보육시설 환경에 익숙해져 있지 않은 신입 원아가 소그룹 통합교실로 배치된다.

소그룹 통합교실에서는 동화듣기, 이야기 나누기, 사회체육, 노래, 악기다루기, 음악감상, 작업, 관찰, 기본생활, 안전교육, 사회적응, 감각훈련 등으로 계획, 실행된다. 보통 통합은 프로그램을 선택하여 일반교실과 선택적으로 실시하는데, 이는 자유놀이 통합, 영역별 통합, 반배반 통합, 역통합의 방법으로 실시한다. 소그룹 통합에서 사용되어지는 프로그램으로는 개별화교육프로그램(IEP), 가정연계지도(IFSP), 작업치료, 언어치료 등이다.

㉡ 완전 통합교실(일반 통합교실)

완전 통합교실의 반구성은 영아(만 2세 이하)반의 경우 비장애아동 10~15명에 장애아동 1명, 유아반(만 3~5세)의 경우에는 비장애아동 10명에 장애아동 1명의 비율로 구성한다. 일반교실의 일과에 따라 프로그램이 진행되며 장애아동과 비장애아동을 소그룹으로 구성하여 소그룹 단위의 개별화교육 프로그램을 병행하여 진행한다. 사회, 정서, 언어 영역이 다른 영역보다 상대적으로 정상 발달에서 이탈이 적은 경우로 보육시설 환경에 익숙해져 있는 재원생을 중심으로 배치하는 것이 좋다. 완전 통합교실에서는 담화, 동화, 언어, 사회생활, 음악, 작업, 사회체육, 기본생활, 안전생활, 수과학 등으로 계획되어 실행한다. 주로 개별화교육 프로그램, 가정연계지도(개별화가족지원계획), 작업치료, 언어치료 등이 실행된다. 완전 통합교실을 교실 면적, 교구배치 등이 비장애아동에 대한 규정에 맞추어져 있어, 장애아동이 적응하기에 불편한 점이 많다. 장애아동의 특성이나 요구에 관계없이 무조건 통합되어지며, 프로그램의 내용과 속도가 비장애아동에게 맞추어서 진행되고, 장애아동은 통합교사의 도움으로 이를 따라가야 하는 부담을 가지게 된다. 또한 교실면적과 교구의 수량 등이 장애아동에게는 부적절할 수 있다. 따라서 정서적 불안과 스트레스를 극복할 수 있는 어느 정도의 훈련이 필요하다.

3) 반편견 프로그램

(1) 반편견 교육의 개념

반편견 교육은 이미 각자에게 있는 기존의 선입견, 고정관념 및 편견에 도전하는 적극적인 교육을 말한다. 즉, 성이나 인종, 장애에 대한 편견을 갖지 않게 하는 교육이다. 유아들이 사회적 학습에 의한 영향으로 고정관념이 생성되고 유지되어 큰 사회적 문제를 유발하므로 지구촌이라는 미래를 살아갈 유아들은 나와 다른 것에 대해 수용적인 태도로 편견에 대해 비판적인 사고와 함께 편견에 대해 적극적으로 행동할 수 있어야 한다. 반편견 교육과정은 유아기 때부터 다양한 편견에 도전하고 반대할 수 있도록 적극적으로 교육할 필요가 있다는데 근거를 둔 것으로, 끊임없이 이루어지고 있는 불평등의 사회를 변화시킬 수 있도록 유아들을 준비시키는 것이다.

다문화주의는 인종 간의 갈등을 중심으로 시작되어 성, 장애, 계층 등 사회에서 소외되어 온 다양한 집단의 이익을 대변하고 이들 간의 갈등을 해결함으로써 평화로운 지구촌의 건설을 그 목적으로 한다고 할 수 있다. 다문화주의의 출현은 1960년대 아프리카계 미국인들이 그들의 노예적 역사 속에서 차별 당해 온 권리를 찾기 위하여 시민권운동을 시작할 때부터로 거슬러 올라간다. 시민권운동은 피부색의 차이로 인하여 정치, 경제, 교육에서 소외되고 억압당해 온 아프리카계 미국인들의 처절한 투쟁이었다. 이러한 권리투쟁은 미국 내의 멕시코계 미국인, 아시아계 미국인, 푸에르토리코계 미국인 등 비주류적 민족에게까지 파급되었으며 이들 민족들 역시 정치, 경제, 교육적 기회의 평등을 요구하기 시작하였다. 새로운 다원주의라는 이름으로 펼쳐진 이 운동은 다른 집단들, 예컨대 여성, 장애자, 동성연애자들까지 그들의 권리와 자격을 주장하도록 자극하는 계기가 되었다. 1980-1990년대는 아시아계, 남미계 미국인과 같은 새로운 특성의 이민자들이 급격하게 상승하는 시기로 미국은 이민정책의 변화를 심각하게 고려해야 하는 부담을 안게 되었다. 새로운 시대의 이러한 사회적 조건은 다문화주의의 의미형성을 위한 문화정책에 중요한 영향을 주었다. 이를 계기로 문화적 다원주의는 다문화주의라는 용어로 대치되기 시작하였다.

교육은 그 사회의 이상을 실현하는 하나의 수단으로서 인식되어 왔다. 따라서 다문화주의의 실천을 위한 가장 강력한 도구로서 다문화교육이 언급된다. 다문화교육은 다문화사회에서 생존하기 위하여 모든 아동이 다양한 사회에 도전하고 준비할 수 있도록 동등한 교육기회를 주고자하는 교육개혁운동으로서 성립되었다. Banks(1993)는 다문화교육이란 다양한 문화, 민족, 성 그리고 사회적 계층의 배경을 가진 아동들이 공평한 기회를 가질 수 있도록 하는 것이며 모든 아동들이 문화교류에 대한 긍정적 태도와 인식, 행동을 발달시킬 수 있도록 돕는데 주목적을 둔 교육과정이라고 설명하고 있다.

다문화교육에 대한 모형 중 하나가 반편견(anti- bias)적 모델로써 모든 아동들은 서로 수용되도록 가르쳐야 한다는 다문화적 이념에 근거한 것이다. 각각의 아동은 다문화적 경험으로 긍정적 감정교류가 가능해지며 그 속에 포함됨으로써 가치를 느끼게 된다는 것이다. 이 모델의 초점은 '문화'보다는 각 개인으로서 '아동'이라고 할 수 있다. 각각의 아동은 특유의 고유성과 다양성을 동시에 갖는다는 이러한 가정은 인종적, 신체적 장애 차원을 벗어나 모든 아동에게 적용될 수 있기 때문에 다문화교육이 다문화를 가진 국가에서만 실시되어야 한다는 관점을 재고하는 계기를 만들어 주었다. 이러한 측면으로 볼 때, 반편견 교육과정은 다문화주의의 운동의 일환으로 실천되고 있는 다문화 교육의 한 흐름이라고 할 수 있다.

다문화교육의 주요한 흐름인 소수인종을 중심으로 한 단일집단 연구가 교육에서 인종차별반대를 위한 편견의 감소를 주장하며 사회적 · 정치적 제도의 개선에 노력하였다면, 반편견 교육과정은 인종을 포함하여 사회의 지배문화에 소외되어 있던 나이, 성, 계층, 장애 등 다양한 집단의 차별문제까지 확장하여 더욱 포괄적인 모델을 제시하였다. 따라서 편견의 문제는 인종을 벗어나 광범위한 영역에서 제기되었으며 모든 사회적 차별의 근거로서 제기되어야 하는 교육적 과제가 되었다.

(2) 반편견 교육의 필요성

인간은 자신과 다른 사람에 대한 태도를 자기를 돌보아 주는 사람 및 주변 세계와의 관계 속에서 점차 발달시켜 가게 되며, 이러한 사회화 과정 속에서 인간 사회를 유지하고 있는 관습과 제도의 영향을 받게 된다. 즉, 인간의 사회화 과정은 현존하는 가치관과 체제의 영향을 받으면서 아주 어린 시기부터 진행되며 이때 기존 사회의 가치관과 관습이 순기능적으로 역할을 할 수 있도록 돕는 방법에 대하여 많은 논의가 있어 왔다. 그러나 관습과 제도의 역기능적인 요소에 대하여는 관심이 상대적으로 부족하였는데 그 이유는 교육적 접근과 노력은 보다 긍정적인 시각에서 출발하기 때문인 것으로 해석해볼 수 있다. 이러한 측면에서 최근 논의되고 있는 다문화, 세계화의 추세는 민족과 국가라는 거시적 차원에서뿐만 아니라 사회 내에서 소외되고 무시되었던 계층의 문제, 인종문제, 장애문제 등에까지 시선을 확대하여 사회의 모순과 편견에서 벗어나려는 노력을 교육을 통하여 실현하고자 하고 있다. 즉, 관습과 제도의 역기능적인 요소에 대하여 적극적으로 대처하려는 교육적 접근이 강조되고 있으며, 이러한 접근방법 중 특히 반편견 교육은 편견으로 인한 갈등과 문제에 초점을 맞추고 있다.

4) 생태교육 프로그램

(1) 생태유아교육 본질

생태유아교육의 본질은 생태유아교육에서 바라보는 아이, 교육, 생명에 대한 본질이 깃들어져 있다. 이러한 생태유아교육의 본질을 임재택 · 김은주 · 하정연 · 권미량 · 조채영(2008)은 세 가지로 분류한다.

첫째, 아이는 생명의 본질이다. 아이는 하나의 생명체이고, 아이는 자연의 모든 생명체 중의 하나이다. 아이라는 생명체는 자연에서 태어나서 자연 속에서 살다가 수명이 다하면 다시 자연으로 돌아가지만 그 생명체의 본성인 생명(生命)은 없어지지 않는다. 즉,아이는 생명의 본성과 자연의 순리에 따라 스스로 살아가는 동시에 다른 생명체들과 어울려 살아가는 존재라는 것이다. 아이는 모든 생명체와 자생(自生)하면서 공생(共生)하는 생명체인 것이다.

둘째, 교육은 아이와 아이 삶의 살림이다. 인간이 세상을 살아가는 인생사(人生事)는 밥하고 빨래하고 청소하고 아이를 돌보는 일이다. 인생사의 근본은 의식주와 육아이다. 인간은 의식주를 통해 생존하고 육아를 통해 종족을 번식한다. 그래서 의식주는 인간을 살리는 가장 기본적인 행위이다. 결국 인간의 의식주는 인간의 '삶'이고 '생활'이며, 인간을 살리는 '살림'이면서 '살림살이'이다. 즉, 아이가 살아가는 것은 입고, 먹고, 자고, 놀고, 생각하는 일을 반복하는 것이다. 아이가 살아가려면 가족들은 물론 가축, 곡식 및 채소들과 땅과 물과 공기가 살아 있어야 하며, 또한 이들은 각자가 살려면 서로를 살려야 한다. 그래서 가정집은 모든 생명체를 살리는 생명의 기운이 깃든 생기 있는 살림집이어야 한다.

셋째, 유아교육은 아이 · 생명의 살림살이 이다. 지금 우리 아이들은 가정집과 유치원 · 어린이집 등에서 주로 생활한다. 지금의 병든 가정집을 본래의 모습대로 살림집으로 회복해야 하듯이 유치원 · 어린이집에서도 아이들의 삶을 생태적으로 전환하여 어린 생명체들이 생기발랄하고 신명나는 아이들로 자라도록 돌보는 생명의 살림집으로 바꾸어야 한다. 즉, 유치원 · 어린이집에서는 아이들을 '양계닭'처럼 키우는 것이 아니라 '토종닭'처럼 돌보는 방향으로 전환해야 한다. 아이들에게 잃어버린 자연과 놀이와 아이다움을 되찾아주는 노력을 기울여야 하고, 유치원 · 어린이집의 의식주를 자연적, 생태적, 생명적인 살림의 의식주로 바꾸는 노력이 필요하다(임재택 외, 2008).

(2) 생태유아교육 프로그램의 내용

생태유아교육 프로그램을 통해 기르고자 하는 아이상은 '신명나는 어린이'로 음양의 조화를 이룬 아이, 달리 말하면 개성과 창의력을 지니면서 흥겨움과 우리 멋이 흘러넘치는 가운데 자연과 하나 되어, 사람과 더불어 행복한 삶을 누리는 어린이다운 어린이를 말한다(하정연, 2009). 현재 실천되고 있는 생태유아교육 프로그램들이 다양하며 또 앞으로 유아교육현장에 적용할 수 있는 활동들도 다양하게 고안할 수 있으나 본 연구에서는 구체적인 교육활동 실천 프로그램으로는 1995년 3월에 개원된 부산대학교 부설 어린이집에서 실시하고 있는 생태유아교육 프로그램 위주로 살펴보고자 한다. 프로그램 내용은 바깥놀이 프로그램, 산책 프로그램, 손끝놀이 프로그램, 노인 · 아동 상호작용 프로그램, 세시풍속 프로그램, 텃밭 가꾸기 프로그램, 동물 교감 프로그램, 명상 프로그램, 먹을거리교육 프로그램, 절제 · 절약 프로그램, 도시 · 농촌 교류 프로그램, 몸짓놀이 프로그램 등이 있다. 다양한 프로그램 중에서 몇 가지 프로그램의 내용을 살펴보면 다음과 같다.

바깥놀이 프로그램은 아이들이 자신이 가지고 있던 지식, 개념, 경험을 자유롭게 펼치는 시간이다. 바깥놀이를 통하여 지적인 호기심과 상상력을 키우고 계절의 변화와 친구들과 더불어 살아가는 능력을 갖게 하며 자연을 통해 생명의 소중함을 깨달아 가게 한다. 산책활동은 아이들에게 온갖 자연물을 직접 보고, 만지고 듣고, 느끼고, 냄새 맡을 수 있는 체험적 교육활동으로 아이들에게 사람, 사물, 현상과의 관계성을 알게 한다.

세시풍속 . 프로그램은 아이들에게 계절의 변화에 따른 생활의 주기를 알게 하고, 우리의 건강한 먹을거리를 알게 하며 더불어 즐길 수 있는 놀이와 조상들의 삶의 지혜를 알 수 있게 하는 프로그램이다. 동물 기르기 프로그램은 아이들에게 동물을 기르며 새끼가 어미가 되고 언젠가는 죽음에 이르는 것을 보면서 생명의 성장과 순환을 경험하게 한다(임재택, 2008).

① 노인 · 아동 상호작용 활동

지금 우리의 현대사회는 핵가족화라는 거대한 사회적 변화 속에서 세대 간의 단절이 심각하다. 즉, 노인과 젊은이, 노인과 아동과의 교류가 잘 이루어지지 않고 있으며, 아이들은 할머니 · 할아버지의 깊은 사랑을 맛보지 못하고 있다. 이러한 상황 속에서 현대사회에서 단절되어 있는 노인과 아동과의 교류를 유아교육기관이라는 장을 통하여 의도적으로 연결하려는 노력의 일환이 바로 노인 · 아동 상호작용 활동이다. 즉, 노인 · 아동 상호작용 활동은 '노인에겐 보람을, 아이에겐 사랑을'이라는 취지 아래 노인들이 유치원이나 어린이집의 영유아 보육활동에 자원봉사자로 참여하여 아이들과 함께 생활하면서 노인 · 아동 간의 상호작용 기회를 체계적으로 제공하려는 활동이다(임재택, 2005).

노인 · 아동 상호작용 활동의 유형은 아이들의 연령이나 발달수준, 노인봉사자의 취미, 능력을 고려한 역할수준에 따라 달라지나, 대체로 동화, 노래, 산책, 요리, 전통놀이, 텃밭 가꾸기, 예절교육, 행사보조, 간식 및 식사지도 등과 같이 다양하다(임재택외, 2006). 이러한 노인 · 아동 상호작용 활동에 대한 한 연구(박경란 외, 2003)를 살펴보면 노인 · 아동 상호작용 활동 프로그램을 통하여 아동들은 노인 및 노화에 대한 인식이 긍정적으로 많이 바뀌고, 부정적인 인식이 많이 줄어들어든 것으로 나타났다고 밝히고 있다. 또한 부산대학교 부설 어린이집의 실천사례(임재택외, 2001)를 살펴보면 노인 · 아동 상호작용 활동을 통해 노인들은 소일거리가 생겨서 인생의 보람, 생활에 대한 활기와 의욕 및 자신감을 갖게 되며, 아이들은 조부모들의 사랑을 경험하고, 노인에 대한 긍정적인 태도와 우리의 전통문화를 체득할 수 있는 좋은 기회를 갖게 되었다고 한다.

② 명상

명상이라는 말은 '눈을 감고 고요히 생각하는 것', '마음을 닦는 것', '참된 자기를 찾는 것', '참된 삶의 길을 찾는 것', 혹은 '의식의 집중을 통해서 자기 초월과 자기 성숙을 이룩하는 정신적인 과정'과 같은 다양한 의미로 사용되고 쓰이고 있다. 즉, 명상이란 내가 진정 내면적으로 어떤 존재인지, 그 자아가 외부의 상황에 어떻게 반응해 나아가고 있는지를 알아 가는 과정이다(임재택외, 2006). 유아들은 본래 신비적이고 명상적인 존재이다. 그러나 여러 가지 기술과 정보가 강조되는 경쟁적이고 기계적인 사회 속에서 왜곡된 유아들에게 본래 자신의 모습을 찾고, 자신의 본래 모습을 느낄 수 있도록 하기 위해 명상이 필요하게 되었다(임재택, 2005).

명상은 우선 특별한 절차나 방법을 따르기보다는 일상생활 속에서 자연스런 체험 활동으로 접근하는 것이 중요하다(김우경, 2006). 따라서 침묵해 보기, 생각해 보기,

기도해 보기, 자연의 소리에 귀 기울여 보기 등 하루 일과 중에서 어느 특정한 시간을 정하여 매일 하는 명상을 통하여 유아들은 자신의 인식함으로써 타인을 배려하고, 모든 생명을 존중하는 마음이 생긴다. 또한 감정조절을 통해 정서적으로 안정감을 얻고 스트레스에서 벗어나 몸과 마음이 조화를 이룬 행복하고 기쁨이 넘치는 삶을 살아가게 된다(권은주 · 고성민, 2006).

③ 절제 · 절약 활동

절제 · 절약 활동은 아이들에게 생태의 기본핵심인 순환과 돌림의 경제를 인식시키고 실천하도록 도와주는 데 목적이 있다. 동시에 낡은 옷 하나도 그 존재가치를 인정하고 섬기려는 옛 어른들의 '섬김의 문화'가 갖는 의미를 아이들에게 전하기 위함과 학부모와 지역사회 전체가 절제 · 절약 활동을 생활화하자는 뜻을 담고 있다(하정연, 2004).

구체적인 실천방법은 '아나바다 운동'에서 찾고 있다. 즉, 아껴 쓰고 나눠 쓰고 바꿔 쓰며 다시 쓰는 생활로 현대 경제가 가져온 문제를 실천적인 면에서 해결해 가려 한다(임재택, 2005). 실천할 수 있는 활동으로는 아이들의 시장놀이를 통한 물물교환, 알뜰마당, 각종 폐품 재활용하기, 입던 옷 물려주기, 전기 · 수도 아껴쓰기, 1회용품 안 쓰기, 쓰레기 분리수거, 음식쓰레기 퇴비 만들기 등이 있이 있으며, 이는 유아의 생활 속에서 지속적인 습관으로 연계되어야 한다(교육부, 1998).

④ 먹을거리 활동

아이는 먹으면서 자란다. 보통 '잘 먹고 잘 놀고 잘 싸는 아이'는 건강한 아이의 상징이다. 아이들의 먹을거리는 아이들이 제대로 자라느냐 자라지 못하느냐 하는 중요한 문제가 걸린 일이다. 또한 먹을거리는 의식주의 중요한 일부로 민족의 정체성과 문화의 표현이기도 한다(임재택, 2005). 따라서 아이들에게 자연의 맛을 알게 하고 신토불이(身土不二)의 맛으로 한국인의 정서를 심어주기 위해 노력해야 한다. 육류보다는 신선한 채소와 과일을 많이 제공한다. 동시에 올바른 식습관을 기르고 우리의 전통음식을 되살리며 나누는 삶을 가르치고, 한 방울의 물과 한 톨의 쌀에도 감사하는 마음을 갖게 해야 한다(하정연, 2004).

생태적 식생활과 관련한 한 연구(채영숙, 2005)에서 생태적 프로그램 운영을 통해 유아들이 제철 음식과 우리 전통음식을 잘 먹게 되었고, 음식을 소중하게 생각하고 골고루 먹게 되었으며, 음식의 섭취량과 종류도 증가한 것으로 나타났다. 이에 아이들에게 생명력이 깃든 올바른 먹을거리 문화를 되찾아주기 위해 모유 먹이기, 신토불이음식 먹이기, 제철음식 먹이기, 육류섭취 줄이기, 유기농 농산물 먹이기, 아침밥 먹이기 등의 실천과 함께 유아교육기관과 학부모, 지역사회의 적극적인 협조가 필요하다(서형숙, 2002).

⑤ 손끝놀이

손끝놀이란 말 그대로 아이들이 손끝을 사용해서 할 수 있는 놀이를 말한다. 손놀림은 단순한 육체적 과정이 아니라 정신적인 과정이어서 손의 사용은 머리, 마음, 손이 조화롭게 발달하도록 한다. 한 손의 사용은 일을 한다는 것을 의미하며, 일을 한다는 것은 유아들에게 삶을 살아가는 건설적인 생명력을 키우는 일이라 할 수 있다(임재택외, 2002).

생태유아교육기관 유아들의 자유놀이 시간에 쉽게 볼 수 있는 모습 중의 하나는 아이들이 바느질, 실뜨기, 뜨개질, 직조 짜기를 하는 모습이다(조채영, 2006). 손끝놀이는 공간적인 제약을 별로 받지 않는 활동으로 교실 안이나 바깥놀이터에서, 산책을 가서도 가능하며, 시간도 비교적 자유롭게 할 수 있는 활동이다(임재택, 2005). 따라서 손가락 체조하기, 곡식 옮기기, 숟가락 · 젓가락 이용해서 옮기기, 종이 접기, 오리기, 붙이기, 구슬 끼우기, 실뜨기, 바느질, 자수, 털실 짜기 등의 손끝놀이를 보다 더 적극적으로 실시해야 할 것이다.

⑥ 몸짓놀이

몸짓놀이란 몸을 이용해서 할 수 있는 놀이를 말한다. 몸짓놀이는 몸을 자극함으로써 오장육부를 튼튼하게 하고 몸을 유연하게 한다. 뇌의 자극, 체력 증강, 정서적인 순화와 함께 한국인의 고유한 몸짓을 살려냄으로써 한국인의 정신과 기(氣)를 되찾게 한다. 또한 몸짓놀이를 통하여 자연과 인간이 하나 되는 신명을 경험할 수 있다(임재택, 2005). 몸짓의 원형은 우리의 전통 육아방식에서 찾아볼 수 있다. 도리도리, 짝짜궁, 곤지곤지, 잼잼, 고네 고네, 따로따로, 불무불무, 목마타기, 까꿍, 에비 비, 단지팔기 등 전통사회에서 즐겼던 아이체조는 단순한 놀이가 아니라, 아이의 몸을 유연하게 하고 기(氣)의 흐름을 왕성하게 한다. 몸짓놀이에는 기체조를 변형한 도인체조, 여러 동물 모양을 기초로 한 몸짓, 우리 전통의 무예와 춤을 기초로 한 몸짓 등이 포함된다(하정연, 2004).

생태유아교육기관 유아들은 몸짓놀이를 일상생활 속에서 즐기고 있으며, 교사들은 몸짓놀이를 통해 확실히 아이들은 물론이고 교사 자신의 몸이 건강해졌다(조채영, 2006)라고 몸짓놀이의 효과를 기술하고 있다. 따라서 교사는 아이들과 함께 일상생활 속에서 몸짓놀이를 보다 더 활발하게 실천함으로써 아이들의 몸 · 마음 · 영혼을 건강하게 하게 하여 아이들이 행복한 삶을 살아갈 수 있도록 해야 할 것이다.

⑦ 생태미술 활동

아이는 예술적 감성을 지니고 태어난다. 자신이 오감으로 체험하는 것들을 미술로 표현하려고 애쓴다. 아이들은 자연에서 온 몸으로 뛰어노는 자체가 그림을 그리고 조형물을 만드는 연습이 된다. 즉, 자연과 놀이와 아이다움이 감성이 살아 있는 미술을 할 수 있게 한다. 따라서 이러한 모든 활동은 아이들의 삶과 더불어 이루어져야 한다. 정해진 시간에 이루어지는 미술활동이 아니라 시간, 공간을 넘나드는 아이들의 삶 속에서 이루어지는 놀이여야 한다(임재택 외, 2006).

아이들의 미술은 관계성, 순환성, 다양성, 영성의 방법에 따르는 것이 바람직하다. 먼저, 자연 혹은 사람 간의 관계성을 터득할 수 있도록 해야 한다. 바깥놀이나 산책, 텃밭 가꾸기를 하면서 다양한 경험을 할 필요가 있으며, 또래들끼리 어울리는 공동 작업이나 주변 사람들과 어울려 미술을 해보는 경험도 중요하다. 계절의 변화나 시간 흐름에 따른 자연의 변화와 폐품을 활용한 물질적인 순환을 경험할 수 있는 미술을 해야 한다. 그리고 미술은 다양한 자연을 매체로 표현할 수 있도록 해야 하고, 동시에 아이들의 다양성도 존중해야 한다. 그리고 미술은 영성을 일깨우는 방법으로 이루어져야 한다(임재택, 2005).

CHAPTER

09

보육시설 인적자원관리

1 원장의 자질과 자격
2 보육교사의 자질과 자격
3 보육교직원의 배치 및 직무교육
4 보육지원 인력의 역할과 중요성

1 원장의 자질과 자격

1) 어린이집 원장의 자질

시설장의 자질은 올바른 아동관과 보육에 대한 철학, 시설운영에 대한 행정적 능력과 관리기술, 원만한 대인관계, 민주적 의사결정을 들 수 있다. 또한 행정적 능력과 관리기술을 갖추고 인사관리, 재정관리, 보육 프로그램 계획 및 운영관리, 시설 및 환경관리 등을 총괄적으로 하고 시설 운영과 관련한 정책과 법규에 대한 지식도 있어야 한다. 시설장은 교사의 지식과 기술을 향상시키는 교육 및 연수의 기회를 제공하고 교사 스스로 자신의 능력을 향상시키도록 격려한다. 교사를 비롯한 보육인력의 처우에 관심을 갖고 개선을 위해 노력하는 경영자임을 잊지 말아야 한다.

2) 어린이집의 원장 자격

(1) 일반기준

- 보육교사 1급 자격을 취득한 후 2년 이상의 보육 등 아동복지업무 경력이 있고, 「유아교육법」에 의한 유치원정교사 2급 자격을 취득한 후 5년 이상의 보육 등 아동복지업무 경력이 있는 자
- 유치원 원장의 자격을 가진 자, 그리고 「초 · 중등교육법」에 의한 초등학교 정교사 자격을 취득한 후 5년 이상의 보육 등 아동복지업무 경력이 있는 자
- 「사회복지사업법」에 의한 사회복지사 1급 자격을 취득한 후 5년 이상의 보육 등 아동복지업무 경력이 있는 자
- 「의료법」에 의한 간호사 자격을 취득한 후 7년 이상의 보육 등 아동복지업무 경력이 있는 자
- 국가 또는 지방자치단체에서 7급 이상의 공무원으로 보육 등 아동복지업무에 5년 이상의 근무한 경력이 있는 자

(2) 가정보육시설

- 일반기준에서 정한 자격을 갖춘 자
- 보육교사 2급 이상 자격을 취득한 후 2년 이상의 보육업무 경력이 있는 자

(3) 영아전담보육시설

- 일반기준에서 정한 자격을 갖춘 자
- 간호사 자격증을 취득한 후 5년 이상의 아동간호업무 경력이 있는 자

※ 영아전담보육시설이라 함은 만 3세 미만의 영아만을 20인 이상 보육하는 시설

(4) 장애아전담보육시설

- 일반기준에서 정한 자격을 갖춘 자로서
  - 대학(전문대학을 포함)에서 장애인복지 및 재활관련학과를 전공한 자
  - 장애아 보육시설에서 2년 이상의 보육업무 경력이 있는 자
  - 여성부령이 정하는 장애아보육에 관한 직무교육을 받은 자

※ 장애아전담보육시설이라 함은 「장애인복지법」 제29조의 규정에 의하여 장애인으로 등록된 영유아만을 20인 이상 보육하는 시설

(5) 「고등교육법」에 의한 대학(전문대학을 포함한다) 또는 법 제21조 제2항 제2호의 규정에 의한 교육훈련시설이 운영(위탁 또는 부설운영을 말한다)하는 보육시설

- 보육시설을 운영하는 대학의 전임강사 또는 교육훈련시설의 전임교수 이상으로서 보육관련 교과목에 대하여 3년 이상의 교육경력이 있는 자

2 보육교사의 자질과 자격

1) 보육교사의 자질

훌륭한 교사의 자질에는 아동과의 대화와 상호작용에 깊이 몰입하는 것, 감수성을 갖고 아동들의 방식과 삶에 관심과 연민을 갖는 태도, 세상에 대한 열정과 적극적인 투자, 그리고 풍부하고 자유롭게 기능하는 인간이 되기 위해 의미 있는 지식과 정보를 탐구하려는 열정 등이 있다.

① 개인적인 자질 : 교사 개개인의 사람됨과 관계되는 특성으로 주로 인성적 측면의 자질을 말한다. 즉, 신체적 · 정신적 건강, 온화한 마음, 원만한 대인관계, 성실하고 열성적인 태도를 갖추어야 한다.

② 전문적 자질 : 영유아에 관한 전문지식, 교육과정 및 교수에 대한 전문지식과 운영기술, 교직에 대한 건전한 태도, 윤리의식 등 교사의 전문성과 관련된 자질을 말한다. 즉, 보육수행에 필요한 특수지식, 보육교사가 익혀야 할 교육기술, 보육교사직에 대한 보육교사의 태도로서 전문적 능력을 말한다.

2) 보육교사의 자격

인간의 일생 중 가장 중요한 시기에 있는 어린 영유아의 보육교사들은 보호와 교육을 모두 제공하기 때문에 영유아의 발달과 학습에 중요한 영향을 미치며, 프로그램의 질을 결정하는데 가장 중요한 요인이라는 점은 많은 연구자들에 의해 지적되었다. 이러한 영유아 보육의 효과에 영향을 미치는 요인에는 여러 가지가 있을 수 있으나, 중요하게 고려되어야 할 요인으로 보육현장에서 1차적인 접촉을 하고 직접적이고 지속적인 관계를 맺고 있는 보육의 질을 좌우하는 보육교사의 역할을 들 수 있다.

보육자격관리사무국에서는 보육교사의 역할을 다음과 같이 설명하고 있다. 영유아의 성장 · 발달의 자연스런 과정에 있어 보호와 교육적 측면의 전문가로서 신체적,

사회적, 정서적, 지적 발달을 균형 있게 격려할 수 있도록 교육방법을 연구하고 적용하며, 교실환경을 구성하고 영유아를 가르치는 교육자로서 영유아의 연령과 발달수준을 의식하여 적절한 자극을 제공해야 한다.

나아가 부모들이 자녀걱정 없이 안심하고 사회 경제 활동을 할 수 있도록 부모와의 정보교환 교류자로서 원활한 의사소통을 통해 교사나 보육시설에 대한 신뢰감을 형성하도록 하는 역할을 담당하게 된다. 자애로움, 영유아와 공감력, 희망적이고 긍정적인 사고, 원만하고 조화로운 대인관계 능력, 심신의 건강 등의 개인적인 자질과 전문지식, 교육기술, 보육에 자부심을 갖는 전문적인 자질을 갖추어야 한다. 따라서 보육교사는 인격, 애정, 경험, 열의, 사명감 등의 품성적 특성과 더불어 학력, 전문적인 능력도 갖추어 역할과 동시에 보호적 역할을 수행해야 한다.

보육교사는 유아의 보호뿐만 아니라 발달단계에 맞는 균형잡힌 신체적, 사회적, 정서적, 지적 발달을 위하여 노력하여야 하며, 부모들과 유아에 대한 원활한 의사소통을 통해 교사나 보육시설에 대한 신뢰감을 형성할 수 있도록 하여야 한다. 그러므로 보육교사는 자긍심을 갖고 끊임없이 연구하고 노력하는 자세를 갖추어야 한다.

(1) 보육교사 1급의 자격기준

보육교사 자격기준은 고등학교 또는 이와 동등 이상의 학교를 졸업한 자로서 소정의 교육과정을 수료하면 '보육교사 3급'을, 전문대학 또는 이와 동등 이상의 학교에서 보육관련교과목 및 학점을 이수하고 졸업, 혹은 보육교사 3급 자격을 취득한 이후 1년 이상의 보육업무 경력과 승급교육을 받으면 '보육교사 2급' 자격을 취득할 수 있다. 보육교사 2급 자격을 취득한 이후 3년 이상의 보육업무 경력과 보건복지부 장관이 정하는 승급교육을 받거나 보육교사 2급 자격과 보육관련 대학원에서 석사학위를 취득한 자로서 1년 이상 보육업무 경력과 보건복지부 장관이 정하는 승급교육을 받을 경우 '보육교사 1급' 자격으로 승급한다.

- 보육교사 2급 자격을 취득한 후 3년 이상의 보육업무 경력이 있는 사람으로서 보건복지부 장관이 정하는 승급교육을 받은 사람
- 보육교사 2급 자격을 취득한 후 보육관련 대학원에서 석사학위를 취득하고 1년 이상 보육업무 경력이 있는 사람으로서 보건복지부 장관이 정하는 승급교육을 받은 사람

(2) 보육교사 2급의 자격기준

보육교사 전문성 강화를 위해 개정된 영유아보육법은 대학에서 165개 교과목 중 10과목(보육실습 포함), 30학점을 취득한 경우 보육교사 1급 자격을 취득할 수 있던 종전법을 개정하여, 대학 등을 졸업한 자에 대해 시행규칙 제12조 제1항의 규정에 의한 보육관련과 관련된 교과목 및 학점 중에서 보육기초 및 보육실습 영역을 포함하여 영역별로 규정한 31개 교과목 중 12과목(보육실습 포함), 35학점 이상을 반드시 이수한 자에 한하여 보육교사 2급 자격증을 취득할 수 있도록 하였다. 이수해야 할 교과목과 학점을 늘리고 이를 취득해도 보육교사 1급 자격이 아닌 보육교사 2급 자격을 취득하도록 하여 보육교사 자격요건을 강화한 것이다.

- 전문대학 또는 이와 같은 수준 이상의 학교에서 보건복지부령으로 정하는 보육관련 교과목 및 학점을 이수하고 졸업한 사람 ※ 현행법에 의한 석사 졸업자 포함
- 보육교사 3급 자격을 취득한 후 1년 이상의 보육업무 경력이 있는 사람으로서 보건복지부장관이 정하는 승급교육을 받은 사람

(3) 보육교사 3급의 자격기준

보육교사 양성과정의 자격검정 기준은 교육훈련시설과 대학에 달리 적용되고 있다. 먼저 교육훈련시설(보육교사교육원)에서 교육과정을 수료한 자에 대한 자격검정을

살펴보면 시행규칙 제12조 제2항의 규정에 의한 25교과목, 65학점 이상을 취득하도록 규정하고 있으며, 각 과목당 평균점수가 70점 이상인 경우에 한하여 이수한 것으로 인정한다. 보육교사 3급 양성기관인 보육교사교육원의 교육과정은 보육기초, 발달 및 지도, 영유아 교육, 건강 · 영양 및 안전, 가족 및 지역사회 협력 등 보육실습의 6개 영역으로 구성되어 있다.

보육실습에 관한 기준으로는 실습은 법적으로 인가받은 15인 이상의 보육시설 및 교육청에 등록된 종일제 유치원에서 보육교사 1급 또는 유치원 정교사 1급 자격을 가진 자가 실습을 지도하여야 하며, 실습기간은 1일 8시간, 6주, 240시간 이상을 원칙으로 하되, 야간대학 · 원격대학 등의 경우에는 실습을 2회에 나누어 실시할 수 있도록 규정하고 있다. 또한 보육실습 교과목의 평가는 실습평가점수가 80점 이상인 경우에만 실습을 이수한 것으로 인정한다. 이상의 규정에 적합할 경우 보육교사 3급 자격증을 발급하도록 하고 있다.

- 고등학교 또는 이와 같은 수준 이상의 학교를 졸업한 사람으로서 보건복지부령이 정하는 교육훈련시설에서 정해진 교육과정을 수료한 사람

표 9-1 보육교사 등급별 자격기준

등급	자격기준
보육교사 1급	1. 보육교사 2급 자격을 취득한 이후 3년 이상의 보육업무 경력과 여성부 장관이 정하는 승급교육을 받은 자 2. 보육교사 2급 자격과 보육관련 대학원에서 석사학위를 취득한 자로서 1년 이상 보육업무 경력과 여성부장관이 정하는 승급교육을 받은 자
보육교사2급	1. 전문대학 또는 이와 동등 이상의 학교에서 여성가족부령이 정하는 보육관련 교과목 및 학점을 이수하고 졸업한 자 2. 보육교사 3급 자격을 취득한 이후 1년 이상의 보육업무 경력과 여성가족부장관이 정하는 승급교육을 받은 자
보육교사3급	고등학교 또는 이와 동등 이상의 학교를 졸업한 자로서 여성부령이 정하는 교육훈련시설에서 소정의 교육과정을 수료한 자

3 보육교직원의 배치 및 직무교육

1) 보육교직원의 배치

(1) 보육인력의 배치기준

보육인력은 보육시설에서 영유아의 보육, 건강관리 및 보호자의 상담, 기타 업무를 담당하는 사람들로 구성된다. 보육시설의 보육인력은 시설장, 보육교사, 양호교사, 영양사, 사무원, 취사부, 관리인, 위생원 등이 있으며 이들 각자가 자신의 임무와 역할을 성실하고 효과적으로 수행할 때 효과가 극대화될 수 있다.

보육시설에는 시설장이 있어야 하며 영유아 20인 미만을 보육하는 시설은 시설장이 보육교사를 겸임할 수 있다. 보육교사의 배치는 영유아의 연령에 따라 달라진다.

(2) 보육인력의 자격기준

보육인력 채용에서의 기본적인 자격요건을 심신이 건강하고 보육에 대한 열의가 있으며 보육에 대한 전문적인 지식이 있는 사람이어야 한다. 우리나라에서는 「영유아보호법」 제20조, 제21조에 근거하여 「영유아보호법」 제21조에 시설장 및 보육교사의 자격기준에 대해 규정하고 있다.

표 9-2 보육시설의 장과 보육교사의 자격기준(영유아보육법 제21조 관련)

구분	자격기준
일반보육시설	(1) 보육교사 1급 자격을 취득한 후 2년 이상의 보육 등 아동복지업무 경력이 있는 자 (2) 「유아교육법」에 의한 유치원 정교사 2급 자격을 취득한 후 5년 이상의 보육 등 아동복지업무 경력이 있는 자 (3) 유치원 원장의 자격을 가진 자 (4) 「초 · 중등교육법」에 의한 초등학교 정교사 자격을 취득한 후 5년 이상의 보육 등 아동복지업무 경력이 있는 자 (5) 「사회복지사업법」에 의한 사회복지사 1급 자격을 취득한 후 5년 이상의 보육 등 아동복지업무 경력이 있는 자 (6) 「의료법」에 의한 간호사 자격을 취득한 후 7년 이상의 보육 등 아동복지업무 경력이 있는 자 (7) 국가 또는 지방자치단체에서 7급 이상의 공무원으로 보육 등 아동복지업무에 5년 이상 근무한 경력이 있는 자
가정보육시설	(1) 일반기준에서 정한 자격을 갖춘 자 (2) 보육교사 2급 이상의 자격을 취득한 후 2년 이상의 보육업무 경력이 있는 자
장애아전담 보육시설	「장애인복지법」 제29조의 규정에 의하여 장애인으로 등록된 영유아만을 20인 이상 보육하는 시설 – 일반기준에서 정한 자격을 갖춘 자로서 다음 각호의 어느 하나에 해당하는 자 (1) 대학(전문대학을 포함한다)에서 장애인복지 및 재활관련학과를 전공한 자 (2) 장애아보육시설에서 2년 이상의 보육업무 경력이 있는 자 (3) 여성부령이 정하는 장애아보육 직무교육을 받은 자
영아전담보육시설	만 3세 미만의 영아만을 20인 이상 보육하는 시설 (1) 일반기준에서 정한 자격을 갖춘 자 (2) 간호사 자격증을 취득한 후 5년 이상의 아동간호업무 경력이 있는 자
대학 및 교육훈련시설이 운영 하는 보육시설	보육시설을 운영하는 대학의 전임강사 또는 교육훈련시설의 전임교수 이상으로서 보육관련 교과목에 대하여 3년 이상의 교육경력이 있는 자

2) 보육교직원의 보수교육

보육시설 인력의 질적 수준을 확보하기 위해서는 사전교육과 보수교육이 전문적이고 체계적으로 이루어져야 한다. 사전교육은 양성교육을 의미하며 보수교육은 보육시설에 근무하는 동안 현직에서 받는 교육을 뜻한다. 현재 보수교육의 경우 '재교육', '현직교육', '현직훈련', '계속교육', '교원연수' 등의 용어와 혼용하여 사용되고 있다.

(1) 사전교육

영유아보육법 제21조에서는 보육교사의 자격을 다음과 같이 크게 두 가지 사항으로 규정하고 있다. 첫째, 대학(전문대학을 포함) 또는 이와 동등 이상의 학교에서 보건복지부령이 정하는 보육관련 교과목 및 학점을 이수하고 졸업한 자이다. 둘째, 고등학교 또는 이와 동등 이상의 학교를 졸업한 자로서 보건복지부령이 정하는 교육훈련시설에서 소정의 교육과정을 이수한 자이다. 즉, 우리나라의 보육교사 사전교육은 전문대학 및 대학교육과 보육교사교육원으로 이원화되어 있다.

(2) 보수교육

종사자가 임면되면 정식으로 근무를 시작하기 이전에 업무에 대한 오리엔테이션을 실시한다. 신임 직원 오리엔테이션에서는 시설의 보육철학과 운영방침, 보육 프로그램, 하루 일과, 담당업무, 근무규정 등에 대해 상세하게 안내해 주어서 자신의 역할을 정확히 인식할 수 있도록 도와준다.

보육시설의 질적 수준을 유지하기 위해서는 종사자 보수교육이 지속적으로 이루어져야 한다. 종사자 보수교육은 내부에서 실시하는 자체 장학과 외부에서 실시되는 보수교육이 있다. 종사자 보수교육은 주로 보육교사를 중심으로 실시되지만 취사원이나 사무원, 관리인도 맡은 역할에 대해 지속적인 재교육을 통해 업무에 보다 충실할 수 있도록 한다. 보육시설 내부에서 실시하는 자체 장학은 시설장이나 전문가가 보육관련 주제에 대해서 교육하는 방법과 교사가 스스로 계획하고 실시하도록 유도하는 것이 효과적이다. 특히 신입교사에게는 어린이집의 프로그램을 정확히 이해시키고 훈련할 수 있도록 단계별 신입교사 훈련 프로그램 등을 계획하여야 한다.

보육교사 재교육을 위해 외부에서 개최된 보육교사 연수 프로그램이 많이 있으며 의무적인 교육은 다음의 보수교육 실시기준에 따른다.

① 의의

보육종사자의 자질향상을 위해 실시하는 교육으로서, 보육에 필요한 지식과 능력을 유지 · 개발하기 위하여 보육시설종사자가 정기적으로 받는 직무교육과 보육교사가 상위 등급의 자격(3급 → 2급, 2급 → 1급)을 취득하기 위해 받아야 하는 승급교육을 말한다(영유아보육법 제23조, 시행규칙 제20~22조).

② 보수교육 구분

㉠ 보수교육 종류

직무교육						승급교육	
일반직무교육			특별직무교육			2급 보육교사 승급교육	1급 보육교사 승급교육
보육교사 직무교육	보육시설장 신규교육	보육시설장 직무교육	영아보육 직무교육	장애아보육 직무교육	방과후보육 직무교육		

㉡ 보수교육 구분

• 보수교육 실시기준(제20조 제4항 관련)

1. 교육의 구분 및 대상자
1) 직무교육
보육대상자에 따라 일반직무교육과 특별직무교육으로 구분하며, 특별직무교육을 이수한 경우에는 일반직무교육을 이수한 것으로 본다.

(1) 일반직무교육
① 보육교사 : 현직에 종사하고 있는 보육교사로서 보육업무경력이 만2년이 경과한 자를 위한 교육
② 보육시설의 장 : 현직에 종사하고 있는 보육시설의 장으로서 보육시설의 장의 직무를 담당하는 첫해와 보육업무 경력이 만 2년이 경과한 자를 위한 교육
(2) 특별직무교육
① 영아보육 직무교육 : 일반 직무교육대상자로서 영아보육을 담당하고 있거나 담당하고자 하는 보육교사 및 보육시설의 장을 위한 교육
② 장애아보육 직무교육 : 일반 직무교육대상자로서 장애아보육을 담당하고 있거나 담당하고자 하는 보육교사 및 보육시설의 장을 위한 교육
③ 방과후 보육직무교육 : 일반 직무교육대상자로서 방과후 보육을 담당하고 있거나 방과후 보육을 담당하고자 하는 보육교사 및 보육시설의 장을 위한 교육

2) 승급교육
직무교육과 승급교육을 같은 해에 받아야 하는 경우에는 승급교육을 받은 자는 직무교육을 생략할 수 있다.
① 2급 보육교사 승급교육은 3급 보육교사 자격취득 후 보육업무경력이 만 1년 6월이 경과한 자
② 1급 보육교사 승급교육은 2급 보육교사 자격취득 후 보육업무경력이 만 2년 이상이 경과한 자. 다만, 석사학위소지자로서 보육교사 2급 자격을 취득한 경우는 보육업무경력이 만 6월이 경과한 자

2. 보수교육의 평가
① 보수교육은 해당 교육시간을 모두 출석한 때에만 이수한 것으로 본다.
② 직계가족의 사망, 사고 또는 결혼 등으로 인한 결석이나, 본인의 사고, 질병 등으로 인한 결석의 경우에는 교육시간의 최대 10퍼센트 범위 안에서 출석한 것으로 인정할 수 있다. 다만, 출석인정을 받기 위해서는 반드시 관련서류를 제출하여야 한다.
③ 승급교육대상자 중 출석기준은 충족하였으나 평가시험에서 80점 이상을 획득하지 못한 때에 승급교육을 이수한 것으로 인정할 수 없다.

3. 교육비
① 교육생은 시 · 도지사가 정하는 바에 따라 교육기관에 수강료를 납부하여야 한다.
② 과목의 규정에 의한 수강료는 교육에 필요한 실비의 범위 안에서 정하여야 한다.
③ 국가 및 지방자치단체는 직무교육 및 승급교육에 필요한 교육비를 보조할 수 있다. 이 경우 교육비의 보조는 해당 금액을 교육기관 등에 지급한다.

(3) 일반 재교육

일반 재교육이란 대학이나 민간기관 혹은 단체에 의해 시행되는 교육으로 보육시설장이나 보육교사가 자발적인 필요에 의해 이수하는 교육을 의미한다. 따라서 교육 이수에 따른 소요비용을 지원받는 보수교육과는 달리 일반 재교육은 정부로부터의 지원이나 인센티브가 없는 실정이다. 하지만 보육교사는 일반 재교육을 통해 다양한 사회적 요구에 능동적으로 대처할 수 있고, 새로운 기술에 대한 전문지식을 보충할 수 있는 기회를 얻을 수 있다. 이러한 이유로 교육만족도도 의무교육인 보수교육보다 자발적 교육인 일반 재교육에서 더 높게 나타나고 있다(서문희 외, 2006). 일반 재교육은 크게 종합육아지원센터, 대학(연구소) 그리고 민간기관 · 단체의 일반 재교육으로 구분할 수 있다(윤재석, 2006).

① 종합육아지원센터의 경우 각 지역센터별로 이색적인 교육이 시행되고 있다. 예를 들면, 서울특별시 종합육아지원센터에서는 정책교육(영유아 기초능력), 자질교육(리더십, 부모역할, 예비교사 등), 보육실기(발도르프, 레지오에밀리아, 아동관찰, 독서지도, 미술지도 등), 그리고 특수보육(장애아보육) 등의 프로그램이 운영되고 있다. 부산광역시 종합육아지원센터에서는 정책교육(회계교육), 자질교육(신임교사입문교육), 보육실기(독서교육, 유아감성교육 등), 특수보육(영아보육)등이 주요 교육내용으로 실시되고 있다.

② 많은 대학이 사회교육원 또는 관련연구소를 설치하여 일반 재교육을 실시하고 있다. 구체적으로 살펴보면, 아동국악, 동화구술, 독서지도, 프뢰벨 교육, 몬테소리, 음악심리지도 등의 과목이 개설되어 있다.

③ 일반 재교육이 가장 활발하게 운영되는 곳은 바로 유아교육 및 보육관련 민간기관 및 단체이다. 교육내용으로는 프로젝트접근법, 놀이치료, 아동창의력, 손유희 등이 있다.

이처럼 일반 재교육은 많은 프로그램들이 개발되어 확대되는 추세에 있을 뿐만 아니라 최근에는 온라인교육이 다수 개설되고 있다. 하지만 일반 재교육은 각 대학이나 기관 및 단체 간 정보가 서로 공유되지 못하고 있기 때문에 교과과정의 중복이 많고, 특화된 교육에 대한 정보가 부족한 실정이다. 또한 교육비용도 자비부담이 원칙으로 교사들의 부담이 적지 않다.

4 보육지원 인력의 역할과 중요성

1) 취사부(조리사)

식단에 따라 연령에 맞게 크기와 형태를 조절한다. 위생과 청결에 주의한다. 간식과 식사를 만들어 제공한다. 주방, 식기, 식료품 등의 위생적 보관과 청결을 유지하며 시설 내 청소 및 식료품을 구입하고 쓰레기 분리수거까지 시행한다.

2) 영양사

영양과 칼로리에 입각하여 식단을 작성하고 조리과정을 관리, 감독한다. 다양한 메뉴의 식단을 계획하고 식품재료를 구입하며 취사원의 취사활동을 지도하고 영유아의 식습관 지도 및 건간 영양 및 식습관에 관한 교육을 시행한다.

3) 간호사

영유아의 위생관리, 영양지도, 안전지도, 건강 및 보건상담, 정기검진 등의 역할을 담당한다. 영유아의 일일건강검진을 실시하고 투약을 하고 신체검사를 하거나 안전사고가 발생했을 때 응급처치를 한다. 비상약품과 의료기구를 비치하고 관리하며 보육시설의 다른 교사와 부모에게 주기적으로 영유아의 건강과 안전에 관한 정보를 알려주기도 한다. 전염성 질환의 종류와 발생시기, 예방과 사후 처리방법 등을 정확하게 전체 보육시설에서 일관되게 적용한다.

4) 사무원

각종 공문서의 처리, 교직원과 보육 영유아에 대한 각종 기록의 관리 및 보관, 보육료 수납을 포함한 재정 및 회계업무와 기타 사무 등을 담당한다.

5) 특수교사와 치료사

장애아 통합보육시설과 장애아 전담시설에는 특수교사가 근무하고 있다.

6) 관리인 및 운전기사

시설의 보수관리를 담당한다. 비품이나 교구의 운반 및 수리를 하고 실내외 공동구역의 청소 및 관리를 하며 운전기사의 경우 면허증을 소지하고 차량의 정비, 자동차 보험 가입 및 안전상의 책임을 다한다.

7) 실습교사

보육시설에서는 실습생을 인력자원으로 활용하면서 이들에게 실습의 장을 제공해 줄 수 있다. 보육실습은 보육아동의 교육을 포함하여 영양, 건강, 안전, 부모에 대한 서비스, 지역사회와의 교류 등 아동의 복지를 위한 다양한 내용을 복시시설에서 경험하는 활동이라고 할 수 있다.

보육실습의 목적은 단순히 법적 자격증 취득을 위한 필수과정 이수만이 아닌, 풍부한 교직경험의 습득, 합리적인 교직기술의 연마, 숭고한 교직자 정신의 확립, 보육교사로서의 자기이해 및 검증 등이며 궁극적으로는 훌륭한 보육교사, 바람직한 보육교사 양성을 위한 것이라고 볼 수 있다.

시설장은 실습 의뢰를 받은 후 대학이나 보육교사 양성기관 측과의 협의를 통해 보육실습에 대한 전반적인 계획 수립, 실습생 개개인을 총괄적으로 평가하여야 할 임무를 가진다.

CHAPTER

10
보육환경

1. 보육환경의 개념과 특성
2. 보육환경 구성원리
3. 연령에 따른 보육환경 구성원리
4. 보육환경 구성

1 보육환경의 개념과 특성

일반적으로 환경이라 함은 물리적 환경, 인적 환경, 시간적 환경 등을 모두 포함하는 개념이지만 이곳에서는 물리적 환경에 초점을 맞추도록 한다. 물론 물리적 환경이라 해서 단순히 물리적인 공간과 공간 내부에 있는 교재 · 교구만을 의미하는 것은 아니며 유아들이 생활하면서 의미를 부여하는 모든 환경을 포함하는 것이다.

영유아가 활동하고 머무는 환경은 영유아의 성장과 발달에 매우 중요한 의미를 갖는다. 특히 종일제로 운영되는 어린이집의 환경은 오랜 시간 영유아들이 머무는 공간이므로 많은 영향을 미친다. 이러한 영유아 보육시설의 환경 구성이 어떻게 이루어지느냐에 따라 영유아의 발달과 성장에 미치는 영향은 다르게 나타날 수 있다. 예를 들어, 영유아의 연령별 발달수준에 적합하도록 구성된 환경은 심리적 · 정서적으로 편안함을 줄 수 있는 반면, 그렇지 않은 경우는 영유아의 불안함과 불편함을 가중시킬 수 있다. 실내외환경의 구성에 따라 영유아의 공격성이 증가하기도 하며 사회성 발달이 원만하게 이루어지거나 방해받기도 한다. 잘 구성된 환경에서는 영유아가 마음껏 뛰어놀고 활동의 제한을 받지 않아 신체적 발달을 도모할 수 있지만 그렇지 않은 경우는 영유아의 신체활동을 방해할 수 있다(이윤경 외, 2003).

보육환경은 영유아의 발달수준에 적절한 보호와 교육을 제공할 수 있는 환경으로 구성되어야 한다. 보육환경은 보육시설의 입지에서부터 고려되어야 하며 일반적으로 실내환경과 실외환경으로 구분된다. 대상 아동의 연령에 따라 실내환경의 구성은 차이가 있다. 예컨대, 영아를 위한 실내환경과 유아를 위한 실내환경은 영역 구성의 측면에서 차이를 보인다. 또한 나이 어린 시기 아동의 발달을 보다 밀접하게 보살펴 줄 수 있도록 영아기를 다시 영아와 걸음마기 아동으로 세분화하여 환경을 구성할 수도 있다.

영유아기는 성장과 발달이 빠르게 이루어지고 이러한 발달은 환경과의 친밀한 상호작용을 통해 가속화되므로 교사가 보육환경을 어떻게 계획하고 조직 및 구성하느냐는 매우 중요하다. 예를 들어, 실내외환경이 구성되고 활용되는 방법에 따라 유아의 사회성, 독립성, 놀이 참여 정도 및 놀이 확대 수준은 높아지기도 하고 낮아지기도 한다(이영자 · 이기숙 · 이정욱, 2000).

이처럼 어린이집의 물리적 환경은 영유아들이 단순히 활동하는 공간적 의미에서 벗어나 신체적, 인지적, 정서적, 사회적 발달 등 전인 발달에 영향을 주는 중요한 역할을 하므로 공간 구성에 대한 계획이 세심하게 이루어져야 한다. 또한 연령이나 발달수준, 개별 유아의 독특성 등 다양한 영유아의 특성을 고려하여 환경이 계획되고 구성되어야 한다. 이와 함께 영유아들뿐만 아니라 교사나 성인의 요구와 필요에도 적합하게 환경 구성이 이루어져야 한다. 어린이집의 공간은 영유아들에게도 중요한 활동장소이지만 교사에게는 직장의 의미를 가지므로 교사가 어린이집에서 편안하고 효율적으로 활동할 수 있도록 교사의 특성과 요구에 부합되는 환경을 구성해야 한다.

보육환경 구성은 보육시설 공간 및 활동 영역의 조직과 효과적인 활용뿐 아니라 유아의 보육경험에 포함되는 모든 자료의 적합한 배치를 의미한다. 시설이라 함은 보육의 기능을 구체적으로 실현하기 위해 활용되는 물리적 조건으로서 건물, 실외놀이터, 동물 사육장, 정원, 현관, 복도, 보육실, 교사실, 취사실, 화장실, 교재 · 교구실, 유희실, 상담실, 식당 등 외형적 구조와 관련된 것을 말한다. 설비는 시설에 부속된 모든 부분으로서 보육실 내의 책상, 의자, 가구, 화장실 내의 변기나 세면대 등 보육의 기능을 수행하기 위한 물적 요소의 총체를 말한다. 이 외에 교재 · 교구와 자료란 유아의 보육경험이나 활동의 목적으로 구비 또는 제시한 것으로서 보육실 내의 모든 보육활동 자료와 책, 비디오와 오디오 자료들과 화장실 내의 수건, 화장지 등의 소모품, 식당 내의 수저, 식판 등을 모두 포함한다.

보육시설의 환경 구성에서는 심리적 측면이 고려되어 구성되어야 한다. 예컨대, 영유아의 심리적 안정을 위해 실내외 환경 구성이 너무 산만하거나 다양한 색채가 사용되는 것은 삼갈 필요가 있다. 또한 교실의 바닥에 마루를 깔거나 목재로 된 교구 및 교구장을 배치함으로써 영유아에게 보다 자연친화적인 환경을 제공해 주어야 한다.

2 보육환경 구성원리

영유아를 위한 보육 · 교육 프로그램이 원활하게 운영되기 위해서는 적절한 보육환경이 갖추어져야 한다. 이처럼 영유아의 발달에 적합한 보육환경을 구성하기 위해서는 다음과 같은 구성원리를 준수해야 한다(White & Coleman, 2000).

1) 발달에 적합한 보육환경

영유아의 발달에 적합한 실제를 위해서는 교실의 환경 구성 역시 발달에 적합해야 한다(Bredekamp & Copple, 1997). 이는 교재 및 교구를 선정하고 실내 흥미 영역을 배정할 때 연령별 차이를 고려함과 동시에 동일 연령 내에서의 개인 간 차이 역시 고려해야 함을 의미한다. 즉, 연령별 적합성은 특정 연령집단의 일반적 발달수준과 흥미를, 개별 적합성은 개별 아동의 독특한 발달수준과 흥미에 적절하도록 고려하는 것이다. 실내환경과 더불어 실외환경 역시 연령에 적절한 공간, 시설 및 설비를 갖추어야 한다.

2) 통합을 위한 보육환경

통합을 위한 보육환경이란 발달수준과 흥미의 차이가 다양한 모든 아동을 통합적으로 보육할 수 있는 환경을 의미한다. 다양한 능력을 가진 모든 아동의 발달수준에 적절히 반응할 수 있는 흥미 영역과 교구를 선정하기 위한 배려가 필요하다.

통합보육에서 고려해야 할 또 하나의 사항은 아동의 성별이다. 남아와 여아는 자신의 학습경험과 사회적 기술을 최대화시킬 수 있도록 모든 흥미 영역에서 활동을 하도록 격려받을 필요가 있다. 이를 위해 블록과 인형을 아동이 함께 가지고 놀이할 수 있도록 교사가 도와주어야 한다.

3) 균형을 갖춘 보육환경

교재 및 교구, 흥미 영역, 일과 구성의 균형은 영유아의 발달에 적합한 학습환경을 제공해 준다. 구체적으로 균형을 갖춘 보육환경은 정적인 활동과 동적인 활동을 주기적으로 반복함으로써 아동이 자신의 에너지를 조절할 수 있도록 도울 수 있다. 이 외에도 개별활동과 집단활동, 사적 공간과 공적 공간의 균형 역시 보육환경의 구성에 있어서 적절히 이루어져야 한다.

4) 연속성과 융통성을 갖춘 보육환경

균형을 갖춘 보육환경이 되기 위해서는 학습환경에서의 연속성과 융통성이 요구된다. 아동이 너무 지치거나 무기력해지지 않도록 하나의 활동이 너무 오랫동안 지속되어서도, 그리고 활동이 너무 자주 변화되어서도 안 된다. 활동의 연속성과 융통성 간에 균형을 이루기 위해서는 보육환경에 대한 아동의 반응을 계속해서 관찰할 필요가 있다. 아동이 지루해하는 반응을 보일 경우 새로운 교구를 제시해야 하고 아동의 탐구심을 조장하고 흥미를 지속시키기 위해서는 흥미 영역의 배치를 새롭게 변경시켜야 한다.

5) 안전한 보육환경

안전은 신체, 인지, 사회 · 정서적 안녕을 반영하는 총체적인 개념이다. 부서진 교구는 아동에게 신체적 해를 입힐 수 있으며 이러한 물리적 손상은 아동에게 심리적 손상도 가져올 수 있다. 부서지거나 고장난 장난감은 수리한 후 사용하며 콘센트는 아동의 키보다 높은 곳에 설치하거나 안전핀을 꽂아 두고, 문틈에 손가락이 끼어서 발생하는 안전사고를 예방하기 위한 장치를 설치한다.

교재 및 교구를 선정할 때 영유아의 안전을 위해 고려해야 할 사항은 〈표 10-1〉에 제시되어 있다.

표 10-1 교재 및 교구 선택 시 영유아의 안전을 위해 고려할 사항

구분	고려사항
모서리	• 뾰족한 모서리를 가진 물건을 가능한 한 적게 배치함
표면	• 가능한 한 표면이 부드러운 물건을 선택함
페인트	• 유독성 페인트로 칠해진 장난감의 구입을 피해야 함
크기	• 호흡장애를 일으킬 수 있는 작은 크기의 물건은 부적절함
부품	• 부품이 많아서 부서지거나 잃어버리기 쉬운 장난감은 부적합함

3 연령에 따른 보육환경 구성원리

1) 0~2세를 위한 보육환경 구성의 원리

영아는 물리적 환경에 의해 많은 영향을 받는다. 오랜 시간 보육시설에서 지내는 영아들에게 보육실은 일상적인 생활공간이며, 탐색과 놀이가 일어나는 교육의 장이다. 영아를 위한 환경의 구성원리는 다음과 같다.

첫째, 영아의 건강과 안전을 최우선으로 고려한다. 청결하고 위생적인 설비와 관리가 필수적이다. 내장재 및 외장재 역시 방염재와 천연 마감재를 사용하며 놀이기구, 놀잇감, 자료 등의 안전성을 확인한다. 영아들은 탐색할 때 원인과 결과를 인식하지 못하여 위험에 노출되기 쉬우므로 자료의 견고성, 크기, 무게, 유동성 등을 예방적으로 충분히 고려하여 배치한다.

둘째, 정서적인 안정감을 줄 수 있어야 한다. 포근하면서도 안정감을 주어 편안하게 느껴지도록 환경을 구성하는 것은 영아들에게 매우 중요하다. 오랜 시간 동안 많은 사회적 · 교육적 자극을 받는 영아들이 지나치게 알록달록한 자극적인 색감의 놀잇감과 장식물에 노출되지 않도록 주의한다. 말랑말랑한 느낌의 쿠션, 아늑함을 느끼게 해 주는 캐노피 등을 이용하여 영아가 원할 때 잠깐이라도 혼자 편안히 쉴 수 있는 공간 등을 마련해 준다.

셋째, 움직임과 이동성을 확보한다. 한창 걸음마를 배우고 움직이려는 욕구가 많은 영아들은 대소근육을 활발히 사용할 수 있어야 한다. 그러나 안전이 확보되지 않은 상황에서는 교사가 영아의 이동과 움직임에 대해 제지를 함으로써 영아의 욕구를 위축시키게 된다. 보육실이 좁은 경우 안전한 실내복도, 공용 공간, 옥상 공간, 테라스 등을 활용한다.

넷째, 탐색과 발견의 기회가 마련되어야 한다. 영아들은 사물이나 환경에 대해 이미 경험한 것을 확인하며 반복하다가도 얼마 되지 않아 새로운 방법으로 시도하려 한다. 한 가지 놀잇감이나 활동에 오래 집중하지 않고 다시 다른 곳으로 이동하여 다른 것을 탐색하려 하므로 교사는 한시도 눈을 떼지 못하고 영아를 따라다니며 돌보게 된다. 익숙한 놀잇감이 여러 개 준비되는 것도 중요하지만 새로운 탐색거리도 적절하게 제시되어야 한다. 불충분한 환경 하에서는 활동의욕이 줄어들거나 공격적인 성향이 증가될 수 있으므로 안전한 환경 속에서 탐색 가능한 활동과 자료, 충분한 시간과 공간이 제공되어야 한다.

다섯째, 공간적 질서로 안정감을 주고 자연스런 통제를 한다. 일관성과 질서가 있는 환경 구성은 영아에게 안정감을 가져다준다. 자료와 설비 등의 위치가 늘 일관성 있게 잘 조직되고 정돈되어서 영아들이 제 위치를 찾을 수 있도록 해야 하며, 영아들의 신체 크기와 운동 · 조정 능력을 고려하여 자율적인 선택과 정리가 가능하도록 해야 한다. 영아의 움직임을 조절하거나 예측할 수 있는 공간적 통제가 자연스럽게 이뤄지도록 한다. 예를 들어 매트를 이용한 영역 구분, 낮은 칸막이, 발자국 모양을 바닥에 붙여 놓아 영아들의 동선을 자연스럽게 조정할 수 있다.

2) 3~5세를 위한 환경 구성의 원리

유아는 보육시설에 머무르는 시간 중 대부분을 보육실에서 보낸다. 보육실에서 놀이를 하고 휴식을 취하거나 간식을 먹고, 잠을 자거나 또는 점심을 먹기도 한다.

보육실은 유아에게 가장 중요하기 때문에 발달적으로 적합할 뿐만 아니라 안전하고 위생적으로 환경을 구성하여야 한다. 유아는 심신의 발달이 빠르고 호기심이 많지만 아직 어른들처럼 안전이나 위생에 대한 판단을 적절히 하지 못하며, 자신의 의사를 언어로 잘 표현하지 못할 수도 있기 때문이다. 교사들은 다음과 같은 점에 주의하여 환경을 구성하여야 한다.

첫째, 가정과 같이 편안한 분위기가 나도록 한다. 가구, 커튼, 개인장, 동식물 등을 이용하여 안정된 분위기를 만들 수 있다.

둘째, 공간을 구성하거나 놀잇감을 제공할 때 연령 및 개인차를 고려한다.

셋째, 흥미 영역을 중심으로 환경을 구성하여 교육적이고 정서적으로 안정된 환경을 제공한다.

넷째, 청결하고 안전한 환경을 제공한다.

다섯째, 온도나 습도 등이 유아들이 하루 종일 활동하기에 적합해야 한다. 온도는 20~22℃를 유지하며 습도는 50~65%가 적합하다.

여섯째, 공간은 보육실 크기와 유아 수에 기초하여 배치할 흥미 영역의 수를 정하고, 활동에서 유발되는 소음이나 물의 사용, 활동에서의 움직임 정도나 자료 공유 등을 고려하여 흥미 영역을 배치한다.

4 보육환경 구성

1) 실내환경 구성

(1) 현관

현관은 아동들에게 보육시설의 첫인상이다. 따라서 아늑함과 편암한, 즐거운 느낌을 줄 수 있어야만 한다. 이러한 느낌이 없으면 아동은 등원할 때 불쾌감이나 불안감을 느끼게 되어 시설에 있는 동안 그 느낌이 쉽게 없어지지 않게 될 것이다. 이에 따라 현관은 기본적으로 밝고 깨끗해야 한다. 인테리어나 장식품으로 아동들이 좋아하는 것들을 채워 놓는 것도 하나의 방법이 될 수 있다.

현관에 필요한 기본적인 구성은 신발장, 게시판, 발판 등이 있다. 신발장은 아동의 특성에 맞게 높지 않고, 크기가 적당해야 한다. 게시판의 경우 아동의 눈높이에 맞게 설치해야 하며, 아동이 보기 편하게 구성되어야 한다. 발판은 높이 차이가 크지 않아야 안전사고를 예방할 수 있으며, 아동들이 미끄러지지 않도록 만들어진 제품이어야 한다.

(2) 화장실

화장실은 아동들이 변화에 민감한 부분이다. 따라서 긍정적이고 밝은 감정을 가질 수 있도록 깨끗하고 밝고, 상쾌한 느낌으로 꾸며 주어야 한다. 화장실은 실내에 아동의 숫자를 고려하여 설치되어야 하며, 실외에도 설치하는 것이 좋다. 변기는 아동용으로 좌식 변기가 좋으며, 소변기도 아동용으로 설치되어야 한다. 세면대 역시 어른용에 발판을 사용하는 것이 아니라 아동 전용으로 설치해야 한다.

변기 안 역시 적당한 공간감을 가질 수 있게 해야 하며, 밝고 깨끗하게 설치해야 한다. 아동의 프라이버시를 보장해 주기 위해 칸막이는 일정 이상 크기이어야 하나, 아동의 안전을 위해 너무 막힌 형태는 좋지 않다. 잠금장치는 밖에서도 교사가 열

수 있도록 만드는 것이 좋다.

(3) 낮잠 공간

아동 중 저 연령대는 낮잠과 휴식시간이 필수적으로 필요하다. 따라서 낮잠을 자는 공간은 아동이 아늑함을 느낄 수 있도록 구성되어야 한다. 소음이 없고, 간접 조명을 통해 안락함을 줄 수 있게 구성한다. 다른 공간에 비해 위생에 많은 신경을 써야 하며, 베개나 침구 등은 아동과 친숙한 것이 좋으므로 실제 아동의 집에서 쓰던 것을 가져다 쓰는 것이 좋다.

(4) 보육실

보육실은 아동들이 오랜 시간 생활하는 공간으로 남향이 좋다. 쉽게 이동할 수 있도록 1층에 위치하는 것이 좋으며 화장실과 바로 연결될 수 있도록 해야 한다. 공간 구성은 교육적 효과가 높도록 깔끔하고 안정적이며 창의적인 구성이 좋다.

보육실 내부의 시설은 잘 놀 수 있도록 안전하게 설치되어야 하며, 아동이 어떤 행동을 해도 치명적인 위험이 발생하지 않도록 유의해야 한다. 교육과 관련되어서는 교육이 안정적으로 이루어질 수 있도록 넓은 공간을 갖는 것이 좋다. 반면 너무 크면 집중을 방해하므로 적당한 크기인 것이 좋다. 아동은 여러 학습 영역에서 자유롭게 놀 수 있도록 각 학습 영역을 독자적으로 구성해 주는 것이 좋다.

2) 실외환경 구성

(1) 놀이공간

실외 보육환경의 위치는 가능하면 유아교육시설의 건물 앞쪽 특히 건물의 남쪽면에 위치할 수 있도록 설계되어야 하는데 오전의 햇빛과 오후의 그늘을 위해서 동남쪽에 위치하면 더욱 좋다. 실외환경을 남쪽에 배치시키는 이유는 하루 종일 햇빛이 골고루 들게 되어 쾌적한 환경을 조성할 수 있기 때문이다. 영유아들의 놀이가 활발히 진행될 수 있도록 충분한 공간을 확보한다.

(2) 바닥표면

바닥의 표면은 각 영역의 특성을 고려해서 흙, 잔디, 모래, 아스팔트, 시멘트 등의 여러 재질로 다양하게 꾸민다.

(3) 정적 활동과 동적 활동 영역

정적 활동 영역과 동적 활동 영역으로 구분하여 놀이기구를 배치한다. 실외 환경의 정적 활동 영역은 책을 읽을 수 있는 곳, 사회극놀이 영역, 물 · 모래놀이 영역, 동 · 식물 기르기 영역 등이며, 동적 활동 영역으로는 복합놀이 영역, 자전거 타는 곳, 그네, 정글짐 등 주로 대근육 활동이 이루어지는 곳으로 구분한다.

(4) 놀이기구

영유아의 안전을 고려하여 놀이기구 및 기타 시설을 설비한다. 대그룹으로 활동하거나 게임이나 달리기 등을 할 수 있도록 개방된 공간을 제공한다.

영유아의 크기나 연령에 따라 적당히 환경을 제공한다. 실외놀이 환경은 울타리나 담장으로 둘러 쌓이도록 하며 거리의 혼잡으로부터 안전하게 하는 동시에 교사의 감독이 쉽게 이루어질 수 있도록 한다.

(5) 수도시설

수도시설을 두어 모래놀이나 물놀이, 동 · 식물 기르기 등을 할 때 쉽게 물을 공급받을 수 있도록 배려하여 화장실 시설을 두어서 유아가 생리적 욕구를 쉽게 해결할 수 있도록 한다.

(6) 실외놀이 공간

실외놀이 공간 주위에는 경계를 표시하고 울타리가 있어야 한다. 실외환경이 차도와 같은 위험지역과 인접해 있다면 적어도 120cm 정도의 높이로 울타리를 치고 그렇지 않은 지역이면 큰 돌이나 나무 정도의 높이만으로도 적당하다. 날씨가 너무 덥거나 햇볕이 뜨거운 날, 휴식을 취하거나 목공놀이, 미술활동 등을 할 수 있는 그늘진 곳이 필요하다.

CHAPTER

11 보육시설의 운영관리

1. 운영관리의 개념과 특성
2. 시설 및 설비 관리
3. 재정관리
4. 행정관리

1 운영관리의 개념과 특성

운영관리는 영유아의 전인적인 성장과 발달을 돕는 보육 및 교육활동을 지원하고 영유아 보육의 목적을 달성하기 위한 여러 가지 조건을 마련해 주는 수단적 활동이라고 할 수 있다. 영유아 보육기관의 운영관리는 영유아 보육기관의 목표를 효율적으로 달성하기 위해 인적, 물적, 재정적인 자원을 합리적으로 배정하고 과업을 성취하며 설정된 기준에 근거하여 목표 달성을 조정하며 목표 달성을 위해 필요한 개선을 도모하는 일련의 활동과정을 의미한다(Hildebrand & Hearron, 1997).

운영관리활동은 계획, 조직, 실행, 평가과정을 거쳐 이루어진다. 계획은 무엇을 할 것인가에 관한 것이고, 조직은 누가 어떻게 할 것인가에 관한 것이며, 실행은 계획을 실제로 수행하는 것을 말하고, 평가는 계획의 적절성을 사정하는 것을 의미한다(박재환, 2002). 영유아 보육기관의 운영은 다음과 같은 특성을 가지고 있다.

첫째, 영유아 보육기관의 운영은 사적 이익보다는 공익을 추구한다는 점에서 공공적 성격을 지닌다.

둘째, 영유아 보육기관의 운영은 보육기관의 목적을 성취하는 활동 자체가 전문성을 확보하여야 한다.

셋째, 영유아 보육기관에서 영유아의 안전한 보호와 교육적 목적을 달성하기 위해서는 보육시설의 효율적이고 합리적 운영관리가 필수적이란 점에서 보육시설 운영관리는 수단적 성격을 지닌다.

넷째, 영유아 보육기관의 운영은 소극적으로 사회 공공질서의 유지를 목적으로 하는 것이 아니고 적극적으로 사회 공공의 복지 증진을 목적으로 하며 정신적 · 물질적 봉사에 중점을 두고 조언하는 적극적 성격을 지닌다.

다섯째, 영유아 보육기관의 운영은 자주성 및 중립성이 보장되어야 하며 다른 사람의 간섭 없이 보육의 전문성과 특수성을 반영하며 실시되어야 한다.

여섯째, 영유아 보육기관의 운영은 운영관리정책의 수립, 조직, 구성 및 운영에 이르기까지 교직원 및 부모의 의사가 반영되는 민주적 성격을 지닌다.

2 시설 및 설비 관리

영유아의 안전한 보육을 위해 무엇보다 시설의 입지조건, 구조 및 설비는 영유아의 보육 및 안전에 적절해야 한다. 우리나라는 영유아의 보육과 안전을 위해 보육시설의 설치기준을 「영유아보육법」에서 규정하고 있다. 또한 정기적인 점검과 관심을 통해 건물의 노화를 막고 아동들에게 보다 쾌적한 환경을 제공한다는 의미에서 시설의 유지, 안전관리는 좋은 보육 프로그램의 제공만큼이나 중요하다.

1) 보육시설의 설치

시설은 보육수요, 보건, 위생, 급수, 안전, 교통, 환경 및 교통편의 등을 충분히 고려하여 쾌적한 환경의 부지를 선정하여야 한다. 실내면적은 영유아 1인당 4.29㎡ 이상을 확보하도록 규정하고 있다(영유아보육법시행규칙[별표1]). 놀이터는 영유아의 신장 및 체중을 고려하며 영유아의 안전을 위협하는 요소는 철저하게 배제하고 안전하게 설치하여야 한다.

표 11-1 보육시설의 구조 및 설비기준

일반기준	보육실	① 보육실은 1층에 설치하여야 한다. 다만 사업장 내에 직장보육시설을 설치하는 경우와 건물 전체를 하나의 보육시설로 사용하는 경우 및 그 밖에 불가피한 사유가 있다고 보건복지부 장관이 인정하는 경우에는 2층과 3층에 보육실을 설치 할 수 있되, 건물 전체를 하나의 보육시설로 사용하는 경우에도 영아반 보육실은 반드시 1층에 설치해야 한다. ② 보육시설은 환기, 채광, 조명, 온 · 습도가 적절히 유지 · 관리되도록 하여야 한다. ③ 보육실은 거실, 포복실 및 유희실을 포함하여 영유아 1인당 2.64㎡이상으로 한다. ④ 보육실에는 침구, 놀이기구 및 쌓기놀이활동, 소꿉놀이활동, 미술활동, 언어활동, 수 · 과학활동, 음률활동 등에 필요한 교재교구를 갖추어야 한다. ⑤ 보육실은 바닥 난방시설을 갖추어야 한다.

조 리 실	① 조리실은 채광이 잘되도록 하고 기계환기시설을 하여 청정한 실내환경을 유지하도록 하며 창문에는 방충망을 설치하여야 한다. ② 공공기관이나 사회복지관 안에 설치된 보육시설의 경우에는 동일 건물에 있는 조리실을 함께 사용할 수 있다. ③ 식기를 소독하고 위생적으로 취사 및 조리할 수 있는 설비를 갖추어야 한다.
목 욕 실	① 목욕실은 난방을 하여야 한다. ② 바닥은 미끄럼방지장치를 하여야 한다. ③ 샤워설비, 세면설비 및 냉 · 온수 공급을 위한 설비를 갖추어야 하며 수도꼭지는 온수 사용 시 화상을 입지 않도록 온도 고정 장치를 설치하여야 한다. ④ 목욕실은 보육실과 인접한 공간에 위치해야 한다.
화 장 실	① 바닥은 미끄럼방지장치를 하여야 한다. ② 세정장치와 수도꼭지 등은 냉 · 온수의 온도를 조절 및 고정할 수 있어야 한다. ③ 화장실은 수세식 유아용 변기를 설치하고 보육실과 동일한 층의 인접한 공간에 설치하여야 한다.
급배수시설	① 상수도 또는 간이상수도에 의하여 먹는 물을 공급하는 경우에는 저수조를 영유하지 않고 직접 수도꼭지에 연결하여 공급하여야 한다. 다만 직접 수도꼭지에 연결하기가 곤란한 경우를 제외한다. ② 보육시설에서 음용수로 지하수를 사용할 경우에는 저수조 등의 시설을 경유하여야 한다. ③ 더러운 물, 빗물 등이 잘 처리되도록 배수설비를 하여야 한다.
비상재해 대비시설	① 소화용 기구를 비치하고 비상구를 설치하는 등 비상재해에 대비한 시설을 갖추어야 한다. 이 경우 비상구는 상단에 비상구 유도등을 달고 잠금장치를 문 안쪽에 설치하여야 한다. ② 보육시설이 2층 이상인 경우 비상계단 또는 영유아용 미끄럼대를 반드시 설치하고 그 밖에 안전사고 및 비상재해에 대비한 대피시설, 장비 등을 구비하여야 한다. 비상계단 등의 구체적인 설치기준은 보건복지부 장관이 정한다. ③ 그 밖의 소방시설의 설치는 소방시설 설치유지 및 안전관리에 관한 법률에 따른다. ④ 가스를 사용하는 때에는 도시가스사업법, 액화석유가스의 안전관리 및 사업법에서 정한 규정에 따라 설치하고 관리하여야 한다.
놀 이 터	① 영유아 50인 이상을 보육하는 시설에 한한다. ② 영유아(12개월 미만의 영아를 제외한다.) 1인당 3.5㎡이상의 규모로 모래밭(천연 및 인공잔디, 고무매트, 폐타이어 블록도 가능함)에 대근육활동시설 등 놀이시설물 3종 이상이 설치된 옥외놀이터를 설치하여야 한다. 다만 업무용 시설 밀집지역 등 지역적 특수성에 따라 옥외놀이터를 설치하는 것이 불가능한 경우에는 옥내놀이터(지하 또는 옥상에는 설치 불가)를 설치하거나 인근 놀이터를 활용할 수 있고 인근 놀이터를 활용할 영우에는 인근 놀이터 이용계획서를 보육시설 인가를 신청하는 때에는 제출하여야 한다. ③ 옥외놀이터에 설치하는 놀이시설물은 품질경영 및 공산품 안전관리법에 의하여 놀이기구 안전 검사를 필한 제품을 사용하여야 한다.

장애아전담 보육시설	① 장애아가 활동하기 충분하도록 보육시설은 장애아 1인당 7.83㎡ 이상, 보육실(교실, 거실, 포복실, 유희실, 치료실, 집단활동실을 포함한다.)은 장애아 1인당 7.83㎡ 이상의 면적을 확보하여야 한다. ② 집단활동실(강당, 놀이실)은 문턱 없이 접근이 가능한 통로에 연결되어야 하고 휠체어, 보행기 등의 출입에 장애가 없어야 한다. ③ 출입구는 비상재해 시 대피하기 쉽도록 복도 또는 넓은 공간에 직접 연결되게 설계되어야 하며 시각장애아를 위한 점자블록이나 유도장치를 갖추어야 한다. ④ 옥외 피난계단의 유효폭은 0.9m 이상이어야 한다. ⑤ 회전문과 자재문은 금하며 자동문 설치 시 문의 개폐시간은 3초 이상을 확보하여야 한다. ⑥ 휠체어에 앉은 영유아가 문의 손잡이를 잡을 수 있어야 한다. ⑦ 계단 외에 엘리베이터 또는 기울기1/12이하의 경사로를 설치하여야 한다.
장애아통합시설	① 2층 이상의 시설에는 엘리베이터를 설치하거나 적어도 한 속 이상에 기울기1/12 이하의 경사로를 설치하여야 한다. ② 출입구는 비상재해 시 대피하기 쉽도록 복도 또는 넓은 공간에 직접 연결되도록 하고 시각장애아를 위한 점자 블록이나 유도장치를 설치하여야 한다. ③ 복도, 문, 화장실을 휠체어의 출입에 장애가 없어야 한다. ④ 옥외 피난계단의 유효 폭은 0.9m 이상이어야 한다.

출처 : 영유아보육법시행규칙 [별표1] 보육시설의 설치기준 재구성

2) 시설설비의 운영관리

시설비가 갖추어지기 전부터 어떻게 운영관리 할 것인가를 염두에 두어야 한다. 시설비의 수리와 교환을 최소화하기 위해 모든 내용을 확인하고 목록으로 작성하여 관리계획을 짜야 한다(유가효 외, 1998). 시실설비의 상태, 수량, 위치 등을 확인하여 목록으로 만들어 두면 효율적으로 관리할 수 있다. 영유아보육법에서는 보육시설의 설비, 안전관리, 위생관리에 대한 기준을 제시하고 있다(영유아보육법시행규칙[별표8]).

(1) 시설비의 유지 및 안전관리

시설장은 매일 시설설비를 점검하여 제대로 잘 비치되어 있는지, 흠이 없는지, 안전한지 살펴보아야 하며 필요하다면 간단한 수리도 한다. 사무실이나 부엌, 화장실, 바닥이 잘 갖추어져 있고 제대로 청소되어 있으며 위생적인지 늘 살펴보고 관련

종사자들을 감독해야 한다.

실내 시설설비도 잘 정비되어 있어야 한다. 부서진 조각, 느슨해진 못, 흔들거리는 의자 다리, 그네와 보행기 등을 수시로 점검할 필요가 있다. 간단한 시설비의 보수는 24시간 이내에 이루어지고 모든 보수는 2주 이내에 실행되도록 한다.

사용 후에는 목록표에 따라 반드시 정해진 자리에 놓도록 하고 이동할 수 없는 것일 때는 사용방법과 사용 후 정리 절차를 반드시 붙여 놓도록 한다. 보육시설에서는 안전 점검표양식에 따라 일정한 기간별로 시설의 안전점검을 시행하여 화재, 상해 등의 위험발생요인을 사전에 제거하여 각 놀이시설물에 대하여 적절한 점검일정을 세워 점검하여야 한다.

보육시설의 시설점검은 위험한 사태를 미리 예방하여 오래도록 시설을 안전하고 쾌적하게 사용할 수 있게 해 준다.

- 건축물점검 : 건축에 관한 부분으로 건물 벽체, 축대, 천장, 도색, 도배상태 등이다. 옥탑이나 위쪽 등 관리 사각지대에 관한 점검도 소홀히 하지 않는다.
- 전기점검 : 전기시설, 전기차단시설 등에 관한 부분이다.
- 소방점검 : 소화전, 유도등, 소화기 배치 등이 포함된다.
- 설비점검 : 냉 · 난방설비, 주방 가스시설, 화장실 비품 파손 등에 관한 점검이다. 월 2회 정도 담당자를 정해 점검해 준다.

또한 소방교육계획을 작성하고 매월 소방훈련을 실시하고 보육시설 종사자에게 안전교육을 실시하도록 하고 있다. 그리고 손전등과 같이 비상 시에 사용할 수 있는 물품을 준비해 놓아 비상사태에 대비한다.

(2) 위생관리

보육시설은 어린 영유아들이 공동으로 생활하는 공간으로, 특히 청결과 위생관리를 철저히 해서 질병과 각종 전염병을 예방해야 한다. 보육시설의 조리실, 화장실,

침구 등에 대하여 정기적으로 소독을 실시해야 한다.

보육시설 종사자는 영유아의 위생에 영향을 미치는 감기, 독감, 홍역 등 유행성질환 감염 여부, 영유아의 피부, 머리, 손톱 · 발톱, 치아상태, 보육시설의 청소상태, 침구 및 기저귀 등의 위생상태, 욕실 및 화장실의 청결상태, 세면도구 등의 위생상태 등에 대하여 수시로 점검해야 한다. 동물을 두는 때에는 미리 부모에게 이를 고지하고 동물로부터 영유아가 알레르기 및 질병, 상해를 입지 아니하도록 정기적으로 수의사를 통해 면역조치 등을 받아야 하며 동물 · 곤충 또는 배설물 등을 접촉한 때에는 접촉부위를 씻어야 한다.

(3) 차량안전관리

차량은 11인승 이상 승합자동차에 한하며 「도로교통법」 제48조의4의 규정에 의하여 미리 어린이 통학버스로 관할 경찰서장에게 신고하여 신고필증을 교부받아야 한다. 운행 중인 모든 차량에는 차량 내에 안전수칙을 부착하고 차량용 소화기 및 구급상자를 비치하여야 하며 차량안전점검표에 의한 안전점검을 실시하여야 한다.

차량운행 시 보육교사 등 영유아를 보호할 수 있는 사람이 동승하여야 하고 36개월 미만 영아를 탑승시키는 때에는 보호자가 동반하거나 보호장구를 착용하는 것을 원칙으로 한다. 교사와 영유아는 차량 운행시작 전 안전벨트를 착용하여야 한다. 퇴원 차량 운행 시 보육교사 등 차량에 동승하는 자는 영유아가 안전하게 부모 등 보호자에게 인도될 수 있도록 조치하여야 한다.

(4) 보험

영유아와 보육시설에 근무하는 직원의 안전을 위해 반드시 보험에 가입해야 하며, 보험에 가입해 두면 재해를 당해도 쉽게 복구할 수 있다.

① 상해보험

보육시설 입소아동은 전원 상해보험에 의무적으로 가입하며 보험료는 보호자가 부담하는 것을 원칙으로 한다.

② 배상보험

보육시설의 대표자는 영유아 상해 등에 따른 배상책임에 대비하기 위해 배상보험에 가입하여야 한다. 어린이 놀이시설 사고배상책임보험과 같은 내용이 포함된 보험에 가입하여야 한다(어린이놀이시설 안전관리법 제21조 및 동법 시행령 제13조). 보험료는 시설부담을 원칙으로 한다.

③ 화재보험

모든 보육시설은 의무 가입하도록 되어 있으며 보험료는 시설부담을 원칙으로 한다.

④ 자동차보험

보육시설에서 차량을 운행하는 경우에는 자동차보험에 가입하여야 한다.

⑤ 종사자 관련 보험

- 국민건강보험 : 종사자가 상시 1명 이상인 보육시설은 직장의료보험에 의무적으로 가입해야 한다. 일용근로자인 경우에도 2월을 초과하여 채용할 경우 최초 채용일로부터 2개월을 초과할 경우는 가입해야 한다.
- 국민연금 : 상시 근로자 5인 이상인 사업장은 의무적으로 가입하며 5인 미만 사업장의 경우 근로자의 2/3 이상의 동의를 얻어 임의사업장으로 가입 가능하다. 일용근로자, 시간제근로자 및 비상임이사인 경우에도 3개월 이상 계속 근무할 경우는 3개월 초과한 날부터 가입한다.
- 산재보험 : 상시 근로자 1인 이상의 사업 또는 사업장은 모두 가입해야 한다. 상

용, 일용, 임시직 등 고용형태나 명칭과 상관없다.

- 고용보험 : 근로자 1인 이상 사업장의 사업주 또는 근로자는 의무 가입하도록 되어 있다.

3) 비품 구입 및 관리

(1) 비품 구입

비품 및 교구의 구입과 선택은 유용성과 안전성, 적합성, 유지의 용이성 등 정해진 기준에 따라 이루어져야 한다.

- 유용성 : 영유아의 발달수준에 적합한 것, 그리고 여러 가지 용도로 쓰일 수 있는 것을 구입한다.
- 안전성 : 아무리 견고하고 매력적이더라도 안전하지 않은 것은 선택에서 제외된다.
- 적합성 : 영유아가 성별 구별 없이 사용할 수 있는 것이라야 하며 영유아의 연령, 발달단계 등에 적합한 것이어야 한다. 또한 특별한 요구나 장애를 가진 영유아에게 적합한 것을 구입해야 한다.
- 유지의 용이성 : 싱크, 세면대, 변기바닥 등은 청소하기 쉽고 청결을 유지하기 쉬운 것으로 골라야 하며 지나치게 작은 조각으로 나누어진 것은 피한다. 외부 설비도 비나 바람에 잘 부식되지 않고 페인트칠하기 쉬운 것이어야 한다.
- 외관의 아름다움 : 보육시설의 설비는 미적으로 아름답고 매력적으로 꾸며져 영유아들의 흥미를 끌 수 있어야 한다. 이것은 영유아의 심미적 능력을 키워 줄 뿐 아니라 영유아, 교사, 부모들에게 영유아가 훌륭한 보육을 받고 있다는 느낌을 받게 한다. 외관을 아름답게 꾸미는 것이 비용을 많이 들여야 한다는 뜻은 아니다
- 교사의 선호 : 선택기준을 크게 벗어나지 않는다면 교사의 기호나 선호가 존중되어야 한다. 교사는 궁극적으로 영유아와 놀이 및 학습활동을 함께 할 사람이기

때문이다.

• 내구성과 경제성 : 집단으로 사용하는 시설이나 설비는 쉽게 망가지기 때문에 견고한 것을 구입해야 수리하거나 새것으로 바꾸는데 드는 비용과 시간을 절약할 수 있다. 또한 보수 및 수리가 용이한지도 살펴보아야 한다.

보육활동에서 상용되는 교구교재류 및 소모품류의 구입 역시 1년 동안 필요한 교구교재 및 소모품의 목록과 양을 계획하여 예산을 편성하고 분기별 또는 학기별로 구입한다(지명숙 · 임영심, 1995). 계획한 내용 중 폐품을 대체 활용할 수 있는지 검토하여 가능하면 폐품을 적극 활용하도록 한다.

데커와 데커(Decker & Decker, 2001)는 비품이나 교구의 선정 시 고려해야 할 기준이나 준거에 대해 다음과 같은 지침을 제시하였다.

• 해당 보육시설의 보육목표에 적합한 비품과 교구를 구입할 것 : 보육하고 있는 영유아들의 연령과 요구, 보육 및 교수 · 학습방법, 교사들의 수와 자격 등에 따라 보육목표 달성에 적절한 교구를 구입해야 한다. 즉, 비품과 교구의 구입 시 첫 번째 고려해야 할 준거는 유용성이다.
• 소요경비와 구입절차를 점검할 것 : 원장은 비품과 교구의 구입에 필요한 예산을 마련하고 그 예산에 맞추어 구입절차를 점검한다.
• 우선순위를 점검할 것 : 비품이나 교구의 목록을 입수하여 우선순위에 따라 필요한 품목의 목록을 작성한다.
• 비품이나 교수의 활용과 보관에 필요한 공간을 고려한다.
• 경제성을 고려한다.
• 소모품은 한 번에 과다하게 구입하지 말 것 : 식료품, 종이, 풀, 페인트, 진흙 등 소모품은 오래 보관하기 곤란하므로 한 번에 너무 많이 구입하지 않도록 유의해야 한다.
• 구입할 비품이나 교구를 사전에 점검해 보고 믿을 만한 제품을 구입한다.

- 비품이나 교구의 구입 시에는 소비자지침서에 따라 점검한다.
- 안전성을 고려할 것 : 영유아의 보호와 안전을 위하여 규정된 안전도기준에 합격한 비품이나 교구를 구입해야 한다. 끝부분이나 모서리가 날카로운 교구, 부서지기 쉽거나 삐걱거리는 소리가 나는 플라스틱 제품, 못이나 장식이 쉽게 못쓰게 되는 인형, 고정이 잘 안되고 못이 나와 있고 고리가 제대로 되어 있지 않은 놀이기구 등은 구입하지 말아야 한다.
- 견고하고 보관, 관리가 용이하다.
- 가능한 한 여러 용도로 활용될 수 있는 비품이나 교구를 구입한다.
- 심미적 즐거움을 주는 비품과 교구를 선정할 것 : 영유아들은 색깔, 질감, 크기, 형태, 명도, 소리, 냄새, 온도 등에 민감하게 반응하므로 영유아를 위한 비품이나 교구의 선정 시에는 이러한 요인 등을 충분히 고려해야 한다.
- 영유아들이 적극적이고 활동적으로 참여할 수 있는 비품과 교구를 선정한다.

(2) 비품 및 교구의 관리

소모품류의 관리를 위해서는 비품 및 교구, 소모품의 현황을 파악할 수 있도록 비품대장, 도서대장, 소모품대장, 의약품대장 등을 마련하여 목록을 작성해 두는 것이 좋다. 사용빈도, 용도 등에 따라 보관하는 장소 및 위치를 적절하게 배치하면 비품의 관리 및 사용에 효율적이다.

교사들이 직접 제작한 교구교재들도 교재교구대장을 마련하여 발달수준별, 계절별, 주제별, 영역별로 구분하여 목록을 작성하고 보관 · 관리한다. 교사들이 제작한 교구교재관리가 잘 이루어지지 않아 교구교재의 소재가 불분명하거나 손상되거나 꺼내어 사용하기 불편하게 보관되고 있다면 질 높은 보육활동을 기대하기 어려우며 시설 운영에도 재정적 · 시간적 손실을 주게 된다. 다른 학급에서 사용 여부를 확인한 후 기록대장에 날짜와 대여자의 이름을 기입한다.

4) 인적 환경에 대한 안전관리

(1) 영유아에 대한 안전교육

영유아 스스로가 자신의 안전을 보호할 수 있는 능력과 기술을 가지도록 교육해야 한다. 소방교육계획을 작성하고 매월 소방훈련을 실시해야 한다. 보육대상 아동의 연령을 고려하여 아동복지법령의 안전교육기준(아동복지법 제9조 3항 및 동법 시행령 제4조 1항)에 따라 매년 교통안전교육, 약물오남용교육, 재난대비교육, 성폭력예방교육 계획을 수립하여 교육을 실시하고 계획 및 교육 실시 결과를 관할 시장 · 군수 · 구청장에게 매년 1회 보고하여야 한다.

(2) 종사자에 대한 안전교육

보육시설 종사자는 안전교육지침 등을 숙지하여야 하며 시 · 도 및 시 · 군 · 구 등에서 안전 관련 교육을 시행할 때 적극 참여해야 한다.

아동학대 신고의무자(아동복지법 제26조)로 직무상 아동학대를 알게 된 경우 즉시 아동보호전문기관(아동학대예방센터)에 신고하여야 한다. 보건복지부 장관은 보육시설의 장 또는 보육교사가 「아동복지법」 제29조에 의한 아동학대 금지행위를 위반하여 동법 제40조의 규정에 의한 처벌을 받은 경우에는 그 자격을 취소할 수 있다. 직무상 청소년 대상 성범죄가 발생한 사실을 알게 된 즉시 그 사실을 수사기관에 신고하여야 한다(청소년의 성보호에 관한 법률 제4조의 3). 「성폭력범죄의 처벌 및 피해자보호 등에 관한 법률」 제22조의 5에 의거, 보육시설의 종사자는 보호하는 사람이 범죄의 피해자인 사실을 안 때에는 즉시 수사기관에 신고하여야 하며 이러한 신고의무를 위반하였을 경우 시설 책임자 및 종사자를 대상으로 과태료(200만원)를 부과할 수 있다.

(3) 부모에 대한 안전교육

보육시설의 장은 영유아의 건강 · 위생과 관련된 내용을 포함하여 부모와 충분히 협의 · 고지해야 하며 안전교육 등에 부모가 참여할 수 있도록 해야 한다.

(4) 안전사고 예방대책

보육시설의 장은 안전사고에 대응하기 위하여 인근 소방서, 경찰서 및 가스, 유류 등의 안전상태를 점검하는 유관기관 등과 비상연락체계를 구축해야 한다. 보육시설의 장은 사고에 대비하여 부모와의 비상연락망을 확보하여야 하며 응급처치동의서를 비치하여야 한다.

3 재정관리

1) 예산 편성

보육시설의 예산이라 함은 정부지원 보조금과 아동의 보호자로부터 수납하는 보육료로서 건전한 시설운영을 위해 필요한 수입과 지출에 관한 계획이다. 예산은 보편적으로 전년도에 편성하여 그 해에 집행하여 다음해에 결산을 하므로 3개년에 걸쳐 편성되어 종료된다.

예산 편성 시에는 보육시설의 운영방향을 정하고 보육영유아에 대한 서비스 향상을 위해 어떤 사업에 우선순위를 두어야 하는지 면밀히 검토하여 편성해야 한다. 그리고 뚜렷한 목적이 있어야 하며 일관된 계획과 방향을 갖고 한정된 자원을 효율적으로 배분하여 성과를 달성하는 데 노력해야 한다. 다른 시설과 정보를 교환하여 실태를 파악하며 교직원 및 보육아동 학부모의 의견을 수렴하여 짜임새 있는 예산을 편성해야 한다.

(1) 예산 편성의 방법

- 세입예산은 자체수입과 보조금수입으로 구분하여 편성한다. 자체수입은 보육료, 운영체 부담금, 기타 잡수입 등으로 하고 보조금수입은 정부 또는 지방자치단체 등으로부터의 수입을 보조금으로 한다.
- 세출예산은 시설운영, 시설기능 보강, 반환금, 과년도 지출, 예비비로 구분하여 편성한다.
- 세입 · 세출예산은 과목별로 구분하고 산출기초를 명확하게 하여야 한다.
- 예산 편성 시 세입예산에서 1,000원 미만은 버리고 세출예산에서 1,000원 미만은 올린다.
- 예산 편성 당시 예상치 못한 지출을 대비하기 위하여 예비비를 세출예산에 계상한다.
- 예산서에는 사업계획서, 세입 · 세출명세서, 종사자 보수일람표, 당해 예산을 의결한 이사회(또는 운영위원회) 회의록 사본(법인의 경우)을 첨부한다.

(2) 예산 편성 시 주의할 점

- 회계연도는 정부의 회계연도와 같이 하며 매년 1월 1일에 시작하여 12월 31일에 종료한다.
- 1회계 연도의 모든 수입은 세입으로, 모든 지출은 세출로 편성하고 수입금 및 지출금의 내용과 산출기초는 명백하게 예산서에 표기한다.
- 세입 · 세출예산은 건전한 내용으로 균형을 유지하도록 한다. 실행 가능성이 없는 수입을 재원으로 한 지출은 포함하지 않는다.
- 시설장은 세입 · 세출예산서를 매 회계연도 개시 5일 전까지 구청장에게 제출한다.
- 예산은 세출예산이 정한 목적 외에 사용하지 못한다.
- 연간 예산내용은 필요에 따라 수정 · 변경할 수 있으며 구청장에게 통보한다.
- 세출예산에 편성되지 않은 경비는 지출할 수 없으며 불가피한 경우에는 우선

지출하고 사후에 예산을 조정한다.

2) 예산 집행

(1) 운영비 관리의 원칙

- 현금액은 현금출납부와 항상 일치하도록 관리한다.
- 운영비는 금융기관에 예치함을 원칙으로 한다. 다만 상용의 경비 또는 소액의 경비지출을 위하여 100만 원 이하의 현금을 보관할 수 있다.
- 지출은 상용의 경비 또는 소액의 경비지출을 제외하고는 예금통장에 의하여 행하여야 한다.
- 운영비의 관리사항은 지도감독기관에서 정기 또는 수시로 점검할 수 있다.

(2) 운영비 관리기준

- 운영비의 유효적절한 관리와 정확한 예산집행을 위하여 지정서식을 활용하고 관리에 필요한 대장을 비치한다.
- 운영에 따른 각종 대장과 지출증빙서류는 5년 이상 보존하여야 한다.
- 시설 신축 · 확장 · 보수 등의 관련 서류는 10년 이상 보존하여야 한다.

(3) 예산에 수반되는 대장과 증빙서

예산을 집행하면서 요구되는 장부로는 증빙서류철, 총계정원장, 현금출납부 수입부와 지출부 등이 있다.

- 장부 : 총계정원장, 총계정원장 보조부(세입, 세출보조부), 현금출납부, 보육료 수입부, 도서대장, 비품대장, 소모품대장
- 각종 증빙서류 : 수입 · 지출행위는 증빙서식에 따라 처리하고 증빙서 번호는 현

금출납부에 의해서 수입 · 지출결의서에 일련번호를 기재한 후 해당 대장에 정리한다. 필요한 증빙서는 수입결의서, 지출결의서, 봉급지출결의서, 구입수선지출결의서, 물품명세서, 보육료납입명세서, 여입결의서 등이다.

3) 예산 결산

(1) 결산의 의무

전 보육시설은 매 회계연도 말에 의무적으로 결산하여야 한다. 시설운영의 투명성을 높이고 결산보고 결과는 전체 학부모 및 교직원이 볼 수 있도록 게시판에 게시한다.

(2) 결산방법

보조금 사용 잔액은 결산 시 반환하여야 하며 기타는 익년도에 이월하여 사용하여야 한다. 결산서 작성 시 결산내용에 대한 설명과 함께 연도 말 은행의 잔액증명을 첨부하여야 한다.

결산 후에는 교직원, 학부모로 구성된 운영위원회나 감사위원회에서 결산보고 및 감사를 받은 후 감사 결과를 전체 학부모에게 공지하여 기관 운영의 투명성과 신뢰성을 높이도록 한다.

4 행정관리

1) 문서의 종류

과거에는 지면에 의한 문자기록으로 국한하였으나 최근에는 마이크로필름, 디스켓, 테이프, 광디스크 등도 문서로 인정하고 있다.

표 11-2 보육시설 비치 장부 및 서류

	필수비치 서류	관련서류	
원아	(10) 보육시설 이용 신청자명부 및 이용 아동연명부	• 입소신청서 • 입소신청자명부	• 반별 입소아동명부 • 입소아동연명부
	(11) 생활기록부 · 영유아 보육일지 및 건강진단카드	• 생활기록부 • 행동발달 및 관찰기록부 • 영유아 보육일지 • 건강기록부	• 졸업대장 • 비상연락망 및 응급처치동의서
교직원	(4) 보육시설종사자의 인사기록카드 (12) 보육시설종사자의 인사 · 복무 및 시설운영에 관한 규정 등	• 보육시설종사자 개인별 관리 카드(이력서/사진포함) • 보육시설 개인별 교사이력 사항 • 종사자 임면사항 • 고용계약서	
시설설비	(1) 시설의 연혁에 관한 기록부	• 시설연혁기록부	
	(2) 재산목록과 그 소유를 증명하는 서류	• 재산대장 • 공사계약서 • 준공검사서	• 기성부분검사서 • 임대차계약서(임차인 경우)
재정	(5) 예산서 및 결산서 (6) 총계정원장 및 수입 · 지출 보조부 (7) 금전 및 물품출납부와 그 증빙서류	• 총계정원장 • 현금출납부 • 결산서 • 세입/세출예산서 • 여입결의서 • 구입수선지출결의서 • 봉급지출결의서 • 지출결의서 • 수입결의서	• 보육료 수입부대장 • 보육료 불입통지서 • 보육료 납부영수증 • 물품명세서 • 시청각교제대장 • 비품대장 • 소모품대장 • 교구대장 • 도서대장
행정	(8) 보고서철 및 관계행정기관과의 문서철	• 문서접수대장 • 문서발송대장 • 임면보고서 • 해임보고서 • 운영현황보고 • 보육시설 폐지/휴지/재개 신고서	• 보육시설신고사항변경통지서 • 퇴직금적립현황보고 • 퇴직금관리대장 • 연시설 신축 및 개보수 • 사업수행실적보고 • 보육료감면대상자조사표 • 저소득층 보육아동명부
	(9) 소속 법인의 정관 및 관계서류	• 정관 • 운영규정	• 운영세칙
기타	(3) 시설운영일지	• 시설운영일지 • 시설보수일지	• 당직일지 • 안전사고일지
	(13) 안전점검표	• 소방대피훈련일지	• 위생안전점검표

	(14) 그 밖에 보육시설 운영에 필요한 서류	• 식단표 • 휴원사유서 • 퇴소아동명부 • 투약의뢰서 • 실습생관리대장 • 자원봉사활동확인서	• 물품구입구매의뢰서 • 행사일지 • 업무분담표 • 교사회의록 • 부모상담일지 • 학부모회의록

2) 문서 작성 및 처리

기관의 의사를 외부에 표시하는 단계로서 문서의 효력을 발생하게 하는 절차를 말한다. 시행방법으로는 인편, 우편, 전화, 팩스 등이 있다.

작성된 문서가 시 · 군 · 구청에 도달되어 문서접수대장에 등재되어 문서번호가 부여되고 주무와 결재권자의 선결을 마치면 최종적으로 업무담당자(보육시설 담당자)가 처리하게 되는데, 행정기관에 공식적으로 문서가 접수되면 공문서로의 효력이 발생하게 된다.

3) 문서의 보관

(1) 문서의 등록

어린이집에서 기안하여 당해 시설장의 결재가 끝난 모든 문서는 문서등록대장에 기재한다.

- 등록번호 : 결재가 끝난 순서에 따라 연도별 일련번호를 기재한다.
- 결재일자 : 결재권자가 서명한 날짜를 기재한다.
- 받는 기관명 : 그 문서의 수신처를 기재, 내부결재는 '내부결재'라고 기재한다.
- 문서번호 : 문서번호를 기재한다.
- 제목 : 결재가 끝난 문서의 제목을 기재한다.
- 처리자 : 문서 처리한 담당자 명을 기재한다.
- 발송일자 : 당해 문서를 시행(발송)한 날짜를 기재한다.

(2) 문서의 접수

문서접수대장에 접수번호를 기재하고 등재한 후 시설장의 선결을 받은 다음 담당자가 처리한다.

- 접수번호 : 행정기관 또는 단체 등으로부터 접수되는 문서를 접수 순서대로 일련번호를 기재한다.
- 접수일자 : 접수일자를 기재한다.
- 보낸 기관명 : 문서를 보내온 기관장명 또는 기관명을 기재한다.
- 문서번호 : 접수된 문서의 문서번호를 기재한다.
- 제목 : 문서의 제목을 기재한다.
- 인수자성명 : 문서를 접수한 담당자가 문서의 일련번호를 기재하고 서명한 후 시설장에게 선결(공람)을 올린다.

(3) 문서의 정리 · 보존

문서를 일정한 기준에 따라 분류 · 편철하고 보관, 보존하여 불필요한 문서를 적시에 폐기하는 것을 말한다.

- 문서의 내용정리 : 같은 기능 또는 제목으로 정리한다.
- 문서의 편철 : 참고자료 등 보존이 불필요한 문서는 폐기하고 보존 · 활용할 문서를 완결일지 순으로 최근 문서가 위에 오도록 묶어 파일이나 홀더를 사용하여 문서철을 만든다.
- 문서의 보관 : 문서의 보존기간 기산일까지 파일박스, 캐비닛 등에 보관하는 것을 말하는데, 활용빈도가 높은 것을 윗단에 보관한다.
- 문서의 보존 : 문서가 처리 · 완결된 해의 이듬해 1월 1일부터 보존기간이 만료되는 해까지 사무실에 보존하는 것을 말한다.

보존기간이 경과된 문서는 매년 1회 정기적으로 문서정리기간 중 폐기하나 무조건 폐기할 것이 아니라 계속 보존 여부를 다시 한 번 재검토한 후 폐기한다. 모든 문서는 사안이 발생하는 즉시 기록해야 하며 계속 기록되어야 하는 법으로 정해진 소정기간 동안 보관해야 한다. 모든 공무서는 대통령령으로 된 공문서보관보존규정 제4조에 따라 보존기간을 '영구 보존'에서부터 '1년 보존'까지 7종으로 구분하고 그 '보존기간의 종별 책정기준은 총리령으로 정한다.'고 규정하고 있다. 공문서가 아니더라도 보육시설의 대장이나 문서의 그 보존기간을 달리하여 보관해야 한다. 최근에는 이런 기록을 전산화하여 컴퓨터나 디스켓에 보관하기도 한다.

문서철에는 문서철 제목과 보존기간, 페이지, 문서번호, 문서제목, 월일, 수신, 발신 등의 난을 만들어 기록해 둔다. 외부로 나가거나 들어오는 공문서의 경우에는 발송과 접수를 기록하여 처리 여부를 확실히 한다.

표준보육 행정시스템은 재무회계보고 의무화를 통한 보육시설의 회계관리 투명성을 제고하는 것뿐만 아니라 시설 정보, 아동 정보, 종사자 정보, 시설운영 지도를 가능하게 함으로써 보육행정의 효율성과 투명성 확보에 기여하고 있다.

CHAPTER

12 보육평가

1. 보육평가의 필요성 및 목적
2. 보육평가방법
3. 평가결과의 활용
4. 보육평가인증제
5. 보육시설 평가인증 운영체계

1 보육평가의 필요성 및 목적

1) 보육평가의 필요성

영유아보육법이 제정된 1990년대 초반 이후 보육시설은 양적으로 급속히 팽창하였으나 질적 성장은 이미 미치지 못하고 있다. 보육시설이 질적인 면에서 부실로 평가되는 이유로는 민간시설에 대한 지나친 의존, 보육시설에 대한 신뢰롭고 타당한 평가방법의 부재, 유아교육에 비해 상대적으로 짧은 역사, 그리고 영유아 보육기관의 평가기피 및 보육시설에 대한 관리기관의 체계적이며 세밀한 지도 · 감독 개입 미비(서문회 · 이상헌 · 임유경, 2000) 등을 들 수 있다. 이런 문제를 해소하고자 2004년에 보건복지부에서 평가인증제를 실시하여 질적인 관리를 하겠다고 발표한바 있고 2005년부터는 '평가인증제도'가 도입되어 질적 성장을 위한 국가 차원의 개입이 진행되고 있다.

보육의 질적 향상을 도모하기 위해서는 반드시 보육평가가 실시되어야 한다. 보육평가는 양질의 보육서비스를 제공하기 위한 근거로 전반적인 보육활동과정이 적절한지 판단하기 위해 필요한 정보를 수집 · 정리하는 과정(김영모 · 표갑수 · 홍금자 · 김진이 · 백선희 · 장여인, 1999)이다. 즉, 보육평가란 영유아를 돌보는 시설, 인력, 프로그램, 그리고 보육의 대상인 영유아와 부모의 상태 및 수준이 어떠한지 규준에 따라 평정하는 것을 의미한다.

통합교육이 강조되는 현 보육상황에서 보육평가는 보육 프로그램 평가뿐만 아니라 시설, 설비, 인적자원 등에 대한 다각적이고 총체적인 양상이어야 한다. 또한 보육평가는 보육의 주체인 영유아의 발달적 특성에 적합해야 하며 영유아, 가족, 보육시설이 소속한 문화권의 가치, 신념, 생활양식을 반영해야 하고 끊임없이 역동적으로 합의해 나가는 과정이 되어야 한다(최경애, 2002).

보육시설에 대한 평가의 필요성은 다음과 같이 요약할 수 있다.

첫째, 평가를 통하여 영유아의 현 발달상황을 제대로 이해하고 바람직한 지식,

성격, 태도 등을 형성하는데 필요한 정확한 정보를 얻는 과정으로서 필요하다.

둘째, 보육의 목표가 제대로 성취되었는지를 검증하고 보육 프로그램의 전반적인 과정을 발전시키기 위해 필요하다.

셋째, 보육교사뿐 아니라 부모도 영유아의 발달상황에 대해 인지하고 있어야 하며 이는 보육시설과 가정을 연계해 보육의 질을 높이는 데 기여한다. 따라서 영유아의 발달상황에 대한 체계적 · 객관적 자료의 수집을 위해 평가가 필요하다.

2) 보육평가의 목적

영유아 보육에서 평가는 영유아에게 알맞은 보육목표를 설정하고, 그 설정된 목표를 달성하기 위해 보육내용과 활동을 선정 · 조직하고, 나아가 보육실제에서 나타난 결과를 평정하는 과정이며, 영유아의 여러 가지 발달상황을 확인 · 이해하여 그들이 전인적으로 성장 · 발달해 나갈 수 있도록 도와주는 데 필요한 자료와 정보를 얻어 보육 프로그램 및 보육환경을 개선(최미현 · 박명화 · 박성미 · 최양미 · 김애자 · 김정신, 2000)하는 것을 목적으로 한다.

보육평가의 목적은 부모와 영유아에게 제공되는 교육적 경험과 다양한 서비스의 질을 개선하고 각 연령별 프로그램의 목표성취 여부를 평정하는 것이다. 일반적으로 목표를 근거로 보육시설이 위치한 환경이 영유아 보육에 적합한지, 실내외 공간 구성이나 시설설비가 영유아의 발달에 유용하고 프로그램이 그들의 전인적 발달을 도모할 수 있도록 수립 · 운영되고 있는지, 교사의 행동과 역할이 적절한지, 부모교육이 잘 이루어지고 있는지의 여부를 수시로 또는 정기적으로 분석 · 측정하고 만일 그 성과가 기대되는 수준에 미치지 못할 경우에는 이를 개선 · 보완함으로써 보육의 질을 높여 가는 것이 보육평가의 목적이라 할 수 있다.

3) 보육평가의 대상

보육평가의 대상은 크게 보육시설, 보육 프로그램, 보육인력 및 보육대상으로 구분할 수 있다. 보육시설에 대한 평가는 보육 프로그램 운영이나 보육기관의 운영에 앞서 우선적으로 실시되어야 한다. 보육 프로그램에 대한 평가는 프로그램의 운영과 결과에 대한 정보를 수집하기 위해 실시되며 각 프로그램이 영유아의 전인적 성장과 발달을 돕기 위해 적절하게 구성되었는지, 또 본래 의도한 보육목표가 보육의 과정을 통해 어느 정도 실현되고 달성되었는지, 보육의 결과가 기대했던 수준에 도달하였는지의 여부를 분석 · 평가해야 한다.

보육에 종사하는 사람으로는 시설장인 원장, 보육교사, 영양사, 간호(조무)사, 조리사 등이 있으며 이들의 자질을 평가하고 향상시키기 위한 기초 자료 수집을 위해 보육인력평가가 실시된다. 보육의 대상으로는 영유아의 발달 정도, 특정 프로그램과 영유아의 상호작용 효과, 영유아의 특성과 잠재력의 개인차 등을 평가하기 위해 영유아 평가가 실시된다. 또한 영유아 발달에 대한 부모의 이해도 및 보육시설에 대한 만족도, 부모교육을 비롯한 보육기관의 활동 참여 정도를 파악하기 위해 부모평가가 실시된다.

2 보육평가방법

1) 보육시설 평가

보육시설에 대한 평가는 다음의 목적을 위해 행해진다(조성연 외, 2006).

- 포괄적인 보육서비스를 제공하기 위한 효율적인 질 관리 시스템을 마련한다.
- 보육시설을 보다 효율적으로 운영한다.
- 보육사업의 자율성을 신장한다.

- 보육사업의 전문성을 제고한다.
- 보육시설들 간의 협동성을 진작시킨다.
- 보육시설의 다양한 물리적 환경, 인적자원, 프로그램의 질적 수준에 대한 정보를 제공해 줌으로써 보육수요자들로 하여금 합리적인 선택을 유도할 수 있도록 한다.
- 보다 우수한 보육시설을 유지함으로써 보육시설의 재정지원을 확충하여 보육서비스의 질적 수준 향상으로 이어질 수 있는 제도적 기반을 마련한다.
- 장기적으로 보육시설에 대한 평가인증결과를 정부나 지방자치단체의 예산지원 기준으로 활용할 수 있도록 한다.

현재 국내 제작되어 활용되고 있는 보육시설 평가척도들은 외국에서 개발된 평가척도를 번역하여 표준화한 것과 개별 연구자가 유아교육 및 보육전문가집단의 의견과 요구를 반영하여 개발된 것이다. 2005년부터 시설평가인증사업이 진행되고 있어 표준화된 보육시설 평가척도의 개발과 적용이 가시화되고 있다.

2) 보육시설 평가척도

초기의 보육시설평가는 보육과 유사한 유아교육에서 사용되고 있는 외국의 척도를 번안하여 사용하던 수준이었으나 최근에 와서는 국내 실정에 알맞은 보육시설 평가를 위한 척도들이 개발되어 활용되고 있다.

▌표 12-1 국내 보육시설 평가척도

평가도구	개발자(연도)	평가영역 및 내용
보육시설평가기준	정기원 · 오미영 · 안현애(1995)	물리환경, 운영 및 종사자관리, 보육 프로그램, 상호작용
어린이집 관찰목록표	임미혜(1996)	건강과 안전, 물리적 공간, 교재 · 교구 · 활동들, 교직원, 영유아, 부모
가정보육시설 평가척도	최진원(1996)	물리적환경, 보육 프로그램, 안전 · 영양 · 건강, 운영관리
유치원평가의 영역 및 기준	유현숙 · 박영숙 · 김규태(1997)	교육목표 및 계획, 교육과정, 교육환경, 교직원, 운영관리, 유치원의 성취
유치원 교육환경 평가척도	권영례 · 이영자 · Harms(1999)	물리적 환경, 건강과 안정, 일과계획 및 운영, 상호작용, 교육과정, 교직원 개발, 운영관리, 평가
유치원평가지표	장명림 외(1999)	물리적 환경, 교육과정, 운영관리, 유아의 영양 · 건강 · 안전, 교직원, 가정 및 지역사회와의 연계
유치원기관평가도구	이대균 · 이기우(1999)	교육계획, 교육과정 편성, 행사운영, 물리적 환경, 영양 · 건강 · 안전, 교직원, 유치원운영관리, 가정 및 지역사회, 유아성취, 중 · 장기 발전계획
가정보육시설 평정척도	한국어린이 육영회(1999)	양육과 학습을 위한 공간과 설비, 기본적인 양육, 언어와 추론, 학습활동, 사회성 발달, 성인에 대한 요구
보육시설평가 인증제도를 위한 평가영역	유희정 · 강정희(2002)	보육시설 운영관리, 보육인력, 교육과정, 보육환경, 건강 · 안전 · 영양, 부모참여 및 지역사회 연계, 이용자 만족도
영아보육시설 평가지	최경애(2003)	물리적 환경, 보육과정, 건강관리, 운영관리, 지원체계
어린이집 평가지		물리적 환경, 영아보육 프로그램, 건강관리, 운영관리, 부모지역사회협력
평가인증척도	21인 이상 : 보건복지부(2003)	보육환경, 운영관리, 보육과정, 상호작용, 건강과 영양, 안전, 가족 및 지역사회와의 협력
	21인 미만 : 보건복지부(2003)	보육환경 및 운영관리, 보육과정, 상호작용, 건강과 영양, 안전
	장애아전담 : 여성가족부 : 보건복지부(2005)	보육환경, 운영관리, 보육과정, 상호작용, 건강과 영양, 안전, 가족 및 지역사회와의 협력

국공립보육시설 평가척도	곽미영(2003)	상호작용, 교육과정, 운영관리, 인적환경, 건강 · 위생 · 영양 및 안전관리, 보육환경, 부모참여 및 지역사회 연계
보육시설의 안전보육환경 평가척도	김경륜(2004)	물리적 환경, 인적 환경, 안전관리, 건강관리

3) 보육 프로그램 평가

보육 프로그램에 대한 평가는 프로그램의 운영과 결과에 대한 정보를 수집하기 위한 것으로 프로그램의 필요성 및 계획성, 그리고 프로그램이 영유아 발달에 적합하게 구성되어 있는지 등을 살펴보기 위해 실시된다. 평가는 보육 프로그램의 효과 및 목표달성 정도에 대한 유용한 정보를 제공해 주며 이에 의거한 효과적인 의사결정을 가능케 하므로 보육시설을 운영하는데 많은 도움이 된다. 따라서 보육 프로그램의 평가는 보육관계자의 전문성을 고양하고 프로그램이 갖는 취약점을 개선하여 질적 수준의 향상을 모색하는 것이 궁극적인 목적이며, 이를 위해 프로그램 전 과정의 타당성, 적절성, 효율성이 평가되어야 한다(곽미영, 2003).

보육 프로그램에 대한 평가자료는 보육 프로그램 운영, 영유아의 생활변화나 발달, 교사, 그리고 영유아 자체에 대한 평가 등 전반적인 분야에 걸쳐 수집된다.

■ 보육 프로그램 평가유형

보육과정계획에 따라 보육 프로그램을 실행하면서 활동 전, 활동 중, 활동 후에 나타나는 영유아의 발달상황에 대한 계속적인 평가가 실시된다.

① 평가형식에 따른 분류

보육 프로그램 평가는 평가형식에 따라 크게 두 가지로 나뉜다. 형식적 평가란 일정한 틀에 맞추어 정해진 시기에 실시되는 평가를 의미한다. 형식적인 평가는 정해진 관찰항목을 중심으로 영유아가 일상적으로 받는 자극이나 환경구성 또는 교사 행동을 관찰하는 방법이다.

반면 비형식적 평가는 비정기적으로 정해진 틀이 없이 실시되는 평가로 평가자의 내적 인지도에 따라 보육과정을 수시로 검토하거나 매일의 환경구성이나 교육계획안 및 활동을 중심으로 관찰 · 기록한 후 분석하는 것이다. 비형식적 평가에는 평가자의 주관성이 개입될 수 있는 여지가 다분하며 직관적 평가라고 칭해지기도 한다.

② 평가목적 및 시기에 따른 분류

평가하고자 하는 목적과 시기를 고려해 평가유형을 분류해 보면 세 가지로 나뉜다.

첫째, 진단평가는 학기 초나 새로운 단원이 시작되기 전에 실시하는 평가로 어떤 보육시설과 보육과정에 영유아를 배치할 것인가에 관한 결정을 포함하여, 영유아의 현행 수준을 파악하여 프로그램의 방향과 활동목적의 틀을 안내하는 역할을 한다. 진단평가는 학부모가 제출한 입원원서, 가정생활조사서, 보육시설현황조사, 학습준비도검사 및 다양한 표준화된 검사도구들을 통해 실시된다. 진단평가의 결과는 영유아 개인의 발달상의 문제점과 보육 프로그램 자체의 문제점을 발견하게 하며 영유아의 발달상태 및 특징, 가정환경, 부모의 양육방식 등 다양한 사전정보를 인지하게 함으로써 영유아에 대한 보육교사의 이해를 촉발하고 보육활동의 구체적 계획의 토대가 된다.

둘째, 형성평가는 보육 프로그램이 진행되는 과정 중에 실시되는 평가로 각 프로그램이 진행되는 동안 수시로 실시함으로써 투입된 프로그램에 대한 영유아의 이해정도를 파악하고 프로그램이 계획한 바가 제대로 수행되는지 평가 · 분석함으로써 의도한 교육적 성과를 달성하는 것을 목적으로 한다. 형성평가는 일화기록, 행동목록표, 유아의 표현활동자료, 교사-부모 면담자료, 표준화검사 등이 평가방법으로 사용된다. 형성평가를 통해 보육교사는 보육 프로그램에 대한 영유아의 적합성 여부를 파악하고 지속적인 피드백을 받으며 이에 따라 지도방법을 수정하여 초기에 설정한 교육목표 달성을 위한 더 나은 활동을 계획하게 한다.

셋째, 총괄평가는 프로그램의 전체적인 성과를 평가하거나 목표충족 정도를 사정하는 평가로 보육의 결과가 의도했던 방향으로 이루어졌는가에 대한 총체적인 평가다. 총괄평가 결과는 영유아들의 행동변화를 최종적으로 검토하여 보육활동의 효율성과 영유아의 성취수준 파악을 위한 자료로 활용되며 이후에 실시될 보육 프로그램의 수정 및 보완에 대한 안내자료로도 활용된다. 또한 총괄평가는 교사에 의해서도 행해지나 영유아를 대상으로 하는 프로그램에서는 모델의 전반적인 성과를 보다 객관적으로 비교·검토하기 위해 전문가에 의한 체계적인 수행이 이루어지기도 한다.

③ 평가방식에 따른 분류

평가방식에 따라 두 가지로 나뉜다. 먼저 양적 평가는 사전에 의도된 보육목표가 어느 정도 달성되었는지를 수량화하여 평가하는 방법이다. 이를 위해 절대평가와 상대평가를 사용하는데, 절대평가는 학습자의 행동변화에 얼마만큼 영향이 있었는지를 알아보는 평가방식으로 교수목표를 준거로 하여 평가결과를 점수화하고 해석한다. 상대평가는 표준화된 검사를 통해 개인의 위치를 전체집단의 평균치와 관련지어 점수화하고 해석한다(조성연 외, 2006). 양적 평가에 활용되는 도구로는 표준화된 지능검사, 운동능력검사, 사회성검사 등이 있다.

마지막으로 질적 평가는 교육목표 달성 여부보다는 교수와 학습의 과정이나 유아의 문제 파악에 초점을 맞춘다. 따라서 질적 평가는 수량화된 자료보다는 관찰이나 영유아의 작품 및 포트폴리오, 심층적인 면접 등의 자료를 통해 이루어진다.

4) 보육인력 평가

(1) 시설장 평가

보육시설장의 주요임무는 기관을 합리적으로 운영하여 영유아 보육의 목표를 달성하는데 있다. 이를 위해 시설장은 교직원 인사관리, 재정관리, 보육 프로그램의 효율적인 운영, 대외관계유지 등에서 충분한 능력과 기술을 갖추어야 하며 보육시설 운영과 관련된 중앙부처나 지방자치단체의 정책방향 및 관계법령이나 규정에 대해서도 충분히 이해하고 있는 등 자질을 갖추고 있어야 한다. 또한 보육서비스의 실제 운영과 관련된 제반 사항과 시설장의 의식이나 전문성에 대해 지속적인 평가가 이루어져야 한다.

시설장의 자기평가를 위해 최근에 개발된 척도로는 신민경과 황해익(2004)의 유치원 원장의 자기평가척도를 3개의 영역으로 구분할 수 있다. 첫째, 일반적 특성에는 신체, 인성, 지도력, 교육 및 지적 능력, 둘째, 전문적 특성에는 교직에 대한 태도, 전문적 지식, 장학능력, 셋째, 관리적 특성에는 행정실무능력과 안전관리능력이 하위영역으로 포함되어 있다.

(2) 교사 평가

아무리 좋은 보육시설과 보육 프로그램을 가지고 있다 하더라도 우수한 자질이나 자격을 갖춘 교사가 없다면 보육의 질이 저하되므로 영유아와 상호작용을 통해 영유아에게 가장 직접적인 영향을 미치는 교사에 대한 평가는 보육평가의 중요한 부분이다.

교사를 평가하는 목적은 승진이나 봉급 등의 행정적인 문제와 관련된 결정을 하기보다는 양질의 보육 프로그램을 운영하기 위한 교사의 자질을 함양하고 자기계발에 도움을 주고자 하는 것이다. 교사 평가에는 교사의 자기평가, 동료 및 주임교사나 시설장에 의한 평가 혹은 부모들에 의한 평가 등 다양한 방법이 사용된다. 교사의 자기평가는 교사가 스스로 자신의 교수활동을 평가하는 방법으로 교사 개인의 성장을 촉진하고 교수방법을 향상시키며 자율성과 전문성을 신장해 보육교사의 질적 향상을 도모할 수 있다. 뿐만 아니라 자기평가는 교사의 자발적이고 적극적인 참여를 통한 자율장학의 성격을 띠기도 하며 궁극적으로는 프로그램을 개선하는데 도움이 된다(양옥승 외, 1999; 이은해, 1995).

보육교사의 자기평가는 일반적으로 각 학기 말 1회씩 1년에 2회 실시하며 매번 그 실시결과를 비교 · 분석하여 자기발전의 계기로 삼는다. 한편 시설장에 의한 교사 평가방법으로는 한국어린이육영회(1999)에서 개발한 교사평정표가 있다. 이 평정표에서는 교사의 근무태도, 자질, 보육능력, 연구조사활동, 학급경영 및 사무처리능력의 5개 하위영역을 연 2회 100점 만점으로 평가한다.

교사 평가에 사용될 수 있는 준거를 데커와 데커(Decker & Decker, 1984)는 다음과 같이 제시하고 있다.

첫째, 신체적 특징으로 건강, 효과적인 역할 수행에 필요한 생동감이 포함된다.

둘째, 정신적 능력으로 프로그램의 철학을 개념화하고 영유아와 교사의 욕구 및 역할에 대한 인식능력이 포함된다.

셋째, 전문가적 자질로서 교사역할에 필요한 교수방법 및 교육자료에 대한 지식이 포함된다.

넷째, 개인적 속성으로 열성, 동료와 협동하고 좌절에 적응하는 능력이 포함된다.

이 외에도 안전하고 건강한 환경의 유지, 대인관계의 민감성, 영유아의 발달을 위한 교육계획과 평가능력, 학급의 운영능력, 부모 및 지역사회와의 원만한 관계 유지 등이 교사 평가의 준거가 될 수 있다.

5) 보육대상 평가

(1) 영유아 평가

영유아에 대한 평가가 필요한 이유는 다음과 같다(조성연 외, 2006).

첫째, 영유아가 보육시설에 입소하기 전에 이들의 현재 발달상황이나 특성 등을 살펴보기 위해 진단평가를 실시한다.

둘째, 보육시설에서 영유아가 교사나 다른 영유아와 상호작용하는 동안 교사 및 시설장이 관찰한 자료를 통해 개별 보육 프로그램에 적용하거나 개인의 특성 등을 파악하기 위하여 현 발달상황을 수시로 평가한다.

셋째, 영유아의 학교준비도, 지능, 또래와의 관계 및 제 발달상황 등을 표준화된 검사도구를 이용하여 객관적이고 타당하게 측정한다.

교육부(1993)는 영유아를 평가할 때 유의사항을 다음과 같이 제시하고 있다.

첫째, 부모와의 면접, 일화기록, 체크리스트, 작품분석, 자기평가 등의 방법을 통해 영유아의 행동이나 발달을 객관적으로 평가해야 한다.

둘째, 영유아의 개인 간 차이보다는 개인 내 차이에 대한 평가를 실시함으로써 영유아의 과거보다 현재의 발달이 어떻게 진전되었는지를 평가해야 한다.

셋째, 영유아에 대한 평가는 활동 결과보다 과정에 초점을 두도록 하며, 영유아의 건강, 기본생활습관, 정서적 안정감, 대인관계, 의사소통능력 및 탐구심 등에 초점을 두어야 한다.

① 부모와의 면담

일반적으로 부모와의 면담은 교사가 영유아를 단시간에 평가하거나 부모의 요구 혹은 가정의 특수한 사정을 파악해 영유아를 지도하는 데 도움을 준다. 부모와의 면담은 정기적 또는 특별한 문제가 발생했을 때 수시로 하게 된다.

프로그램 운영초기에는 가정환경조사서를 작성하는데 가정환경조사서에는 영유아의 출생, 수유, 성장 · 발달상태, 과거 병력, 식습관에 대한 정보 및 영유아에 대한 가족의 태도 등을 기록하게 된다. 또한 기본생활습관 조사지를 통해 영유아의 운동발달상황, 치아발육상태, 예방접종, 병력, 수유 및 이유의 방법과 양, 식사와 간식습관, 배변 및 수면, 기타 기본생활습관을 조사할 수 있다.

부모와의 면담을 통해 수집된 자료는 프로그램 구성 및 운영의 참고자료로 활용될 수 있으며 프로그램이 종료된 후에도 부모를 대상으로 프로그램 운영과 유아 및 부모 자신의 변화 정도를 평가하여 프로그램의 효과를 조사할 수 있다.

② 관찰

급격한 발달적 변화 및 의사소통의 어려움으로 신뢰롭고 타당한 평가를 위한 자료수집이 어려운 영유아의 평가에는 직접적이고 지속적인 관찰평가가 요구된다. 영유아의 관찰은 다음과 같은 절차를 통해 이루어져야 한다.

첫째, 관찰하고자 하는 행동 영역을 먼저 정한 후 그에 따라 직접 관찰할 수 있는 하위행동들을 결정한다.

둘째, 특정한 행동이나 활동에 대한 정보를 기록하기 위한 관찰자 나름의 양식을 준비한다.

셋째, 영유아를 관찰할 시간과 장소, 관찰기록 방법을 결정하여 관찰한다.

영유아를 관찰하기 위해 사용하는 방법을 살펴보면 다음과 같다.

첫째, 일화기록법은 현장에서 빈번하게 사용되는 방법으로 특별하게 정해진 양식이 없이 어떤 한순간에 발생한 영유아의 행동을 순서대로 사실적이고 객관적으로 관찰하여 기록하는 방법이다.

둘째, 평정척도법은 전적으로 관찰자의 판단에 의해 이루어지므로 여타의 관찰에 비해 융통성이 있는 방법이나 관찰자의 주관적 편견이 개입되지 않도록 주의해야 한다.

셋째로 행동목록법은 사전에 만들어진 행동목록을 가지고 관찰하는 행동이 나타나는지 여부를 점검하는 방법으로 특정행동의 발생 여부를 빠르고 효과적으로 기록할 수 있지만 행동의 질적 수준에 대한 정보를 제공해 주지 못한다는 단점이 있다.

③ 작품분석 및 포트폴리오

영유아의 작품을 분석하는 것은 영유아의 행동특성과 발달수준을 평가할 수 있는 좋은 방법이다. 일부러 평가에 대한 계획을 세우지 않아도 쉽게 수집할 수 있고, 작품들 간의 시간간격이 클수록 변화의 증거도 확실해진다. 부모면담 시에 교사는 작품을 이용하여 부모에게 구체적인 증거를 제시하여 영유아의 발달에 관한 이해를 도울 수 있으며 작품을 가정으로 보내서 부모의 견해나 요구사항을 기록한 후 되돌려 받아 영유아를 지도할 때 참고할 수 있다.

포토폴리오는 영유아가 무엇을 배웠는지, 어떻게 그 학습을 이루어 냈는지, 어떻게 생각하고 질문하고 분석하고 창조해 내었는지, 타인과의 지적 · 정서적 · 사회적 상호작용은 어떠했는지 등 영유아들의 학습과정 전반에 대한 기록을 말한다. 포트폴리오 수집은 포트폴리오라고 불릴 수 있는 것들을 영유아 개인의 파일에 모으는 것으로 영유아의 학습 및 수행력을 향상시키거나 모니터하기 위해 고안된 평가유형이다 (최미현 외, 2000). 수집된 작품에는 날짜와 작품에 대한 설명 및 활동배경, 영유아의 특정 행동, 동기유발, 또래들과의 관계 등을 간단하게 적어 놓는다.

포트폴리오 평가를 할 때에는 다음과 같은 몇 가지 요소에 유의해야 한다.

첫째, 명백하고 구체적인 평가기준이 있어야 한다.

둘째, 다양한 평가원으로부터 평가자료가 수집되어야 한다.

셋째, 다양한 정보수집방법이 동원되어야 한다.

넷째, 다양한 자료가 수집되어야 한다.

④ 표준화된 검사

표준화된 검사를 사용하는 것은 다음과 같은 장점을 갖고 있다.

첫째, 표준화 과정을 거친 검사는 표집된 대집단의 규준이 있기 때문에 이에 비추어 개별 영유아의 행동이나 성취도를 비교하는 것이 가능하다.

둘째, 대부분의 표준검사는 전문가에 의해서 만들어진 것이기 때문에 주의 깊게 실시하고 정확하게 해석한다면 진단도구로서의 역할을 할 수 있다.

셋째, 표준화된 검사는 이미 그 검사의 신뢰도와 타당도가 검증된 것이므로 이를 통하여 객관적인 자료를 얻을 수 있다(이연섭, 1995).

표준화검사의 종류로는 지능검사, 학업적성검사, 성격검사, 학업성취도검사, 운동기능검사, 사회성숙도검사 등이 있으나, 현재 우리나라 영유아들에게 적합한 표준화된 검사도구는 지능검사를 제외하고는 극히 제한되어 있다. 표준화된 검사도구의 결과는 검사도구가 측정하는 측면, 검사를 실시하는 당일 영유아의 건강상태나 기분, 검사를 실시하는 사람 등 다양한 요인에 의해 영향을 받을 수 있으므로 교사나 부모는 검사도구에 의해 산출된 결과를 지나치게 과신하지 않도록 주의해야 한다.

(2) 부모 평가

부모 평가는 부모가 습득한 지식, 태도, 역할수행 등을 알아보기 위해 면접이나 질문지, 관찰 혹은 가정환경자극검사(HOME)를 사용해 실시한다. 이 외에도 부모가 주도한 교사면담이나 부모교육에의 참여횟수, 태도 등을 통해 부모 평가를 실시한다.

보육에서 일차적인 양육책임은 부모에게 있으므로 부모의 역할을 인식시키고 양육에 필요한 지식과 실제를 배울 수 있는 기회를 제공하는 부모교육은 효율적인 보육을 위하여 매우 중요하다. Spodek과 Welgerg은 부모교육 프로그램의 목적(신용주 외, 1997)을 첫째, 자녀지도에 필요한 특별한 내용 습득, 둘째, 부모 자신의 자아존중감

증진, 셋째, 부모가 자녀의 성장 · 발달에 영향을 미칠 수 있다는 신념 육성, 넷째, 자녀의 발달에 도움을 줄 수 있는 자료에 대한 이해능력 육성으로 제시하고 있다.

부모 평가 결과는 자녀에 대한 부모의 이해와 지식을 증진시켜 사고와 감정, 행동에 있어서 습관적인 방법을 돌이켜보는 기회를 제공하는 동시에 자녀양육에 효율적인 방법을 습득하도록 도와주는 부모교육 프로그램의 구성자료로 활용할 수 있다.

3 평가결과의 활용

보육평가의 결과를 부모나 지역사회에 알리는 것은 보육에 대한 관심을 높이고 실질적인 보육의 효과를 증진시키는 요인이 된다.

1) 보육평가 결과

평가결과는 영유아의 장점과 단점을 파악하게 하여 영유아의 욕구를 만족시키며 동시에 발달을 자극할 수 있는 보육경험을 계획하는 지침을 마련하게 한다. 교사는 각 영유아의 여러 자료를 기록 정리하면서 개개 영유아에 대해 보다 깊이 생각해 볼 기회를 가지게 되고, 문제가 있는 영유아를 전문가에게 의뢰할 때 문제해결 방안의 기초 자료로 활용할 수 있다.

기록을 통해 각 유아의 향상 정보를 확인할 수 있고, 부모와의 면담 시 활용할 수 있다. 또한 초등학교에서의 교육자료로 활용할 수 있다.

평가결과는 영유아의 개인별 발달상황과 향상 정도에 관한 정보를 제공함으로써 개별화된 학습을 가능케 하는 다양한 학습활동 및 교수방법을 개발하고 계획하는데 필요한 기초 자료로 활용될 수 있다. 또한 평가결과는 보육시설 단위의 자체연수와 자율장학을 체계화할 뿐 아니라 보육 프로그램과 가족지원서비스 체계를 개발하기 위한 기초 자료로도 활용된다.

대부분의 보육시설에서는 여전히 자체평가나 외부평가를 거의 실시하지 않고 있으므로 정기적이고 체계적인 평가가 선행되어야 한다. 또한 자체평가뿐만 아니라 외부의 전문가나 평가담당자에 의한 평가도 동시에 실시하는 것이 양질의 보육시설을 운영하기 위한 전제조건이라 할 수 있다.

2) 보육 프로그램 평가척도

① 평가기준

공통적으로 포함되는 내용으로는 보육일지를 통해 일 · 주 · 월 · 연간 계획안을 실제 실행한 결과와 비교 · 분석하는 학급운영평가와 보육시설종사자에 의해 연간 1~2회 실시되는 프로그램 운영평가가 있다. 또한 실내활동 프로그램 평가와 실외활동 프로그램 평가로 구분할 수 있다.

구체적으로 살펴보면 강달금(2002)은 첫째, 프로그램의 이론적 배경에 대한 이해 여부, 둘째, 연령의 적합성, 개인의 적합성, 사회 · 문화적 적합성을 고려한 보육계획 수립 및 실천 여부, 셋째, 실내외 활동의 균형 여부, 넷째, 집단 규모별 활동 프로그램의 균형성, 다섯째, 동적 활동과 정적 활동의 균형성, 여섯째, 교사주도 혹은 아동주도적 활동의 균형성, 일곱째, 실내외 프로그램의 다양성을 평가기준으로 제시하고 있다.

전문가의 판단, 교사 · 학부모 · 지역사회 등의 의견청취, 관찰법, 검사법, 실험법 등이 활용(황해익 · 임재택, 1997)되며 이러한 평가방법은 보육현장의 질적 개선을 목적으로 한 다양한 준거를 제시하고 있다.

② 평가척도

보육 프로그램 평가에는 국내외의 유아교육 프로그램 평가척도가 공동으로 사용되었으며 최근에 와서 국내실정에 맞는 보육 프로그램 척도가 개발되고 있다.

표 12-2 국내외 보육프로그램 평가척도

평가도구	개발자(연도)	평가영역 및 내용
APECP (유아교육 프로그램 평가척도)	Abbot-Shim & Slibley(1987), 강현숙 역(1991)	• 운영관리 측면 : 시설비, 영양 및 급식, 프로그램 운영, 인사관리, 프로그램 발전 • 영아기 프로그램 : 건강과 안전, 영양, 학습환경, 상호작용, 개별화 • 유아기 프로그램 : 건강과 안전, 학습환경, 일과계획, 교육과정, 상호작용, 개별화 • 학령기 프로그램 : 건강과 안전, 학습환경, 교육과정, 상호작용, 일과계획
PQA (유아교육 프로그램 질 평가척도)	High/Scope 연구소(1998), 정혜영 역(2002)	학습환경, 일과계획 및 운영, 성인-유아 상호작용, 교육과정 계획 및 평가, 부모참여 및 가족서비스, 교직원 자격 및 가족서비스, 교직원 자격 및 전문성 개발, 프로그램 관리
NAEYC의 우수한 유아교육 프로그램의 준거	NAEYC (1984,1998)	교사-유아 상호작용, 교육과정, 교사-부모 상호작용, 교사자격 및 전문성 발달, 운영관리, 교사편제, 물리적 환경, 건강 및 안전, 영양 및 급식서비스, 평가 (1988년 개정된 기준)
유아교육 프로그램 평가척도	이은해 · 이기숙(1994)	일과계획, 교육과정, 상호작용, 물리적 환경, 교재 · 교구, 영양 · 건강 · 안전, 운영관리, 교직원, 가정 및 지역사회와의 관계, 평가활동
보육프로그램 진단평가척도	임재택 · 조희숙 · 황애익(1996)	물리적 환경, 종사자, 운영관리, 교육과정, 영양 · 건강 · 안전, 가정 및 지역사회와의 연계
보육시설 및 프로그램 평가척도	이순형 · 최일섭 · 신영화 · 이옥경(1998)	• 운영관리영역 : 시설 · 설비관리, 영양 및 급식봉사, 교육과정 운영, 인사관리, 프로그램 발전 • 영유아 프로그램 : 건강과 안전, 영양, 학습환경, 교사-영아간의 상호작용, 개별화 • 유아기 프로그램 : 건강과 안전, 학습환경, 교육과정, 교사-영아간의 상호작용, 개별화 • 방과후 프로그램 : 건강과 안전, 학습환경, 교육과정, 교사-영아 간의 상호작용, 일과계획, 개별화
보육프로그램 평가	보건복지부(2000)	보육계획, 보육진행 및 보육의 물리적 환경구성
어린이집운영관리 평가척도	이은해(2002)	물리적 환경, 건강 · 안전 · 영양, 교직원, 가정 및 지역사회 연계, 전반적인 교육과정 운영
어린이집 영아반 평가척도(1~2세용)		놀이환경, 놀이활동, 일상적 양육, 건강과 안전, 교사-영아 상호작용
어린이집 유아반 평가척도(3~5세용)		학습환경, 교육과정 계획, 교육과정 운영, 건강과 안전, 교사-유아 상호작용

어린이집 관찰척도	물리적 환경, 건강 · 안전 · 영양, 학습환경, 교육경험 및 활동, 교사-유아 상호작용
부모용 평가설문지	어린이집과 가정 간의 의사소통, 기관안내 및 정보제공, 부모참여 정도, 자녀의 어린이집에 대한 반응, 부모의 프로그램에 대한평가

4 보육평가인증제

1) 외국의 보육평가인증제

외국의 보육정책은 세계대전 전후의 시기로 나누어 볼 수 있다. 이즈음 근대화가 시작되고 남성인력이 참전하게 됨에 따라 자연스럽게 여성인력이 노동현장에 참여하게 되었고, 이런 연유로 영유아 보육의 필요성은 국가의 책임으로 여겨지게 되었다. 미국이나 호주, 영국, 독일, 스웨덴, 벨기에, 영국 등의 나라에서는 국가 사회적인 요구로 보육정책이 비교적 체계적으로 발전하고 있다.

보육의 질 제고에 성공한 대표적인 사례로 미국과 호주를 들 수 있다(유세영, 2011). 미국은 민간단체에 의해서 이루어지고, 호주는 정부가 운영하는 국가위원회에 의해서 평가인증이 이루어지고 있다. 민간단체에 의한 미국의 평가인증제는 법적인 강제력이 없으며, 호주의 경우에는 평가인증의 결과를 아동별 보육료 지원에 활용할 수 있도록 하고 있다. 즉, 두 국가 간의 평가인증의 운영주체에 따라 전체적인 평가인증 제도의 성격을 규정하고 있다(이미혜, 2010).

(1) 미국의 평가인증제

미국은 1985년부터 미국유아교육협의회(NAEYC : National Association for the Education of Young Children)를 통해 보육시설에 대한 인준평가를 실시하고 있다. NAEYC의 인준기준은 1981년부터 광범위한 문헌분석을 토대로 개발되기 시작하였고, 1985년부터 현장에 적용하였으며, 보육과 관련된 사회적 환경의 변화에 따라 1991년과 1998년 두 차례에 걸쳐 개정되어 현재에도 왕성하게 이루어지고 있다(서문희 외, 2000; 문순정, 2010).

미국 NAEYC에서는 보육과 관련된 사회적 변화에 따라 1991, 1998, 2006년에는 평가인증 관련사항을 개정하였고 현재에도 계속적인 수정, 보완을 통해 제도를 더욱 발전시켜 나가고 있다. 특히 1996년부터 평가인증 통과 시설의 인증기간을 3년으로 규정하였으나, 현재는 5년 단위로 기간을 연장하여 진행하고 있다. 미국 NAEYC의 평가인증은 보육시설이 질적 수준을 충족시키는지 여부를 검토하기 위해 보육시설 종사자와 학부모, NAEYC가 함께 자발적으로 참여하는 과정이다(유세영, 2011).

따라서 미국 NAEYC가 제시하는 평가의 목적은 첫째, 유아에게 제공되는 프로그램의 질을 지속적으로 개선시키고자 하는 유아교육 프로그램 관계자들을 돕기 위함이고, 둘째 우수한 질의 프로그램에 대한 인증을 결정함으로써 프로그램의 질적 수준을 평가하고 전문성을 인정해 주는 것이다(강숙현, 1998; 김영실, 2008).

평가인증과정을 살펴보면 미국 NAEYC 평가인증과정은 크게 자체점검(self-study), 현장관찰(validation), 인증심의(accreditation decision)로 구분할 수 있다. 1단계 자체점검에서는 보육시설이 자체점검 기간 동안 NAEYC의 평가인증 기준에 부합하는지를 파악하고 개선이 필요한 부분을 점검하여 향상시키는 과정을 거친 후, 자체점검 중 작성한 자료(program description)를 보고한다. 2단계 현장관찰에서는 자체점검 중 작성한 자료의 정확성을 입증하기 위해 현장관찰자가 보육시설을 방문하여 질적 수준을 확인하게 된다. 3단계 인증결정에서는 심의위원회에서 자체점검과 현장관찰 단계에서 작성된 문서를 확인하고 검토한 후 인증이 결정된다. NAEYC는 2006년 10월 이후부터 평가인증에 대해 개정하여 평가인증과정을 4단계로 세분화하여 제시하고 있다. 개정된 평가인증 4단계는 '자체점검 신청(Enrolling in self-study)', '자체점검 진행(Becoming an applicant)', '현장관찰 준비(Becoming a candidate)', '현장관찰 및 심의(Meeting the program standards)'이다(이미혜, 2010).

평가인증 지표는 초기에 10개 영역 120개 항목으로 구성되었으나, 1998년도에는 10개 영역 193개 항목으로 변경 되었다. 지표의 내용은 교육과 발달에 대한 보육 프로그램에 대한 긍정적인 영향을 극대화하는데 초점을 맞추었다. 민간단체에서 시작한 NAEYC 평가인증제도가 보육서비스의 질 향상 및 유지시킬 수 있는 효율적인 관리모형이라는 긍정적인 평가를 받자 정부의 관심도 높아졌으며, 그 결과 7년간 지방정부 및 주 정부는 보육시설 평가인증제도의 참여를 원할 경우 이를 위해 재정을 지원하고 있다.

(2) 호주의 보육시설 평가인증제도

호주 국립보육인가위원회 NAEYC(National child care Accreditation council)가 중심이 되어 기관보육시설과 가정보육시설에 대한 평가인증제를 실시하고 있다. 호주의 기관중심보육에 대한 평가인증제(OIAS : Quallity Improvement and Accreditation System)는 미국 NAEYC의 평가인증제를 기반으로 이루어졌다(김영실, 2008). 호주는 기관중심 보육에 대한 평가인증제도(FOCQA : Family Day Care Quality Assurance)를 2001년도에 도입하였고 이어서 방과 후 보육시설에 대한 평가인증제도(OSHCQA : Qutside School Hours Ccre Quality Assurance)를 2003년에 시작하였다(NCAC, 2004; 최애자, 2011).

호주의 평가인증의 목적을 살펴보면 호주의 보육시설 평가인증제도의 목적은 다음과 같다.

첫째, 영유아 발달의 측면에서 영유아 발달의 모든 측면을 촉진하고 긍정적인 경험과 상호작용이 있는 최상의 질적 보육을 제공하는 것이다.

둘째, 보육시설의 측면에서, 보육시설의 자체점검과 개선과정에 보육시설과 부모들이 함께 참여함으로써 높은 질에 대한 영유아 및 가족의 요구와 전문적 발달에 대한 보육종사자의 요구를 충족시킬 수 있는 보육서비스가 제공되도록 하는 것이다.

셋째, 지역사회의 측면에서, 보육의 질에 대한 전문적 지식과 공약을 보육시설이 증명함으로써 보육종사자의 전문성을 인식하고 직무 가치를 알도록 하는 것이다. 결론적으로 호주의 보육시설 평가인증제도의 목적은 호주의 모든 보육시설이 양질의 보육을 보육종사자와 보육시설 이용자(영유아와 부모) 모두에게 제공할 수 있도록 지원하는 것이다(이미혜, 2010).

호주의 보육시설 평가인증제도의 평가대상은 평가인증을 희망하는 보육시설로 규정하고 있으며 의무적으로 평가를 받아야 하는 것은 아니나 평가인증을 통과하지 못할 경우 정부로부터 지원되는 보조금을 신청할 수 없도록 되어있어 거의 대부분의 보육시설이 평가인증에 참여하고 있다. 하루 8시간 이상 일주일에 5일 이상의 종일제 보육시설 중 NCAC에 등록된 기관을 대상으로 하고 있으며 미국과 마찬가지로 보육시설이 자발적으로 참여하고 있다.

호주 평가인증과정은 참여신청, 자체점검, 현장관찰, 심의 인증결정 5단계로 진행되고 있으며 호주의 평가인증지표는 1994년에 처음 제정된 이후 2002년에 개정되어 52개 평가항목에 내용을 10개 영역으로 재편성하면서 35개 항목으로 축소되었다. 이는 다시 2005년 이후 7개의 영역 33개의 평가항목으로 축소되었다. 또한 2006년부터 개발하고 있는 통합된 평가인증제도(CCQAS)에서는 17개 영역 61개 항목으로 지표를 구성하여 모든 보육시설에 동일하게 적용할 계획이다(유세영, 2011).

호주 보육시설 평가제도의 평가비용은 매년 100AU $ 이다. 호주의 보육시설 평가인증제도를 주관하는 단체인 NCAC에 국가가 비용의 상당 부분을 보조하기 때문에 보육시설이 납부하는 평가비용은 그 중의 일부를 충당하는데 지나지 않는다. 호주의 평가제도에서는 보육아동 수에 따른 평가비용의 추가 부담은 없다(최애자, 2011).

(3) 외국의 보육관련 인증제도의 시사점

보육시설 평가인증제도를 먼저 시행했던 미국과 호주의 평가인증제의 공통점을 보면 다음과 같다.

첫째, 일반적으로 미국이나 호주와 같이 자유주의적인 보육정책을 추구하는 나라에서 보육서비스의 질을 일정 기준으로 향상시키고 유지시킬 수 있는 효율적인 관리모형으로 평가인증제도가 채택되고 있고, 이러한 제도가 보육의 질적 수준을 제고하는데 기여하였다는 긍정적인 평가를 받고 있다.

둘째, 인증제도의 실시를 위해서는 이에 대한 실무를 담당할 기구가 있어야 한다. 호주는 평가인증을 실시하기 위해서 국가 기구로 국가 보육인증위원회를 설립하였고, 미국에서는 각 관련 민간단체가 인증의 주체가 되고 있다.

셋째, 인증은 프로그램이나 시설의 자발적인 참여를 기초로 한다. 따라서 인증에 소요되는 비용을 스스로 부담하며, 호주와 같이 인증 비용을 정부가 지원하는 경우에도 국가기구에서 연회비 형태로 보육시설로부터 일정한 기여를 하도록 하고 있다.

넷째, 인증절차는 자체평가, 방문관찰 그리고 위원회나 패널의 결정과정이 포함되어야 한다. 미국의 유아교육 프로그램, 방과 후 프로그램 및 가정 보육의 인증절차는 모두 3단계로 구성되어 있고, 호주 종일보육시설의 인증절차는 5단계로 구성되어 있다. 그러나 내용을 보면 자체평가, 방문관찰 그리고 위원회의 건의 또는 결정이 공통되게 나타나고 있다. 또한 등록을 한 후에 인증을 신청하기 전까지 서비스의 질 개선 및 자체평가를 위한 기간이 충분하다. 이는 시설의 자발적인 참여에 기초하는 만큼 시설이 자체적으로 철저한 자체평가를 통하여 스스로의 질을 개선할 수 있는 기회를 가진 후에 인증을 하는 것으로 생각된다.

다섯째, 평가의 객관성과 합리성을 유지하기 위해 노력하고 있음을 알 수 있다. 미국의 경우, 평가자의 평가결과는 또 다른 객관성을 가진 전문가 집단이 판정하도록 체제를 구성하고 있다. 호주 역시 미국과 유사한 체제를 유지하였으며 또한 조정관 제도를 두어 기관방문 평가자의 평가결과에 대해 다시 한 번 심의하는 절차를 마련했다. 영국의 경우도 평가단의 질과 평가과정의 객관성 여부를 관리 감독하고 있다.

여섯째, 미국의 NAEYC 와 호주의 NSAC의 경우에는 평가기준을 여러 차례 개정하였는데 평가기준은 보육 현실을 어느 정도 반영하면서 동시에 지향해야 할 목표를 담고 있어야 하기 때문에 보육서비스 수준에 따라 평가기준도 달라져야 한다는 관점에서 비롯된 것이다.

미국과 호주의 보육시설 평가인증제도의 평가목적과 기관, 대상, 평가절차, 평가내용, 평가비용, 평가자, 평가결과, 평가결과의 활용 등을 비교해보면 아래 표와 같다.

표 12-3 미국, 호주의 평가인증제

구분	미국	호주
평가 주관기관	전미유아교육협회(NAEYC)	국립보육인증위원(NCAC)
평가목적	–보육시설의 전문성 인정 –보육시설의 질 개선	–최상의 보육서비스 제공 –보육시설의 질 개선
평가대상	자발적으로 신청한 모든 유아교육기관	4세 이하 유아를 위한 모든 기관
평가절차	1. 인증신청 2. 자체평가 3. 외부평가자 현장방문 4. 인증결정	1. 등록 2. 자체평가 3. 외부평가 4. 조정 5. NCAC의 결정
평가내용	1. 교사와 유아의 상호작용 2. 교육과정 3. 교사 – 가족 간의 관계 4. 교직원의 질과 전문성 발달 5. 운영관리 6. 교사관계 7. 물리적 환경 8. 건강과 안전 9. 영양과 급식 10. 평가	1. 아동과의 관계 2. 아동에 대한 존중감 3. 가족과의 관계 4. 교사와 상호작용 5. 계획과 평가 6. 학습과 발달 7. 보호적 보육 8. 건강 9. 안전 10. 질을 지원하는 운영
평가비용	575 $ ~1250 $	100AU $
평가자	–영유아 관련학과 학사소지 교사 –관리자 · 장학담당자	–영유아 관련학과 현직교사 –2년제 대학 졸업 이상 –보육시설 경력 5년 이상
평가결과	인증, 인증 지연	인증
평가결과의 활용	간접적 영향을 받음(원아모집에 도움, 지원금 모금에 도움이 됨)	부족한 부분에 대한 실행 계획을 세우게 함

2) 우리나라의 보육평가인증제

(1) 우리나라의 평가인증의 목적

우리나라의 보육평가인증제의 목적은 다음과 같다.

첫째, 본 보육시설 평가인증지표는 우리나라 보육의 질을 점진적으로 향상시키는 것을 목적으로 한다.

둘째, 평가인증지표의 토대가 되는 보육의 질은 영유아가 보육시설에서 직접 경험하는 보호와 교육의 발달적 적합성, 영유아의 건강한 발달과 안전을 위한 환경의 제공, 그리고 이를 지원할 수 있는 종사자의 전문성, 합리적인 운영체계, 가족 및 지역사회와의 협력을 의미한다.

셋째, 개정 영유아보육법의 주요 내용을 포함할 뿐 아니라 정원준수, 재정관리, 상해보험가입 등 필수적으로 지켜야 할 내용을 강화한다.

넷째, 평가인증지표는 보육현장의 결과를 토대로 계속 평가하여 2005년 보육관련 전문가, 현장종사자의 자문회의 및 공청회를 통해 수정 · 보완한다.

다섯째, 보육의 질이 향상됨에 따라 보육시설 평가인증지표도 보다 높은 수준을 하도록 지속적으로 수정 · 보완한다.

(2) 우리나라의 평가인증의 척도

① 보육환경

보육환경은 영유아의 학습 및 행동 습관의 형성에 중요한 영향을 미친다. 어린 시기일수록 환경의 영향이 크고 영유아가 보육시설에서 장시간 생활하고 있으므로, 보육시설의 환경은 매우 중요하다. 보육시설의 실내외 환경은 가정과 같이 편안하고 쾌적하며, 영유아의 일상생활이나 놀이를 적극 격려하도록 계획되고 구성되어야 한다.

보육환경이란 물리적, 인적, 시간적 환경을 모두 포함하지만 이 영역에서는 물리적 환경에 초점을 두고 있다. 물리적 환경이라고 해서 단순히 물리적 공간과 공간 내의 활동자료만을 의미하는 것이 아니다. 영유아들의 일상생활 공간과 영유아의 경험에 포함되는 모든 시설과 설비로써의 물리적 환경을 의미한다. 39인 이하의 보육시설의 경우에는 대부분 가정 보육시설이거나 민간, 국공립, 법인 보육시설이다. 39인 이하의 보육시설은 공간이 협소한 보육시설이 대부분이며 보육공간에 영유아의 발달특성과 연령을 구분하여 자유선택에 관련된 흥미 영역을 구성해야 하며 활동자료를 배치해야 하므로 공간에 많은 제약을 받게 된다. 그러나 39인 이하 보육시설 2차 평가인증지표에서 "보육시설 공간배치" 항목이 보완되었으며 가정 보육시설에 처음으로 해당되는 항목이다.

② 운영관리

보육시설의 운영관리 면에서는 보육교사의 업무 분담과 의사소통을 원활히 할 수 있는 체계를 갖추고, 합리적이고 투명한 재정관리와 원아관리를 위한 문서화, 그리고 보육실의 교사 대 영유아 비율 준수 등이 중요한 평가요소이다. 이 영역의 평가에서는 시설의 운영관리 면과 보육교사의 전문성 강화에 초점을 둔다. 보육시설의 운영관리가 보육교사의 전문성과 프로그램의 질적 향상을 위해 합리적으로 운영이 된다면 보육시설의 질적 수준은 더 높아질 수 있다.

③ 보육과정

보육시설에서는 보육과정을 통해 영유아가 건강하고 조화롭게 성장하고 발달할 수 있도록 적합한 보호와 교육을 제공한다. 즉, 보육교사가 영유아의 신체, 사회성·정서, 언어, 인지능력 등이 적절한 시기에 고르게 발달할 수 있도록 이에 적합한 경험을 제공하고 상호작용하는 것이 보육과정의 내용이라고 할 수 있다. 보육과정은 영유아 발달에 적합한 경험 및 학습을 촉진할 수 있는 다양한 활동으로 계획하고 통합적으로 운영되어야 한다. 영유아기는 발달이 급속히 이루어지므로 개인 간 발달차가 크고, 개별 영유아 내에서도 발달 영역 간의 차이가 날 수 있다. 따라서 보육과정은 영유아의 흥미와 개인차를 최대한 반영함으로써 이들의 개별적 욕구가 충족될 수 있도록 계획할 필요가 있다. 보육과정은 실내외 활동뿐 아니라 기관이나 속한 주변 이웃의 일상생활 관련 활동이 포함되도록 하며 정기적인 보육과정 평가를 통해 그 결과를 운영에 반영하도록 한다.

④ 상호작용과 교수법

보육교사는 영유아의 일상적 양육과 보육활동을 수행하는 동안 영유아의 적절한 상호작용 및 적합한 교수전략을 사용하여 영유아의 발달과 학습을 촉진하여야 한다. 상호작용과 교수법에서는 보육의 일과 중에 교환하게 되는 교사와 영유아 간의 상호작용, 또래 간의 상호작용, 그리고 교사가 수행하는 교수법 등 문서화되어 있지 않지만 보육시설의 질을 크게 좌우하는 과정의 질을 평가한다. 교사가 영유아의 개별적 차이와 흥미를 얼마나 잘 파악하고 있으며 이에 적합한 경험을 바람직한 상호작용을 통해 지속적으로 제공하였느냐는 보육시설의 질은 물론, 영유아의 삶의 질에 큰 영향을 미친다.

교사가 상황마다 발달적, 개별적으로 적절하고 민감하게 반응을 해준다면 보육실의 전반적 분위기는 안정되고, 개별 영유아의 자존감은 향상되며 또래들과 긍정적으로 상호작용하는 곳이 될 것이다. 이 영역에서는 일상적 양육, 교사의 상호작용, 교수법에 초점을 두고 영유아의 식사, 간식, 낮잠 및 화장실 사용 시 교사의 상호작용, 영유아를 존중하는 태도 및 영유아의 요구나 질문에 대한 반응, 다툼이나 문제상황에서 교사의 개입, 보육활동에서 교수법의 효과적인 사용과 영유아의 호기심 장려 등을 평가한다. 교사가 영유아에게 바람직한 상호작용을 해줌으로 인해 보육시설의 질이 향상될 수 있으며 영유아의 삶에 큰 영향을 주게 된다. 교사가 영유아에게 적절한 반응을 해 준다면 영유아들은 자존감이 향상되며 또래 친구들과의 상호작용에서도 긍정적인 영향을 줄 수 있다.

⑤ 건강과 영양

영유아는 급속한 성장 · 발달이 이루어지는 시기이므로 균형 있는 영양이 필요하며, 면역력이 약해 질병에 취약한 시기이다. 영유아에게 청결하고 위생적인 환경을 마련해 주고, 양질의 식사와 간식을 제공하는 것은 영유아의 건강 유지를 위해 매우 중요하다. 보육시설 실내 공간의 위생과 청결은 어릴 때부터 위생적인 생활습관을 기르는 데도 큰 역할을 할 수 있다. 보육교사는 집단생활에서 예상되는 전염성 질환에 대해 예방대책을 마련하고 몸이 아픈 영유아에게 적절한 조치를 취해야 한다.

보육시설에서는 안전하고 다양한 식재료로 영양적 균형을 고려하여 조리된 식단을 계획하고 제공함으로써 영유아의 성장을 도와주어야 한다. 이 영역에서는 청결과 위생, 질병관리, 급식과 간식에 초점을 두고 보육시설 내의 각 공간의 청결과 위생, 영유아의 위생적 생활습관 지도, 몸이 아프거나 다친 영유아에 대한 적절한 대책 수립 여부, 영유아의 종사자 건강관리, 그리고 영유아의 식사와 간식의 적절성 등을 평가한다.

보육시설 내의 실내 공간을 청결하게 유지하며 보육시설에서 영유아가 공동으로 사용하는 놀잇감의 정기적인 소독, 손 씻기와 이 닦기를 통해 위생과 청결을 유지해 준다면 영유아들이 쉽게 걸릴 수 있는 질병을 예방할 수 있다.

⑥ 안전

보육시설은 영유아를 보내는 부모나 보호자가 우선으로 바라는 것은 영유아가 안전하게 보호받는 것이다. 사고나 위험으로부터 영유아를 보호할 수 있는 안전한 보육환경은 영유아로 하여금 보육활동에 마음 놓고 참여하도록 하여 건강한 신체와 심리적 안정감을 발달시킬 수 있도록 도와준다. 그러므로 영유아가 생활하는 보육시설에서는 실내의 시설 및 설비를 안전하게 설치, 관리하여 영유아가 위험에 노출되지 않고 안전하게 지낼 수 있도록 해야 한다.

안전한 보육환경에서는 시설 및 설비와 같은 물리적 환경뿐만 아니라 시설장과 보육교사가 보육시설에서 생활하는 영유아의 일과 전반에 걸쳐 안전하게 지낼 수 있도록 보호하는 것까지도 포함한다.

시설장과 보육교사는 영유아가 놀잇감을 안전하게 사용하며, 또래와 안전하게 놀이할 수 있도록 지도하고, 항상 성인의 보호하에 있도록 하며, 영유아를 안전하게 부모에게 인계하여야 한다. 또한 다양한 안전교육과 정기적인 소방훈련을 통해 영유아와 종사자 모두 위험상황에 적절히 대처하는 방법과 사고를 예방하는 지식 및 태도를 기를 수 있도록 해야 한다.

이 영역의 평가에서는 실내의 시설 안전과 영유아의 안전보호에 초점을 두고 보육실내 및 실외 시설의 안전관리, 위험한 물건의 보관 등이 바람직하게 이루어지는지, 영유아가 안전하게 보호되어 인계되고 비상 시 적절하게 대처할 수 있는지 등을 평가한다. 평가인증 이전에는 영유아의 안전사고가 많이 발생하였으나 영유아가 위험에 노출되지 않게 안전하게 지낼 수 있도록 해 줌으로 인해 안전사고의 발생률이 많이 줄어들게 되었다.

5 보육시설 평가인증 운영체계

1) 운영체계

(1) 1단계 : 참여신청

신청(신규인증, 재 인증)기간에는 참여시설의 참여 신청서 제출 및 참여 수수료 납부가 이루어지며 신규인증의 경우 영유아보육법 제12조 및 13조 규정에 의하여 설치된 국·공립 보육시설, 법인 보육시설, 직장 보육시설, 가정 보육시설, 부모협동 보육시설, 민간 보육시설(방과 후 전담보육시설 제외)을 대상으로 한다. 재인증의 경우에는 현재 인증을 유지하고 있는 시설로서 인증 유효기간이 만료된 시설을 대상으로 한다.

신청방법으로는 어린이집 지원시스템에서 로그인을 한 후 평가인증 메뉴를 클릭,

참여를 희망하는 기수를 선택하여 참여 신청서를 작성하고 제출을 하여야 하며 가상 계좌를 받아 참여 수수료를 납부하여야 한다. 그리고 마지막으로 나의 상태 확인에서 「참여수수료 입금완료」로 나오는지 확인한다. 참여설명회는 시설장 또는 교사 1인이 반드시 참여하여야 하며 참여 수수료는 40인 이상이 30만원 이고, 39인 이하 25만원, 장애아 전담은 정원에 따라 40인 이상, 39인 이하의 금액을 적용받는다. 평가인증과정 중 부득이하게 참여를 중단하는 어린이집의 참여 수수료는 환불이 될 수 있으며 자체점검 시작일 전에는 100%, 자체점검 시작일 후부터 현장 관찰자 파견 이전에는 50%를 환불받을 수 있다. 참여를 중단하는 어린이집은 어린이집 지원 시스템 내 평가인증 메뉴에서 (취소)신청서를 작성하여 제출해야 하며 현장관찰자 파견 이전 자체포기는 현장관찰 전일 오후5시까지 어린이집이 포기신청서를 제출한 것을 기준으로 한다.

(2) 2단계 : 자체점검

자체점검이란 보육시설에서 평가인증지표를 토대로 자체적으로 운영전반을 점검, 개선방안을 실행해 가는 과정으로, 보육시설의 자체적인 점검 · 개선 노력을 통해 보육서비스의 질적 수준을 향상시키는 것을 목적으로 한다. 신규인증은 자체점검 기간이 3개월이며 신청을 마친 보육시설에서는 3개월 동안 자체점검을 실시하게 되며 재인증의 자체점검 기간은 1개월이다. 자체점검 실시 전 보육시설의 자체점검은 보육 교직원 및 원아 부모의 참여와 협조에 따라 그 효과가 달라지므로, 시설에서는 자체점검을 실시하기 전 보육시설의 보육교직원과 원아부모에게 평가인증 참여의 필요성 및 참여취지에 대하여 안내한다.

보육시설은 객관적인 자체점검을 위해서는 자체점검위원회를 구성해야 하며 보육시설의 구성원이 함께 참여하는 것이 바람직하다. 자체점검위원회는 시설장, 보육교사, 원아부모 각 1인 이상 포함하여 3~7인 이내로 한다. 학부모의 경우 해당 보육시설에 6개월 이상 보내고 있는 분으로 한다. 보육시설은 평가인증 지표 및 지침에 관한 이해를 위해 보육정보센터에 조력(상담, 현장방문, 교육 등)을 요청할 수 있으며 시 · 도(시 · 군 · 구)는 보육시설에서 자체점검 시 지역 보육정보센터의 조력이 원활하게 이루어질 수 있도록 적극 지원한다. 자체점검 보고서를 작성할 때에는 자체점검 결과에 따라 기본정보와 항목별 점수를 정확하게 기입하고, 영역별로 해당 항목의 개선된 점 또는 어려웠던 점, 그리고 보육시설의 특징 및 장점에 대해 정리하여 기재한다.

(3) 3단계 : 현장관찰

현장관찰이란 자체점검을 마친 보육시설에서 자체점검 보고서를 입력하여 제출을 완료하면 현장관찰자가 파견된다. 현장관찰은 현장관찰자가 해당 보육시설을 방문하여 평가인증지표에 따라 보육시설의 질적 수준을 객관적으로 관찰, 보고하는 과정이다. 보육시설의 자체점검 보고서 제출 완료와 동시에 자동으로 이루어지며 현장관찰주간 일주일은 한국보육진흥원에서 일괄 지정하며 자체점검 기간 완료 3주 전 어린이집 지원시스템에서 현장관찰 주간을 확인할 수 있다. 보육시설은 공지된 현장관찰 주간에 특별한 행사가 없고, 일상적인 일과가 진행되어야 하며, 영유아 정원의 $\frac{1}{3}$ 이상이 현원으로 재원하고, $\frac{2}{3}$ 이상이 출석 가능하도록 하여 원활한 현장관찰이 이루어지도록 적극 협조하여야한다.

관찰일에 현원이 정원의 $\frac{1}{3}$ 미만이어서 평가인증 진행 일정에 따라 관찰이 불가능한 경우 참여가 취소된다. 현장관찰은 해당시설에 지정된 현장관찰 주간 중 현장관찰자가 임의로 정한 하루 동안 실시되며, 현장관찰자는 관찰일 하루 전날 대상시설에 발신번호표시를 제한하고 통보한다. 단 관찰일 전날이 공휴일인 경우에는 2일 전, 월요일인 경우에는 금요일에 공지하며 현장관찰자와 보육시설을 지역별로 교차하여 배치, 파견한다. 현장관찰자는 2인이 파견되어 1일간 실시하며 8시 30분부터 17시 30분까지 관찰시설의 종사자 및 영유아 재원현황, 시설에 제시한 하루일과표와 실내외 배치도를 확인하여 시작한다. 현장관찰자는 1인당 1개의 반을 임의 선정하며, 선정한 보육시설을 중심으로 보육시설의 실내의 전체를 관찰한다. 현장관찰자는 현장관찰 후 개별 현장관찰보고서 각 1부 및 종합 현장관찰보고서 1부를 작성하여 평가인증 시스템에 입력하고, 현장관찰 관련 자료를 밀봉하여 한국보육진흥원으로 우편 발송한다.

(4) 4단계 : 인증심의

현장관찰이 완료되면 자체점검보고서, 기본사항확인서, 현장관찰보고서 및 심의위원회 의견서를 토대로 하여 인증심의를 진행한다. 평가인증 심의위원회는 영유아 관련학과 교수, 학계 전문가, 보육시설 현장 보육 교직원, 보육 담당 공무원 등 보육 관련 3인 1조로 구성된다. 심의기준과 진행방법 등에 대한 교육을 실시하며 심의위원의 위촉기간은 1년을 원칙으로 하되, 재위촉 할 수 있다.

심의자료를 검토한 후 심의위원회 의견서를 작성하여 인증을 결정하게 되는데 심의자료 반영 비율은 자체점검 보고서 10%, 현장관찰 보고서 55%, 심의위원회 의견서 25% 이다. 인증심의는 참여 신청 후 자체점검과 현장관찰을 거쳐 인증심의 전 시 · 도에서 송부된 필수항목, 행정처분사항 발생 유무, 시 · 도별 특수사업 기준준수 여부를 점검하여 해당사항이 없는 보육시설은 평가인증 심의대상으로 확정된다. 이때 필수항목에서 1점을 받은 시설의 경우 심의대상에서 제외하고 참여 취소된다. 참여취소가 되는 필수항목은 정원준수, 영유아상해보험 가입, 예 · 결산서 및 회계장부구비 등이다. 인증결과는 총점 및 영역별 기준 점수에 의해 인증, 불인증, 인증유보로 결정된다.

운영체계는 1단계 참여 신청, 2단계 자체점검, 3단계 현장관찰, 4단계 인증심의 순으로 이루어진다.

1단계 참여 신청	• 8,000~9,000 개소 대상, 4기로 나누어 선착순으로 모집 • 신청 접수, 적합판정, 참여수수료 입금, 참여설명회, 참여확정

⇓

2단계 자체점검	• 보육시설에서 평가인증지표를 토대로 자체적으로 운영전반을 점검 보완해야 할 사항에 대한 개선방안을 마련 실천하는 과정 보육서비스의 질적 수준을 향상시키는 것이 목적 • 자체 점검기간은 4~5개월 참여 신청 시 선택 가능

⇓

3단계 현장관찰	1. 보육시설 도착 – 예정 시간 : 오전 8 : 30~9 : 30 – 준비서류 : 하루일과표, 보육시설 실내외 배치도, 원아명단, 정보공개동의서(부모용) 2. 보육시설 실내외 관찰 – 영유아들의 등원부터 하원까지 관찰 무작위로 선정된 보육실(영아반2, 유아반2)을 포함하여 보육시설 실내외의 환경 및 보육활동, 상호작용 등을 관찰 3. 관련서류 검토 – 평가인증에 관련된 문서를 현장관찰자 2인이 함께 검토 4. 면담–시설장/보육교사 – 평가인증에 관련된 내용으로 면담 진행 5. 현장관찰 종료 – 예정시간 : 오후 4 : 30~5 : 30 – 보육시설 확인사항 작성

⇓

4단계 인증심의	현장관찰이 완료되면 자체점검 보고서, 현장관찰결과 보고서 및 평가인증 심의위원회 의견서를 토대로 하여 인증심의 진행 ▷ 인증심의 진행 심의위원회 구성 — 3인 1조 ↓ 심의자료 검토 ↓ 심의위원회 개별의견서 작성 — 자체점검결과와 현장 관찰결과를 토대로 심의위원회 의견서를 작성 ↓ 심의위원 간 협의 및 토의 ↓

	심의위원회 종합의견서 작성 ↓ 인증여부 결정 / 반영비율 자체점검보고서 (25) 현장관찰결과보고서 (50) 심의위원회의견서 (25)
	▷ 사후관리 사후관리는 결정 후 인증시설에 대하여 이루어지는 과정
	▷ 재참여 재참여란, 평가인증에 참여한 보육시설 중 평가인증 결과가 인증유보 또는 불인증으로 통보된 시설이 별도의 선정과정이나 참여설명회 없이 바로 재참여하여 단기간에 평가인증을 받을 수 있는 제도
	▷ 재참여 과정 재참여는 한 단계 낮추어서 진행되며, 인증유보 재참여 4개월, 불인증 재참여 6개월 정도의 기간이 소요

2) 평가인증지표

평가인증지표는 '보육의 질'을 결정하는 구체적인 기준이다. 먼저 평가인증지표의 기본방향은 다음과 같다.

첫째, 영유아의 연령, 특성 등을 고려하여 구성되어 있다.

둘째, 개정 영유아보육법의 주요 내용을 포함하고 있다.

셋째, 지표는 우리나라 보육의 질을 점진적으로 향상시키는 것을 목표로 한다.

넷째, 보육의 질이 향상됨에 따라 평가인증지표도 보다 높은 수준을 요구하도록 지속적으로 수정 · 보완할 예정이다.

보육시설 평가인증지표의 토대가 되는 보육의 질은 영유아가 보육시설에서 직접 경험하는 보호와 교육의 발달적 적합성, 영유아의 건강한 발달과 안전을 위한 환경의 제공, 그리고 이를 지원할 수 있는 종사자의 전문성, 합리적인 운영체계, 가족 및 지역사회와의 협력을 의미한다.

표 12-4 시설규모 및 유형에 따른 평가인증지표 영역 및 항목

시설규모 및 유형	평가인증지표 영역 및 항목
• 21인 이상 보육시설용 지표 • 20인 이하 보육시설용 지표 • 장애아전담 보육시설용 지표	• 7개 영역 80항목 • 5개 영역 60항목 • 7개 영역 85항목

평가인증지표의 항목별 평가기준은 다음의 3단계 기술 평정척도로 이루어져 있다.

표 12-5 평가기준의 평정척도

	점수	수준별 평가기준의 내용
평가기준 평정척도	3점	'우수한 수준'으로 바람직한 실제를 기술
	2점	'부분적으로 우수한 수준'으로 최소한의 기준에 부합되는 부분적으로 우수한 실제를 기술
	1점	'부적절한 수준'으로 바람직하지 못한 실제를 기술
	영역	하위 영역
21인 이상 보육시설 평가인증지표	영역 1. 보육환경 10 항목	가. 보육시설 환경 (5항목) 나. 보육활동 자료 (5항목)
	영역 2. 운영관리 13 항목	가. 시설의 운영관리 7항목 나. 보육인력 6항목
	영역 3. 보육과정 15항목	가. 보육활동 계획과 구성 7항목 나. 보육활동 8항목
	영역 4. 상호작용 11 항목	가. 일상적 양육 3항목 나. 교사의 상호작용 8항목
	영역 5. 건강과 영양 13항목	가. 청결과 위생 8항목 나. 질병관리 3항목 다. 급식과 간식 2항목
	영역 6. 안전 10항목	가. 실내외 시설의 안전 4항목 나. 영유아의 안전보호 6항목
	영역 7. 가족 및 지역사회와의 협력 8 항목	가. 가족과의 협력 6항목 나. 지역사회와의 협조 2항목
	영역	하위 영역
20인 이하 보육시설 평가인증지표	영역 1. 보육환경 및 운영관리 12항목	가. 보육시설 환경 3항목 나. 시설운영 및 가족과의 협력 6항목 다. 보육인력 3항목

<table>
<tr><td rowspan="4"></td><td>영역 2.
보육과정 13항목</td><td>가. 보육활동 계획과 구성 4항목
나. 보육활동과 자료 9항목</td></tr>
<tr><td>영역 3.
상호작용 11항목</td><td>가. 일상적 양육 4항목
나. 교사의 상호작용 7항목</td></tr>
<tr><td>영역 4.
건강과 영양 14항목</td><td>가. 청결과 위생 8항목
나. 질병관리 3항목
다. 급식과 간식 3항목</td></tr>
<tr><td>영역 5.
안전 10항목</td><td>가. 실내시설의 안전 4항목
나. 영유아의 안전보호 6항목</td></tr>
<tr><th></th><th>영역</th><th>하위 영역</th></tr>
<tr><td rowspan="5">장애아전담
보육시설
평가인증지표</td><td>영역 1.
보육환경 및 운영관리
12항목</td><td>가. 보육시설 환경 3항목
나. 시설운영 및 가족과의 협력 6항목
다. 보육인력 3항목</td></tr>
<tr><td>영역 2.
보육과정 13항목</td><td>가. 보육활동 계획과 구성 4항목
나. 보육활동과 자료 9항목</td></tr>
<tr><td>영역 3.
상호작용 11항목</td><td>가. 일상적 양육 4항목
나. 교사의 상호작용 7항목</td></tr>
<tr><td>영역 4.
건강과 영양 14항목</td><td>가. 청결과 위생 8항목
나. 질병관리 3항목
다. 급식과 간식 3항목</td></tr>
<tr><td>영역 5.
안전 10항목</td><td>가. 실내시설의 안전 4항목
나. 영유아의 안전보호 6항목</td></tr>
</table>

인증은 총점과 모든 영역이 기준점수를 통과한 것이며, 인증유보는 총점은 기준점수를 통과했으나 1~2개 영역은 기준 점수를 통과하지 못한 것이다. 불인증은 총점이 기준점수에 미달, 2~3개 영역이 기준점수에 미달한 상태다. 사무국은 인증결과를 사무국 홈페이지에 개시 및 개별통보 하며, 인증유보나 불인증의 경우 개별 메일로 통보하고, 그 사유를 설명하게 된다.

3) 보육시설의 평가인증제 문제점

보육시설의 평가인증제 도입은 순수하게 어린이들의 발달과 권리라는 시점에서 보육의 질을 높이는 방향으로 되어져야 한다. 평가인증제의 목적은 한 마디로 '보육의 질'을 높이기 위한 것이다. 그렇다면 '보육의 질'은 무엇으로 평가해야 하는가? 그것은 두 가지로 나누어 생각해 볼 수 있다.

첫째, 각 보육시설이 매년 고시되는 정부의 보육사업 지침을 준수하면서 기본적인 보육의 질을 확보하고 있는가 하는 것이고, 보육시설이 정부 지침 이상의 보육환경과 보육의 질, 우리나라의 노동구조 및 지역 실정에 따른 보육욕구를 반영하고 있는가 하는 것이다.

둘째, 평가기준이 필요한 이유는 우리나라 보육사업 지침으로는 일정한 보육의 질을 담보하기에 무리가 있고, 아동 보호자의 욕구를 적절하게 충족시키고 있지 못하기 때문이다. 평가지표에 반드시 추가되거나 보완되어야 할 사항을 지적하면 다음과 같다.

(1) 교사 대 아동 비율

보육의 질에 매우 큰 영향을 미치는 우리나라의 교사 대 아동 비율은 선진국에 비해 그 비율이 지나치게 높다. 정부가 규정한 교사 대 아동 비율로는 아동과 교사와의 상호작용, 건강과 위생, 안전을 담보하기에 많은 한계가 있을 수밖에 없다. 민간 보육시설은 물론 국공립 시설조차 정원 초과가 빈번한 현실에서 정원을 준수하는 것에 대한 철저하고 정확한 평가는 반드시 필요하다.

(2) 안전사고의 예방 및 사후대책

아이들의 건강과 안전을 위한 급간식의 질과 양에 대해 보다 세심한 평가가 필요하다. 현재 서울시 국공립 보육시설의 경우 1일 최소 1,745원의 급 · 간식비를 책정하게 되어있지만 시설 운영의 어려움을 이유로 전용되거나 횡령의 수단이 되는 경우가 많다. 책정된 급 · 간식 예산이 제대로 쓰이는지의 여부와 음식이 안전한 우리 농산물과 신선한 재료로 만들어지는 지에 대한 정확한 평가가 반드시 필요하다.

(3) 지역이나 보육수요자의 특성 및 욕구의 반영 여부

우리나라는 노동시장의 구조가 양육 친화적이지 않기 때문에 보육시설을 이용하는 부모들이 많은 어려움을 겪고 있다. 양육에 대한 책임 부담을 지고 있는 여성의 경우는 직장, 가사노동, 육아라는 3중 부담을 안고 있다. 게다가 선진국처럼 아픈 아이를 돌볼 수 있는 부모 휴가 제도가 없고, 연월차 등의 법정 휴가조차 제대로 쓸 수 없는 직장이 많기 때문에 보육시설에 대한 요구가 보다 많을 수밖에 없는 실정이다.

이중 보육 및 여성의 3중 부담을 완화할 수 있는 보육시설의 운영에 대한 평가인증 지표가 개발될 필요가 있다. 오전 7 : 30분에서 오후 7 : 30분까지 시간을 준수하여 보육시설을 운영하는지에 대한 평가는 물론, 지역 특성 및 보육수요자의 욕구에 따라 시간 연장, 휴일 보육, 장애 통합, 간단한 아침 혹은 저녁 식사를 제공(유료)하는 것에 대해서 가산점을 주는 평가방식을 채택할 필요가 있다.

(4) 안전사고의 예방 및 사후 대책

평가지표 중 하나로 제6영역에 '안전'이 포함되어 있으나 이 또한 형식적으로 평가될 가능성이 크다. 정부의 보육사업 지침에는 안전에 관한 상세한 규정이 있지만 국공립 보육시설조차도 그 지침을 제대로 따르고 있는 경우는 드물다고 생각한다. 예를 들어 문틈의 고무 패킹, 창문의 방범망 및 방충망 등 보육사업 지침 이상의 세부적인 사항들을 평가지표로 규정하고 그에 대한 점검이 명시되어야 한다. 또한 보육시설 안팎에서 발생하는 안전사고에 대해, 보호자 및 시설장이 확인할 수 있는 일지가 작성되고 있는지에 대한 평가도 이루어져야 한다.

(5) 보육교사에 대한 처우 : 8시간 노동 준수, 시간외 수당 지급 등

'보육의 질은 보육교사의 질을 넘지 못 한다'라는 말이 있다. 근로 계약서와 복무 규정 여부에 대한 점검만으로 보육교사에 대한 처우를 평가하는 데는 한계가 있으며, 보육교사들의 실제 평균 노동시간 및 시간 외 수당 지급 여부, 출산 · 결혼 등의 법정 휴가 및 육아 휴직을 자유롭게 쓸 수 있는지, 대체교사 및 비상근 교사를 적절하게 활용하고 있는지 정확하게 평가할 수 있는 평가지표가 개발될 필요가 있다.

4) 보육시설의 평가인증제의 기대효과 및 향후 발전방향

보육시설 환경 및 보육서비스의 질적 수준 개선하고 평가인증 준비 및 자체점검 등의 과정을 통해 시설의 자발적인 서비스 개선을 기대한다. 또한 보육시설 평가인증 결과 공개를 통하여 보육시설에 대한 사회적 신뢰도 제고한다.

평가인증제도에 대한 충분한 홍보 및 보육현장의 참여를 통해 평가인증제도의 현장 정착도 등을 감안하여 연차적으로 확대 실시할 수 있어야 하겠다. 정부는 2008년까지 모든 보육시설이 평가인증에 참여할 수 있도록 평가인증 참여교사 및 인증보육시설에 대해서는 재정지원 등 다양한 인센티브 지급 방안을 검토 중이다. 평가인증을 통해 맡길 만한 보육시설을 찾을 수 있고, 보다 나은 보육서비스 수준 제고를 위한 시설의 자발적인 노력의 결실로 우리나라의 보육환경이 개선되는 등 눈으로 볼 수 있는 서비스 수준 향상을 기대해 본다.

CHAPTER

13 보육사업의 과제와 전망

1 보육사업의 과제

2 보육사업의 전망

1 보육사업의 과제

1) 보육관련 주요 이슈

보육의 발전을 위해서는 현행의 보육정책 수행에서 나타나고 있는 문제점들이 극복될 수 있는 발전방안들이 마련 제시되어야 할 것이다. 세부적으로는 '보육방향의 검토', '보육의 이론적 근거 마련', '보육관련 법 · 정책에서의 문제점 극복', '보육교사 양성 및 관리체계의 발전방안 마련', '보육 프로그램의 발전방안 마련', '보육시설 운영관리에서의 발전방안 마련', '보육 수요자들의 요구 수렴' 등에 관하여 논의할 수 있다.

보육관련 주요 이슈들에 관해서는 현 시점에서 가장 우선적으로 수행되어져야 할 부분들에 대하여 현장의 보육교사들, 보육관련 전문가들, 보육시설을 활용하는 부모들, 보육담당 공무원들이 모여 공청회 등을 통하여 발전방안의 세부안들을 협의한 후 우선 순위를 결정하도록 하여야 할 것이다.

표 13-1 보육방향의 세부내용

이슈	세 부 내 용
보육 방향의 검토	• 보육의 대상이 모든 영유아를 대상으로 하는 보편주의적 성격을 띠게 되었다. • 공급자 중심의 보육정책에서 벗어나 수요자 중심의 요구가 반영되어야 할 것이다. • 보육시설을 늘리고자 하였던 양적 확충 정책에서 벗어나 질높은 보육서비스가 이루어질 수 있도록 지원하여야 한다. • 민간이 중심이 되어온 현재의 보육사업에 대한 공공성이 새롭게 확립될 것이 요구되고 있다. • 보육정책의 수립, 반영에서 현장의 경험들이 반영될 것이 요구되고 있다. • 방과후 아동보육에 대한 정책 마련이 요구되고 있다.
이론적 근거의 마련	• (영유아 보육, 방과후 아동보육) 사업의 기초가 되는 이론적 배경은 무엇인가 : 보육관련 기초이론, 보호관련 이론적 근거, 교육관련 이론적 근거, 보육관련 프로그램, 보육시설 운영관련 기초이론 등이 포함된다.
법 · 정책에서의 문제점	• 정부는 보육사업 수행에서 제기되고 있는 문제점들에 대하여 어느 정도 인식하고 이의 해결을 위하여 어떤 노력을 하고 있는가. • 합의, 변화된 '보육(보호 및 교육)의 개념'이 현장에서의 실제적으로 적용되고 있는가.

	• 보육이 0~12세 연령 범위의 아동을 대상으로 할 때 현재의 영유아보육법의 명칭이 적절한가. • 보육사업의 발전을 위하여 우선 순위별 단기 · 중기 · 장기 과제의 선정은 마련되고 있는가. • 보육서비스의 질적 수준을 높이기 위한 정책은 어떻게 계획, 수행되어야 하는가.
보육교사 양성 및 관리체계 에서의 문제점	• 보육교사 자격제도와 관련하여 현재 보육교사가 교사로서의 역할과 임무를 수행할 수 있는 준비가 이루어지고 있는가. • 요구자격을 갖추기 위한 교육(양성) 과정의 구성이 적절한가. • 보육교사들이 현재 어떤 근무조건하에서 보육업무에 종사하고 있는가. • 보육시설 종사자들의 요구는 무엇인가. • 보육교사의 직무분석에 근거하여 보육교사 자격제도화가 확립되어야 할 것이다. • 방과후 아동보육 교사들에 대한 역할과 임무가 정립되어야 할 것이다.
보육프로그램 에서의 문제점	• 현재 활용되고 있는 보육 프로그램에 대한 연구, 개발이 이론적 근거하에 통합적으로 이루어져 왔는가. • 보육현장에서는 보육 프로그램들이 질적으로 어떤 수준에서 실시되고 있는가. • 보육 프로그램의 적용 효과를 높이기 위한 교재 · 교구는 적절하게 개발, 제공되고 있는가. • 방과후 아동보육이 적절하게 실시될 수 있도록 하기 위한 표준 방과후 아동보육 프로그램의 개발이 요구되고 있다.
보육시설 운영관리 에서의 문제점	• 보육시설의 재정운영 · 지원은 적절하게 운영되고 있는가. • 소관부처의 보육시설에 대한 장학 · 관리는 적절하게 이루어지고 있는가. • 방과후 아동보육 운영을 위한 지침이 마련되어 있는가.
보육 수요자들의 요구	• 보육사업에 대한 사회 및 수요자의 요구는 어떻게 변화하여 왔으며, 앞으로 어떻게 변화되어 나갈 것인가. • 부모들은 보육시설 운영에 대하여 인지하고 있는가. • 부모들은 보육시설 활용을 만족해 하는가. • 부모들이 원하는 보육 프로그램은 무엇인가. • 아동들은 보육시설 활용을 만족해 하는가. • 부모 및 아동들이 보육시설에 요구하는 사항은 무엇인가. • 방과후 아동보육에 대한 수요자들의 요구는 무엇인가.

2) 보육사업의 발전방안

우리나라 보육사업의 발전을 위해서는 우리나라에서 보육사업이 실시되어온 배경에 근거하되, 현재 우리 사회가 당면하고 있는 현안들이 보육 분야의 발전에 어떤 영향을 미치고 있는가, 혹은 앞으로 어떤 영향을 미치게 될 것인가를 고려하면서 접근하여야 할 것이다. 즉, 정부의 미래사회에 대한 지향 방향이 우선적으로 고려되어야 할 것이며, 세부적으로는 우리 사회의 여성문제의 변화, 가족관계의 변화, 교육분야, 유아교육과 보육과의 관계 등을 고려하여 보육계의 현안이 검토되어야 할 것이다. 또한 보육과 관련한 세계적인 동향이 어떤 방향으로 흘러가고 있는가 역시 우리나라의 보육사업의 발전을 위하여 고려되어야 할 사항이라고 하겠다. 이와 관련하여 다음과 같은 사항들에 대하여 논의되어야 할 것이다.

(1) 영유아보육

보육정책이 어디에 중점을 두고 이루어져야 하는가에 관한 장 · 단기계획 수립이 필요하다. 민간주도의 보육체계의 정비방안이 마련되어 공보육체제가 확립되어야 할 것이다. 세계적인 추세에서와 마찬가지로 영유아의 올바른 성장, 발달은 국가의 미래인적자원개발이라는 관점에서 보육에 대한 국가부담 비용이 확대되어야 할 것이다. 공보육 활성화 방안으로는 주민자치센터, 종교시설, 기타 공공시설 활용방안 및 민간시설의 공공화 방안이 논의될 수 있다.

수요자의 요구를 수렴한 보육정책이 이루어져야 할 것이다. 사회환경의 변화에 따른 수요자 요구가 계속적으로 파악, 반영되어야 할 것이다. 지역별, 사회계층, 가족유형 및 여성 취업유형에 의한 보육추계 및 보육요구가 파악되어 보육정책 수행의 기초자료로 활용되어야 할 것이다. 수요자 요구를 반영한 다양한 보육유형의 활성화 방안이 마련되어야 할 것이다.

현재 운영 중에 있는 보육시설들의 질적 수준을 높이는 문제를 해결하여야 할 것이다. 표준보육과정이 개발되어야 하며, 이는 보육계 전체의 의견과 보육현장의 의견이 반영되어야 할 것이다(보건복지부, 2009 용역 발주). 보육교사 양성, 보수교육, 관리체계가 시급히 정비되어야 할 것이다(보육발전기획단). 보육시설 관리, 평가시스템을 조속히 구축 · 실시하여야 할 것이다. 보육 담당 전달체계의 문제점을 해결하여야 할 것이다.

영아보육의 활성화 방안이 마련되어야 할 것이다. 영아보육의 실태를 조사함으로써 영아보육이 활성화되지 못하고 있는 원인분석에 기초하여 영아보육의 활성화 방안이 마련되어야 할 것이다.

특수보육(야간 · 24시간 보육, 저소득층 보육, 장애아 보육, 농어촌 보육 등 취약계층을 위한 보육)의 활성화 방안이 마련되어야 할 것이다. 특수보육 대상 아동의 정의 및 추계가 이루어져야 할 것이다. 특수보육 실태조사, 특수보육이 활성화되지 못하는 원인을 파악하여 활성화 방안을 마련하여야 할 것이다.

직장보육시설이 활성화되지 못하는 원인을 파악하여 활성화 방안을 마련하여야 할 것이다. 보육서비스 전달체계를 점검하여 나타난 문제점들을 극복할 수 있는 방안을 마련함으로써 보육의 발전을 기할 수 있다. 종합육아지원센터의 활성화 방안을 마련하여 보육사업을 위한 정보의 수렴 및 제공의 장이 될 수 있도록 하여야 할 것이다.

보육이란 보호와 교육적 서비스를 제공해 주는 사업으로 현재 보육담당 주무부처인 보건복지부와 교육담당 교육인적자원부와의 협력관계가 이루어지지 않고 있는 문제가 해결되어야 할 것이다. 또한 여성부에서도 여성인적자원 개발의 차원에서 보육의 발전을 위한 노력들을 하고 있으므로 보육 발전을 위한 부처 간 협력방안이 마련되어야 할 것이다. 보육재정의 분석 및 현장 중심의 표준보육비용의 재산출이 요구되고 있다.

(2) 방과후 보육

현재 자생적으로 발생되고 있는 방과후 보육에 대한 사회의 요구를 수렴한 방과후 보육정책이 마련되어야 할 것이다. 방과후 보육의 활성화를 위한 법적 · 제도적 근거가 마련되어야 할 것이다. 세부적으로는 방과후 아동교실 운영규정, 시설 설비 및 환경구성 관련 규정, 교사의 자격 및 관리 규정, 정부의 지원방안 등이 마련되어야 한다.

방과후 아동보육에 대한 수요가 급증하고 있으므로 이를 수용할 수 있는 시설확충 방안이 마련되어야 할 것이며, 영유아보육에서와 마찬가지로 방과후 아동보육의 활성화 방안은 양적 확충과 질적 수준의 보장이 동시에 고려되어야 할 것이다. 유형별 방과후 아동교실 표준 교육과정이 개발되어 현재 방과후 아동교실을 운영중인 곳이나 향후 방과후 아동교실을 운영하려는 시설들에 보급함으로써 방과후 아동교실이 시작단계에서부터 질적 수준을 보장받을 수 있도록 지원하여야 할 것이다. 방과후 보육교사 양성, 보수교육, 관리체계가 마련되어야 할 것이다.

현재 방과후 아동보육에 대한 요구가 높음에도 활성화되지 못하고 있는 원인 중의 하나로는 보육비용을 들 수 있다. 따라서 방과후 아동보육시설이 운영될 수 있도록 하는 적정 표준보육비용 산출이 이루어져야 할 것이다. 방과후 아동보육 도입단계에서부터 방과후 아동교실 평가 및 관리방안이 마련, 도입됨으로써 방과후 아동교실의 원활한 운영을 도모하여야 할 것이다. 방과후 아동보육을 지원, 관리할 수 있는 전달체계가 마련되어야 할 것이다.

보육정책이란 기본적으로 보육시설에 아동들이 등원하여 퇴원할 때까지의 시간 동안 이루어지고 있는 일들에 기본을 두고 논의되어야 한다. 그러나 지금까지 보육사업 발전에 저해가 되었던 요인들을 살펴보면 관련 집단들이 보육현장에 중점을 두기보다는 집단의 이익과 관련하여 정책의 결정에 관여함으로써 많은 문제들을 발생시켜왔다. 따라서 앞으로 발전적인 보육정책이란 다음과 같은 점들에 주의를 기울여 진행되어야 할 것으로 사료된다.

첫째, 보육사업은 자신들의 권리를 표현하지는 못하고 있지만 영유아 및 아동들이 바르게 성장, 발달하고, 행복한 삶을 살 수 있도록 지원하는데 가장 우선순위를 두고 실시되어야 할 것이다. 따라서 보육정책의 마련, 시행은 동 정책이 영유아 및 아동들을 지원하고자 하는데 우선적인 목적을 두고 있는지 끊임없이 검토되어야 할 것이다.

둘째, 지금까지 보육과 관련된 많은 연구들이 결과물들을 제시하고 있다. 이 중 영유아 및 아동들을 위하여 가장 우선적으로 실시되어야 할 사업들이 무엇인지에 대한 보육관련 중 · 장기 계획이 검토, 수립되어 이를 근거로 보육사업의 발전이 도모되어야 할 것이다.

셋째, 보육정책 및 이를 근거로 한 보육사업은 보육현장에 기초하여 마련, 검토되어야 할 것이다. 보육정책의 최종 목적지는 보육현장이므로 보육현장을 활용하는 부모, 보육현장에 근무하고 있는 경험있는 보육교사들을 보육정책의 수립에 적극 참여시키는 방안이 마련되어야 할 것이다. 예를 들면, 지금까지 정부가 개발, 배포한 단위 보육 프로그램들이 현장에서 활용되지 못하고 있는 이유로는 이러한 프로그램들이 현장의 경험없이 이론적인 근거에 의해서만 마련되어진 까닭이다.

2 보육사업의 전망

보육기관은 영유아의 건강과 안전 및 건전한 발달을 책임지고 가정과 유사한 양육을 제공하며 취학 전 교육을 담당하는 곳이므로 그 안에서 매우 다양한 역할이 행해진다. 그러므로 보육시설에는 이런 역할을 수행하는 여러 성인들이 함께 모여 일을 하게 되고, 이들이 상호 보완적이며 유기적으로 움직일 때 보다 바람직한 보육기관이 될 수 있다.

이제까지 보육기관은 유치원과 비교되면서 교육보다는 보호 중심의 서비스를 제공하는 곳으로 인식되어 온 것이 사실이며, 보육교사에 대해서도 영유아를 가르치고 지도하는 교사라기보다 이들을 사랑으로 돌보는 양육자와 같은 존재로 인식하는 경향이 좀 더 강했음을 부인할 수 없다. 영유아에게 보육과 교육은 둘 다 중요하며, 이를 지원하는 성인의 역할은 각기 나름대로의 가치를 지닌다. 보육환경의 변화와 관련된 내용으로는 세계 보육환경의 변화, 우리나라 보육정책의 흐름, 우리나라 보육환경의 변화를 들 수 있다.

1) 세계 보육환경의 변화

세계적으로 보육사업의 중요성이 폭넓게 증대하고 있으며, 보육을 보는 관점, 보육대상, 보육의 개념, 주요 이슈에서 새로운 변화가 일어나고 있다. 이 중 과거 탁아에서 시작된 보육이 보호·교육적 서비스를 통합적으로 제공하게 된 과정에서 보육사업의 질적 수준을 계속적으로 점검하고 보육서비스의 질적 수준을 높이기 위한 연구, 방안을 마련하고자 하는 노력들이 현 시점에서 보육사업과 관련하여 가장 초점이 되고 있는 이슈라고 하겠다.

2) 우리나라 보육정책의 흐름

우리나라에서는 보육정책의 발전을 위한 다양한 요구가 제기되어 왔으며 이러한 변화는 영유아보육법 제정과 관련하여 살펴보면 보육사업은 발생 초기 가정으로부터 방치되는 아동들을 보호해 주고자 하는 관점에서 탁아로 시작된 역사를 가진다. 그러나 현대사회로 넘어오면서 사회의 변화와 더불어 가족의 형태에서 핵가족이 늘어나게 되었고, 또한 여성의 사회참여가 늘어나게 되자 모든 아동들이 보육의 대상이 되면서 보육에 대한 관심이 선별주의적 관점에서 보편주의적 관점으로 바뀌어 왔다. 이에 따라 발생 초기 보육이란 아동들에게 단순한 보호 차원의 서비스를 제공해 주던 것에서 이제는 학령전 아동들을 대상으로 보호와 교육적 서비스가 통합된 서비스를 제공해 주는 것으로 바뀌어 왔다.

현대사회에서는 각각의 국가발전을 위한 방안의 하나로, 가정복지의 일환으로, 아동들이 스스로 지니고 태어난 잠재력을 최대로 개발하여 바람직하게 발달, 성장해 나갈 수 있도록 지원해 주기 위한 방안의 하나로 보육서비스의 질적 수준을 높이는 과제가 전세계적인 이슈가 되고 있으며, 이를 위한 세부 방안들이 논의되고 있다. 우리나라에서도 이러한 세계적인 추세와 유사한 현상들이 나타나고 있으며, 정부는 우선 보육서비스 제공에 대한 요구를 충족시킨다는 차원에서 보육시설을 확충하기 위한 정책들을 수행해 온 바 있다. 나아가 1998년도부터는 보육서비스의 질적 수준을 높이려는 의지를 계속적으로 천명하고 있으므로 앞으로도 당분간 우리나라의 보육사업은 어떻게 하면 보육서비스의 질적 수준을 높일 수 있는가가 주요 과제일 것이다. 또한 여성인력의 사회참여의 활성화 결과에 따라 취업여성들이 늘어나고 여성취업직종이 다양화되면서 보육시설들이 다양한 형태로 운영되어질 것들이 요구되고 있다.

3) 우리나라 보육환경의 변화

우리나라 보육환경의 변화 역시 세계 보육환경의 변화와 발맞추어 사회 및 보육수요자들이 질높고 다양한 보육서비스가 제공될 것을 요구하고 있다. 세부적으로는 사회, 국가의 발전과 관련하여, 여성의 관점에서, 아동의 관점에서, 그리고 취업부모의 관점에서 변화가 야기되고 있다. 특히 정부는 보육사업을 여성 인력 개발의 차원에서 중요하게 관장하고 있다. 보육사업을 성공적으로 수행하여 우리나라 아동들이 바람직하게 성장하도록 하는 것은 가정생활의 안정에 기여할 뿐만 아니라 국가의 미래 발전과도 직결된다는 관점에서 보육사업의 중요성이 강조되어지고 있는 것이다.

■ 참고문헌

강헌구(2014). 아동권리관점에서 본 영유아보육법과 유아교육법의 형성과정 및 법령분석. 서울대학교 대학원 석사학위논문.

강헌석 외(2004). **현대 교육과정과 교육평가**. 학지사.

공인숙 외(2005). **보육학개론**. 서울: 교육과학사.

곽금주 · 김징미 · 유제민(2007). 빈곤 아동에 대한 보호요인과 위 험 요인 담색. **한국심리학회지 발달, 20**(1), 1-19.

곽노의 외(1996). **비교유아교육론**. 서울: 양서원.

곽영우 · 권상헌 · 서정화 · 신동철 · 최성라 · 하상일 · 황회일(1997). **예비교원을 위한 교사론**. 교육과학사.

교육과학기술부(2008a). **유치원 교육과정 해설(I) 총론**. (사)장애우권익문제연구소.

교육과학기술부(2008b). 제1주기(2008-2010) (유치원 평가 계획매뉴얼 포함).

교육과학기술부(2009). **유아교육선진화 추진 계획**. 교육과학기술부.

교육과학기술부(2011). **영 · 유아 교육 원리**. 교육과학기술부.

교육인적자원부(2006). **다문화가정 지원 계획**. 교육인적자원부.

권대도 외(2014). **보육학개론**. 양서원.

권정윤 외(2013). **유아생활지도**. 학지사.

기순신 외(2014). **보육학개론**. 공동체.

김경이 외(2001). **교직의 이해**. 문음사.

김경철(2008). 2007 개정 유치원 교육과정에 따른 미디어 활용방향. 한국어린이미디어학회 학술대회자료집.

김경희 (2007). **아동생활지도**. 창지사.

김경희 외.(2006). **보육학 개론**. 창지사.

김성미(2012). 어린이집교사의 보육신념, 행복감과 영유아권리존중 보육실행과의 관계. 중앙대학교 사회개발대학원 석사학위논문.

김성애(2007). 장애인 도움에 대한 특수교육법에 따른 한국 유아특수교육의 과제 및 해결방향. **유아특수교육연구, 7**(3), 111-139.

김수영 외(2013). **영유아 프로그램 개발과 평가**. 양서원.

김승자 · 김진선(2011). 보육교사의 교육신념과 전문성인식이 보육의 질에 미치는 영향. **부모교육연구, 8**(2), 31-52.

김연진 외(2015). **영유아 보육과정**. 태영출판사.

김은주(2016). 보육교사의 TA 성격특성이 권리존중보육에 미치는 효과 : 보육신념의 매개효과를 중심으로. 공주대학교 대학원 박사학위논문.

김익균 외(2012). **보육정책론**. 양서원.

김정래(2002). **아동권리향연**. 교육과학사.

김진숙(2009). 보육교사가 인식하는 영유아권리존중 보육의 의미와 실행수준. 숙명여자대학교 대학원 박사학위논문.

나종혜 외(2014). **보육학개론**. 양서원.

남성휘(2016). 학부모가 선호하는 유아교사의 자질. 경남대학교 대학원 석사학위논문.

문명란(2016). 보육교사의 자아탄력성과 직무만족도가 영아권리존중 보육 실행에 미치는 영향. 목포대학교 대학원 석사학위논문.

박근주 · 송원호 · 김연진 · 이화영(2011). **영유아교사론**. 양서원.

박용호(2014). **영유아보육법**. 진원사.

박은혜(2009). **유아교사론**. 창지사.

보건복지가족부(2009). **보육시설 평가인증 지침서**. 보육시설 평가인증사무국.

보건복지부(2011). **2011어린이집 평가인증지침서**. 보건복지부.

오은순(2015). **보육학개론**. 양서원.

유구종 외(2015). **최신 영유아 보육학개론**. 공동체.

윤은종(2014). **보육학개론(영유아를 위한)**. 동문사.

이기숙 외(2006). **유아교육개론**. 양서원.

이기숙 외(2014). **영유아 프로그램 개발과 평가**. 정민사.

이미정 외(2009). **보육학개론**. 창지사.

이소은 외(2013). **아동생활지도**. 교문사.

이순형 외(2013). **보육학개론**. 학지사.

이연섭(1998). **레지오 접근법의 첫걸음**. 정민사.

이정미(2011). 보육시설 학부모의 평가인증에 대한 인식과 만족도. 광주여자대학교 교육대학원 석사학위논문.

이현섭 외(2001). **아동발달 심리**. 학지사.

전남련(2007). **아동복지론**. 학현사.

정정옥 외(2012). **최신 보육학개론(영유아 교사를 위한)**. 교육아카데미.

조성연 외(2006). **영유아보육의 이해**. 학지사.

천은영 외(2014). **보육학개론**. 정민사.

허혜경 외(2003). **아동건강교육**. 창지사.

홍효의(2017). 어린이집 교사의 영유아 권리존중 보육 실행수준, 교사민감성 및 직무스트레스 간의 관계 연구. 중앙대학교 대학원 박사학위논문.

황유세 외(2009). **유아교육기관 및 어린이집 운영관리**. 공동체.

황해익 외(2009). **유아행동관찰법**. 창지사.

황해익 외(2013). **영유아 프로그램 개발과 평가**. 공동체.

황해익(2009). **유아교육평가의 이해**. 정민사.

Achtenhagen, F., & Lempert, W. (Hrsg.) (2000). *Lebenslanges Lernen im Beruf. Seine Grundlegung im Kindes und Jugendalter*. Opladen: Leske & Budrich.

Anderson, E. M., & Shannon, A. K. (1995). Towards a conceptualization of mentoring. In T. K. Kerry & S. M. Mayes(Eds.), *Issucs in ncntoring*(pp, 25-31). London & New York: Routledge.

Barbour, C., Bartour, N., & Cully, P. (2005). *Farnilies, scthoxols, and communities: Buikding partnenships for educating childrern*(3rd ed.). Upper Saddle River, NJ: Merrill/Prentice Hall.

Bayerisches Staatsministerium fuer Arbeit und Soziales. Familie und Intergration (2011). Lust und Mut zur Inklusion in Kindertageseinrichtungen. Staatsinstitut fuer Fruehpaedagogik. Muenchen.

Bealty, B. (1998). **미국유아교육사** (이원영 역). 서울: 교육과학사.

Bildungsprogramm fuer Kindertageseinrichtungen in Sachsen-Anhalt (2013). Bildung : elementar-Bildung von Anfang an.

Brecdekarap, S., & Willer, B. (1992). Of ladders and lattices, cores and cones: conceptualizing an early childhood professional development systerm. *Young Children, 47*(3), 47-50.

Breclekamp, S., & Rosergrant, T. (1995). *Reaching potentials : Appropriatc curriculun and assesstnent for young chidien, Vol 2*. Washington, DC: NAFYC.

Clarke-Stewart, K. A., & Gruber, C. (1984). Day care forms and features. In R. C. Ainslie(Ed.), *Quality variation in day care*. New York: Praeger.

Cole, A,, & Knowles, J. (1994). *Emcrging as a teacher*. New York: Routledge.

Connella, G. S. (2002). **유아교육이론 해체하기: 비판적 접근**(유혜령 역). 창지사.

Connelly, F. M., & Clandinin, D. J. (1988). *Teachers as cui lannes : araive of experience*. New York: Teachers Collage Press.

Diane, M. (2004). Quick and easy ways to connect with students and their parents, Gracie K-8: Improving student achievement through parent involvement. London: Sage.

Dunn, J., & Kontos, S. (1997). Rescarch in revicw: What have we lesmed aboul developmentally appropriate practice? *Young Chilcren, 52*(5), 4-13.

Dunn, L. (1993). Proximal and dsital features of day care Quality and children' s development. *Early childhood Research Quarterly, 8*, 167-193.

Fowler, W. (1980). *Infant and child-care: A guide to education group setting*. Boston: Allyn and Bacon.

Hildebrand(1981). *Introduction to early childhood education*. Macmillan.

Hwang, O. K. (2012). An analysis on the general comments to implementing child rights in early childhood of UK children' s Rights Committee. *Journal of Korean Council for Children & Rights, 16*(1), 27-49.

Katz, L. G. (1998). Where is early childhood eduction as a profession? In B. Spodek. B. Saracho. O. N. & D. L. Peters(Eds.), *Professionalism and the early childhood practitioner*. New York : Teacher College Press, Columbia University.

Leavitt, R. L. (1994). *Power and emotion in infant-toddler day care*. New York: State University of New York.

MacNaughton, G. & Williams, G. (2004). *Teaching for young children; Choices in theory and practice*. South melbourn: Longman.

Medley, D. M. (1982). Teacher effectiveness. In H. E. Mitzel(Ed.), *Encyclopedia of educational research*. New York: The Free Press.

Mjalongo, Ary Renck & Isenberg, Joan P. (2000). *Exploring you role : A practitioner's introduction to early childhood education*. Merrill, New Jersey.

National Association for the Education of Young Children (1991). Guidelines for appropriate curriculum content and assessment in programs serving children ages 3 through 8. *Young Children, 30*, 21-67.

National Association for the Education of Young Children (2006). *Self study kit: for program quality improvement through AEYC early childhood program accreditation*. Washington, DC: NAEYC.

Noddings, N. (1984). *Caring: A feminine approach to ethics and moral education*. Berkeley: University of Califomia Press.

OECD(2006). Education at a glance: OECD indicators 2006.

Olsen, G., & Fuller, M. L. (2003). *Home-school relations: Working successfully with parents and families* (2nd ed). Boston: Allyn and Bacon.

Pellegrin, A., & Boyd, B. (1993). The role of play in early childhood development and education: Issues in definition and function, In S, Spodek(Ed.), *Handbook of research on the education of young children* (pp. 105-121). New York: Macmillan.

Raymond, D., Butt, R., & Townsend, D. (1992). Context for teacher development: Insights from teachers story. In A, Hargreaves, & M, G, Fullan(Eds.), *Undersanding teacher development*(pp. 143-161). New York : Teachers College Press.

Reardon, K. (1995). Creating university/community partnerships that work: Lessons from the East St Louis Action Research Project. *Metropolitan Universities: An International Forum, 2*, 47-59.

Schwartz, S. L., & Robison. P. C. (1992). *Designing curriculum for early childhood*. Boston, MA Allyn & Bacon.

Shaffer, D. R. (1999). *Developmental Psychology: Chidhood and adolescence*(5th ed.). Brooks/cole.

Smith, A., & Inder, P. (1993). Social interaction in same-and cross-gender pre-school peer groups: A partipant observation study. *Educational Psychology, 13*(1), 29-42

Stipek, D. and Byler, P. (2007). Early childhood education teacher : Do they practice what they preach? *Early childhood Research Quarterly, 12*(3).

Wardle, F. (1991). Are we shortchanging boys? *Child Care Informator Exchange, 79*(May/june), 48-51.

Whitebook, K. M., & Liston, D. P. (1987). Teaching student teachers to reflect. *Havard Educational Review, 57*(1), 23-48.

Williams, L, R. (1987). Determining the curriculum. In Seefeldt, C.(Ed.), *The early chiidhood curriculum, a review of current research*. New York: Teachers College Press.

Wing, L. A. (1995). Play is not the work of the child: Young children's perceptions of work and play. *Early Chidhood Research Quarterly, 10*(2), 223-247.

■ 찾아보기

(C)

care 91
cooing 75

(E)

education 91

(G)

Green Paper 52

(S)

sensitive period 42

(T)

tabula rasa 29

(ㄱ)

가정보육 146
가정보육시설 276
감각 203
감각 중시 217
감각운동기 74
계절제 보육 157
고령화 사회 190
관찰 338
교사 평가 335
교육 91
교육권 17
그리기 221
그린페이퍼 52
기관보육 147
기본생활 113
기사정신 27

(ㄴ)

노래 221
놀이 238
놀이기구 300
놀잇감 219

(ㄷ)

단계의 원리 35
도약기 68

(ㄹ)

라이겐 221
레지오 에밀리아 238

(ㅁ)

명상 267
모방 217
몬테소리 교구 204
몬테소리 프로그램 202
몸짓놀이 270
무상보육 175
문화향유권 17
물리적 환경 291
민간어린이집 149
민감기 42

(ㅂ)

반편견 프로그램 261
발달적 보육 145
발도르프 프로그램 216
발전기 66
방과후 보육 156, 159, 370
백지 29
뱅크 스트리트 프로그램 228
벽면 저널 44
보수교육 283
보육 11
보육 사각지대 122
보육경험 131
보육계획 100
보육과정 22, 91
보육교사 22, 277
보육교직원 176
보육수요자 121
보육시설 121, 329
보육인력 125, 281
보육정책 371
보육정책위원회 187
보육평가 327
보육환경 291, 298
보호 91
보호적 보육 145
복지권 17
본보기 217
부모 평가 340
부모와의 면담 337
부모협동어린이집 151
비영리단체 운영 보육 148
비형식적 평가 333

(ㅅ)

사전교육 283
사회계약론 31
사회관계 114
사회성 발달 76, 86
사회적 행동 204
사회중심 교육방법 33
사회학습 이론 248
생존권 16
생태교육 프로그램 264
생태미술 활동 270
성격형성학원 36
성장발달권 16
소그룹 통합교실 260
소극적 교육방법 33
손끝놀이 269
수학 203
시간적 환경 291
시민 자질 교육 240
시설장 평가 335
신체 발달 73
신체운동 114
실외환경 299

(ㅇ)

아동 199
아동관찰자 207
아동복리법 63
아동학교 231
아동학대 315
안내자 207
안전성 312
애착 129

애착행동 129
양육보장권 17
양적 평가 334
어린이 정원 37
어린이집 평가인증 177
언어 203
언어 발달 84
엔젤플랜 56
연소아동 139
연장아동 139
영아기 73
영아보육 158
영아전담보육시설 276
영유아 평가 337
영유아보육법 165, 179
예산 316
예술경험 117
예술작업 219
완전 통합교실 261
용이성 312
운영관리 305
월간 보육활동 101
위생관리 309
유아보육 159
유아생활중심 교육방법 33
유용성 312
유치원 37
의사소통 115, 242
인적 환경 291, 315
인증심의 357
인지 발달 82
인형극 220
일과계획 106
일과구성 104
일상생활 202

(ㅈ)

자동 교수 49
자발성의 원리 35
자연중심교육방법 33
자연탐구 116
자체점검 355
장애아 통합 140, 257
장애아동 전담보육 160
장애아동 통합보육 161
장애아전담보육시설 276
적합성 312
전조작기 74
전통기 58
전환기 63
절대평가 334
정부 주도 보육 148
정비기 65
정서 발달 78, 85
조화의 원리 35
종합적 보육 145
주간 보육활동 103
직관의 원리 29, 35
직관중심 교육방법 33
직장어린이집 149

(ㅊ)

차량안전관리 310
참여권 17
참여신청 354
출산율 저하 190

(ㅋ)

쿠잉 75

(ㅌ)

탁아 11
태동기 61
통합교육 327
통합보육 139
특별보호권 17
특수보육 370

(ㅍ)

평가과정 96
평가인증제 344
평가인증지표 359
평가척도 342
포테이지 프로그램 223
포트폴리오 339
표준보육과정 111
프로젝트 239
프로젝트 스펙트럼 243
프로젝트 접근법 209
프뢰벨 프로그램 199

(ㅎ)

하이 스코프 프로그램 234
합자연의 원리 29
헤드 스타트 프로그램 54
현장관찰 356
형식적 평가 332
혼합연령 집단 249
환경 291
환경제공자 207
훈육에 관한 원리 29
휴일제 보육 157

■ 저자소개

▪김 녹 현

대구가톨릭대학교 대학원 사회복지학박사 과정 수료

현) 가톨릭상지대학교 사회복지과 교수

〈저서〉 사회복지행정론, 장애인복지론 외 다수

▪김 재 현

고려대학교 대학원 교육학박사

현) 호산대학교 휴먼복지학부 교수

〈저서〉 영유아발달, 아동생활지도 외 다수

▪시 옥 진

대구가톨릭대학교 대학원 철학박사

현) 구미대학교 사회복지과 교수

〈저서〉 영유아발달, 교육학개론 외 다수

▪이 용 환

한서대학교 대학원 사회복지학박사

현) 혜전대학교 사회복지과 교수

〈저서〉 보육과정, 정신건강론 외 다수

▪전 대 성

단국대학교 대학원 행정학박사

현) 경북전문대학교 사회복지과 교수

〈저서〉 사회복지법제론, 아동생활지도 외 다수

보 육 학 개 론

1판 1쇄 인쇄 — 2018년 1월 20일
1판 1쇄 발행 — 2018년 1월 25일

저 자 - 김녹현 김재현 시옥진 이용환 전대성
발 행 인 - 강 철 원
발 행 처 - 양 성 원
주 소 - 경기도 파주시 검산로 173번길 29-20
전 화 - 031-946-3861(代)
팩 스 - 031-946-3864
이 메 일 - tnwpub@naver.com
홈페이지 - tnwpub.co.kr
출판등록 - 2015년 8월 31일 제 2015-000211 호

ISBN 979-11-6126-087-7

정가 20,000원